应用型系列法学教材

宪 法

第二版

主　　编　秦前红
执行主编　宦吉娥
副 主 编　黄明涛　熊　威　翟明煜

WUHAN UNIVERSITY PRESS
武汉大学出版社

图书在版编目(CIP)数据

宪法/秦前红主编.—2版.—武汉：武汉大学出版社,2018.8
应用型系列法学教材
ISBN 978-7-307-19801-2

Ⅰ.宪… Ⅱ.秦… Ⅲ.宪法—中国—高等学校—教材 Ⅳ.D921

中国版本图书馆CIP数据核字(2017)第277301号

责任编辑:胡 荣　　责任校对:汪欣怡　　版式设计:汪冰滢

出版发行：**武汉大学出版社** （430072 武昌 珞珈山）
（电子邮件：cbs22@whu.edu.cn 网址：www.wdp.com.cn）
印刷:武汉鑫佳捷印务有限公司
开本:787×1092 1/16　印张:17　字数:397千字　插页:1
版次:2010年9月第1版　2018年8月第2版
2018年8月第2版第1次印刷
ISBN 978-7-307-19801-2　定价:39.00元

目　录

第一章　宪法的概念

【学习目的与要求】了解“宪法”的概念、宪法在当代公共生活中的作用，以及宪法的主要形式与类型。

【引例】

宪法宣誓制度

2015 年 7 月，全国人民代表大会常务委员会表决通过了《关于实行宪法宣誓制度的决定》，由此建立了我国的“宪法宣誓制度”。根据决定的要求，各级人民代表大会及县级以上各级人民代表大会常务委员会选举或者决定任命的国家工作人员，以及各级人民政府、人民法院、人民检察院任命的国家工作人员，在就职时应当公开进行宪法宣誓。誓词全文为：

“我宣誓：忠于中华人民共和国宪法，维护宪法权威，履行法定职责，忠于祖国、忠于人民，恪尽职守、廉洁奉公，接受人民监督，为建设富强、民主、文明、和谐的社会主义国家努力奋斗！”

宪法宣誓制度已于 2016 年 1 月 1 日起正式实施。

第一节　宪法的定义

一、近现代宪法的起源

宪法的出现与人类试图在维持共同生活的前提下对公权力予以控制息息相关。人是社会动物，自古以来已习惯于结成不同规模的共同体，以便维持物种的生存、安全及其他方面的利益。众所周知，人类社群发展至较高文明阶段时，在内部结构上都不免分化出掌握权力的部分人群，由此与更大多数的服从该权力之管治的其他人群区别开来，例如古代的君主政体之中，由君主一人掌握全部的统治权，而所有臣民通过效忠与服从此权力而换得安全或安定的生活，就是一种人类历史上曾经极为典型的共同体组织模式。然而，历史又一再证明，凡掌握权力者——不论其为一个人或多数人——若无外部力量的制约，无不有意无意地滑向滥用权力，以至于引发社会不公乃至内部动荡。人类基于寻求人身安全的本能，同时也基于对自由、公平、正义等价值的理性认识，必然希望对掌握权力者施以一定的控制或限制。历史上，为达成此一限权目标而被采用的方法多种多样，宪法即为其中一种。以当今的视角而言，宪法已成为世界上最普遍采用、也最为行之有效的“限权工具”。

目前，宪法最为常见的表现形式是一部被冠之以“宪法”名称的正式法律文件，通常而言，一个在国际上享有独立地位的国家必然有这样一部宪法。在这部法律文件中，相关的条文以明确的文字规定了最为重要的公权力机关——如议会、政府、法院等——如何被创设、享有何种权力以及须以何种程序或方式来行使这些权力。例如，我国当前所实施的宪法就是于1982年经重大修改之后重新颁布的《中华人民共和国宪法》（以下简称《宪法》），其中包含了国务院这一重要机构的权力来源、权力范围、人员构成、运作方式等基本内容。以这样的特定方式，宪法承担了对公权力予以限定和控制的功能。也就是说，一个国家的特定公权力机构凭借着宪法而获得了“合法权力”的属性，而民众也可以借由宪法去了解这些合法权力的具体内容及其界限。

中国不是宪法的“原产国”，以宪法作为限权工具的理念源自西方。目前公认，世界上最早的宪法出现于17世纪的英国及其在北美大陆的殖民地。1653年，奥利弗·克伦威尔作为当时的共和时期的实际最高统治者，主导颁布了一部名为“政府约法”（“Instrument of Government”）的法律文件，试图为英格兰奠定政府框架，但此文件最终未能付诸实施。今天作为美国的一个州的康涅狄格，在1639年以本地居民的名义颁布了一部名为“康涅狄格根本法”（“Fundamental Orders of 1639”）的文件，作为其创建政府的基础。该文件对后续美国历史产生了深远影响。但这些文件仍然未采用“宪法”这一名称。如果按照成功延续至今的标准，那么当今世界历史最悠久、国际影响最大的宪法无疑是美国联邦宪法，也即《美利坚合众国宪法》（*The Constitution of the United States*）。这部颁布于1787年、生效于1789年的宪法全面、系统地设计了美国联邦政府的各主要机构的组成方式、职权及其相互关系，规定了联邦与各州的关系，同时还设定了修改宪法的程序与方式，是那个时代的宪法思想的集中展现与开创性的试验。经由这部宪法，此前脱离英国、但仅维持松散联盟关系的北美十三州组成了一个全新的联邦制国家。美国宪法的历史清晰展现了宪法作为创建和控制公权力的理性工具的功能与价值，对后续其他民族、国家的历史产生了深远影响。

部分地源于美国宪法的激励，同时也基于启蒙运动的深刻影响，法国在大革命期间的1791年制定了其第一部成文宪法，在欧洲开创了历史先河。随着法国大革命的影响扩展至欧洲大陆其他地区，宪法这一新鲜的事物也被其他民族所渐次接纳。整个19世纪，作为限制公权力这一普世理想之象征的宪法，推动和见证了欧洲各君主制国家的溃败、革新或转型。到了第一次世界大战结束之时，宪法已经成为欧美各国的普遍存在，成为了文明与进步的标志。就中国而言，辛亥革命之后建立的中华民国，在1912年颁布了相当于宪法的《中华民国临时约法》，使得中国也由此被写入世界宪法史。

要注意，名为“宪法”的单一法律文件不是宪法唯一的表现形式，凡是用于创设和控制公权力的规则，在实质意义上都可以被归属于宪法的范围，但这些规则并不必然被人为地整合到一部单一、完整的法律文本之中。英国拥有的就是这种类型的宪法，即并不存在“大不列颠及北爱尔兰联合王国宪法”这样一份可以在谷歌上被搜索到的法律文件。但是，如果说“英国是没有宪法的国家”，就会闹出笑话，因为颁布于历史上不同时期的一系列具有特定内容的议会立法（statute/parliamentary legislation）都是英国宪法的组成部分，这些法律被称为“宪法性法律”（constitutional law），只不过，在形式上没有被整合为一部单一的法律或法典。就宪法的表现形式而言，英国在当今世界上处于少数派的地位，尽管这并不影响其对于公权力的有效控制。

以美国宪法为代表，包括今天的中国在内，大多数国家都拥有一部叫做“宪法”的单一、完整的法典，所以“法典化的宪法”是宪法历史发展到今天的主流形式。同时，因为宪法典出现于17、18世纪，这在欧洲的历史分期上属于近代或现代（modern era）①，因此，一般也可以把宪法典称为“近代宪法”或“现代宪法”，以区别于尚未具备这种外在形式的那些宪法类型。

二、宪法的定义

要给出一个简单而准确的宪法定义，不是一件容易的事。“宪法”这个词语在中文里面古已有之，但所指代的含义与今天很不同。更重要的是，作为对外来概念的中译表达，宪法这个词在西欧历史上也曾用于描述过一系列不同的事物，并且与今天的宪法概念存在不同程度的区别。因此，在研习宪法学的背景下，我们对于宪法的定义必须是限定在当今对于宪法这一事物的普遍理解之上的，因此首要的要求就是，必须与那些仅具有历史意义的含义划出明确的界限。

在此基础上，我们可以从不同维度来认识宪法。第一，从事物的本质属性来看，宪法是法，是为社会生活提供的一种规则或规范，要求所有人或相关主体予以遵守，并且附设一定的机制来确保这种遵守得以实现。在这个意义上，宪法不能仅仅被视作某种宣言或呼吁，其对政府架构的设计绝不是某种建言而已，而是必须予以遵守的规则；宪法更不能被等同于对既存事实或状态的描述，宪法作为规则，其往往与社会生活的实际情况存在距离，并且是对实际情况予以评价的标准。第二，从目的或任务来看，宪法是用于控制权力的，以便避免权力被滥用而引发一系列恶果。对于完全经由法律所创设的权力而言，宪法实际上既是权力的创造者，也是权力的控制者。对于因历史原因而既存的权力机构或阶层，宪法的任务就是对其予以约束，使其不能凌驾于法律之上。就此而言，如果不是以控制权力为目的，或伪装成限权法，但实际上却为不合理的、落后的政府架构与制度作合法化的包装，那么即便被冠之以“宪法”之名，也不能被算作真正的宪法。第三，从形式上看，现代宪法一般呈现为一部完备的法律文件，由特定机构经由专门的程序予以一次性地颁布，从而集中地、系统性地对政府架构等事宜作出规定，但实质上的宪法规范散见于不同的法律文件之中的现象也客观存在，并且在实际效果上不必然输给法典化的宪法，因此，对宪法形式的认识不能局限于宪法典。第四，从实质上看，基于宪法的根本目的，凡属于宪法的规则、规范，都应该与实现对权力的控制相关，反过来讲，凡是在内容上体现为创设、指引或限定权力的法规范，都可以在实质意义上被称为宪法，或至少是用于实施宪法规则的法，而不论其是否呈现为特定的文本形式或是否属于一部单一法典的组成部

① 欧洲历史分期中的modern era对应的中译文有两种表述，有时作“近代”，有时作“现代”，在指代欧洲历史阶段的语境下没有区别。

分。然而，在政府规模不断扩大的今天，为避免令实质意义的宪法概念过于泛化，通常只会将有关那些最重要、最根本的公权力机构的法视为宪法。

那么，是不是只有国家才拥有宪法呢？或者说，一个国家之内，是否有可能存在多于一部的宪法？实际情况是，宪法并不是必须依赖于一个国家而存在。在联邦制国家，其组成单位如州（美国、德国、澳大利亚等）或加盟共和国（俄罗斯）都会拥有自己的宪法，规定本地区的政府架构；在某些不具备国际法上的独立主权国家地位的地区，因为仍存在有效运转的政府，所以也拥有宪法，如作为英国托管地的直布罗陀；此外，国家间的联盟也基于特定的法律文件而被创建，这些文件从实质上具备了一定程度的宪法属性，如欧盟的几个基础条约。因此，关键在于，凡是有政府运作的地方，都需要一部宪法或类似于宪法的法律文件，用于对政府的创建及其权力行使作出系统规定，而不管我们是否将该地区称为“国家”。所以，为了避免误以为不具备国家地位的地区没有宪法，最好是把拥有宪法的人类社群单元称为“政治共同体”。

至此，可以对宪法作一个具有普遍涵盖性的定义如下：宪法是特定的政治共同体用于创设其最为重要的公权力机构，并规定其权力界限与运作方式的法。

第二节 宪法的作用

对初学者来讲，可以提出一个直白的问题，即宪法是用来做什么的？上文已经提到，在根本上，宪法是用于控制公权力的。此外，我们还可以作以下进一步的观察。

一、宪法为政府和公权力提供合法性

一方面，人类社会离不开政府，以便维护基本秩序、提供公共服务；另一方面，人的天性必然促使其反抗暴虐、野蛮的统治，对这一悖论的化解依赖于让政府及其行使的公权力合法化，即特定政府管治之下的人群基于对政府的合法性（也即“正当性”）的确认而对其表示服从，进而该政治共同体才有机会保持长期的内部和平与稳定。宪法当中最大比例的规则是关于如何创建政府，并向其授予公权力的。也就是说，宪法虽致力于控制权力，但逻辑上必须先创造权力。宪法与权力并不是彼此对立。凭借宪法的这一转介，政府获得了行使公权力——也即强制力——的证明或资格，由此可区别于纯粹依赖强力而维持内部秩序的其他人类团体。

二、宪法可避免通过暴力手段解决政治冲突

政治生活是人类社会生活的重要组成部分，其中包含权力的分配、行使及交接，容易引发纷争与冲突，乃至最终依靠暴力的手段予以解决。正因如此，所谓宫廷斗争、宗教战争从来都是史不绝书的。宪法的作用之一，就是提供一套凌驾于所有人之上的、透明的、公平的规则，让政治生活循此框架或轨道而运行，从而避免其陷入不可预期的状态中，由此避免暴力与阴谋的恶性循环。

英国1688年“光荣革命”的发生就与此前政治生活中缺乏一项明确规则有关。17世纪的英格兰，经过了长期的宗教改革，国内信奉英国国教的人口占据多数。但1685年继

承王位的詹姆斯二世却是一个天主教徒，并且在任内大肆重用天主教徒，引发政坛动荡。1688年冬天，局面已发展至不可收拾，国王选择出逃法国，临时召集的国会遂依法宣布詹姆斯丧失王位，并从荷兰迎回其女儿玛丽与丈夫奥兰治亲王来继承英格兰王位，由于政权更迭中未流一滴血，史称“光荣革命”。后来，议会于1700年颁布《王位继承法》，明确将王位继承人限定于英国国教徒，自此以后，英国再无因宗教争议而引发的政治危机或内乱。正因如此，《王位继承法》也被视为英国宪法的组成部分。

三、宪法可保护个人的自由与权利

在政治共同体中，个人面对政府的时候是处于绝对弱势地位的。宪法之所以须对政府的权力予以设定、限定，是因为只有如此才能确保个人可免于权力滥用而遭受压迫，才能保护个人的自由与权利。就此而言，专注于处理平等主体之间的纠纷的私法是不具备这种功能的。从思想史的层面来看，近现代宪法的出现与17、18世纪普遍流行的自然法思想密不可分，根据这一思想，个人与生俱来的若干自由与权利是不可剥夺的，作为加入到政治共同体中来、并承认政府统治之合法性的条件之一，尊重和保护这些自由与权利是政府的职责，也是宪法所设定的最低保证。一般来讲，这些自由和权利包括人身自由、良心与信仰自由、言论自由、法律上的平等、担任公职或者其他参与公共事务的权利等。

例如，美国宪法第四修正案规定，“人民的人身、住宅、文件和财产不受无理搜查和扣押的权利，不得侵犯。除非有正当理由，以宣誓或代誓宣言确保，并特别开列应予搜查之地点与应予扣押之人或物，不得颁发搜查和扣押状”。这一宪法条款对人身自由、住宅安全、财产安全作出了规定，其针对的就是政府在刑事调查或其他正式、非正式程序中所可能采取的搜查、扣押等措施，以便保护相对弱势的个人。而且值得注意的是，上述文字表明，并非宪法本身从无到有地创造了这些权利，宪法只是确认了这些权利的存在，并要求相关主体“不得侵犯”。近现代宪法将个人自由与权利放在极其重要的位置。

四、维持政治共同体的凝聚力

在某些特定历史时刻，政治共同体会经历巨大的社会变迁乃至革命，甚至政治共同体本身也会发生拆分、重组。这种时候，宪法往往能起到团结各阶层、各民族的民众，增强政治身份认同，维持共同体凝聚力的作用，从而最终帮助政治共同体渡过危机时期。在这种情形下，宪法所作的远不止是为新生政权提供合法性而已，而可以认为其帮助建构或定义了政治共同体本身。

例如，美国联邦宪法的制定实际上将十三个州的联合方式予以彻底更新，既创建了新的联邦政府，在某种意义上也创建了新的美国（The United States）。又比如，南非在20世纪90年代初废除种族隔离制度，为了实现国内的种族和解，决定制定新宪法。其1996年生效的正式宪法确立了种族平等，民权斗士纳尔逊·曼德拉则成功当选为第一任总统。南非的社会转型与种族和解赢得了全世界的赞誉，其间新宪法的功劳不可磨灭。

【案例 1-1】

"费城会议"与美国联邦宪法的产生

1776 年，北美"大陆会议"通过《独立宣言》，英属北美地区的十三个殖民地正式与宗主国英国脱离，成为十三个独立国家。经过独立战争，北美与英国在 1781 年签订《巴黎协定》，其独立地位在法律上获得英国承认。1787 年，来自北美各国家（如今称为"州"）的代表共 55 人齐聚宾夕法尼亚的费城，举行了连续三个多月的秘密会商，最后形成了一份联邦宪法草案，意图以此建立一个联合十三个成员国的"联邦政府"。该草案交予各国之后，它们分别召集专门的"宪法批准大会"，对草案内容进行辩论和表决。当第九个成员国批准草案之后，"联邦宪法"依法生效。1789 年 3 月，当选第一任联邦政府总统的乔治·华盛顿宣誓就职，至此，"美利坚合众国"正式在世界舞台亮相。

美国联邦宪法是一份法律文件，系统、全面地规定了美国联邦政府的组织架构、产生方式、职能权限以及履职程序，是建立联邦政府的法律基础。这份宪法是经由组成联邦（"合众国"）的各成员单位的代表以协商的方式形成草案，再交由各成员单位的特别代表机关表决通过的，是以法律方式创建政府，并由此建立全新国家的经典案例。美国联邦宪法从 1789 年开始实施，迄今已有两百多年未曾间断。美国联邦宪法是世界上最有影响力的宪法之一。

第三节　宪法的类型

一、宪法类型学的方法与价值

自世界上第一部成文宪法问世以来，宪法这一独特的法律类型已有两百多年历史。如考虑到在那之前不同民族和政体在历史进程中逐步衍生出来的各种控制公权力的法，那么宪法的面貌其实非常多样化。就特定地域或民族而言，在如何控制公权力的问题上，不同历史阶段曾面对不同的挑战，宪法要完成其使命，就需要因应公权力的组织形态、运行特点，而有一定的调整或发展，这就使得宪法本身亦成为随历史发展而不断变迁的现象。如果我们再选取一种横向比较的视角，又会发现不同地域或民族对于如何通过宪法来实现对其政治共同体之公权力予以控制有着不同的方案，而这些差异实际上反映了它们之间不尽一致的社会条件、思想潮流乃至民族性格。所以，同样归属为宪法这一范畴之内，不同历史阶段、不同地域或民族，却可以在具象层面创设或发展出不同类型的宪法。我们既不能因为宪法类型的多样性而放弃对于宪法的普遍本质特征的探究，也不能囿于某个抽象化的宪法定义而无视这些多样性。事实上，对宪法作类型化的分析与研究，从来都是宪法学的首要方法。

二、基于形式或外观的分类

宪法是法，因此会以一般意义上法的各种表现形式来展现自身。这包括两个方面，其一，作为具体的宪法规则的宪法，其以何种形式存在；其二，作为规则之集合体的宪法——如特定国家在特定时间节点上所拥有的"那一部"宪法——以何种形式存在。在这个方面，我们可以发现宪法具有足够的多样性。

最早被正式提出来的宪法分类是所谓成文宪法与不成文宪法的分类。当规范政府的组织与行为的规则以明确的文字被写入某个文件之中，可以被任何人公开地阅读到或援引为依据时，这种宪法规则就是成文宪法。例如，我国《宪法》第 79 条第 1 款规定："中华人民共和国主席、副主席由全国人民代表大会选举。"基于此，任何违背此一规定而进行的政治操作就会非常显白、无可争议。与这一类型的规则相对应的，是那种未曾正式以权威文字记录下来，而是依循习惯、惯例、历史而形成的心照不宣，但绝不是毫无约束力的规则，这种规则同样是用于规范政府的组织与行为，因此不应被否认其作为宪法规则的属性。例如，在当代，英国女王不会拒绝向议会下院的多数党领袖授予组织内阁的权力。这一规则可以被人们总结为"赢得议会下院多数席位的政党的领袖应成为内阁首相"，然而这一点从未在英国任何一部正式的法律中被写明。相对于成文化的宪法规则，这一延续了至少近两百年的习惯做法就被冠之以"不成文宪法"的名称，以强调其不呈现为也不依赖于法律文本，却同样可以有效地实施。英国 19 世纪宪法学家戴雪将其称为"宪法惯例"（the conventions of the constitution）。值得强调的是，"不成文"不是指不曾被任何人写出来——新闻报道、历史撰述、政治家的演说词、法学家的研究都可以对这些事实上存在的规则进行描述、归纳；不成文的要点在于，这些规则缺乏一种通常意义上的法的外观，即未曾被立法机关制定、颁布过，也未曾被法官在判决书中公开宣布过。

很显然，成文宪法和不成文宪法的分类可以用于对具体的、特定的宪法规则作分析，但如果试图将某个国家在整体上标签为"成文宪法国家"或"不成文宪法国家"，就很可能是不准确的。人们曾不假思索地把英国称为"不成文宪法国家"，因为其包含大量的从历史上延续至今的惯例——如上述女王授权首相组阁的惯例——而这一点相比于其他国家而言显得非常突出。但是，英国实际上也存在大量的法——包括议会立法和法院的判例——显然是严格意义上的宪法规则，如《王位继承法》中规定，英格兰的所有国王或女王都应当根据既有的法来执政，又如《议会法（1911—1949）》第 1 条第 1 款规定，任何有关公共财政的法案，如已经被下议院通过并提交至上议院，若上议院未能在一个月之内通过，则该法案将被提请至国王予以签署并成为法律。因此，严格来讲，不成文宪法或成文宪法其实是指具体的宪法规则所据以呈现的形式，而英国应该被描述为同时拥有成文宪法和不成文宪法的国家。甚至可以这样说，凡是存在某种能够约束政府行为的惯例的地方，都是存在"不成文宪法"的。

与此有紧密关联的另一种分类方法，是把不同国家的宪法分为"法典化的宪法"和"非法典化的宪法"，或者如英国学者惠尔所说，"有宪法典的国家和没有宪法典的国家"。①

---

① ［英］K.C. 惠尔. 现代宪法［M］. 翟小波，译. 北京：法律出版社，2006：14.

美国作为公认为第一个制定宪法典的国家，就属于“有宪法典的国家”。事实上，美国制定联邦宪法的方式的开创意义正在于此，当它把有关政府组织与权力运作的最重要规则集体写入一部名为“宪法”的法律文件的时候，实际上发明了一种叫做“宪法典”的东西。这一风尚的影响力如此之广，以至于宪法典这种形式的宪法越来越占据世界宪法史的主流，到今天，我们所知的绝大多数国家的宪法实际上都是表现为一部宪法典了。与此相对的，是少数几个仍缺乏一部宪法典的国家，我们可称其宪法为“非法典化的宪法”。英国没有一部如美国联邦宪法那样的宪法典，因此说英国是“没有宪法典的国家”是完全正确的表述，这句话可以引申为英国宪法体现为一些未予以法典化的、而是分散存在的议会立法，一些不成文的宪法惯例，以及一些来自司法判例的判例法。就此而言，有无宪法典这一分类方法比“成文/不成文”的区分更有利于对特定国家作准确描述。除英国之外，瑞典、新西兰、以色列的宪法也是“非法典化的宪法”。

对于为何当今世界上大多数国家都拥有一部宪法典这个问题，实际上也隐含了另一个问题，即如英国这样的国家为何没有选择去制定一部宪法典？简单来说，必须结合近现代宪法的历史与人们对宪法的期望来寻找答案。宪法作为对公权力的控制工具，其产生实际上主要依托于人类社会政治生活的重大转型的特定历史背景，在这个过程中，宪法的颁布与政府被成功地置于法的规管之下是同步进行的。社会重大转型所提供的历史契机，使得人们有机会或觉得有必要对控制政府的相关规则作一次系统性的设计、重塑，或至少是整合，于是，宪法典这种明晰、完备且针对性极强的法律文本形式就比分散式的立法要方便得多，有助于一次性地完成政治生活的改造和转型。所以，我们可以看到，当美国人打算重塑各州之间的联盟形式时，他们选择了制定联邦宪法典，当法国人在大革命中以暴风骤雨的方式打碎封建制度时，他们选择了制定宪法典，当奥地利、匈牙利、捷克斯洛伐克从奥匈帝国解体后的废墟中创建自己的民族国家政体时，也纷纷制定了宪法典，当德国、日本在“二战”之后决意告别过去的体制时，也选择了制定宪法典。所以，如果我们从过去两百多年的历史来做考察，就会发现宪法典是各国实现各自的社会重大转型的助推器与历史见证，而如英国那样将历史延续性与渐进式制度改良保持得如此与众不同的民族是如此之少，那么宪法典占据了当代宪法形式的主流也就不必大惊小怪了。

三、基于法律位阶的分类

传统上，有把宪法分为“刚性宪法”和“柔性宪法”的分类法，其要点是看宪法是否须经由特殊的严格程序才能被修改。如果一部宪法在修改程序与门槛上与一般法无异，则称为“柔性宪法”；而如果必须遵循特定的程序与门槛，且相对于一般法的修改而言要严格得多，那么就被称为“刚性宪法”。作为英国学者提出的观点，这一分类法又带有强烈的英国视角，[①] 因为英国宪法基于其不成文或非法典化的属性，并不存在特别的修改程序。或者说，英国的宪法性法律与其他法律一样都可以由议会经由无差别的程序予以制定、修改或废止，所以宪法没有展现出足够的“刚性”，换句话说，是一种“柔性宪法”。当然，值得注意的是，刚性或柔性的区分只是基于有关宪法修改的既定程序和规则而言，

① 参见林来梵．宪法学讲义（第二版）［M］．北京：法律出版社，2015：66-67.

并不能直接反映实际上达成宪法修改的难易程度。如果各方面具备相当强烈的共识，即便刚性宪法也同样可以依循程序被顺利地作出修改；反之亦然，柔性宪法有可能经历很长时期都难以作出一次修改。

从真实的历史轨迹来看，我们会发现，恰恰是宪法典出现以后，其自带的严格修改程序——美国联邦宪法就是典型——使其显得与众不同，这才催生了所谓"刚性宪法"的概念，因此，所谓"刚性/柔性"的区分在本质上是人们是否对宪法予以特别定位的问题，或者说宪法是否被视为与一般法不同，而需要予以特殊保护的对象。

按照这个思路，如果我们进一步考察宪法在一国法律体系中的地位，就会发现，有的宪法明确地被承认为具有最高位阶的法，优越于立法机关制定的一般法律以及其他所有法规范，而有的宪法则不能获得这种地位，其不能保证在与其他法律存在冲突时能够被优先地适用。所以，我们可以把不同国家的宪法区分为"作为最高法的宪法"与"作为一般法的宪法"。例如，在美国或德国，宪法被认为是本国最高地位的法，能够约束包括立法机关在内的全部公权力机关，并且在法律效力上也优越于立法机关制定的任何法律，即宪法处于本国法律体系的顶点。作为这一逻辑的自然延伸，于是就有了宪法修改方面更为严格的程序，即呈现出上述的"刚性"外观。不仅如此，在美国，当联邦法院在审理案件的过程中认定某一部拟适用的国会立法或州法与联邦宪法存在不可避免的冲突时，有权宣布前者因构成"违宪"而无效，从而确保宪法作为最高法的地位在实际上得以实现。这一制度被称为"违宪审查"。至于为什么宪法应该具有最高法的地位，则与支撑着宪法这一法律现象的哲学思想或价值观念相关——这些思想或观念有多个来源。例如，根据"有限政府"思想，包括立法机关在内的任何公权力机关的权力都是有其界限的，而作为完整阐明这些界限的宪法规则，必须具有高于立法机关及其立法的地位，才能使得这些界限具有实际意义；根据"制宪权"理论，制定宪法的主体不同于经由宪法所创设的主体，这逻辑上的先后次序决定了后者不可能违背或改变其据以被创设的先决条件；根据著名法学家汉斯·凯尔森的观点，国家在本质上是一种法秩序，下位法的效力依据来源于上位法，而宪法则处于这一秩序的顶端，所以，宪法必须具有高于一般法的地位。

与此相反的例证是，在有的国家或有的历史时期，宪法并不被认可为最高法。在不存在宪法典的国家，宪法规则可以包含在某一部议会立法中，尽管从内容上可以与其他种类的法规范——例如刑法、民法——区别开，但从法律位阶上看，这些由议会制定的"宪法性法律"与其他法律并无彼此高下之分，由此推之，英国宪法的"柔性"也就理所当然。更有甚者，即便是宪法典，也不一定拥有优越于议会立法的地位。例如，德国在魏玛宪法时代（1919—1933 年）就不认为宪法具有当然的最高法地位；法国人在第四共和国时期虽然制定了一部宪法典（1946 年宪法），却认为当宪法与议会法律相冲突时，可以通过修改宪法来化解此冲突，显然也没有将宪法视为至高无上的法典。对这一现象的解释大致可归结为议会制在特定历史阶段的强势地位，使得议会在一国政治生活中实际处于不受制约的地位，包括可以对宪法作出修改（也可能需要遵循一种更为严格的修法程序），以至于在一般法与宪法之间作特别的区分并无太大的实际意义。然而，随着人们对议会制本身的弊端的反思，宪法有必要具有真正的优越地位的观点也逐渐被更广泛地接受，加上违宪审查制度的逐渐普及，宪法作为最高法的地位在全世界范围内——尤其在"二战"之后——越来越获得认可了。在今天，德国和法国都已经确立了其宪法在国内法律体系中的最高法地位。

四、基于实质内容的分类

与宪法的形式多样性一样值得瞩目的，是不同国家、不同时代的宪法在具体内容上的差别。在某个历史时期，某种特定的思想潮流具有席卷之势，以至于不同国家的宪法文本都打上了相同的烙印。而在时过境迁之后、或尤其是经历了宪法修改、重新制宪之后，一个国家可以拥有一部在内容上焕然一新的宪法。

18 世纪末、19 世纪初的宪法受到彼时流行的自由主义思潮的影响，特别强调个人权利与自由的优先地位甚至是绝对不可侵犯的地位，进而对政府权力施加了较多的限制，力图打造一种小规模的，与市民社会保持有效区隔的政府，这类宪法可称为“自由主义色彩的宪法”，典型是美国联邦宪法、法国 1791 年宪法、比利时 1830 年宪法等。随着 19 世纪西方国家工业革命的展开，社会生活方式发生巨大变迁，政府越来越被期待介入社会，对个人权利予以必要限制以便协调公共利益，此时出现的宪法对于个人权利与自由的表述就相对没有此前那么绝对，同时也不吝授予政府更多权力。在这一阶段，不同于此前自由主义思想大行其道，各种类型的社会本位或社会主义思潮逐渐被广为接受，所以在此背景下被制定出的宪法可称为“社会主义色彩的宪法”，典型是德国《魏玛宪法》。中国颁布的 1946 年宪法也可算是体现了社会主义思想的宪法。要特别注意的是，此处“自由主义”与“社会主义”之间只是程度上的区别，就宪法的根本目的是控制公权力而言，两者之间仍是一致的。社会主义色彩的宪法并不是全然否定自由主义，而是修正了早期宪法中过于绝对化的表述，更多强调了公共利益、社会本位的价值而已。此外，不能把拥有“社会主义色彩的宪法”的国家直接等同于中国当下意识形态语境下的社会主义国家，因为很多制定了这类宪法的国家仍然被我们归入资本主义国家的行列。

如果考察一下一部宪法为其政治共同体设定了怎样的组成方式，则可以将宪法分为“联邦制宪法”和“单一制宪法”。也就是说，这一区分的原则是，“宪法对政府权力在全国政府和其组成部分所确立的任何政府之间的分配”。美国、瑞士、德国、澳大利亚、加拿大、南非、巴西都属于前一类型；而法国、英国、日本、韩国、中国则属于后一种类型。从宪法的制定背景来看，联邦制宪法实际上是由若干个决定组成联邦的独立政治共同体经过彼此合意而制定的，这决定了联邦的组成部分实际上各自都保留有自己的一套政府架构，也有一部自己的宪法。通常，联邦宪法除了对联邦政府的组织与权力作出规定之外，还必须详细规定联邦与各组成部分之间的权力分配与相应的纠纷解决机制。从理论上讲，联邦宪法必须在尊重和保留各组成部分的宪法及其固有权力的前提下被实施，但这与联邦宪法同时被确立为整个联邦的最高法没有矛盾，实际上，只有如此，联邦才能称其为联邦。单一制宪法的任务则相对简单，因为它只需要设计一套政府架构而已。但实际上，单一制国家内部也可以采取相当程度的地方分权，某些重要的分权安排也会体现在宪法文本当中，尽管从原则上讲，单一制宪法之下地方的任何权力都可以被中央政府收回。

五、基于实际效力的分类

与上述分类方法均不同的是，“二战”之后开始流行一种“着眼于宪法在现实的政治过程中实际具有的功能”① 而进行的分类。这其中比较著名的就是卡尔·罗文斯坦所提出的三分法，即规范宪法、名义宪法、语义宪法。所谓规范宪法，是指宪法在实际上得到了相关各方、尤其是政治权力的服从，即宪法具有约束公权力的实际效果；所谓名义宪法，是指虽然具备了文本上的宪法，现实中却不能发挥其规范公权力的作用；而所谓语义宪法，是指宪法完全用于对现时的权力配置状态予以确认，看似规范与现实相契合，但已完全蜕变为一种有关“宪法”的语言伪术。罗文斯坦的这种宪法类型学的价值在于，当宪法在形式上已经成为普遍事务的时候，我们可以借此鉴别出哪些国家仅仅以一部名曰宪法的文件作为不合理的政治体制和权力架构的遮羞布，而哪些国家的政治生活是真正根据其宪法而展开，从而对“宪法”这个词语本身可能遭遇的异化或空洞化保持警醒。

第四节 宪法的渊源与形式

法的渊源（source of law）在实践意义上就是指法之所在，法之所以呈现的形态，或者换句话说，在哪里可以找到法。宪法的渊源，也就是指当我们需要准确锁定并获知宪法规则的内容时，在哪里可以找到它。而法作为调整人的行为的规则，当然具有其形而下的表现形态，这就是宪法的形式。在这个意义上，宪法的渊源与形式之间是密切相关的。

一、宪法典

宪法典是当今世界各国宪法的主流形式，很少有国家是所谓“非法典化宪法”的国家了。与其他法律分支中的法典类似，宪法典是一种法的渊源的集中呈现，是对于宪法规则，以及宪法原则与精神的完备表达，通过查询宪法典中的条文、语句，一个人可以一目了然地、系统性地掌握这个国家或地区的政府架构的基本面貌。因此，宪法典的特点可概括如下：

第一，宪法典往往制定于特定政治共同体历史上的重大转型时刻，反映了对其政府架构与政治生活方式的某种革新或重塑的愿望，宪法典实施的效果就是令政府架构被根本性地或者大幅度地改造，与此前的历史显著区隔开。

第二，宪法典的制定依赖于政治共同体内部所达成的重大共识，因此被认为具有超越于各方政治力量、各个社会阶层、各个利益团体之上的地位，由此也要求具有最高法的地位，尤其是优越于立法机关的地位。

第三，宪法典提供了对宪法规则、宪法原则与精神的集中地、完备地、一次性地表达，其内容是全面的，措辞往往具有较强的概括性，以便在长时期内适应于社会实际需求，维持政治生活的稳定和有序，宪法典相对严格的修改程序也是由此延伸出的要求。

---

① ［日］芦部信喜．宪法（第三版，高桥和之增订）［M］．林来梵，凌维慈，龙绚丽，译．北京：北京大学出版社，2006：8.

从纯粹形式角度对宪法典进行观察，可以发现因其内容丰富，所以必须分割为若干章节，而章节之内再写入具体的条文，以及更次一级结构的款、项、目等。宪法篇幅越长，其目次结构也会越复杂。凡属于整体性的目次框架范围内的文字，都属于宪法典的正文，以此区别于宪法序言。很多国家的宪法典都会在正文前附上序言，用以简单交代制宪背景、制宪目的等事宜。序言的语句不会拘泥于法律规范的语法和句式，因此适合于作一些历史性的叙述或政治宣言式的告白。

如果从构成宪法典的各部分条文的实体内容来看，虽然不同国家的宪法典各有特色，但也存在一些普遍规律。一般来讲，对于政府组织架构的规定是必备内容，宪法也是由此根本性地有别于其他法。对政府权力作授予、指示与限定的条文也会出现在这一部分，由此构成一个内容单元。例如，我国宪法第三章就叫作“国家机构”；法国 1958 年宪法第二、三、四章分别冠以“总统”、“政府”、“议会”的标题，以提示其主旨内容；奥地利宪法第二章为“联邦立法”，全面规定议会两院的组成、立法程序、立法行政关系以及议员的法律地位等事项。第二类不可或缺的内容是公民基本权利，各国宪法几乎都会设专门章节来容纳基本权利条款，我国宪法第二章是“公民的基本权利与义务”；法国 1958 年宪法序言明确承认 1789 年“人权宣言”是其宪法组成部分；联邦德国基本法（也即宪法）第一章为“基本权利”，共计 19 个条款。除此之外，宪法典中也普遍性地包括了关于国家结构的条款（联邦制或单一制）、宪法修改程序的条款、宪法实施保障的条款，以及一些规定了本国最重要政策的条款。

然而，拥有宪法典的国家并不是绝对不存在任何其他宪法渊源了。随着时间的推移和宪法的具体实施，其他类型的宪法渊源也会产生，或是作为对稍显抽象的宪法典条文的具体展开，或是作为对宪法典固有的规则漏洞的某种必要填补。根据不同国家的法律传统，具体的宪法渊源会有所不同。

二、宪法性法律

宪法性法律是容易引发歧义又不能被抛弃的一个术语。它的第一种比较重要的含义，是指在没有宪法典的国家，由立法机关颁布的实质上属于宪法规范的法律。如英国，其宪法的重要组成部分就是一系列的宪法性法律，比较晚近的立法有“1998 年人权法”、“2000 年信息自由法”、“2005 年宪法改革法”、“2006 年威尔士政府组织法”等。当然，如何在众多的议会立法中准确甄别出宪法性法律，恐怕很难有定论，这取决于采取怎样的宪法定义。因此，一般而言只能依照特定法案的重要性程度来确定其是否“够格”作为宪法性法律，但无论如何，这些法律在位阶上都属于议会立法，不能因为包含了宪法规范而具有特别地位（1998 年人权法算是例外）。

第二种意义上的宪法性法律，是指在那些存在宪法典的国家，除该法典以外的、包含有实质性的宪法规则的一般法。这些法律由立法机关所制定，位阶上低于宪法典，但由于其内容明显属于宪法规则，亦不可归入其他法律部门，所以为方便起见而统称为“宪法性法律”，即具有宪法属性却不是宪法典的法律。这类法律存在的合理性是显而易见的，如宪法典条文表述的概括性、宪法典本身不可避免的漏洞乃至制宪者出于技术性考虑而有意为之，等等。在我国，重要公权力机构的组织法（如《地方各级人民代表大会和地方各级人民政府组织法》、《全国人民代表大会常务委员会议事规则》）、选举法（如《全国人民代表大会和地方各级人民代表大会选举法》）、人权法（如《未成年人保护法》、《残疾人保障法》）等通常都被认为属于宪法性法律，但很明确的是，这些法律都是宪法典的下位法，不可与宪法典上的规定相冲突。

值得一提的是，在我国，如果按照划分法律部门的传统，那么宪法典和宪法性法律都属于宪法这个法律部门之内，可称之为“宪法部门法”。根据我们对宪法所作的实质性的定义，这样的划分也是有道理的。站在实用性的角度，作为部门法的宪法在整体上都是宪法学这门学科的研究对象。

三、宪法条款与宪法规范

宪法典当中的基本形式单元是宪法条款，即由若干个语句构成的一个基本完整的表述。如我国《宪法》第 39 条的表述是这样的：“中华人民共和国公民的住宅不受侵犯。禁止非法搜查或者非法侵入公民的住宅。”这一条可以被简单地指称为“住宅自由条款”。但有的内容稍多的条文会被细分为若干款，例如我国《宪法》第 48 条是这样规定的：

“中华人民共和国妇女在政治的、经济的、文化的、社会的和家庭的生活等各方面享有同男子平等的权利。

国家保护妇女的权利和利益，实行男女同工同酬，培养和选拔妇女干部。”

以上两个各自起首的段落分别是该条的第 1 款和第 2 款，共同组成了第 48 条。因此，严格来讲，“款”是“条”之下的一级文本结构。如果在援引法条的时候作精确的指称，就应该明确说出第几条、第几款，乃至更为细致的第几项、第几句，依此类推。但是，“宪法条款”已经成为通行术语，借此可以很具体地指称宪法典当中的个别语句，例如第 39 条的“住宅自由条款”、第 48 条的“性别平等条款”。有时，“某某条款”所指正好是一个条文；有时，则是指某个多段落条文中的一部分；有时也可以指若干个条文（即超过一个条文序号）的集合。总之，这种形式上的称呼主要是为了方便定位、查找、指称或引述相关法律语句。

与此相对，宪法中的实质构成单元是“宪法规范”。宪法规范是特定宪法条款或若干个彼此关联的宪法条款之中所包含、所体现的实质规则。也就是说，宪法条款是宪法规范的形式载体，而宪法规范是对宪法条款在内容上的一种整理、提炼或概括。这种区分的意义在于：首先，并非任何宪法条款都提供了严格意义的法律规则。这很可能是宪法的特点之一，其包含了很多叙述性、宣示性或呼吁性的语句，这些语句并不能算作法律规则，例如我国《宪法》第 7 条第一句“国有经济，即社会主义全民所有制经济，是国民经济中的主导力量”；又如第 23 条“国家培养为社会主义服务的各种专业人才，扩大知识分子的队伍，创造条件，充分发挥他们在社会主义现代化建设中的作用”。其次，宪法条款与宪法规范在结构上不一定一一对应，一个有意义的、完整的宪法规范很可能体现在若干个条款当中，甚至是结构上离散分布的条款。或者相反，一个长篇幅的条文可能包含了不止一个规范。例如我国《宪法》第 47 条在形式上只有 1 款，但其第一句与第二句的内容是各自独立的，无法被视为一个单一的宪法规范。

四、宪法判例

所谓宪法判例，是指在涉及宪法适用的具体案件中，由权威机关作出的判决。这种判决除了解决当事人之间的宪法争议，同时也通过判决本身而提供了对宪法规范的某种权威表述。存在宪法判例的国家，一般基于其法律传统或根据专门的法律规定，其判例对后续类似宪法争议的解决具有约束作用，所以从实际效果来看，宪法判例就具有了相当于宪法的地位。

从技术层面讲，判决书当中只是那些规范性的语句表达才是具有法律效力的部分。这些规范性的语句在性质上属于对相关宪法条文的“适用性陈述”，并且很可能是基于对宪法条文作了一定的解释而得出的结果，体现了裁判者对于宪法条文的理解、或者说对于宪法规范的认识。美国联邦最高法院在 1931 年的尼尔诉明尼苏达案的判决书中就有如下的表述：

“本案的问题是，一部授权对报纸发出出版禁止令的州法是否与我国长久以来所认知和保障的新闻自由的概念相符。通常认为，对新闻自由的保障的主要目的就是防止对于出版的事前限制……”①

这是一件关于美国宪法第一修正案的诉讼，相关条文是这样的，“国会……不得立法剥夺言论自由和出版自由……”也就是说，上述判决认定，宪法中的“不得剥夺出版自由”包括了防止对于出版自由的事前限制，就该案而言，也就是说宪法不允许有这样的出版禁止令。通过这样的规范性陈述，宪法判例在宪法条款的基础上提供了明确的宪法规范或规则。根据美国的判例法传统，这一宗最高法院的判例对后续案件有约束作用，由此在事实上确立了一项永久性的宪法规范。正是在这个意义上且通过这种方式，宪法判例应该被视作为一种宪法渊源。

不过，根据我国的宪法实施制度，我国并不存在宪法判例。

五、宪法解释

作为宪法渊源之一的宪法解释，是指拥有宪法解释权的机关对于宪法文本的含义所作的说明。根据我国《宪法》第 67 条的规定，全国人民代表大会常务委员会有权解释宪法。因此，全国人大常委会是我国权威的宪法解释机关。迄今为止，它并没有作出过任何一次宪法解释，但通过其所作的若干次法律解释，大致可以推测其解释宪法时将予遵循的程序和将予采用的形式，即作出宪法解释的程序将基本类似于法律解释程序，而解释文在形式上将呈现为一份名称为“关于中华人民共和国宪法第×条第×款的解释”的单行本式的法律文件。

宪法解释与宪法判例之间有密切联系。一般而言，如果有关宪法案件所涉及的宪法条款的含义并非一望即知，那么就需要通过宪法解释来确定其含义，以便作出判决。就此而言，宪法解释是宪法判例在技术上的前提。但是在不存在宪法诉讼，因此也不存在宪法判

① Choper, Fallon, Kamisar, Shiffrin. Constitutional Law: Cases－Comments－Questions, 10th edition, Thomson, West, 2006, p. 837.

例的地方，宪法解释则可以某种特定形式单独存在。当然，从当今世界各国的宪法实施制度来看，宪法解释多数是包含在宪法判例之中的或者实际上基于某个具体的宪法争议（不一定进入到司法程序）而被作出的。我国的宪法解释将会呈现出怎样的模式仍是一个有待观察的问题。

六、宪法惯例

宪法惯例是指在历史中形成和延续下来的，事实上被普遍遵循，并且也被认为会被遵循的那些与政府权力运作有关的习惯与做法。戴雪认为，宪法惯例与宪法法（the law of the constitution）共同构成了英国宪法（the British Constitution），也是他使得宪法惯例这个概念被广为接受。宪法惯例的最大特点也是其区别于成文宪法之处，即它是一种并不存在权威性的文本渊源、却又拥有一定规范性或约束力的规则（rule）。这里避免使用法的概念，是要强调宪法惯例在形式上不同于通常意义的法，但就其有一定的约束力而言，就毫无疑问是一种规则，否则其顶多算是某种描述、公众愿望、历史传说。然而，这种约束力或规范性是非常微妙的，因为政治人物对于某个宪法惯例的违反很可能导致这一惯例被废弃或改写，而不是引发某一个法律上的惩罚。尽管在政治上讲，公然违反一项惯例会引发舆论压力、反对党的批评等后果。但诚如詹宁斯所说，“惯例产生于习惯，而习惯何时成为或不再成为惯例，很难把握”。① 但根据定义，如某个惯例被弃之不用，也就不成其为惯例了。

宪法惯例的作用是不可忽视的。首先，宪法惯例有助于成文宪法的实施。在宪法条文的含义模糊不清或存有明显漏洞时，某个长期沿用的惯例就可以帮助澄清其含义或使得宪法典在整体上依然可用。其次，宪法惯例的存在令宪法与思想观念的发展保持联系，即静态的宪法条文能够借助于一些惯例的常规实践而拉近与已然变迁的社会的距离，在这个意义上，也可以说宪法惯例推动了宪法变迁。当某个惯例被立法予以清晰表达出来时，可以认为惯例的作用自此被成文法所取代，然而只要成文法不能免于变得僵化或面临适用中的各种疑难情形，那么宪法惯例就总会从实践中产生并发挥其作用。

【司法考试关联知识点】

宪法的概念及其相关基础性的概念、原理是宪法学知识体系的基础，是司法考试的必考内容。宪法的渊源、形式和结构是对宪法概念的形式性的把握，宪法的规范性或效力是对宪法概念的实质性的把握，而宪法的分类则是认识宪法这一“法律事物”最常用方法之一。对宪法的理解，不能停留于对某种版本的“定义”的记忆，而是需要放在上述相关概念与原理的背景中予以理解，才能真正掌握。

---

① ［英］W. Ivor·詹宁斯．法与宪法［M］．龚祥瑞，侯健，译．北京：生活·读书·新知三联书店，1997：90.

第二章　中国宪法的产生与变迁

【学习目的与要求】了解中国近现代史上宪法现象的出现与大致的发展历程；我国现行宪法产生的背景及其发展历程；“八二宪法”的含义及其主要内容。

【引例】20 世纪初，清王朝已经走入穷途末路。1911 年 10 月 10 日，“武昌起义”爆发，随后湖北建立军政府，宣布脱离朝廷而独立。不到 1 个月，全国范围内十多个省份宣布独立，并各自派出代表筹组新政府事宜。1911 年 12 月 3 日，《中华民国临时政府组织大纲》通过；1912 年 1 月 1 日，孙中山就任临时大总统，“中华民国”正式建立。1912 年 2 月 12 日，在民国政府与清朝协商达成一致之后，清帝宣布退位，中国在法律上实现了统一，“中华民国”取代了“清王朝”的地位。《中华民国临时政府组织大纲》共 21 条，仅为临时性的法律文件，是制定正式宪法之前的过渡性的安排。但是，这份准宪法性质的法律创建了“中华民国”政府的初步架构，宣告了“民国”的诞生，仍具有划时代的意义。

第一节　1949 年以前的宪法沿革

一、清帝退位与民国初建

19 世纪末、20 世纪初，清王朝深陷各种内忧外患之中。在以孙中山为代表的革命党力量和以梁启超为代表的改良派力量的双重压力之下，清政府为挽救其统治合法性，于 1906 年下诏预备立宪，意图通过仿效当时先进列强国家的宪政制度来改革国内体制。官立机构“宪政编查馆”于 1908 年奉命起草了宪法大纲（即宪法草案），即“钦定宪法大纲”，并定出九年期限为立宪计划。宪法大纲共 23 条，分为两部分，分别规定君主权力与臣民权利义务。这部由君主意志钦定的宪法性文件在内容上大幅度抄袭当时的日本宪法（《明治宪法》），对君主权力尽数罗列，几无限制，虽有“宪法”之名，却不能真正摆脱君主专制体制的色彩。①

光绪帝、慈禧太后相继去世后，宣统皇帝即位，并由其父载沣摄政，国内政局进一步恶化。1911 年 10 月 10 日，湖北革命党人在武昌首义成功，建立鄂州军政府，宣布湖北脱离清廷独立，史称“辛亥革命”。自此，国内革命成燎原之势。清政府为应对危机，由袁世凯出任总理大臣，并命资政院立即起草宪法，由清帝公布，此即著名的“十九信

① 参见萨孟武．政治学与比较宪法［M］．北京：商务印书馆，2013：384-386.

条”。1911 年的“十九信条”不同于此前宪法大纲仅为草案的性质，而是承诺将予立即实施的临时宪法。在这一版本“宪法”中，君主权力受到一定限制，国会成为立法机关，设内阁为行政机关，且须由国会选举内阁总理，交君主任命。① 但这种仿照内阁制的临时宪法实乃专制王朝大厦将倾之时所作的最后一次徒劳尝试，根本不能平息各省相继宣布独立的势头。依此“信条”当选内阁总理的袁世凯随后代表清政府与南方革命派代表伍廷芳在上海谈判，拟定了君主退位的优待条件（即“南北议和”），最后宣统帝于 1912 年 2 月 12 日正式下诏宣布退位，在法律上结束了中国的君主专制体制。

南北和谈尚在进行当中时，革命党人主导的创建民主共和国的进程也在同时推进。由宣布独立的各省推举的代表所组成的“各省都督府代表联合会”代行了为新政府创建临时法律架构的职能，于 1911 年 12 月 3 日通过了《中华民国临时政府组织大纲》，并选举孙中山为中华民国临时政府大总统。随着孙中山于 1912 年 1 月 1 日于南京宣誓就职，亚洲第一个共和国也随即诞生。《中华民国临时政府组织大纲》共 21 条，是临时性的中央政府组织法，其所设计的政治制度完全模仿美国宪法，为总统制共和体制。尽管这份临时性的组织法实施时间很短，但它为“以孙中山为首的中华民国南京临时政府的建立提供了法律依据”,② 实际上创设了一种基于民主共和原则的全新法统或国体（“中华民国”），其历史意义极为重大。

南京临时政府成立后，旋即开始《中华民国临时约法》的起草工作。1912 年 1 月 28 日，参议院正式组建；3 月 8 日，参议院全案通过《中华民国临时约法》，临时大总统孙中山遂于 3 月 11 日对外公布，即所谓“临时约法”或“民元临时约法”，正式替代此前的《临时政府组织大纲》。“临时约法”共 7 章 56 条，分别为第一章“总纲”、第二章“人民”、第三章“参议院”、第四章“临时大总统　副总统”、第五章“国务院”、第六章“法院”、第七章“附则”。“临时约法”令人瞩目之处在于，把此前的总统制改为了内阁制。这是因为该法起草之时，南北议和已见端倪，革命党人已接受谈判条件，未来将选举袁世凯为大总统，因此特采行内阁制以便牵制总统的权力。③ 此外，该约法值得注意之处还有，明确宣告国民主权原则（第 2 条）、详尽罗列人民的各项权利与自由（第二章）、采取一院制（第三章）、明确要求限期召集正式国会以制定正式宪法（第 53、54 条）等。《中华民国临时约法》已大致具备现代宪法的格局与架构，但依其自身规定，其仍不是民国的正式宪法。这也是民国初期南京临时政府最后的制宪工作。

二、民国北京政府时期的宪法沿革

南北议和成功后，参议院接受了孙中山的请辞，选举袁世凯为临时大总统。然而袁氏忌惮南方革命党势重，不愿离开北京。经双方妥协之后，参议院同意袁世凯在北京宣誓就职，而参议院本身也于 1912 年 4 月在北京集结开会，中华民国南京临时政府时期遂告一段落，并开启了北京政府（北洋政府）时期。

---

① 参见萨孟武．政治学与比较宪法［M］．北京：商务印书馆，2013：388.

② 曾宪义主编．中国法制史［M］．北京：北京大学出版社、高等教育出版社，2000：280.

③ 参见萨孟武．政治学与比较宪法［M］．北京：商务印书馆，2013：397-398.

《临时约法》规定该法施行10个月内召集国会，而国会则肩负代表人民制定正式宪法的重任。于是，参议院先行制定公布《中华民国国会组织法》，并成功选举产生国会两院（采行两院制）议员，1913年4月8日，国会正式成立，随即着手宪法起草工作。国会先成立宪法起草委员会，并选择北京天坛为会议地点，终于在当年10月31日通过草委会三读，即《中华民国宪法草案》，史称“天坛宪草”，也就是中华民国第一部正式的宪法草案。1913年发生的一桩重大政治事件即宋教仁被刺杀，以孙中山为首的国民党人士认定袁世凯为幕后主谋，事态后演变为双方武装冲突，此即“二次革命”。袁世凯凭借军事优势迅速平息了革命，由此进一步巩固了其在北京政府的实权。实际上，宪法草案出台之前，国会已依照《大总统选举法》（该法后并入宪法草案）先行选举大总统，天坛宪草就是在这样的背景下完成的。该草案共11章113条，继续采行内阁制，设国务总理一职领衔国务院，作为行政机关向国会负责，而大总统所发的任何命令及文书皆须由总理或国务员副署方可生效。

袁世凯对天坛宪草制约大总统之权力极为不满，加之与国会内多数党国民党势同水火，终于在1913年11月解散了国民党，致使国会因不足法定人数而停摆。进而，袁氏绕开国会而组建所谓“约法会议”，以图另行起草宪法，这就是于1914年5月1日公布的《中华民国约法》，又被称为“袁记约法”。袁记约法实际上创设了一种大总统独裁体制，但仍然不合袁氏心意，以致其终究冒天下之大不韪改行帝制，由此引发“护国运动”。随着袁世凯于1916年6月在帝位上突然逝世，国体危机也告一段落。袁记宪法框架下的前副总统黎元洪依照1913年的《大总统选举法》被选为总统。

洪宪帝制的闹剧打乱了民国制宪的步骤。黎元洪就任总统后，下令恢复《中华民国临时约法》，同时重新召集此前已停摆的国会，以便继续制宪工作。此次国会会议以原先“天坛宪草”为讨论基础，但在包括解散国会制度与地方制度等在内的重大议题上始终难以达成共识。及至1917年5、6月间，政府内因是否参战（第一次世界大战）的问题发生严重对立，最后演变至国会再度被大总统解散，宪法起草遂再度被搁置。① 1918年间，在国务总理段祺瑞主导下，北京政府依照修改后的《国会组织法》选举了新国会，史称“安福国会”。1919年8月12日，该新国会公布了最终议决的宪法草案，称为《中华民国宪法草案》，又称“民国八年宪法草案”。然而，段祺瑞修法另选国会的行为在法理上值得质疑。就在同时期，在于1916年被解散的“旧国会”的部分议员响应孙中山的“护法”号召，南下广东集会，于是造成了北京政府与广州政府在政制上与法理上的分裂。由于在广东集会的旧国会议员不足法定人数，只能组成所谓“非常会议”。1918年9月，在对旧国会组成人员依法作解职与递补之后，终于满足了法定人数，召开正式国会，试图接续此前在北京因被解散而停顿的制宪工作。至此，中国北方与南方各有一个国会，但各自不论从法律上抑或政治上都存在瑕疵，因此所作之宪法起草工作的正当性也都存在严重缺陷。

此后，不论北京抑或广东，政局皆持续动荡。在经历了一系列军阀派系混战与政府改组之后，黎元洪大总统在1922年颁令撤销其1917年发出的解散国会令，即重新召集“旧

① 参见萨孟武．政治学与比较宪法［M］．北京：商务印书馆，2013：436-437.

国会”。在此情况下，身处广东的国会议员也纷纷北上，终于令国会在当年年底达至法定人数而开会，于是“旧国会”的地位又得以恢复，遂决定从1917年宪法起草进程被打断之处开始继续相关程序。在经历若干争执扰攘乃至新一次的政变之后，终于在已任大总统的直系军阀曹锟的极力推动下，于1923年10月10日制定完成并公布了《中国民国宪法》。由于此前曹锟乃大行贿赂收买而当选大总统，因此世人讥讽这部宪法为“贿选宪法”。这一部宪法是在“旧国会”——也是最为正统的国会——的组织框架下制定的，并且被正式公布（此前“天坛宪草”并未正式公布），在法理上的品质稍好。此次制宪乃延续此前工作，因此整部宪法文本没有脱离天坛宪草的主要内容与结构，但增加了部分章节和条款。在中央政府架构上，1923年宪法继续采行内阁制。与天坛宪草最大的不同之处是，本部宪法实际上设计了一种联邦制的国家结构，① 各省皆有权制定省宪、创设各自政府，而中央层面的参议院则实际上是由各省代表所组成，与联邦制国家的相应议院的地位类似。然而，限于当时混乱的时局，这部宪法终究不能令民国政治走上正轨。当曹锟政府在新一轮内战之后倒台，段祺瑞重新执掌北京政府后，1923年宪法体制又被悬置。到1924年年底，段祺瑞试图邀集包括国民党（已为改组之后的国民党）在内的国内主要政治力量组建全新的“国民代表会议”，以求重新制定宪法，然而这所谓的“国民代表会议”却始终不能组成。其间，段祺瑞政府又颁布了一份《修正中华民国临时政府制》（1925年12月26日颁布），作为此时民国北京政府的基本组织法，史称“民国十四年宪法”。从此直至国民革命军在1928年完成北伐、北京政府最终瓦解，北京方面再无重大的制宪举措。

三、民国南京政府时期的宪法沿革

自从1922年北京方面恢复“旧国会”，孙中山所领导的南方革命力量就不得不在实际上处于地方割据地位，因而在广州组建了军政府以便继续革命事业。1923年后，孙中山决定与苏联及中国共产党合作开展国民革命，并在1924年1月改组国民党，使其转变为一个按照“民主集中制”原则运作的革命型政党。1926年，国民革命军正式誓师北伐，随着战事进展，1927年定都于南京，并最终于1928年6月终结北京政府。随着1928年东北地区宣布归附南京中央政府，军阀割据状况基本结束。由此，中华民国的历史进入到南京国民政府时期。

由北伐而推至高潮的国民革命是遵循孙中山遗留下来的建国方略而展开的，其筹划的主要步骤包含所谓“军政”、“训政”与“宪政”三阶段。1928年国内基本实现统一，南京政府遂宣布施行训政，即由中国国民党暂代国民行使全部政权，同时训练国民行使各项权利，已作将来实行宪政之准备。当年10月由国民党中央执行委员会常务会议议决发布的《训政纲领》清楚表明了上述核心要旨。与此同时公布的还有《中华民国国民政府组织法》，依照孙中山的“五权宪法”思想确立了南京国民政府的组织架构。1931年，根据国民党的决议，经选举产生了国民会议。国民会议于5月12日通过了《中华民国训政时期约法》。这是南京国民政府主导之下的第一个宪法性文件。1931年的“训政时期约法”

① 参见萨孟武．政治学与比较宪法［M］．北京：商务印书馆，2013：474.

共8章89条，其中于第三章专设“训政纲领”，而于第七章“政府之组织”中仅以极其简略概括的文字规定政府组织架构。因应此约法确立的原则，随后修改的《国民政府组织法》才详细规定了国民政府的组织架构与权限。

此后，国内要求尽早结束训政的声音日渐高涨。《训政时期约法》规定训政期间中国国民党全国代表大会代行国民大会之权力，而当全国过半数省份达至“宪政开始时期”①之时即应召集国民大会，决定宪法。因此，国民党第四届三中全会决定于1935年召开国民大会，以便制定宪法。从设立宪法草案起草委员会开始，此次起草工作历经大小无数次会议，不断征求各方意见，并时时经由国民党中央提出修正与审核，先后形成过三次草案版本。最后，终于在1936年5月5日由国民政府予以公布，即《中华民国宪法草案》，又称“五五宪草”。然而，该草案未及提交至国民大会正式通过，抗日战争即全面爆发，制宪工作又告停顿。“五五宪草”共设8章148条，分别为第一章“总纲”、第二章“人民之权利义务”、第三章“国民大会”、第四章“中央政府”（下设“总统”、“行政院”等6节）、第五章“地方制度”、第六章“国民经济”、第七章“教育”、第八章“宪法之施行及修正”。其中，国民大会拥有修改宪法、选举和罢免总统及各院院长、创制与复决法律等重要权力。中央政府组织仍贯彻“五权宪法”思想，总统被赋予包括任免行政院院长在内之文武官员的广泛职权，仅需对国民大会负责而已。

抗战胜利之后，尽速制宪及施行宪政又成为全国共识。由于中国共产党与其他党派联合反对制宪国民大会代表名额分配方式以及反对“五五宪草”的内容，国民政府于1946年1月在重庆召开政治协商会议，就宪法草案达成了十二条协议，史称“政协十二原则”，其主旨在于对“五五宪草”作出重大修改，例如弱化国民大会的地位与权力。随后，根据该十二原则而对“五五宪草”予以修改形成了所谓“政协宪草”。② 政协会议同时就制宪国大的组成问题达成妥协，并随即完成了国大代表之选举。但国共内战全面打响后，共产党和民盟退出了制宪国民大会。1946年年底，由国民党籍代表占多数的制宪国民大会（青年党和以张君劢为代表的民社党参与了此次国大）终于在南京召开，并于12月25日通过了《中华民国宪法》，此即“1946年宪法”，文本上基本与“政协宪草”保持一致。但是，中国共产党和其他部分人民团体和民主党派对这部宪法不予承认。

“1946年”宪法共14章175条。第一章“总纲”第1条规定，“中华民国基于三民主义，为民有、民治、民享之民主共和国”，正式申明了中国民国的国体。第二章规定了人民的权利义务，虽明确承认人民权利可依法律予以限制，但又对法律限制加以限制，体现了当时世界各国加强基本权利保护之潮流。第三章“国民大会”秉承“政协宪草”精神，弱化了国大的地位与权力，几乎仅为选举总统之机构。第四章到第九章分别规定“总统”和五权机关，与“五五宪草”在“中央政府”之下设“总统”与五权各节的结构相比，明显提升了各中央机关的地位，再次印证了国大地位的虚化。根据相关规定，这部宪法实

---

① 第87条规定，“全国有过半数省份，达到宪政开始时期，即全省之地方自治完全成立时期，国民政府应即开国民大会，决定宪法而颁布之”。

② 参见聂鑫．中国近代国会制度的变迁：以国会权限为中心［M］．上海：上海人民出版社，2015：77-78.

际上采用了接近于内阁制的体制。第十章为“中央与地方之权限”，此为“五五宪草”所无，专门规定了中央与地方之间的权限划分，反映了孙中山一向主张的均权思想。

1948 年，依照该宪法规定所组织的新国民大会（“行宪国大”）选举蒋中正、李宗仁为正副总统，标志着正式行宪。然而国民政府在内战中已节节败退。随着 1949 年 10 月中华人民共和国中央人民政府在北京宣告成立，以及国民政府于 1950 年最终迁往台湾，民国南京政府时期落下帷幕。基于中共中央在 1949 年 2 月 22 日发布的《关于废除国民党六法全书和确定解放区的司法原则的指示》，国民政府的法律体系被全盘否定，中国的宪法体制建设将开启全新一页。

第二节　中华人民共和国与“1954 年宪法”

一、《中国人民政治协商会议共同纲领》

未及内战结束，中国共产党就退出了南京国民政府主导的制宪国大，因此中国宪法的前途已只能交由战争结果来决定了。1948 年 4 月 30 日，中共中央发布《纪念“五一”劳动节口号》之声明，第一次公开呼吁“召开新的政治协商会议”，以便议决成立民主联合政府的问题。即中国共产党已经在法理上完全脱离国民政府的宪制框架，决定以军事斗争为基础，创建全新的政府架构。共产党的呼吁获得各民主党派及各界人士的响应，在北京和平解放之后，中国人民政治协商会议第一届全体会议在 1949 年 9 月正式开幕。9 月 27 日，会议通过了《中国人民政治协商会议组织法》、《中华人民共和国中央人民政府组织法》。29 日，会议通过了《中国人民政治协商会议共同纲领》，此即著名的“《共同纲领》”。在尚未制定新宪法的情况下，上述三份文件实际上属于中华人民共和国的宪法性文件，是“新中国成立的法律基础”。① 随后，中央人民政府于 10 月 1 日正式成立。

《共同纲领》包括序言和 60 条正文，正文又分为第一章“总纲”、第二章“政权机关”、第三章“军事制度”、第四章“经济政策”、第五章“文化教育政策”、第六章“民族政策”、第七章“外交政策”。从内容上看，主要是宣示了国家与政府将予以争取达成的各项政策目标，如第 2 条规定“将人民解放战争进行到底，解放中国全部领土，完成统一中国的事业”，第 3 条规定“发展新民主主义的人民经济，稳步地变农业国为工业国”，等等。从法律地位上看，《共同纲领》起到了临时宪法的作用。最为重要的是，中华人民共和国中央人民政府是在《共同纲领》被正式通过的基础上成立的。纲领中也明确规定了中华人民共和国的国体为“人民民主专政的共和国”，规定了“国家政权属于人民，人民行使国家政权的机关为各级人民代表大会和各级人民政府”等，与典型的宪法条文创建政治共同体的组织架构与权力配置无异。不仅如此，在 1954 年正式宪法制定之前，《共同纲领》一直被视为最高地位的法律文件，其他重要的法律文件均以《共同纲领》为其制定依据。因此，虽然不具有“宪法”之名，但《共同纲领》毫无疑问地起到了中华人民共和国初期临时宪法的作用。

---

① 许崇德．中华人民共和国宪法史（上卷）［M］．福州：福建人民出版社，2003：41.

二、"1954 年宪法"

1949 年《共同纲领》所创建的新政权的性质是一个由各阶级、各方面人士参加的人民民主统一战线的政权，思想上主要基于对"新民主主义"的共识，这与中国共产党建立以工人阶级为领导、以工农联盟为基础的人民民主专政的政权的目标有较大差距。随着国内局势的逐渐稳定，1953 年，中央提出了尽早开始向社会主义过渡的问题，这进一步使得《共同纲领》难以符合实际需要。在国际方面，新生的人民共和国与苏联保持着密切往来，而当时苏联最高领导人斯大林则几次三番建议中国共产党尽速筹备制定宪法，这对毛泽东等党中央领导层的想法也产生了不小影响。① 最终，中央人民政府于 1953 年 1 月 13 日决定成立中华人民共和国宪法起草委员会，负责宪法起草工作。紧接着，中共中央成立了作为党内机构的宪法起草小组，由毛泽东直接领导，负责提出供宪法起草委员会讨论的草案初稿。该初稿在毛泽东的实际领导与影响之下，于 1954 年 2 月间形成，② 并且同时期交由刘少奇等中共中央委员讨论、修改，于 3 月 23 日以中国共产党中央委员会的名义正式向宪法起草委员会提出了宪法草案（初稿）。③ 从 3 月 23 日到 6 月 11 日，宪法起草委员会先后召开 9 次正式会议，最后通过了《中华人民共和国宪法草案》，遂交由中央人民政府予以通过并向全国公布。接下来，宪法草案进入到全民讨论阶段，共持续了 3 个月，收到各方面不计其数的意见或建议。1954 年 9 月 15 日，第一届全国人民代表大会第一次会议在北京召开，审议并通过宪法草案乃首要议程。9 月 20 日，大会以全票通过了宪法草案，中华人民共和国第一部宪法遂正式诞生，这就是"1954 年宪法"。

"1954 年宪法"在结构上包括序言与正文，正文包括 4 章 106 条，分别是第一章"总纲"、第二章"国家机构"、第三章"公民的基本权利与义务"和第四章的国家标志相关条文。在内容上，该宪法对《共同纲领》有所继承，但也有重要的发展，实际上是中国第一部社会主义类型的宪法；从地位来看，1954 年宪法是基于人民主权原则，由正式选举产生的全国人民代表大会所通过的正式宪法，取代了《共同纲领》作为临时性宪法文件的地位，是新中国的第一部宪法。

第三节　1954 年到 1982 年之间的宪法沿革

一、1975 年宪法

尽管 1954 年宪法被公认为是制定得很好的宪法，然而其实施过程却颇为曲折。从 20 世纪 50 年代后期开始，国内所发生的一系列政治事件（如 1957 年的"反右斗争"等）实际上都是在法制框架以外进行的，对宪法的权威造成极大损害，对公民的基本权利也造成极大的侵犯。再到 1966 年"文化大革命"全面爆发，国家进入到一种可谓"无法无

① 参见韩大元. 1954 年宪法制定过程［M］. 北京：法律出版社，2014：62-68.

② 参见韩大元. 1954 年宪法制定过程［M］. 北京：法律出版社，2014：83-85，91.

③ 参见韩大元. 1954 年宪法制定过程［M］. 北京：法律出版社，2014：108.

天”的状况，宪法实际上被废弃，宪法秩序被“革命秩序”所取代。①

“文革”进行中的1974年，第四届全国人大启动了宪法修改程序，于1975年完成了相关法律程序并公布，这就是历史上的“1975年宪法”。该宪法共4章，结构上与1954年宪法类似，却只有20条，尤其是权利保障方面仅剩下4条，显得格外简括和粗糙。有学者认为，“严格来说，1975年宪法只能算一个大纲”。② 不仅如此，这部宪法在基本观念和内容体系上背离了1954年宪法的精神，是反映当时“极左”政治路线的一部宪法。另外，此次宪法修改过程也存在法律上的严重瑕疵，包括第四届全国人大并非经选举产生、1954年宪法规定的修改程序未予严格遵循等。总而言之，1975年宪法对于中华人民共和国的宪政建设没有起到实质性的推动作用，相反却损害了“宪法”的声誉。

二、1978年宪法

1976年9月9日，毛泽东逝世。10月6日晚间，经由华国锋、叶剑英、李先念等密议与决策，江青、张春桥、王洪文、姚文元四人在北京中南海怀仁堂被捕。一般认为，这标志着历时十年的“文化大革命”的结束。1977年10月，中共中央发出了召开第五届全国人民代表大会的通知，并决定在此次会议上着手修改宪法（1975年宪法）。本次宪法修改委员会实际上由中共中央政治局全体成员组成。1978年2月，宪法修改草案正式被提出。当年3月召开了第五届全国人大第一次会议，并于3月5日通过了修改之后的《中华人民共和国宪法》，即“1978年宪法”。1979年7月和1980年9月，这部宪法中的若干条文又进行了修改。

“1978年宪法”在结构上仍延续此前两部宪法的大体框架，包括序言与正文60条，篇幅上比“1975年宪法”有大幅增长。尽管这部宪法试图克服“1975年宪法”的错误，但其背后的基本精神仍然是所谓“坚持无产阶级专政下的继续革命论”，没有从“文革”的政治理念中走出来。许崇德教授认为，“由于路线、方针不正确，决定了1978年宪法不可能是一部好的宪法……事实表明，1978年宪法在中国历史上没有留下什么重要影响”。③

第四节　“八二宪法”

1978年宪法的出台与实施过程中，国内政局已有重大发展。从1978年年中开始的“真理标准大讨论”，到当年底召开的中国共产党第十一届三中全会，再到1981年六中全会通过《关于建国以来党的若干历史问题的决议》，以及其间华国锋从国家领导人位置上实际退出，中共中央与中央政府完成了一轮根本性的内部权力交接。在当时的特定背景下，彻底走出此前政治路线的束缚，以新的原则与政策恢复国内政治生活的常态化、有序化，并加强民主法制建设，成为了体制内外的共识。

---

① 参见韩大元．1954年宪法制定过程［M］．北京：法律出版社，2014：445.

② 张千帆．宪法学导论——原理与应用（第三版）［M］．北京：法律出版社，2014：147.

③ 许崇德．中华人民共和国宪法史（下卷）［M］．福州：福建人民出版社，2003：322.

1980年9月，第五届全国人民代表大会第三次会议决定成立宪法修改委员会，同时设立秘书处，作为宪法修改的经常性的工作机构。1982年4月，宪法修改草案提交至全国人大常委会讨论。从4月至8月间，参照此前1954年宪法制定时的做法，宪法修改草案对社会公布，交由全民讨论。当年12月，第五届全国人大第五次会议通过了经再度修改过的宪法修改草案，并由大会主席团将修改后的宪法文本于12月4日正式公布，这就是一直实行至今的“1982年宪法”，或称“八二宪法”。

八二宪法包括序言以及正文共4章138条。序言确认了包括坚持共产党的领导等在内的“四项基本原则”，一般认为这是中国共产党执政党地位的直接法律依据。序言中另有表述与正文第5条一起确立了宪法作为最高法的地位，其他一切国内法律规范都不得与宪法相冲突。宪法第一章“总纲”明确规定了国体、人民主权原则、单一制国家结构等根本性的内容，同时规定了一系列的国家政策——如非公有制经济的合法地位等。第二章是“公民基本权利与义务”，这在结构上不同于此前几部宪法，体现了制宪者对基本权利更为重视了。在这一章中，平等权、选举权、言论自由、宗教信仰自由、身体自由、住宅自由、通信自由等诸项权利都得到了确认，并且经过2004年的修宪还加入了“国家尊重和保障人权”这样的条款，使得“人权”概念也一般性地获得了宪法规范的地位。第三章是“国家机构”，在中央与地方层面全面系统地规定了以人民代表大会为基础的公权力组织架构，并以国务院为中央行政机关，各级人民法院为国家审判机关，各级人民检察院为国家法律监督机关。这一部宪法在国家机构方面的突出特点是加强了各级人民代表大会常务委员会的建设，使得各级人大能够通过常设机构的运作更好地发挥作用。第四章仍为“国旗、国歌、国徽和首都”。

八二宪法正式实施之后，在1988年、1993年、1999年、2004年、2018年分别依照宪法第64条规定的程序进行了修改。这五次修改不同于1975年、1978年和1982年的三次“全面修改”，而是严格遵循既定的修宪程序所完成的，并且也是不损及政府架构的根本框架的部分、局部的修改，因此，一般认为八二宪法一直是现行宪法秩序的根本法律文件，这也是中华人民共和国成立以来有效实施历史最久的一部宪法。

1988年的宪法修改包括两条修正案，分别是承认“私营经济”的合法地位，以及允许土地使用权的依法流转。1993年的宪法修改包括9条修正案，最重要的包括正式在宪法中接纳“中国特色社会主义理论”、确认“中国共产党领导的多党合作和政治协商制度”的宪法地位、明确“社会主义市场经济”为国家的根本经济秩序等。1999年宪法修改包括6条修正案，其中最引人注目的有所谓“法治国家条款”的加入、原宪法第28条所使用的“反革命活动”改为“危害国家安全的犯罪活动”等。2004年宪法修改有14条修正案，包括“人权条款”入宪、原土地征收征用条款中加入“并给予补偿”的规定、在原宪法第13条中加入“公民的合法的私有财产不受侵犯……国家依照法律规定保护公民的私有财产权和继承权”等语句。2018年宪法修改有21条修正案，包括设置各级监察委员会及相应职权调整、修改国家主席任期制度、写入习近平新时代中国特色社会主义思想、宪法宣誓制度、赋予设区的市的地方立法权等内容。我国宪法修改的具体操作方式是，经全国人民代表大会通过的宪法修正案的效力表现为直接对现有宪法文本的相关条文作删减、调整与增加，因此，大会主席团会将修改后的宪法全文正式公布，而不会把修正案附加在正式文本之后。

【司法考试关联知识点】

关于中国宪法的沿革，最重要的是对于现行宪法的基本历史背景和发展阶段的了解。作为成文宪法，现行宪法的最重要变迁方式是宪法修改，因此，有关宪法修改的程序、修改权的配置、历次修宪的主要背景和主要内容，都是基础性的知识，应予以清晰地掌握，其中宪法修正案的内容是司法考试的重要考点。

第三章 宪法的基本原则

【学习目的与要求】 了解宪法的若干基本原则的主要内容；宪法基本原则在历史上的演变过程；宪法基本原则在我国宪法上的表现形式。

【引例】 宪法的作用之一在于保护公民的基本权利。这是由现代宪法产生的历史背景决定的。美国独立战争期间，以《独立宣言》为代表的政治文件明确宣告，人人生而享有一些不可剥夺的权利，建立政府的目的在于保护这些权利。法国大革命爆发后，国民议会通过了《人权与公民权宣言》，表明人权与公民权是建立政府的基础。在美国，19 世纪开始就有通过司法判决来执行宪法上的权利条款的判例，这些权利等同于宪法规范，可以约束一切由宪法创建的权力机关。在法国和其他欧陆国家，20 世纪后半叶所建立的专门宪法实施机关也可以实施宪法上的基本权利条款，对基本权利给予法律保护。不同国家对基本权利进行法律保护的方式略有不同，但普遍承认，保护基本权利是宪法的基本原则之一，是任何宪法之下的政府都不可违背的宗旨。

第一节 法治原则

一、戴雪的法治观：法律之治（“the rule of law”）

法治，即“法律之治”或“法之治”，也就是免于专断、任性的权力之治，或者我们常说的“人治”。法治可以作为一种政治原则而存在，免于专断权力的统治也就意味着政治自由。当作为一项宪法原则而被阐述时，一般要将目光先聚焦于 19 世纪伟大的法学家、牛津大学英国法讲习教授 A. V. 戴雪，是他把“法治”（“the rule of law”）视为对英国宪制（英宪）之本质特征的一种描述、总结，他认为法治是英国宪制区别于其他文明国家的宪法体制的要素。尽管戴雪的学说带有他那个时代、他个人学术视角的特点、局限，但时至今日，我们仍然必须以戴雪为起点来谈论作为宪法原则的法治。

戴雪在他的名著《英宪精义》（*Introduction to the Study of the Law of the Constitution*）中把“法治”称为英国宪制的一个特征（the rule of law is a characteristic of the English constitution），他进一步说，法治可以分为三个彼此关联但也不同的方面。第一，除非经由常规法庭裁定为违法，否则任何人的人身或财产不受惩罚；① 第二，任何人，不论其地

① Albert Venn Dicey. Introduction to the Study of the Law of the Constitution, LF ed. [M]. Liberty Fund, Inc., 1982: 147.

位或处境，都臣服于这个国家的一般法律，以及接受常规审判机构的管辖；① 第三，宪制上的一般规则（the general principles of the constitution），来源于法庭在个案中裁决个人权利时所下的判决。这就是著名的“法治三原则”。② 为了更清楚地展示他的观点，戴雪在上下文中若干次地重述了上述命题，③ 这导致后来人在引述他的观点时选取了不同的语句，引发了些许讹误。但总体上，戴雪的观点是很清楚的。

就第一点而言，这看似是一切非人治的文明国度的常识，但戴雪特别想强调，很多宣称基于法律之治的、共和主义的体制之内，实际上并不能保证个人不会受制于专断意志、专断权力的侵犯和惩罚，但法治意味着，个人仅须服从于法，除了违法，他不必接受任何损失、惩罚。在戴雪之后，有学者——如詹宁斯勋爵（W. Ivor Jennings）——明确地在刑法的意义上延伸了这一点，称其为“法无明文规定不为罪”。④ 当然我们不能忘记，最终须由法庭来判定是否构成违法。

第二点容易被片面化地理解为“法律面前人人平等”，但戴雪要强调的主要不是这一点。“他认为，法律面前人人平等即是，只要违反适用于自己的法律，所有的公民（包括官员）都要受普通法院的管辖”。⑤ 可见，“一般法律”（“ordinary law”）、“常规审判机构”（“ordinary tribunal”）才是关键词，它们意味着不允许设立非常规的、特别的、专门的审判机构，不允许特定人群——尤其是具有公职身份者——逃脱于常规存在的审判机构的管辖范围以外，从而实质上享有了一般人所不能享有的特权。戴雪特别反对类似法国行政法院那样的保留给涉讼官员的“专门机关”，他认为这种制度、这种观念是英国法上“闻所未闻的”，是不合于英国传统与习惯的。

法治的第三个原则看起来有些晦涩，但同样深刻地体现了英国宪制的独特之处。戴雪对这一点的不同表述还有，“英宪上的规则，是基于法庭在决定个人权利的案件中所下的具体判决而归纳、概括出来的”，⑥ 或者“宪法不是个人权利的来源，而是个人权利的结果——这些权利是由法庭定义和执行的”。⑦ 总之，他想说的是，对于19世纪很多立宪国家在成文宪法之前或之中所加入的某种原则性的“人权宣言”这样的文件，在英国人看来，并不能代表什么确定的东西；而英国人未曾也不打算依靠一种类似一次过的立法行为

① Albert Venn Dicey. Introduction to the Study of the Law of the Constitution, LF ed. [M]. Liberty Fund, Inc., 1982: 149.

② Albert Venn Dicey. Introduction to the Study of the Law of the Constitution, LF ed. [M]. Liberty Fund, Inc., 1982: 150.

③ Albert Venn Dicey. Introduction to the Study of the Law of the Constitution, LF ed. [M]. Liberty Fund, Inc., 1982: 153.

④ [英] W. Ivor·詹宁斯. 法与宪法 [M]. 龚祥瑞、侯健，译. 北京：生活·读书·新知三联书店，1997：36.

⑤ [英] A. W. 布拉德利、K. D. 尤因. 宪法与行政法（第十四版，上册）[M]. 程洁，译. 北京：商务印书馆，2008：188.

⑥ Albert Venn Dicey. Introduction to the Study of the Law of the Constitution, LF ed. [M]. Liberty Fund, Inc., 1982: 151.

⑦ Albert Venn Dicey. Introduction to the Study of the Law of the Constitution, LF ed. [M]. Liberty Fund, Inc., 1982: 153.

(legislative act) 的方式来宣布、并相信从此即享有一系列权利。恰恰相反，在戴雪看来，因为英国的法庭一直在充当个人权利的保护人，也因为法庭所累积的大量判决中已经展现、凝结、延续了一系列个人权利，所以，是否要集中宣示这些权利的存在或地位，并不那么重要，反而，英国宪制因为有了这些既存的、可实施的权利而被称为“英国宪制”。所以，我们可以这样理解他的“法治是英宪的特征之一”这句话，即没有法治、或没有这些确定存在的权利，也就无所谓“英宪”。

戴雪把法庭置于他的理论舞台的中心，而且毋庸讳言，这些“常规法庭”就是普通法法庭（19 世纪中期的司法改革把曾经分立的普通法法院与衡平法法院合而为一套机构）。普通法法庭实际上确立了个人权利，它提供实际救济、确立规则（实质意义上的法）；普通法法庭在原则上可以管辖任何人或案件，因此不能被人为排除；普通法法庭甚至是英宪本身的缔造者之一，因为没有个人权利之救济，就无所谓“宪法”、“宪制”。看来，不能想象一种缺少了法庭独立行使审判权这一要素的“法治”理念；甚至，戴雪曾说过“我国的宪制就是一套法官创制的宪制，因此它带有法官造法的一切特点——不论好的或坏的”① 这样的话。可以说，从戴雪的视角来看，“法治”本身是“宪法”或“宪制”的定义要素之一。

二、当代法治原则

进入 20 世纪之后，社会生活的变迁要求政府与社会之间关系的调整，也带来法律制度变迁的巨大需要，由此也推动了“法治”思想的发展演变，这些变化包含了对戴雪理论的批评和超越。

最为显著的，是如何理解政府的“裁量权”。戴雪认为“法治”就是排斥任何自由裁量（discretionary power），他反对专门的行政法院的理由之一也在于其承认并保护了行政机关的自由裁量权。但是，当今社会依赖于政府在广泛领域的介入——包括市场规制、公共服务、福利分配等，因此，今天我们转而认为，法治是指，在政府行使其法定的“裁量权”时，能够有相应的机制——尤其是落脚于司法过程的机制——对其予以控制、审查和救济。英国法上的“司法审查”在 20 世纪后半叶的兴起，就是这一法治理念新发展的最大证明，② 其一方面允许政府行使其裁量权，但同时也确保有关行为或决定的合法性甚至合理性的最终判断可交由司法过程来决定。

可以认为，当代法治论述从戴雪的完全聚焦于法庭发展为在更完整的视角下审视公权力行使的全过程。这是政府职能扩张的必然结果。不能简单地认为戴雪说错了，而是满足于 19 世纪需要的法庭在今天已不足够了。③ 在今天，法治特别要求“政府依法而治”或

---

① Albert Venn Dicey. Introduction to the Study of the Law of the Constitution, LF ed. [M]. Liberty Fund, Inc., 1982: 151.

② ［英］A. W. 布拉德利，K. D. 尤因．宪法与行政法（第十四版，上册）[M]．程洁，译．北京：商务印书馆，2008：188.

③ 詹宁斯认为，戴雪那个时代的英国，个人主义或自由放任主义是许多人秉持的原则，其认为“任何实质性的自由裁量权都是对自由的威胁”。参见［英］W. Ivor · 詹宁斯．法与宪法［M］．龚祥瑞，侯健，译．北京：生活 · 读书 · 新知三联书店，1997：38.

"合法性原则"，即公权力的行使需提供其法律依据和权限的证明。当然，是否构成越权，进而属于"无效"，仍然有赖于司法过程中的具体裁决。法庭是不会缺位的。

除此而外，对于法治之"法"的品质的拷问，也是20世纪的热门议题。戴雪是约翰·奥斯丁的精神门徒，是典型的19世纪法律实证主义者，他的论述中几乎没有从实质层面"审查"法——不论是议会立法还是普通法——的质量高下或者是否符合特定价值观。但今天，人们普遍认为，法治的前提当然是"良法之治"，相关法律应当符合诸如民主、人权、政府诚信等一系列实体性的价值，而不能是仅仅符合形式性的要求的法律文件而已。① 这一思想趋势的变迁，与"二战"之后全人类的理论反思有很大关联，包含了自然法思想的复兴、议会主权的衰弱等复杂而多元的背景。在德国法律理论上，这一变迁被概括为从"形式法治"走向"实质法治"，也颇为精练。

三、我国宪法上的"依法治国"原则

我国是明确承认"法治"原则的。自从20世纪70年代末、80年代初以来，执政党和政府在反思此前法制建设荒废、法律权威不彰的重大教训的基础上，明确把加强民主法制建设作为国家的基本方针。② 1982年宪法修改，可以说是在这样的基本气氛下进行的。"八二宪法"第5条是对"法治"相关理念表述得较为集中的条文，尤其经过了1999年的宪法修改，加入了"中华人民共和国实行依法治国，建设社会主义法治国家"这一句作为本条第1款之后，更加凸显了"依法治国"概念的宪法地位。③ 现在，宪法第5条的规定是这样的：

"中华人民共和国实行依法治国，建设社会主义法治国家。

国家维护社会主义法制的统一和尊严。

一切法律、行政法规和地方性法规都不得同宪法相抵触。

一切国家机关和武装力量、各政党和各社会团体、各企事业组织都必须遵守宪法和法律。一切违反宪法和法律的行为，必须予以追究。

任何组织或个人都不得有超越宪法和法律的特权。"

除此条之外，宪法中其他与法治原则密切相关的条文还有：第33条第2款，"中华人民共和国公民在法律面前一律平等"；第37条的公民不受非法逮捕的权利，禁止非法拘禁和限制人身自由、禁止非法搜查的规定；第125条规定的人民法院审判公开原则和被告人获得辩护的权利；第126条规定的审判独立原则；等等。

从宪法条文的表述来看，我国所推崇的法治理念至少包括这些内容：其一，法治意味着法律体系的统一和宪法的最高地位；其二，法治意味着法律的平等适用和反对任何享有

---

① ［英］A.W. 布拉德利，K.D. 尤因．宪法与行政法（第十四版，上册）［M］．程洁，译．北京：商务印书馆，2008：197.

② 参见彭真．发展社会主义民主，健全社会主义法制——在中国法学会成立大会上的讲话［J］．法学杂志，1982（5）.

③ 参见焦洪昌，唐彤．论"依法治国"的宪法效力——兼谈"依法治国"宪法规范的界定［J］．中国法学，1999（5）.

法外特权的主体；其三，法治意味着基本权利的限制或禁止必须有法律依据、必须遵循法定程序、并由法定机关执行；其四，法治意味着审判独立、审判公开、司法程序中的相关个人权利与原则得到承认。

但法治还有更为丰富的内容，“依法治国”、“法治国家”这些概念也具有较强的包容性和发展性。如上所述，必须在中华人民共和国的法律史、制度史的线索上来理解为何今天如此强调“依法治国”：在 20 世纪 70 年代末以前，国家治理实际上带有浓重的“人治”成分，甚至一度用对政治领袖的个人崇拜来取代既有的规章制度、政府机构，以至于出现了“文化大革命”期间的所谓“无法无天”的状况，酿成了罕有的社会悲剧。因此，当代中国，对于法治原则有着普遍的认可，可以说，体制内、体制外在这一点上有着高度共识。此外，鉴于这种反思型的法治理念和转型时期对法治建设的迫切需求，我国的“依法治国”、“建设法治国家”战略相对具有更明显的政府主导的特色，即执政党与政府把“法治”作为一项特别的工程予以“建设”、“推动”：大规模、系统性的立法以及法律法规的清理、修订，① 一轮又一轮的“司法改革”，② 政府主导的各种普法宣传、教育活动，以及法学教育、法律职业的发展，都体现了一种有意识的、有计划的、高速行进中的“法治建设”。但与此同时，也要承认，深入每个人心中的“法治思维”不可能一夜之间形成，掌握权力的政府机构或其他主体，在面对天然地限制“权力之任性”的法治时，究竟能保持怎样的态度，也必须时时予以监察。我国的法治建设将是一个长期不懈的过程。③

第二节　分权原则

以美国宪法、法国 1791 年宪法等为代表的第一批现代宪法都体现了一项重要的原则，即权力分立（separation of powers）或简称“分权”。自此以后，分权原则被广泛认为是一部真正意义上的宪法所不可或缺、不可背离的原则——这是指分权原则致力于防止公权力的过分集中，是维持一个宽和、不滥权的政府，从而给予个人与民间社会必要的自由空间的不二法门，任何反对、架空这一原则的宪法，几乎不可能达成其限制公权力的目标，所以现代宪法在根本上必须是基于分权原则的宪法。

尽管在不同的历史阶段、不同国别的宪法体制中，关于分权的宪法条文表述及相应的制度设计有所不同，也尽管关于分权原则的理论有相当的多样性，但大致来说，作为一项宪法基本原则的分权原则，是指公权力应当按照某种标准划分为不同部分或类型，并配置给不同的机构，并且这些不同的公权力机构之间须保持某种程度的彼此制约与平衡。分权原则的内在理据是，权力不得过分集中，因为政治学原理与人类政治制度史已经证明，权力集中必然趋向于专制和暴政。

① 参见信春鹰. 中国特色社会主义法律体系及其重大意义［J］. 法学研究，2014（6）.

② 参见廖奕. 转型中国司法改革顶层设计的均衡模型［J］. 法制与社会发展，2014（4）.

③ 参见姜明安. 论法治国家、法治政府、法治社会建设的相互关系［J］. 法学杂志，2013（6）.

一、分权原则的历史渊源与思想渊源

就分权原则而言，英国人贡献了其独特的经验与思考。必须承认，就分权原则在理论上的传播而言，英国人更应该感谢孟德斯鸠、美国的联邦党人的贡献。但事实是，英格兰的自由传统在近代西方文明中是首屈一指的，而洞察政治的思想家——不论是英国人还是密切观察英国的欧洲人——都承认，这主要是分权的结果：首先是作为一种制度事实的分权体制，同时也是作为一种普遍思想观念的分权原则。因此，不能绕开英格兰的近现代史来了解分权原则的来龙去脉。

（一）英格兰的“混合政体”传统

众所周知，英格兰在威廉征服之后，相比于欧陆地区更早地走出封建时代，接近于建立统一的君主政体。然而，英格兰的王权却显然不是那种最专横的王权。基于一系列历史条件或偶然因素，英格兰的政体在很早就呈现出一种“混合”的特质，其中君主的权力、贵族阶层的权力与平民阶层的权力都能够在立法、财政或其他重要公共事务中占据一席之地，君主并不能垄断所有权力，或者说不能在完全排除其他阶层、集团的情况下进行乾纲独断的统治。事实上，包括福蒂斯丘爵士、托马斯·史密斯爵士在内的英国中世纪思想家都把他们的政体描述为混合型的，并且明确表达了青睐之情。“随着代议制在英国的发展，最佳政府制度是一种君主、贵族院和平民院分享政府权力的结合体的思想发展起来了，直到17世纪，混合政体理论在英国成为当时占主导的政治理论。”①

混合政体相关理论的出发点是，必须让社会中的主要利益团体联合参与政府事务。这种务实的态度与中世纪的社会结构相对应，就形成了英格兰人在17世纪所津津乐道的“君主制、贵族制和民主制”的混合。必须指出，这是一种尚未清晰处理好政府职能的功能、属性的学说，是对于既有团体、机构、阶层——总之，就是不可忽视的权力游戏的参与者——的混合，而不是基于对政府事务、治理过程的认知、分析之后的理论重构。很显然，这种论述所反映的权力结构不能符合封建制度被终结之后的世界，但混合政体理论与现代宪法最大的一致之处在于，其反对权力的集中，在概念上即否认所谓的“无所不能的、绝对化的权力”。这一观念再加上英格兰实际的政治生活经验，强化了“避免权力集中”与“良好政体”的关联性，使得任何攫取垄断的绝对权力的尝试或者为这种尝试所作的理论包装，都会遭到攻击。

（二）内战与“权力分立”学说的兴起

17世纪40年代发生在查理一世与议会之间的权斗，以及最终查理战败、被审判和处死这一连串重大历史事件在思想史上的反响就是，混合政体学说因其或多或少维护了王权——因为该学说很明确地保留了“国王”的位置——而变得让人厌烦，而“权力分立”学说越来越流行。就其要旨而言，权力分立就是指依照事物性质的标准而非阶级标准，将不同的政府权力分配给不同的政府机构。例如制定法律的权力与执行法律的权力就是一对很容易理解的职能区分。事实上，权力分立学说的核心特征就在于，必须由一个代议机关

---

① ［英］M. J. C. 维尔. 宪政与分权［M］. 苏力，译. 北京：生活·读书·新知三联书店，1997：34.

享有完全的、不受掣肘的立法权。相比混合政体理论的混沌形态——如国王不仅有执行权，也有参与立法的权力，并且在权力界限上与议会争执颇多——权力分立学说试图把特定机构与特定类型的职能作"一一对应"，因而显得更为清晰、更为科学、更有说服力。当然，我们不能脱离历史背景来理解权力分立优越于混合政体的价值，因为将国王排除在立法权之外，并且往往将其降格为法律执行者，是议会与查理一世的矛盾恶化的必然结果。在没有国王的共和年代（1649—1660），剔除了陈旧的阶级话语的权力分立学说更取得了近乎"官方理论"的地位，深入人心，以至于查理二世（查理一世之子）复辟之后，思想方面尽管出现了"向以混合政体理论作为英格兰宪法基本格局的回归，但……权力分立学说已不能被忽略了"。①

需要指出，这一阶段出现于英格兰的形形色色的权力分立理论所采纳的权力分类方案并不统一，也不完全等同于后来人尽皆知的"立法权"、"行政权"、"司法权"的三分法，这与17世纪的政府在整体上的职能范围和行事方式是分不开的。乔治·劳森神父在1660年提出的分类法是"立法权"、"司法权"和"执行权"——"执行权"是指对司法判决的执行（如监狱）；约翰·洛克在《政府论》中提出的分类法是"立法权"、"执行权"和"对外权"（"联盟权"），其"执行权"泛指包括我们今天所理解的司法活动在内的国内事务中的法律执行，由此区别于其特别提到的"对外权"，即专门保留给国王的外事、外交权力——可见，尽管洛克的"分权学说"常常被我们提及，但他的学说也不算分权学说的典型表述。然而不管怎样，同是为了反对权力的过分集中，权力分立学说从内涵到话语都实现了对混合政体学说的超越，从而为之后纳入到立宪主义思想的框架中做好了准备。

（三）18世纪的"均衡政制"

光荣革命为议会优越于王权的地位作了根本性的奠基。梅特兰爵士说，"如果说国王确实属于一种头衔的话，那么它现在是一种制定法上的头衔"。② 在这个时期，权力分立学说中的很多要素都在英格兰的政治思想中站稳了脚跟。如果两相比较可以发现，混合政体思想承认国王与其他主体间的混合与共享权力，最纯粹、最极端的权力分立理论则认为可以在国王缺席的情况下设计一套政体，那么很显然，光荣革命作为一次"不彻底"的革命，在确定保留君主制的前提下，不可能再支持一种"没有国王"的权力分立学说，而必须有所缓和或退却。"曾一度被搁置的旧的混合政府学说有可能恢复名誉，但它的形式再也不可能与内战前毫无区别了。"③ 混合政体思想与权力分立思想实际上糅合在了一起，成为了"均衡政府理论"，并"在英国支配了18世纪"。④ 实际上，鉴于英国政治秩序在18世纪——尤其是前半段——的稳定性以及所赢得的广泛声誉，均衡政府理论毋宁

---

① ［英］M. J. C. 维尔. 宪政与分权［M］. 苏力，译. 北京：生活·读书·新知三联书店，1997：48.

② ［英］梅特兰. 英格兰宪政史［M］. 李红海，译. 北京：中国政法大学出版社，2010：181.

③ ［英］M. J. C. 维尔. 宪政与分权［M］. 苏力，译. 北京：生活·读书·新知三联书店，1997：49.

④ ［英］M. J. C. 维尔. 宪政与分权［M］. 苏力，译. 北京：生活·读书·新知三联书店，1997：50.

是对当时政制特征的某种描述和辩护，英国宪制被认为是好的、让人羡慕的、值得维护的。

博林布鲁克子爵（Viscount Brolingbroke）是18世纪早期英国政治家、托利党领袖，他对于英格兰宪制的论述具有不可忽视的重要性。博林布鲁克与孟德斯鸠非常熟悉，孟氏后来提出的分权学说的知识渊源，已被证明基本来自于前者及其著述。① 博林布鲁克是这样说的："大不列颠国王是最高的管理者，他在立法上有否决权。赋予他的有执行权以及其他几种权力和特权，我们称之为君主专有权的权力是附属于这种授权的。国会的两院拥有它们的权利与特权，其中有些权力两院均拥有；其他权力则为各自所特有。它们准备法案、通过法案或拒绝按提交的原样通过法案。它们发言、提议、建议和抗辩。最高的司法权位于贵族院。平民院是这个国家的大陪审团；由他们来决断民族的费用并据此提供补给。"② 博氏的论述缺乏系统性，这或许是他未能在思想史上产生更大影响的原因，然而，作为一位从事实际政治的、具有敏锐洞察力的人，他点出了英格兰宪制在18世纪的本质：一方面，组成政府（大政府）的不同部门各自独立，并各自拥有某些专属权力；另一方面，这些部门彼此之间也有相互依赖、相互控制的关系。不同权力机关之间既非完全依附，也非绝对割裂而不产生任何联系，这种结构或关系最终达至一种均衡。因此，从18世纪的情形来看，英国人的思想可以说是稳健、务实而不乏保守的，在实际生活中，英国人相对于欧陆人而言，无疑享有更多的个人自由，而英王再也无法主张某种绝对君主主义的地位或权力。

二、"三权分立"：孟德斯鸠的理论贡献

（一）孟氏生平

孟德斯鸠于1689年出生于法国波尔多附近，他原名是查理·路易·德·色贡达（Charles Louis De Secondat），这个家族是世代服务于纳瓦尔朝廷——他们的国王亨利三世也就是后来的法国国王亨利四世——的贵族。查理于1716年继承了伯父的波尔多议会议长职位和他的头衔"孟德斯鸠男爵"，这就是我们所熟知的孟德斯鸠。

孟氏成名极早，1721年发表《波斯人的信札》，即刻"蜚声于文坛"，③ 由此奠定了在法国思想界的地位。旋即，他决定卖掉他的世袭官爵，专心致志于哲学的探讨。那时候，欧洲贵族时兴旅行游历，孟氏也不例外。他于1729年10月到访英国，这一次即停留了近两年。④ "在英国，他日与波林白罗克（即博林布鲁克）及诸大政治家的精神接触，

---

① 参见 David Armitage. Bolingbroke Political Writings, Cambridge Texts in the History of Political Thought（影印本）[M]. 北京：中国政法大学出版社，2003：viii.

② ［英］M. J. C. 维尔. 宪政与分权［M］. 苏力，译. 北京：生活·读书·新知三联书店，1997：68.

③ ［美］威廉·邓宁. 政治学说史（中卷）［M］. 谢义伟，译. 长春：吉林出版集团有限公司，2009：205.

④ 参见 David Armitage. Bolingbroke Political Writings, Cambridge Texts in the History of Political Thought（影印本）[M]. 中国政法大学出版社，2003：xxvii.

他完全吸收了英国人的自由观念，及那些人所常说的宪法保障。”①孟德斯鸠最有影响的著作分别是1734年发表的《罗马盛衰原因论》和1748年发表的《论法的精神》，邓宁教授认为，孟氏的“政治哲学及其目的，可说是决定于罗马的古史与英国当时的情形”。实际上，博林布鲁克就是令英国宪制给孟德斯鸠留下极深印象的关键人物，由此促成了他对分权问题的系统思考。

（二）《论法的精神》

《论法的精神》是内容十分庞杂的巨著，就分权思想而言，孟德斯鸠的集中论述位于该书第二卷第十一章第六节，该节标题的指向性非常明显，即“英格兰政制”。孟德斯鸠认为，每一个国家有三种权力：立法权、行政权和司法权。他说：

“一个公民的政治自由是一种心境的平安状态。

……

当立法权和行政权集中在同一个人或同一个机关之手，自由便不复存在了；因为人们将要害怕这个国王或议会制定暴虐的法律，并暴虐地执行这些法律。

如果司法权不同立法权和行政权分立，自由也就不存在了。如果司法权同立法权合而为一，则将对公民的生命和自由施行专断的权力，因为法官就是立法者。如果司法权同行政权合而为一，法官便将拥有压迫者的力量。

如果同一个人或是由重要人物、贵族或平民组成的同一个机关行使这三种权力，即制定法律、执行公共决议权和裁判私人犯罪或争讼权，则一切便都完了。”

这就是思想史上关于分权原则最具影响力的一段话。立法权、行政权、司法权这三个概念，被他非常清晰地使用和分析。分权原则常被简化表述为“三权分立”，不无这方面原因。宪政史家指出，不能说孟德斯鸠的影响力来自于他的理论独创性，因为他的论述中可以看出洛克、博林布鲁克的明显影响。② 不过，他仍然对分权学说有着独特的贡献。维尔指出，“在对‘裁判权’的讨论中显示出孟德斯鸠最伟大的创新意义……他将裁判权作为与政府其他两种职能同等的职能，并因此相当坚定地确立了立法、执行和司法的三位一体，这是现代思想的特征”。③ 这个评价一语中的，因为此前的学说中，“司法权”要么不被重视，要么不是在我们今天的含义上被使用。因此可以认为，孟德斯鸠是确立了权力分立学说的“现代版本”的关键人物。“到18世纪末时，孟德斯鸠在英国、法国和美国都被当作权威来引证”，④ 足见其影响力之巨。

不过，在孟氏身后，对其思想的解读呈现出两大支流，“一个与欧洲大陆相联系，与法学家而不是政治理论家相联系，他们看到的是我们所说的‘权力分立的纯粹学说’，一

---

① ［美］威廉·邓宁. 政治学说史（中卷）［M］. 谢义伟，译. 长春：吉林出版集团有限公司，2009：206.

② ［英］M. J. C. 维尔. 宪政与分权［M］. 苏力，译. 北京：生活·读书·新知三联书店，1997：70.

③ ［英］M. J. C. 维尔. 宪政与分权［M］. 苏力，译. 北京：生活·读书·新知三联书店，1997：81.

④ ［英］M. J. C. 维尔. 宪政与分权［M］. 苏力，译. 北京：生活·读书·新知三联书店，1997：72.

种机构、职能和人员的彻底分离。另一派，主要以美国宪法之父们，邦雅曼·贡斯当这样的法国作家，以及在一种相当不同方式上以 18、19 世纪英国评论家们为代表，他们看到了某种形式的权力部分分立，即纯粹分权学说为一个制约和平衡制度所修正”。① 这实际上就是后来制度演进中分权原则的不同实现形式的反映。

三、联邦党人的分权理论：分权制衡

英属北美殖民地在 18 世纪 70 年代脱离宗主国、赢得独立，13 个前殖民地转变身份，成为独立主权国家（州）。1787 年，来自各州的特别代表聚集费城，经过秘密商议、艰难妥协，形成了一份预计为北美创建一个新的联邦政府（全国政府）的法律方案，这就是后来获得通过并施行至今的美国联邦宪法。美国宪法体制中的分权原则在联邦宪法的文本中展现得淋漓尽致。由于当时面对宪法草案的全国性争论中，支持这一宪法的人士自赋了“联邦党人”的派性称号，所以，其所捍卫的分权学说——准确来讲，是“分权与制衡”学说——也就被打上了联邦党人的深深印记。

先来看美国联邦宪法的条文。宪法共七条，前三条分别专门规定国会、总统和司法机构，体现出接受权力分立原则指导的痕迹。就国会而言，宪法第 1 条明确授予其立法权，但是，根据该条第 7 款，总统拥有部分的立法否决权。国会既为独立的机构，但参议院的议长又由副总统担任，可谓机构上、人员上与行政权的某种重合。宪法第 1 条第 2 款规定，国会众议院有权发起弹劾，而第 3 款授予参议院审理弹劾案之权力，而作为联邦最高司法机构的最高法院的首席法官，则依据该条担任总统弹劾案的主审，以便制约国会。就总统而言，宪法第 2 条规定，行政权属于总统，军队指挥权也属于总统，但军队本身须由国会召集。总统依法享有一众人事任命权，但重要职位的任命——包括大使、联邦法官等——必须获得参议院的同意。就司法机构而言，宪法第 3 条第 1 款规定，联邦的司法权归于最高法院和其他下级法院。法官只要行为端正即得继续任职，且在规定时间领取服务报酬，在职期间的报酬不得减少。不过，司法机关也须受制于国会，国会不但可以立法决定创建（或不创建）下级法院，也可以立法决定——在不与宪法相冲突的情况下——司法机构的管辖范围。当然，如上所述，联邦法官——包括最高法院的大法官——须仰赖总统的提名、参议院的确认，才能任职。超出文本之外的最重要的一个司法权制约其他两权的例子是，“马伯里诉麦迪逊案”所开创的违宪审查或称司法违宪审查，联邦各级法院经由此程序可以在涉及宪法的个案中，判定相关国会立法、政府行为等是否符合联邦宪法，一旦构成违宪将宣告其无效。

美国联邦宪法体现了充分的分权与制衡的特色。或者说，是大量精致、复杂的制约与平衡，造就了美国宪法独一无二的品格，乃至开创了一种特定的分权原则的流派。孟德斯鸠无疑是美国立宪一代（the Framers）的思想导师，但美国人其实有自己独特的创建，而非不加反思地运用孟氏学说。孟德斯鸠反对立法、行政、司法三权之间的重合，看起来，这与美国宪法的文本不是完全吻合的，而作为当时联邦主义重要人物、后被誉为美国宪法

---

① ［英］M. J. C. 维尔. 宪政与分权［M］. 苏力，译. 北京：生活·读书·新知三联书店，1997：79.

之父的詹姆斯·麦迪逊的辩解意见是，孟德斯鸠的真实意思是，政府部门之间并非不能有任何的部分交叉、不应该彼此控制，而是说，不能出现一个部门的全部权力被拥有另一部门全权的同一批人行使。他更举出孟氏著述之时英格兰宪制的实例来做佐证，以避免对孟德斯鸠观点的僵化理解。① 麦迪逊的理解是正确的，或者说，如果孟德斯鸠真的主张三权之间不能有一丁点儿的彼此控制、牵制，那么美国宪法对他的观点的修正、限定也是非常适当和成功的。

准确来讲，北美人民有着长期实践分权原则的具体经验，这与他们之前作为英王臣民、享有英国法上的自由与权利、移植了类似英格兰本土的政治制度有着密切的关系。② 排斥任何权力交叉或制约的“纯粹权力分立”理论，在英国大体上不占主流，在美国也缺乏拥趸。北美革命期间，鉴于对君主制、贵族制的普遍厌恶情绪，纯粹权力分立比均衡政制——“均衡政制”可视为“分权制衡”的初级阶段——更受欢迎，这也是很多州在刚刚独立时的立宪选择。③ 但这一脱离实际的纯粹理论，很快在各州引发弊端，引发时人思考，待到费城制宪会议召开时，代表们已经比较能够心平气和地讨论分权原则的不同制度形式的优劣，并作出符合实际、符合人性的设计。④ 应该说，美国联邦宪法的分权制衡思想，是 18 世纪的英国政治经验、北美自身政治经验以及洛克、孟德斯鸠等人的理论论述共同作用的产物。两百年来的宪法实施历史证明，这是一套行得通的分权体制。

四、法国人的分权思想：激进尝试及反思

从现代立宪主义的制度创建来讲，美、法两国在 18 世纪末期的“革命”共享了不少特征，然而它们之间的差异也是重要的，并且必须借由这些差异才能解释两个民族在此后宪法体制演进路径上的巨大不同。与美国联邦宪法生效之日起几乎未曾中断的历史不同，法国人在过去 200 多年间，一直在不同政体之间摇摆、反复，而作为其政体之规范表征的“成文宪法”，实际上前后出台了 10 多部。根据学者统计，今天的法兰西第五共和国宪法，是法国自 1791 年制定第一部现代意义上的成文宪法以来的第 15 部宪法，其中当然也遵循了某种版本的“分权原则”。但必须注意的是，法国此前多部宪法各自所体现的“分权”都各有特色、侧重，反映了不同人、不同时代对于该原则的不同理解。

上述文字提到，分权思想的基本二分法是：一种更多强调权力之间的交叉、制约、平衡，另一种更多强调权力之间的绝对分离、分立。尽管美国是前一种的典型、开创者，但不能简而言之，说法国就一直都遵循第二种学说。只是在大革命的最高峰、最激进时期，分权思想与体制才最大程度地接近“纯粹权力分立”的模型，例如共和一年宪法（1793

---

① 参见［美］汉密尔顿，麦迪逊，杰伊. 联邦论［M］. 尹宣，译. 南京：凤凰出版传媒集团，译林出版社，2010：329-330（第 47 篇）.

② 参见李剑鸣. 美国的奠基时代（1585—1775）（修订版）［M］. 北京：中国人民大学出版社，2011：229-236.

③ 参见［英］M. J. C. 维尔. 宪政与分权［M］. 苏力，译. 北京：生活·读书·新知三联书店，1997：138.

④ 参见［美］汉密尔顿，麦迪逊，杰伊. 联邦论［M］. 尹宣，译. 南京：凤凰出版传媒集团，译林出版社，2010：47，48，51.

年)。而作为法国第一部成文宪法典的1791年宪法，其实是一部对英国宪制有颇多参考借鉴的“混合宪法”或“均衡政制”，其中保留了国王、两院制，立法权在国王与议会之间分享，体现了权力混合与平衡的经典要素。西耶斯在大革命早期所持的立场是，权力之间必须彼此独立，不能也不必建立联系或制约关系。他认为，“政府各部门都直接从人民那里获得权威，它们不必相互畏惧，也不需要有某些制约来防止让一个部门对另一个部门的权力侵蚀”。① 与英国内战时期相似，在革命年代、激进年代，随着共和主义思想的勃兴，随着代议机关逐步赢得最大政治权威，作为主权的最直接制度载体的立法权就趋向于集中在代议机关之手，由此便会拒绝必然要求立法权之分割、分享的“分权制衡”，转而拥抱作为替代性理论的“纯粹权力分立”。随着法国从大革命之初的君主立宪制，到共和制，再到后来的督政府体制、拿破仑帝制、波旁王朝复辟后的君主制、奥尔良时期的君主立宪制，复又摇摆于共和制、帝制、直至最终于19世纪末期才真正稳定于共和制，法国人在制度上尝试了从“纯粹权力分立”到“分权制衡”这一光谱上的不同点。但是从理论发展来看，似乎法国大革命留给后世的主要遗产仍然是其对“纯粹权力分立”的坚持与热爱，这是很有趣的。也许，这种印象正是源于分权原则的两种版本之间的对立与反差，但并不能就此说，法国人从未认可或尝试过分权制衡。

西耶斯的思想前后有所调整。在大革命后期，目睹了遵循纯粹权力分立原则的共和制演变为“大会制”体制，或者说国民公会的暴政的恐怖经验之后，他稍作了妥协。按照维尔的说法，西耶斯后来试图调和几条原则，“首先是绝对必须保持政府各职能于不同人的手中。其次是需要防止任何政府部门的滥用权力。第三是需要保证政府各部门之间的合作，而既不摧毁权力分立又不利用孟德斯鸠的制约平衡制”。② 能够从权力部门之间绝无联系到承认合作的必要性，是重大的调整，但从概念上讲，西耶斯仍然拒绝“制约平衡”的理论或术语。19世纪早期法国著名思想家、政治家、拿破仑帝制和复辟时期的实际政治参与者邦雅曼·贡斯当提出过他的分权理论，他结合对法国大革命的反思，强调：第一，仅仅权力分立还不够，不同部门之间须设置屏障，尤其要防止立法机关超出其权限；第二，立法机关与执行机关之间保持一定的联系是必要的，如内阁部长须同时作为立法机关成员；第三，除立法、执行、司法三权之外，还应有一种中立权力，用以调和其他三权，以保持和谐（在他所处时代，这是指君主权力）。贡斯当的思想体现出与英国宪制更多的相似性，一度在法国很有影响。但总体而言，拒斥“制衡”始终是法国式分权的特点，尽管现行的第五共和国宪法，权力分立并不纯粹、绝对，而权力机构之间也有明显的相互制约，但一般不用“分权制衡”这个概念来指代法国的宪法体制。

五、我国现行宪法中的“权力制约与监督”

1982年宪法修改以来，我国宪法体制已经保持了较长时间的稳定。在现行宪法中，

---

① ［英］M. J. C. 维尔. 宪政与分权［M］. 苏力，译. 北京：生活·读书·新知三联书店，1997：175.

② ［英］M. J. C. 维尔. 宪政与分权［M］. 苏力，译. 北京：生活·读书·新知三联书店，1997：184.

享有不同公权力的国家机关之间存在着明显的分工与相互监督。传统上，我国没有在一般意义上接受“权力分立”、“分权制衡”的理论，但在实际的宪法体制设计中，仍存在实质意义上的分权。

《宪法》第2条第2款规定，人民行使国家权力的机关是全国人民代表大会和地方各级人民代表大会。根据第3条的规定，各级人民代表大会产生相应层级的国家行政机关、审判机关、检察机关，并对后者进行监督。在宪法第三章关于国家机构的具体规定中，相关国家机构被明确授予一系列职权，其中包含了具有监督功能的职权。如检察院被确认为“国家的法律监督机关”，可以对其他公权力机关进行监督，具体职权在相关法律中已有规定；如人民法院是“国家审判机关”，得依法独立行使审判权，“不受行政机关、社会团体和个人的干涉”，可见行政权与审判权之间保持了明确无误的分离，并且，我国的行政诉讼制度使得审判机关实际上对行政机关发挥了司法监督功能。在我国，各级人民代表大会在与其他国家机构的关系中处于优势地位，这体现为其可以监督其他国家机构，但不必受它们监督。如《宪法》第62条规定，全国人民代表大会有权选举产生国家主席、军事委员会主席、最高人民法院院长、最高人民检察院检察长；第63条则规定了其有权罢免由其选举产生的这些人员。从总体上看，全国人民代表大会、全国人民代表大会常务委员会还具有监督宪法实施的权力。《立法法》、《监督法》等有关法律在宪法的基础上作出了细化规定，赋予更多具体的监督手段。在我国，人民代表大会的优越地位是很明确的，人民代表大会制度作为我国根本政治制度，这是很重要的一个方面，也是与域外国家的分权体制的主要区别之一。但是，我们国家也不是权力完全集中的，而是有着明确的权力分工，存在着一定的相互制约。

归纳起来，我国的权力分工与权力制约有这样几个特点：

第一，承认国家权力须划分为包括立法权、行政权、审判权、检察权以及其他权力在内的不同权力类型，且原则上各自交由不同的国家机构行使，但不是绝对化地一一对应。

第二，除全国人民代表大会组成人员属于非专职之外，其他主要国家机构之间，在人员构成上保持各自独立，不允许同一人兼任数职。

第三，各级人民代表大会及其常务委员会可监督相应层级的其他国家机构，不受其他机构监督，而其他国家机构彼此之间保持相互制约与监督，但法院可独立行使审判权则不受非法干预。

2016年年底，全国人民代表大会常务委员会通过了《关于在北京市、山西省、浙江省开展国家监察体制改革试点工作的决定》，试点实行由单一监察机关统一行使对国家公权力机关及国家工作人员的监督监察职能的体制。2018年宪法修改后，正式确立了监察委员会制度。

第三节　人民主权原则

一、“主权”概念的勃兴

主权，简单来讲，就是最高权力。这个概念的起源“可以追溯到亚里士多德的《政治学》以及古典罗马法”,① 如《政治学》中就主张，凡国家（城邦）必定存在最高权力。到中世纪，欧洲再次掀起对于主权问题的兴趣，然而，“主权概念无论在关于最高权力的本质和属性方面还是定位方面，都未得到高度的发展”。② 直到16世纪，法国法学家让·博丹（Jean Bodin）才在学说史上首次系统地论述了主权的本质。博丹的时代，法国正处于从封建时代末期向近现代中央集权国家过渡的阶段，这一点极其重要——如何在近现代意义上定义国家，非常依赖于主权概念。博丹这样理解“国家”，他说，“人类全体可视为一串的结合，下自家庭，上迄国家，但国家与他种结合有异，因为只有国家有主权”。③ 即主权被视为国家可区别于其他人类社团或共同体的标志、本质属性。对于主权概念的重要性，博丹说道，“主权是一个共和国（commonwealth）的绝对且永久的权力……至今无论是法律家还是政治哲学家都没有对此概念作出过定义。因为，这是一个最为关键的概念，并且它必须在那些对共和国作出论述的著述中应当得到最为迫切的体现。由于我们已经指出过共和国是一个拥有主权的，由若干家庭和那些体现他们共同事务所组成的正义之政府，所以我们需要厘清主权性权力的含义……”④ 博丹提出了主权的四个特点：其一，它是绝对的，因为它完全不受法律约束，并且不接受任何条件或限制；其二，它是永恒的，在时间上是不受限制的，短暂享有而终须交出的权力，就不是主权；其三，它是不可分割的，一个国家内不存在两个最高权力；其四，它是不可剥夺的。⑤ 但是，博丹并非反对任何对于主权者的限制，而是承认须受制于自然法、神法、及“根本法”——一种近似于我们今天所理解的宪法，但却几乎未曾被清晰阐述过的古老法律概念——他认为“明君”是服从自然法与神法的，而“暴君”则不顾这些。然而，博丹还是承认，“暴君”仍不失为主权者。⑥

博丹的学说是有利于君主的，他主张君主是主权者，这为法国走向中央集权体制提供了重要的理论辩护。但必须注意，中世纪的主流观念，仍然承认某种接近“人民主权”的概念，认为政府的正当性在于被统治的共同体的自愿服从。与博丹唱反调的最具代表性的同时代思想家是约翰内斯·阿尔色修斯（Johannes Althusius），他坚持认为“政府的权力来自统治者和被统治者之间默示或者明示的契约”,⑦ 那么，作为政府权力来源的人民，

---

① ［美］小查尔斯·爱德华·梅里亚姆. 卢梭以来的主权学说史［M］. 毕洪海，译. 北京：法律出版社，2006：1-2.

② ［美］小查尔斯·爱德华·梅里亚姆. 卢梭以来的主权学说史［M］. 毕洪海，译. 北京：法律出版社，2006：3.

③ ［美］威廉·邓宁. 政治学说史（中卷）［M］. 谢义伟，译. 长春：吉林出版集团有限公司，2009：46.

④ ［法］让·博丹著，［美］朱利安·H. 富兰克林编. 主权论［M］. 李卫海，钱俊文，译. 邱晓磊，校. 北京：北京大学出版社，2008：26.

⑤ ［美］小查尔斯·爱德华·梅里亚姆. 卢梭以来的主权学说史［M］. 毕洪海，译. 北京：法律出版社，2006：4-5.

⑥ ［美］威廉·邓宁. 政治学说史（中卷）［M］. 谢义伟，译. 长春：吉林出版集团有限公司，2009：51.

⑦ ［美］小查尔斯·爱德华·梅里亚姆. 卢梭以来的主权学说史［M］. 毕洪海，译. 北京：法律出版社，2006：7-8.

才是主权之所在。他认为，“最高权力不仅于原初意义上属于人民，而且将永远属于人民”。① 阿尔色修斯在临近今天荷兰的埃姆登（Emden）执政几十年，目睹过并深深同情于荷兰民众其时反抗西班牙君主的斗争，这为他的论述印染上了契约论的底色，并否认统治者权力之不受限制的主张。② 不过，作为仍属于中世纪晚期的思想家，阿尔色修斯没有在我们今天的意义上使用“人民”这个词，这一点与后来的卢梭是不同的。那个时代的政治学语言中的“人民”，只是臣民的集合，排除了统治者。从主权学说的演进过程来看，我们可以说，君主主权的思想从不缺少反对者。

16 世纪困扰法国的政治情势，在一个世纪后轮到英格兰头上。托马斯·霍布斯，这个被誉为 400 年来最伟大的用英文写作政治哲学的学者，与博丹类似，也提出了关于君主主权的完整学说，并且在理论的严密性和绝对性上超过了前者。霍布斯是一个高寿的人，完整经历了 17 世纪英格兰内战、克伦威尔共和时期、斯图亚特王朝复辟，在光荣革命之前 10 年去世。他在旷世名著《利维坦》（*Leviathan*）中集中论述了他的主权思想，其核心主张是：在自然状态下的人们通过社会契约建构政治共同体，即“国家”（state），而国家具有法律上的人格；进而，根据这一契约，个人将其自然权利毫无保留地转让予国家，并且由政府——作为国家的代表（representative）——行使全部的授权，也称为主权或主权性权力（sovereign power）。当然，所谓的政府，霍布斯是指英格兰的君主。霍布斯也认为，主权是绝对的、不可让渡的。他的理论以契约论为基础，但是他认为，包含有转让全部自然权利的契约一经订立，就不可撤销，因此，就无所谓人民或臣民的集合作为主权者了。相比博丹而言，霍布斯对于主权更为绝对的理解在于，他明确主张主权不受任何限制，包括不受神法的限制。因此，在理论上，霍布斯是独树一帜且极为坚决的。然而我们须了解，英国的实际政治基本上没有让霍布斯的主权学说有落地的机会。梅特兰说，“霍布斯（在英国）并无多少追随者……”；邓宁教授也说，“英国人在政治思想史上能与各大家并驾齐驱的，以浩布思（霍布斯）为第一人。他的学说出世后，即刻成为争论的中心，在西欧发生深远的影响……（然而）英国政治史实的推演使浩布思的学说在那里不能即刻发生极大的影响……”事实上，绝对主义王权或君主主权很早就与英国的宪制发展分道扬镳，而英国人相比于欧洲大陆的民众更早、更广泛地享受了非专制的宽和政体所带来的自由。

二、人民主权的学说及其实践

（一）卢梭的人民主权学说

各种不同版本的关于“统治权的正当性源于被统治者的同意”的学说，在某种程度上都带有“人民主权”的要素，然而真正系统性地在政治共同体建构的意义上，将人民——也即共同体所有成员所组成的集合体——认作主权者，即享有最高权力的主体，要

---

① ［美］小查尔斯·爱德华·梅里亚姆. 卢梭以来的主权学说史［M］. 毕洪海，译. 北京：法律出版社，2006：8.

② 参见［美］威廉·邓宁. 政治学说史（中卷）［M］. 谢义伟，译. 长春：吉林出版集团有限公司，2009：31.

等到18世纪后半叶才能实现。霍布斯为君主贡献了一套精致、科学的主权学说，而“卢梭为人民完成了霍布斯曾经为统治者所做的事情”。① 让·雅克·卢梭是18世纪人，他的作品首先是在法文圈内影响甚巨，但他其实是日内瓦人——那时的日内瓦是独立的城邦共和国，属于民主政体。邓宁教授说，卢梭“觉得日内瓦的制度有许多恰与法国制度成为对比，因此他更加加重了他的偏向民主政府的心情”,② 这是他政治思想的伏笔。卢梭少年成名，但一生经历坎坷，始终以文字与彼时法国的专制主义对抗。1762年，他的名著《社会契约论》出版，但“一问世，便遭到日内瓦和巴黎当局的查禁，书被当众焚毁，作者的人身受到威胁”。③ 这本书中，卢梭提出了他的人民主权学说，在思想史上独具一格、极为大胆。1778年，也就是法国大革命爆发前11年，卢梭在法国的埃默农维尔悄然离世，但是他的学说却“成为了法国大革命的学说，并且在宪法中不断得到体现”,④ 1794年10月，法国国民公会决定重置棺木，将卢梭从埃默农维尔移葬巴黎先贤祠，他作为思想家的地位得到正式承认。

卢梭关于主权的看法依附于他的契约论。但要注意，他所论述的是一种“社会契约”，而非政治契约——关于后者，在中世纪就存在各种理论，均假定“人民”、“臣民”、或“被统治者”的主体地位已明确，需要解决的只是与统治者之间的权利义务分配问题。但卢梭认为，“人民”本身是需要清楚界定的，“分散的人们即使一个又一个地受某一个人奴役……我认为他们只不过是聚合在一起，而不是结合在一起”,⑤ 因此，“最好是先研究一下人民是采用何种行为而使自己成为人民的，因为只有这种必须先于另一行为的行为才能构成社会的真正基础”。⑥ 实际上，他的社会契约，是构建“人民”的契约，通过这一构建行为，“这个有道德的共同体便有了它的统一性，并形成了共同的‘我’，有它自己的生命和意志”。卢梭认为，这样一个公共人格，就是“主权者”。⑦ 在他看来，“共和国”、“政治体”、“国家”、“人民”、“主权者”都是同义词，只是在不同的语境下交替使用的词汇，可见，通过这样的定义，卢梭排除了共和国以外的任何政体，也不必考虑共同体中的最高权力“位于何处”，因为共同体本身——也即“人民”本身——就是主权者。这就是卢梭的“人民主权”。

此外，卢梭的理论独创性在于，他借用了“公意”这个概念来解说主权的本质属性。所谓公意，是共同体的单一意志，不同于组成共同体的个体的个别意志的简单集合，卢梭

① ［美］小查尔斯·爱德华·梅里亚姆. 卢梭以来的主权学说史［M］. 毕洪海，译. 北京：法律出版社，2006：23.

② ［美］威廉·邓宁. 政治学说史（下卷）［M］. 谢义伟，译. 长春：吉林出版集团有限公司，2009：4.

③ ［法］卢梭. 社会契约论［M］. 李平沤，译. 北京：商务印书馆，2013：vi.

④ ［美］小查尔斯·爱德华·梅里亚姆. 卢梭以来的主权学说史［M］. 毕洪海，译. 北京：法律出版社，2006：23.

⑤ ［法］卢梭. 社会契约论［M］. 李平沤，译. 北京：商务印书馆，2013：17.

⑥ ［法］卢梭. 社会契约论［M］. 李平沤，译. 北京：商务印书馆，2013：17-18.

⑦ ［法］卢梭. 社会契约论［M］. 李平沤，译. 北京：商务印书馆，2013：20.

认为个人的个别意志是与“公意”相反或不相同的。① 但是，社会契约决定了每个人又都服从于公意的最高指导，② 公意的存在——也即主权的存在——保证了共同体的存在。有了这样特别的定义，卢梭才说，“谁拒不服从公意，整个共同体就要强迫他服从公意”。③ 鉴于公意是一种意志，因此意志所具有的特点也就为主权所享有，包括不可让渡、不可分割、不可能犯错、绝对性。这些看似与此前学者的主张并无二致，但实际上，卢梭认为意志不可能让渡，否则“人民”就解体了，国家——也就等于人民——也不存在了，于是，霍布斯所设想的个体通过契约将权利转让于某个具体的权力机关的方案，在卢梭那里完全不可能。正因如此，卢梭反对代议制，他心目中的唯一政体便是（直接）民主制。

邓宁教授评价说，在卢梭那里，“没有看到能够行使主权权力的机关”，④ 这决定了他的人民主权学说必然不具有可行性，或不得不稍作变通——卢梭本人不见得同意——才能予以遵行。当然，这并不妨碍“主权属于人民”这样的理念为后世各民族的革命、制宪或政制演进所接纳。法国 1789 年的《人权与公民权宣言》第 3 条这样说，“所有主权的原则在于其本质上属于国民。任何团体、个人均不得行使未明确授予的权力”。1791 年宪法中也规定，“主权是统一、不可分割、不可转让和不可侵犯的”。1793 年宪法的权利法案第 35 条规定，“当政府侵犯人民权利的时候，人民有权反抗”。当然，随着拿破仑帝制终结大革命，人民主权学说也在主流层面隐匿，而代之以诸如“理性主权”⑤（如弗朗索瓦·基佐等“空论派”人士所主张）或其他版本的主权论。但就当今而言，人民主权或国民主权已经成为法国宪法的牢固原则了——当然必须是容纳了代议制民主和权力分立的人民主权。

（二）人民主权与美国式的民主

人民主权原则，凡是以某种可行的、稳定的、不暴虐的方式在制度上得以实现，我们便可称之为“民主”的落实，并且，当然是当代意义上的民主。在欧陆民族仍在争论、尝试和不断反思修正“人民主权”的相关学说，或是其对立学说之时，美国人则早已稳固地实践着“人民主权”的要旨。托克维尔在 19 世纪 30 年代游历北美，回到法国后旋即出版《论美国的民主》，一时间洛阳纸贵。他开篇即指出，“一场伟大的民主革命正在我们中间进行”⑥ ——在“民主”一词在欧陆传统中仍与城邦政治、直接民主相联系，并未取得观念上的“政治正确”地位时，托克维尔的观察是在借助美国人的实际经验为民主“脱敏”，也是为人民主权“脱敏”。

美国版本的人民主权原则，不可能脱离其宪法体制发生、演进的历史。“人民主权原

---

① ［法］卢梭. 社会契约论［M］. 李平沤，译. 北京：商务印书馆，2013：22.

② ［法］卢梭. 社会契约论［M］. 李平沤，译. 北京：商务印书馆，2013：20.

③ ［法］卢梭. 社会契约论［M］. 李平沤，译. 北京：商务印书馆，2013：23.

④ ［美］小查尔斯·爱德华·梅里亚姆. 卢梭以来的主权学说史［M］. 毕洪海，译. 北京：法律出版社，2006：25.

⑤ ［美］小查尔斯·爱德华·梅里亚姆. 卢梭以来的主权学说史［M］. 毕洪海，译. 北京：法律出版社，2006：63.

⑥ ［法］托克维尔. 论美国的民主（上卷）［M］. 董果良，译. 北京：商务印书馆，2012：4.

则一开始就是美洲的大多数英国殖民地的基本原则”,① 虽然这个原则并没有以简单明白的概念在殖民地时代形诸法律文本，那也主要因为宗主国英国的主流意识形态，但是，这原则“在各地的人民大会中，尤其是在乡镇的政府中，秘而不宣地发生作用”。② 北美革命是一次政治思想的大洗牌、大重组，借此机会，“人民主权原则走出乡镇而占领了各州政府，所有阶级都从本身的考虑出发卷进了运动，人们在人民主权原则的名义下进行战斗并取得胜利，人民主权原则成了法律的法律”。③ 可以看一下《独立宣言》的表述：

“人人生而平等，造物主赋予他们一些不可转让的权利，其中包括生存、自由和追求幸福。为了保障这些权利，人们之间才组建政府，治人者的正当权利，来自被治者的同意。不论何时，不论何种政府形式，一旦违背这些目标，人们就有权变革政府，或废止旧政府、组建新政府，按人民觉得最能保证他们安全和幸福的办法，奠定政府的基本原则，组建政府的形式。”

在紧邻《独立宣言》通过之前而在弗吉尼亚州通过的《弗吉尼亚人权宣言》中，也有类似表述，其第 2 条宣告：

“所有权力归属于，并且来源于人民，官员是人民的受托人和仆人，并且始终受人民监督。”

1787 年制定的联邦宪法序言第一句也承认同样的原则：

“我们人民，为建立一个更加完美的联盟……特此为美利坚联邦设立和奠定这部宪法。”

人民主权在美国是一个事实——不仅是政治上的也是法律上的，这一点意义重大，为欧洲国家提供了雄辩的例证和生动的经验，令人相信该原则可以落实、值得追求。根据美国联邦宪法，国会由普选产生的议员组成（参议员在宪法实施之初并非直选产生，但 1913 年生效的第 17 条宪法修正案改为直选产生），总统作为行政机关也由人民经由实质意义上的普选产生（形式上仍为间接选举）。当女性与有色人种在 20 世纪逐渐获得普选权之后，人民主权在美国的完全落实可谓确定无疑了。

相比于欧陆思想家，美国人关于人民主权的学说，通常不够系统和科学，但其与卢梭所主张的学说之间仍存在清晰可辨的区别：首先，尽管两者都以“人民”指代整个共同体，因此将政府视为契约的产物而非缔约方，但卢梭认为个体的权利已毫无保留地转移至主权者，而美国人则相信有些个人固有的权利，不但不能让渡，反而是检验政府是否背约的关键，因此，可以认为，卢梭是不理解何为“有限政府”的，但这是美国宪制的精髓；其次，卢梭强调主权不能让渡、不能被代表，因此不能适应于代议制或国土广袤的共和国，而美国——不论是各州还是联邦，都以代议制作为实现共和制的唯一方式，美国人认为，人民的权力可以托付给人民的代表，而这不改变权力源出于人民这一根本原则；最后，卢梭将立法权视为主权的表现形式，法律是公意的表达，因此，卢梭的学说容易演变为立法机关至上，而排斥宪法作为高级法的观念，美国人则认为，分权是实现人民主权的

① ［法］托克维尔. 论美国的民主（上卷）［M］. 董果良，译. 北京：商务印书馆，2012：61-62.
② ［法］托克维尔. 论美国的民主（上卷）［M］. 董果良，译. 北京：商务印书馆，2012：62.
③ ［法］托克维尔. 论美国的民主（上卷）［M］. 董果良，译. 北京：商务印书馆，2012：62.

必要方式，不同权力机关最终依赖于、受制于人民，这是让人民主权可以在制度上落地的方法，而权力机关之间的制约、平衡，也使得不必频繁求诸主权者来裁断法律危机，① 反而有利于宪法体制的稳固。也因此，美国人明确主张制宪权必须是不同于、高于政府权力的特殊权力，他们采用各州宪法批准大会的形式来通过联邦宪法草案，就证明了这一点。也因此，立法机关的权力不能超越于宪法之上，一般立法者与主权者是不同的主体。

（三）代议制及“人民主权”的普遍实现

“人民主权”在超越古典城邦政治的语境下，必须借由某种代议制政体才能实现。西耶斯继承了卢梭的精神，但作出了修正，才开创了法国成文宪法的时代。麦迪逊成功地向美国人论证了代议制是真正的共和制，于是美国人觉得人民主权与代议制、分权制衡之间毫不违和。英国宪制在 19 世纪晚期已经完成了贵族式的代议制向基于普选的民主代议制的转型，戴雪彼时提出了一套“议会主权”的论述，但他同时指出，最终议会须向“政治上的主权者”——即选民——负责，所以，议会主权是一个法学概念，并非反民主，人民主权才是当代英国政治的现实和实质。在德国，“一战”后诞生的魏玛共和体制实际上也是人民主权的产物，施密特说，“魏玛宪法产生于德国人民的制宪权”，② 在这个体制下，作为代议机关的国会是被宪法创设的、受宪法制约的“合宪机构”。代议制民主经历了 20 世纪上半叶的一定退潮、反复之后，随着“二战”结束，重新在西方世界站稳脚跟；自 20 世纪 90 年代以来，更是在全球范围内被普遍接纳。在今天，民主制必然是代议制或称为代议制民主，而人民主权原则也在代议制民主的框架内得以实现。可以说，如今已绝少有国家敢于否认、摒弃这一原则了。

三、我国的“人民主权”原则

我国现行宪法确认了人民主权原则。《宪法》第 2 条规定，“中华人民共和国的一切权力属于人民”，这确认了国家公权力的源泉所在。但是，人民授予的权力是经由制度化的方式而被行使的，如第 2 条第 2 款所述，“人民行使国家权力的机关是全国人民代表大会和地方各级人民代表大会”，以及第 3 款规定的“人民依照法律规定，通过各种途径和形式，管理国家事务，管理经济和文化事业，管理社会事务”，即人民代表大会制度是落实人民主权原则的法定制度形态。具体而言，人民作为主权者表现在以下几个方面：

第一，人民有权选举产生各级国家权力机关，同时有权罢免直选产生的国家权力机关组成人员，人民有权监督各级国家权力机关，通过向国家权力机关问责而间接对其他国家公权力机关实现监督。

第二，公民保有一系列基本权利，尤其享有与政治生活密切相关的言论、出版、集会、结社、游行、示威的自由，享有对公权力机关和国家工作人员提出批评、建议的权利，提出申诉、控告或检举的权利，而国家必须尊重和保障这些权利。

---

① ［美］汉密尔顿，麦迪逊，杰伊. 联邦论［M］. 尹宣，译. 南京：凤凰出版传媒集团，译林出版社，2010：342-343.

② ［德］卡尔·施密特. 宪法学说［M］. 刘锋，译. 上海：上海人民出版社，2016：96.

四、人民主权与分权的关系

同为当代宪法学所公认的基本原则，人民主权原则与分权原则之间有特别的关系。主权作为特定政治共同体的最高权力，根据其定义即为不可分，因此，传统上认为主权不可分割，我国一般也认可这一点。与此同时，分权原则强调国家权力应当依照某种理性的标准分列为几种类型，交由不同机构享有或一定程度上的共享，并保持权力间的平衡。因此，主权与具体的、类型化了的国家权力不是处于一个逻辑层次的概念。在人民主权获得普遍承认或作为政治事实的情况下，一个不可分割的主权，其实质要求在于，将人民这一整体性的概念——即并非单个人的简单聚集——作为该最高权力的享有者，或者反过来讲，拥有主权者即为一个“人民”（one people）。也就是说，根据其定义，主权是一个观念上的存在，是不可分割的。

由于主权者实际上不可能亲自行使这一权力，连卢梭也为其理论引入了一个“立法者”，借以表述“公意”（主权之表达），所以，任何实践上可行的政治体，无不需要某种形式的权力委托，于是，主权必定要转化为具体的公权力配置形态或体系。马丁·洛克林教授说，分权绝非削弱了主权，其毋宁使得主权得以巩固、实现。① 进一步讲，近现代意义上的公法，都是围绕着如何将主权具体建构为政府组织及相应权力而发展起来的一套规则。在这一“主权之具体实现”的过程中，分权原则作为一种更加符合保有自由、良善治理等当代价值观的原则，逐渐赢得了绝对优势地位，相应地，某些强调绝对权力的专政体制则逐渐边缘化。实际上，以主权不可分割这一理据来为不受制约的公权力辩护，在当今，无论是从道义上，还是政治上，都是站不住脚的。分权原则所要求分割、分配或分享的，并不是主权本身，而是作为主权之具体实现的公权力。分权原则在今天与人民主权不存在矛盾。

第四节　基本权利原则

一、英格兰普通法中的权利与自由

普通法，在最狭义上，是指 11、12 世纪期间，以英格兰王室设立的巡回法庭为中心而发展出的一套区别于地方封建法的王国内通行法。所谓普通法（common law）之普通，恰是指共有、通行、普遍之意。14、15 世纪期间兴起的“衡平法”（Equity），虽起于独立于普通法法庭的一套衡平法院体系，提供了不能被普通法提供的司法救济手段，但仍然秉持了以司法过程提供个案救济或正义的传统。经由几个世纪的积累，英格兰的普通法或者说“判例法”（case law）（此概念可同时涵盖衡平法）已经被公认为提供了一套令个人寻求权利救济的规则体系（尽管其中相互抵牾之处仍大量存在）。布莱克斯通（Blackstone）作为 18 世纪英国法历史演进中承前启后的人物，在其名著《英国法评注》（*Commentaries on the Laws of England*）中对当时的英格兰法的各个方面作了全景式介绍，

---

① Martin Loughlin. The Idea of Public Law [M]. Oxford University Press, 2003: 86.

其中个人权利的内涵、诉讼程序与救济手段已具相当规模。实际上，所谓“作为英国人而享有的权利与自由”在当时已经被认为是英国法牢不可破的一部分，是个人自由的根本保障，也是英国宪制（British Constitution）的特征之一。到了19世纪晚期，戴雪教授第一次从严格的法律角度全面论述英国“宪法”，并把普通法权利的司法保障作为定义“法治”的要素之一，① 而法治被他称为英国宪法的三大基石之一。

今天的美国起源于17世纪起的英属北美殖民地，因此，在新世界拓荒的英国臣民也带去了母国的法律制度，并享有“作为英国人的权利与自由”。远在北美独立战争打响之前，各殖民地已建立仿行英格兰的法律体系、司法制度。除了普通法结合本地情形而作出的适当调整之外，北美的英国臣民与母国同胞实际上处于同一套权利的保护之下。在后来自然权利理论繁荣爆发之前，经由司法过程寻求权利救济，已经是北美人日常生活经验的一部分，也是其本地法律制度的一部分。柏克曾说，布莱克斯通的书“在美洲的售量，几乎与英国的售量同样多”，② 大致就是这个情形。

二、近代立宪革命中的自然权利观念

近代立宪革命，以英国1688年光荣革命、18世纪后期的北美独立战争及法国大革命为代表，其共同点是，在整体上为政治体制架设了一个新的法律基础，而其中对个人固有权利的承认与保护，被认为是新的宪法体制的最重要前提与目标。

光荣革命是对斯图亚特王朝图谋绝对主义君主制的“匡正”，也是议会作为权力机关对王室的胜利。英国人当时并不追求“民主”、“平等”等理念，而是举出恢复英格兰原有宪制传统的大旗，实现君主、议会等固有机关之间的均衡与共治。但是，不能说英格兰宪制纯粹是退却、回潮，因为此刻的“有限君主制”的基础之一在于一系列对于自然权利的重述与理论突破。洛克的《政府论》（下篇）以个人固有的自然权利——尤其是财产权③——为基础，整体上论述了政府由以产生的背景、目的以及所延伸出的对政府的限制。④ 简而言之，作为政治契约的一部分，自然权利被认为是个人所固有的，且在作出让渡进而建立政府的同时，仍保留了某些不可转让的权利，由此确保政府偏离其初衷时人民得以重组政府（即极端情形时的“革命权”）。⑤ 与基于法律制度史的普通法权利相比，洛克所主张的自然权利来源于“自然状态”理论，其法律地位依托于“政治契约”，这就使得个人权利有了一种哲学式的、普遍性的基础。不宁唯是，因为保护个人权利是政府被组建的目的，因此个人权利具有基础性的地位，隐含了产生“基本权利”——即充当构建宪法体制的基石并限定宪法的内涵——观念的动力。

北美革命的情况大不一样。由于《独立宣言》宣告了各州与英国之间一切政治效忠

---

① Albert Venn Dicey. Introduction to the Study of the Law of the Constitution, LF ed. [M]. Liberty Fund, Inc., 1982: 150.

② [英] 埃德蒙·柏克. 美洲三书 [M]. 缪哲，译. 北京：商务印书馆，2012：120.

③ 参见 [英] 洛克. 政府论（下篇）[M]. 叶启芳，瞿菊农，译. 北京：商务印书馆，1964：77.

④ 参见 [英] 洛克. 政府论（下篇）[M]. 叶启芳，瞿菊农，译. 北京：商务印书馆，1964：80.

⑤ 参见 [英] 洛克. 政府论（下篇）[M]. 叶启芳，瞿菊农，译. 北京：商务印书馆，1964：第十九章“论政府的解体”.

关系的解除，所以美国人得以在“几乎全新”的白板上勾画其政体，而基本权利的观念在其中占据了核心位置。18 世纪的英国，议会的政治地位不断上升，君主权力的收缩是相对于议会权力的扩张而言的，彼时君主加冕誓词包含的表述是，“国王承诺将依据议会通过的制定法和认可之法律与习俗来统治”,① 可见议会成为了处于优势地位的、接受其他主体负责的机关。实际上，英国人的基本权利依赖于议会的承认、保护、扩展或限缩，从法律上讲，司法独立、普通法权利等并不具有对抗议会制定法的地位——尽管作为一个实际政治问题，法律界与议会乃是同盟者。美国的情况不同，那里没有所谓“议会主权”问题，相反，任何政府机构皆出于根本法的设计——“五月花号公约”、“1639 年康涅狄格根本法”等文件都是这类根本法的具体表现形式——而根本法，也就是政治契约的缔约者都是享有自然权利的个人。剩下的逻辑与洛克并无二致，并且在理论的关节处，即最高法律权力之所在，相比英国更无包袱，北美各州的最高权力源于人民，立法机关也须受制于政治契约——成文宪法。

在原则上更为纯粹的是法国人。由于法国的“古老宪制”早已荒废，君主专制是至少长达 300 多年的政治现实，所以英国人、北美人所熟悉的司法过程中的权利保护——这里主要是指可援引以对抗政府的（公法）权利——对法国人是逝去的记忆，或遥远的想象。② 但是，启蒙时代给予法国人大胆的理论创造力，自然法、自然权利、社会契约等论述，因其不证自明的合理性，令法国思想界易于接受。质言之，一个合理的政府，当然应该把尊重和保护个人的基本权利作为原则、目标和试金石。已有大量证据显示，早于法国大革命 10 多年的北美革命同样为法国革命领袖、思想家、民众带去了“人权”的观念、理论和具体的斗争经验，进一步促成了大革命的思想准备。③ 在法国人的观念中，“人权”与“公民权”体现得更为纯粹、更为普遍化、普适性。没有普通法的权利保护传统，这在某种程度上释放了法国人的哲理建构能力，无怪乎法国的人权思想具有比英国强大得多的跨越国界和语言边界的传播力。

三、诸人权宣言

（一）英国 1688 年《权利法案》

1688 年《权利法案》是英国光荣革命成果的一部分，由议会通过，其中宣告了“臣民有权向国王请愿”、“议会选举应为自由的”、“法庭不得要求过高的保释金，不得判处过高的罚金或残忍的、非常规的刑罚”等一系列个人权利以及其他重要规则。④ 实际上，对于英国宪制下的权利，不能只看某个单一文件，因为一系列历史文件都是诸多个人权利或重要法律的来源，而特定文件也往往是对既存普通法权利或王国重要法律的“再确

① ［英］梅特兰. 英格兰宪政史［M］. 李红海，译. 北京：中国政法大学出版社，2010：185.

② 参见［美］乔治·萨拜因著，托马斯·索尔森修订. 政治学说史（下卷）［M］. 邓正来，译. 上海：上海世纪出版（集团）有限公司，上海人民出版社，2010：233-234.

③ 参见［德］格奥尔格·耶利内克.《人权与公民权利宣言》：现代宪法史论［M］. 李锦辉，译. 北京：商务印书馆，2012：6-9.

④ See Rhona Smith，Eimear Spain & Richard Glancey. Core Statutes on Public Law and Civil Liberties，Palgrave/MacMillan，“The Bill of Rights（1688）”.

认”。从这个角度看，1998年通过的《人权法》、2000年通过的《信息自由法》（*Freedom of Information Act* 2000）、2005年通过的《宪政改革法》和近年来一系列反恐法，都包含了一些重要的权利条款，是对英国人基本权利的不断确认与扩展。

（二）《弗吉尼亚人权宣言》、《独立宣言》以及联邦宪法权利法案

弗吉尼亚州是美国独立战争的领头羊之一，《弗吉尼亚人权宣言》于1776年6月12日通过，实际上为几周之后的《独立宣言》奠定了思想基础。这是一份非常典型的遵循自然权利的理论预设、展现出理性之普适性的权利宣言。《独立宣言》第1条说，“所有人天生都是同等自由和独立的，并拥有一些固有的、在结成社会状态时经由任何契约都不可剥夺的权利，那就是，借由获得与持有财产，借由追求与保持幸福和安全，从而享受生命与自由的权利”，① 这确定了总体基调。此外，该宣言还提到了一系列刑事程序权利、媒体自由、宗教信仰自由等权利。

《独立宣言》由第二届大陆会议通过，代表了13个殖民地与英国的正式决裂。其中，很多篇幅用来历数英王乔治三世的“罪过”，并论证为何北美各州人民有权主张独立的政治地位。不过该宣言开篇还是带出了人权观念，与《弗吉尼亚人权宣言》一脉相承，如“……我们认为以下真理不证自明：人人生而平等，造物主赋予他们一些不可转让的权利，其中包括生存、自由和追求幸福。为了保障这些权利，人们之间才组建政府……”可以说，这两份精神气质高度一致的人权宣言，是以“截断众流”的气势，宣告了人权作为政制之基础的地位，这就是基本权利。值得注意的是，这种宣告方式仅依赖于理性和共同体的合意即可，无须依赖于历史证据，这是与英国的各类权利法案最大的不同之处。

美国联邦宪法于1789年正式实施，被称为联邦宪法权利法案的“宪法前十条修正案”在1791年通过。就宪法实施而言，这些权利条款是美国宪法上基本权利法律保护的根基、骨架，其中包括言论自由、出版自由、宗教信仰自由（第一修正案），持枪权（第二修正案），免于非法搜查与逮捕的自由（第四修正案），免予自证其罪的自由和享有正当法律程序的权利（第五修正案），获得陪审团审判的权利、与证人对质的权利、获得律师帮助的权利（第六修正案）等。需留意的是，联邦宪法上的人权条款，将自然权利的理论与对普通法权利的继承结合了起来，例如第一修正案的表述是“国会不得制定法律剥夺言论自由和出版自由”，这暗示了制定法之外的普通法权利已然存在，且为立法权之界限。修正案第9条规定，“宪法列举的若干明确权利，不得被解释为否认或蔑视人民所保留的其他权利”，也间接承认了成文宪法本身并非权利的唯一来源，而是用以限制政府不得去侵犯已有权利的法律工具。

（三）法国的人权宣言

被称为欧洲第一份人权宣言的，是1789年8月由法国国民议会通过的《人权与公民权宣言》（*Declaration of the Rights of Man and Citizen*），这是作为制定宪法的先决条件或前

① 原文为，“That all men are by nature equally free and independent, and have certain inherent rights, of which, when they enter into a state of society, they cannot, by any compact, deprive or divest their posterity; namely, the enjoyment of life and liberty, with the means of acquiring and possessing property, and pursuing and obtaining happiness and safety”.

言而发布的，全面反映了法国大革命初期的政治思想与权利观念。从内容上看，与弗吉尼亚人权宣言有颇多相似之处。“1789 年人权宣言”第 1 条声称，“人人生而在权利上自由且平等，并一直如此。社会区分只能基于公共目的”；第 2 条说，“任何政治结合的目的都是保存人的自然的和不可剥夺的权利。这些权利是自由、财产、安全和反抗压迫”，其主旨可见一斑。此外，该宣言也列举了“罪刑法定”、“言论自由”等根本规则或权利。

1789 年人权宣言不是大革命期间唯一的人权宣言，也不是对人权采取最激进、最纯粹之立场的宣言（如“1793 年人权宣言”），但是，它是今天的法兰西第五共和国宪法所承认和沿袭的人权宣言，其宪法序言这样表述，“法兰西人民郑重宣告恪遵 1789 年宣言中明确规定并在 1946 年宪法①序言中确认与补充的人权和国家主权原则，以及 2004 年环境宪章中所规定的权利与义务”。耶利内克曾说过，该“宣言出现之前，在公法文献中我们可以找到政府首脑的权利，某些阶层的特权，个人或某些特别团体的特权，但是臣民的普遍权利则只能以对政府的义务的形式出现，而不是以确定的个人法律权利的形式出现。人权宣言第一次给实证法注入了个人权利可以对抗作为一个整体的国家这一观念，而这一观念在此之前只在自然法中存在”。② 由此可见，1789 年法国人权宣言所具有的划时代的意义了。

四、基本权利的法律保护与宪法保护

法谚有云，“凡有权利必有救济”。这句话同样可以反向陈述，无救济即无所谓权利。这本来是至明之理，然而因为诸多原因——法律传统的、法律语言的、政治现实的——人权、基本权利在法律上的地位、含义与效力，仍然在很长的时期内存有严重分歧。在第二次世界大战之后，人权在国际上的共识性理解有大幅度提升，人权必须得到尊重和保护——尤其是作为法而得到实施，基本成为了普适性的原则。

从英格兰法律传统或者说“普通法传统”来讲，“权利”的概念获得承认，最初即基于司法实践，因此，权利当然具有法的效力，权利可经由法院寻求保护、救济。与此同时，制定法也可创设、认可权利，例如 1688 年《权利法案》在形式上就是制定法。随着历史发展，英国法上的个人权利不断得以扩展，司法独立或法治也不断在政治演化、法律变迁中被巩固。就个人权利在英国宪法或宪制中的地位而言，不能说前者是后者的前提、预设之类，准确地讲，是英国宪制的组成要素里面包含了对于个人权利的承认与保护。英国并未采取过以单一权利宣言为基础重建宪法体制的激烈行动，因此，法律上讲，不能证明议会必须服膺于个人权利或个人权利必须完全受制于议会。从政治上讲，在今天这个时代的流行价值观的统摄下，议会实际上会对人权抱以最大程度的尊重，并通过对法治的尊重而令权利保障得以实现。“二战”以后，“人权”、“基本权利”的术语变得流行，但是对英国而言，直到 1998 年人权法通过（2000 年开始实施）之后，人权——当然是法案所纳入的权利——才具有了“高级地位”，这主要是指，能够具备优越于一般的议会立法的

---

①　即“法兰西第四共和国宪法”，已被现行宪法取代。

②　［德］格奥尔格·耶利内克.《人权与公民权利宣言》：现代宪法史论［M］. 李锦辉，译. 北京：商务印书馆，2012：2.

地位。这在英国是巨大的法律变迁、宪制变迁，因为议会在法律上并无任何限制，传统上也不会受制于人权。但现在的情形是，议会后续立法应当被法院解释为与人权法相一致或者可以被法院作出“不一致宣告”，而次级立法则必须保持与人权法的一致性。因此，现在大致可以说，个人权利在英国悠久的法律传统下又取得了新的进步，那些“基本权利”如今具有了高级法的地位，并由此部分改写了英国宪制。①

美国联邦宪法以前十条修正案的方式“纳入”了权利法案，此外，著名的“重建修正案”——尤其是第十四修正案——也包含了权利与自由的条款。从权利到基本权利的跨越，美国宪法作出了最早、最划时代的贡献，因为美国联邦宪法是作为一部成文高级法②而生效的，即任何宪法规范皆因宪法的高级法地位而优越于其他规范，尤其是立法机关的制定法，其中就包括了权利规范。因此，对于宪法具备高级法地位的国家，宪法权利就是基本权利，意味着任何普通法律、命令、行政决定都不得与之冲突，这自然是对个人权利最有力的法律保障，也即宪法保障。

美国宪法权利条款实施的方式主要是“违宪审查”。美国的违宪审查也称司法审查，在程序上，是依托于司法机关借由个案来裁决特定政府行为、立法是否抵触宪法，并有权以司法判决的方式撤销相关违宪行为或违宪法律。③ 举例而言，一名因在抗议游行中焚烧国旗而被起诉刑事罪行的人，有机会以相关禁止焚烧国旗的刑法抵触了宪法上的言论自由条款而违宪的理由，寻求无罪判决。④ 因此，美国的基本权利的保护也是落实于司法过程。不过需要指出，在 19 世纪，违宪审查的案件数量并不多，其中涉及权利保护的更少。人权的宪法保护真正的突破，要等到 20 世纪之后，并尤其以“二战”之后美国联邦最高法院开始着力保护人权为分水岭，引发了后来的“民权革命”，彻底在法律实践中，而不仅是观念上确立了基本权利的高级法地位。

对于欧陆国家来讲，从“人权”到“人权法”或作为法律的“基本权利”的跨越，花费了更长时间。法国 1789 年人权宣言在欧陆范围内的影响可谓所向披靡，许多国家后续的立宪革命、民族独立、改革改良都会依例制定一份本国的“人权宣言”，以宣示革命或改革之价值基础。但是，这样的文件究竟有无法律属性，则未必。公允地讲，包括 1789 年人权宣言在内的诸多欧陆人权宣言都应归属于政治文件的范畴，其并未创设“法律规范”。即从权利救济的角度看，执法者、司法机关并未获得新的法律渊源，从而难以或无权仅凭宣言中的“原则式宣告”而作出判决、给予救济。这里必须强调，作为宪法的基本权利原则，所要求保护的是得以对抗公权力之侵害的个人权利，而不是传统上“公/私”法二元区分之下的私法权利。所以，不能说欧陆法律传统没有权利救济，而应该准确地说，那些作为政治文件而发布的“人权宣言”并非具有可适用性的法律或公法。

---

① See David Feldman. English Public Law, 2nd ed. [M]. Oxford University Press, 2012: 324.

② 参见［美］汉密尔顿，麦迪逊，杰伊. 联邦论［M］. 尹宣，译. 南京：凤凰出版传媒集团，译林出版社，2010：536（第 78 篇）.

③ 司法上开创了违宪审查制度的是“马伯里诉麦迪逊案”，时任首席大法官约翰·马歇尔在判决中说，“美国宪法，乃至所有成文宪法所确认的原则是，与宪法相抵触的法律是无效的”，Marbury v. Madison, 1 Cranch 137, 5 U. S. 137.

④ 参见美国最高法院 1989 年判决的“焚烧国旗案”，Texas v. Johnson, 491 U. S. 397.

要解释这一局面，需考虑到诸多背景原因，主要包括：

第一，与英国、美国的“权利法案”本身即作为有效法律文件不同，法国人权宣言之类的文件从一开始就没有被定位为法，而是法律或成文宪法的前言、原则、理念宣示，这就决定了所谓“人权保护”的法律路径必然是不同的。欧陆国家的“人权”需要一个“法律化”的过程。

第二，基本权利的“基本性”，在法律角度主要体现为“高级法”的属性，即不能被公权力机关取消，并可以限制公权力。这就涉及权利法案或人权宣言的法律位阶了。与美国不同，欧陆国家早期的成文宪法并不具备高级法地位，因此并无违宪审查一说，那么，借由美式违宪审查而实施作为宪法规范的人权法，就无从谈起。① 欧陆国家的宪法至上地位基本上在“二战”才得以确立。

第三，不能简单地认为，体现在人权宣言中的基本权利在欧陆国家就必然全无保障。在议会制逐步取得政治声望、君主权力不断收缩的历史背景中，立法机关实际上充当了权利与自由的首要保护人。由于共和制、民主化必然催生立法机关地位的提升，因此，长时间内并不存在通过作为高级法的人权来限制议会的问题。此外，公法领域中先于违宪审查制度而发展的行政诉讼制度（行政法院体系）实际上也提供了制约公权力、保护相关权利与自由的功用。

就当今而言，人权或基本权利的法律保护在绝大多数国家已经不成问题。欧陆国家在“二战”之后大多建立了专门的宪法法院，通过多样化的程序来实施其宪法（往往也是不同于19世纪宪法的新宪法）中的权利条款。更为关键的是，随着宪法高级法地位的确立，基本权利或宪法权利具有了约束所有公权力机关的效力，包括立法机关。如，德国基本法在确认诸项基本权利之前，在其第1条第3款特别规定，“下列基本权利是拘束立法、行政及司法的直接有效的法”。由此，基本权利的相关法律规则也蓬勃发展起来。伴随苏东国家的政治转型，宪法法院模式进一步扩展到更多地方，基本权利保护作为一项宪法原则更加确定无疑地被广泛接受了。

【案例 3-1】

美国联邦宪法第一修正案规定，“国会不得制定剥夺言论自由的法律”。得克萨斯州的一部刑事法律规定，“任何人侮辱、损坏或以其他不恰当方式处理国旗，且行为人明知此方式将严重冒犯目睹或知晓这一行为的其他人，则构成犯罪，可判处监禁1年”。1984年的共和党全国代表大会举行期间，一个名叫约翰逊的人在参与抗议游行期间，焚烧了一面美国国旗。依据上述刑事法律的规定，约翰逊在得克萨斯州的法院被定罪。他上诉至美国联邦最高法院，主张这一刑事定罪侵犯了他依据宪法而享有的言论自由，因此构成违宪。最高法院的9名大法官以5∶4的票数判定得克萨斯州法律违反宪法，并宣告约翰逊无罪。最高法院的多数意见认为，在游行中焚烧国旗的行为具有“表达性质”，属于宪法上所称的“言论”，可以获得宪法的保护。得克萨

① John Henry Merryman，Rogelio Perez-Perdomo. The Civil Law Tradition：An Introduction to the Legal Systems of Europe and Latin America，3rd ed. ［M］. Stanford University Press，2007：136.

斯州以刑事罪刑的方式限制当事人的言论自由，构成违宪。

【司法考试关联知识点】

宪法基本原则是宪法学基础理论中的重要环节，是理解具体宪法规范、宪法制度的前提，是司法考试的重要考点，也是难点。宪法基本原则的相关理念来自域外法律思想和法律传统，在我国则有相应的调整、变化或重构，因此，需要对普遍性的宪法原理进行了解，也需要对我国现行宪法所奉行的基本原则的特定内容和独特性有足够的认识。

第四章　基本权利的一般原理

【学习目的与要求】了解宪法基本权利的一般原理，包括宪法中规定的公民基本权利与人权的关系，宪法未列举权利的理论，重点理解和掌握对宪法基本权利限制的原因和具体情形。要求学习者在课前阅读我国宪法文本中权利相关规范，课后复习基本概念、基本原理，并参阅相关案例、事例，加深对相关知识点的理解和掌握。

【引例】2016年4月，温州市民王女士发现其土地使用权证的期限即将到期，遂前往当地国土部门办理续期，被告知应按照现在的基准地价乘以用地面积，缴纳相应的土地出让金，重新购买土地使用权。除了王女士，温州市一部分居民也因为土地使用权到期，而无法完成交易。① 这一事件经媒体报道，引发了民众、政府和专家学者的高度关注。深圳、青岛、新疆等地也出现了类似的土地使用权续期的问题。如何看待国家对土地使用权设置的期限？怎样用宪法基本权利的一般原理来分析这一事件呢？

点评：这一事件涉及公民的财产权及其限制的原理。在当前房价高企的背景下，房屋及其占据的土地的使用权是公民最为重要的财产权。我们需要理解以下几点：第一，公民的房屋及其住宅用地使用权，具有经济价值，属于宪法财产权的保障范围，国家不得随意限制和剥夺。第二，法律对住宅用地使用权规定期限，是法律对财产权的塑造，同时也是限制。第三，国家公权力部门在处理公民土地使用权续期的问题时，不仅应考虑实现土地所有者利益，还应充分保障公民的私人财产权。国家对土地使用权期限、续期规则的设置应遵循法律保留原则和比例原则。

第一节　宪法基本权利与人权关系

一、宪法基本权利的概念

宪法基本权利的概念可以拆分为两部分理解，一是“宪法”，是指“宪法规定”的权利，以及宪法虽然没有规定，但由于权利本身的重要性，而“从宪法中推导出”的权利。二是“基本权利”，是指依据一国的国情，民众以及立宪或宪法解释者认同的，对于人的自我生存和发展具有重要价值和功能的“基本”的权利。权利是否具有“基本性”的判

---

① 刘宏宇，彭天翔．才住3年土地证过期了　想办新证得花20万“买地”［DB/OL］．［2017-07-21］．温州网，http：//news.66wz.com/system/2016/04/12/104793784.shtml.

断受到一定经济发展水平，政治形态，历史文化传统，自然条件，民众、立宪者或者宪法解释者意志等因素的综合影响，在不同的国家，同一国家不同的发展阶段会有不同的认定。这也使得宪法基本权利成为一个变动的开放发展的权利体系，世界各国宪法基本权利的范围总体而言呈扩展的趋势，越来越多的权利受到宪法层面的关注和保障。

为了更好地理解宪法基本权利的概念，有必要对“宪法权利”与“基本权利”的概念加以区分。使用“宪法权利”概念的学者主要是基于以下几种考虑：第一，解决基本权利规范化的问题，使问题变得清晰简单。① 第二，解决宪法中规定的权利主体多样化的问题，避免“公民”的“基本权利”指称的局限，并与人权概念区分。② 第三，解决权利的整体性问题，指出宪法权利既是道德权利又是法定权利；既包括宪法列举的权利又包括未列举的权利，发挥着强制性法律效果的人权，在实质上就是宪法权利。③ 第四，从个人与国家关系的层面理解宪法权利，将其定义为“个人与国家对彼此拥有的可以做或者可以不做什么的行为资格或利益可能性”④，这是最广义的理解。使用“基本权利”概念的学者，多强调权利的“基本性”，一项权利是否具有基本性的判定标准即为权利对权利享有者的功能和价值是否重要，只有“对人的尊严与生存最根本、最重要”的权利⑤才能够成为基本权利，除了这种功能导向的理解外，基本权利还被理解为本源意义上的权利、不可剥夺的权利和自然权利等。由此可见，对于宪法中的权利，学者们在概念的使用和内涵的把握上远没有达成共识。本书所采用的“宪法基本权利”的概念将宪法确认和基本性两个要素都考虑进来，能够解释宪法中规定的权利未必都是“基本”的，而一些被认为是重要的基本的权利却并没有获得“宪法”确认的现象，并且通过将“宪法”理解为宪法中规定的和从宪法中推导的两重含义，能最大限度地为新的宪法基本权利的确认留下空间。

二、公民基本权利与人权

公民基本权利可以有多种界定。第一，是指与自然权利相区别的，基于公民身份所享有的权利，是在国家产生之后才能享有的权利。托马斯·潘恩首次区分了自然权利与公民权利，法国《人权宣言》也将“人的”和“公民的”权利加以区分，我国也有学者认为依据现代宪法的基本原理，宪法主要保护两类最基本的权利，首先是基本人权，包括传统意义上的生命、自由、安全、财产等自由权利，其次还保护基于公民身份而产生的公民权利，如选举权、参政权等。第二，是用作我国宪法“公民的基本权利”的简称，我国宪法文本在2004年“国家尊重和保障人权”写入宪法之前，一直是采用公民基本权利的表达来涵盖宪法文本中的权利。本书采用第一种界定，认为公民基本权利是宪法基本权利中

---

① 参见夏正林．从基本权利到宪法权利［J］．法学研究，2007（6）．

② 参见秦前红，陈道英，汪自成，伍华军，韩树军．比较宪法学［M］．武汉：武汉大学出版社，2007：120-123.

③ 秦前红主编．新宪法学［M］．武汉：武汉大学出版社，2009：100-102.

④ 莫纪宏．宪法学原理［M］．北京：中国社会科学出版社，2008：279.

⑤ 周叶中，韩大元主编．宪法［M］．北京：法律出版社，2006：151.

的一部分，是实证化的权利，而且权利的享有必须与公民的身份相联系，是基于公民对于国家的主动身份而产生的，集中表明了一个人在国家中的地位以及其与国家的关系。

【案例 4-1】

我国政府于 1998 年 10 月 5 日在联合国签署了《公民权利和政治权利国际公约》，于 1997 年 10 月 27 日签署并于 2001 年 2 月 28 日批准了《经济、社会及文化权利公约》。《公民权利和政治权利国际公约》和《经济、社会及文化权利公约》是在联合国《世界人权宣言》的基础上制定的，为什么需要通过两个公约来规定原本规定在一个文件中的权利，为什么我国并没有同时批准两个人权公约？

点评：国际人权宪章中被国际社会所公认的普遍意义的人权，在《世界人权宣言》中采用综合全面规定的方式，却用两个人权公约采用分别规定的方式对其加以具体化，表明了不同国家对公民权利和政治权利与经济、社会及文化权利的认识存在分歧，同时也表明了这两类权利以及各自承载的理念和价值诉求之间的区别，这也是我国未同时批准两个公约的原因之一。值得注意的是，《公民权利和政治权利国际公约》的英文是 International Covenant on Civil and Political Rights，对于 Civil Rights 一词被译为“公民权利”是否准确是存在争议的，在译著和学术论文中都有学者主张译为“市民权利”，这表明权利存在“公民权利”与“非公民权利”的区分。

人权单从字义上理解，有着一个简洁和确定的含义，即人的权利。事实上，世界上有近 200 个国家，它们在自然环境、历史背景、经济发展水平、政治、文化、社会形态等方面都不同，各有自己的特点，① 其人权观念和人权状况都存在差异。伴随人类社会的发展，人对自身认识的深化，人权被赋予了丰富的含义，可以说是一个内涵和外延都不确定的概念，也因而成为制度和法律规范的最有力的批判力量和社会变革的最有力的促进力量。② 启蒙思想家通过天赋人权说阐述了作为自然权利的人权，这个意义上的人权是上天所赋予的不可剥夺的、与生俱来的权利，是先于国家存在的权利，这种先验的人权观在资产阶级革命中发挥了巨大的作用，并通过宪法性文件固定下来。这种人权观是市民社会与政治国家二元对立理论预设的内核和基础，人权是组成市民社会的人所享有的不受政治国家干涉的自由权利，因而也是与法律判断无涉的，必然要受到保护的权利，因此公民的基本权利与人权是严格区分的。这种先验的、注重个人自由的人权观即是欧美中心的普遍主义人权观，尽管这种人权观具有极大的启蒙性和鼓舞性，但却是一个无法证明是正确也无法证明是错误的理论假设，再对照实际生活中诸多人权被践踏，享有自由却不能得到尊严以及不能实现自由与全面的发展的现实，这种普遍性人权概念的虚拟性也受到批评和反思。与欧美中心的普遍主义人权观相对应的是广大发展中国家所提出的注重最低限度生存保障的人权观，注重宪法对人权的系统和全面规定，除了个人自由权利外，公民基本权利

① ［日］大沼保昭．人权、国家与文明 从普遍主义的人权观到文明相容的人权观［M］．王志安，译．北京：生活·读书·新知三联书店，2003：7.

② 秦前红．新宪法学［M］．武汉：武汉大学出版社，2009：100.

以及社会经济和文化权利也受到重视。在现代社会，由于人对自然的过度索取和破坏，导致了生态环境的恶化和大型自然灾害的频繁发生，极大地威胁到整个人类的生存，在人与自然关系层面，人权又有了新的内涵，除了对人自身的尊严的诉求外，对外在于人的自然环境和资源的关怀也通过人权话语加以表达。可见人权是一个内涵存在争议，外延又在争议中不断扩展的概念。

人权与公民基本权利存在如下区别：第一，人权是不需要法律的规定就应当享有的利益或有利选择，是依据自然权、人的理性、人区别于动物的特殊性或正义理论而推定的人应当享有的道德权利。公民基本权利则必须要由法律的确认才能享有和受到保障，是实证法上的权利。第二，人权的主体是普遍意义的人，而公民基本权利的主体则是与特定国家相联系的公民，特定情形下还包括法人团体、外国人等，一般以拥有国籍或其他实质联系为条件。第三，人权最初的和最稳定的核心内容是自由权，具有免于或者消除国家行为妨害的请求权。公民基本权利则包括参政权和要求受到国家保护的积极的请求权。

宪法基本权利中包括人权的一部分和公民基本权利，其关系如图一、图二所示：

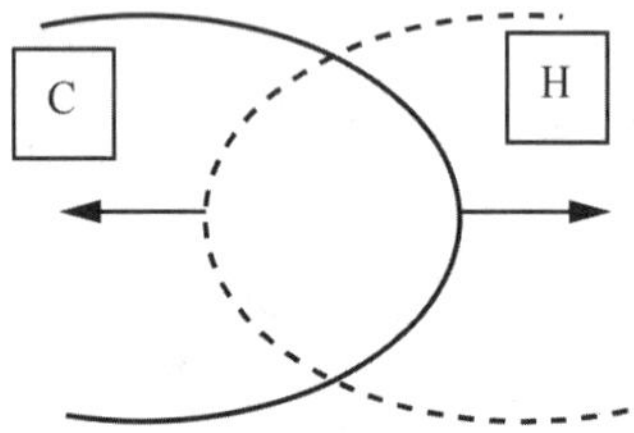

图一　宪法基本权利与人权

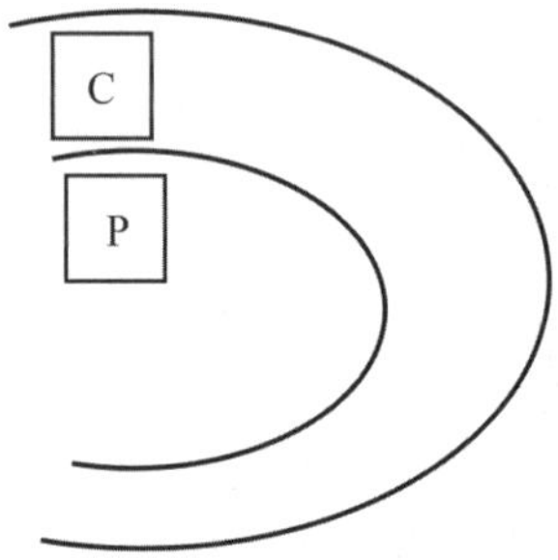

图二　宪法基本权利与公民基本权利

说明：图表中采用弧线而非封闭的圆圈来表明权利的内容，是基于权利体系的开放性；弧线用实线表明是受到宪法和法律保障的实证法上的权利，虚线表明是应然的道德权利。图一：弧线 C 的内侧表明宪法基本权利的内容，弧线 H 的内侧表明是人权的内容，两者有交叉的部分，但并不完全重合，左右两个箭头表明两者交叉的部分有扩大的趋势。图二：弧线 P 的内侧表明公民基本权利，其完全在弧线 C 的内侧，表明公民基本权利是宪法基本权利的一部分，但不是全部。

三、我国的宪法文本中的基本权利与人权

我国现行宪法设专章规定了“公民的基本权利”，2004 年宪法修正案又将“人权”写入了宪法，这两个概念需要依据基本权利的一般原理和我国的具体国情进行阐释。“公民的基本权利”实际表达的是宪法基本权利的含义，并不是“公民基本权利”的概念，因为在宪法第二章中不仅规定了公民基本权利，而且还规定“人权”，以及外国人的一般权利和社会、经济、文化权利。因此，尽管宪法文本中有“公民的基本权利”的规定，我们在统称宪法中的权利时为了避免混淆，还是采用“宪法基本权利”的概念。宪法文本中的“人权”，在这里并不是一项具体的宪法权利，也不能单独作为推导出一项新的宪法权利依据，其含义并不确定，不能产生相应的法律上的请求权，需要结合宪法文本中的

其他基本权利规范进行具体阐释，与“公民的基本权利”的表达之间存在张力。人权条款的入宪表明了我国在人权问题上的立场和态度，具有重要的意义。

宪法基本权利规范分布在宪法的总纲、第二章和第三章之中，采用列举的方式加以规定，各项权利之间虽然并没有直接表现出逻辑层次和类别，但实际上也构成了一个相对完整的宪法基本权利体系。其可以分为：（1）平等权；（2）政治权利，包括选举权，批评、建议、控告、申诉、检举权等；（3）个人自由权，包括言论、出版、结社、集会、游行、示威等表达自由，人身自由，人格尊严不受侵犯，住宅不受侵犯，通信自由和通信秘密等；（4）社会经济文化权利，包括财产权、劳动权、劳动者的休息权、获得物质帮助权、受教育权、文化权利等。需要注意的是，我国现行《宪法》没有规定 1954 年《宪法》中曾规定的迁徙自由，也没有规定极为重要的生命权和隐私权等权利，这些权利对人的尊严、人的自由和全面发展而言是极其重要的，这也为未列举权利的产生留下了空间。

就宪法文本而言，我国注重宪法基本权利的实证化，权利规定较全面，其中包括消极的不受国家侵害的自由权，也包括积极的需要国家采取措施加以保障的社会权，事实上宪法文本中“国家尊重和保障人权”的规定，表明传统的积极权利和消极权利的划分已经相对化，可以认为所有的宪法基本权利实际上都包含有受到尊重、不受国家权力侵害和受到保障，以及国家积极提供权利实现的各项帮助的双重要求。但必须认识到，仅将宪法基本权利规定在宪法文本中只是权利实现的一个前提，更重要的是宪法基本权利能够落实到每个人的生活之中，能够真正实现，这需要宪法基本权利规范发挥直接拘束国家权力的效力，既需要通过立法的途径将宪法基本权利具体化，也需要设立专门的宪法诉讼机制，对于我国而言，还需要付出更多的努力。

第二节　宪法未列举权利理论

一、宪法未列举权利的概念

宪法未列举权利，是指宪法文本中虽然未明确规定，但通过宪法解释、司法判例等方法，依据宪法概括性权利条款或其他相关规范或规范群，应用一定的原理和技术推导出来的新的基本权利。这些权利构成宪法基本权利，受到宪法层次的保障，并具有一定的拘束效力，能够被用来作为主张请求权的依据。宪法未列举权利的种类①包括：（1）宪法中未规定，但却是人固有的权利，比如生存权与生命权；（2）宪法中未明确规定，但实际上是宪法已列举基本权利保护范围之内的具体权利，比如美国宪法第一修正案规定了的言论和出版自由，这一列举的宪法基本权利所“附带的权利”就包括说话或印刷的自由、分发权、接受权、阅读权、探索自由、思想自由和教学自由等，② 没有这些“附带的权

① 参见李震山．多元、宽容与人权保障——以宪法未列举权之保障为中心［M］．台北：元照出版有限公司，2005：18-21.

② 参见斯坦利·I. 库特勒．最高法院与宪法——美国宪法史上最重要判例选读［M］．朱曾汶，林铮，译．北京：商务印书馆，2006：597.

利”，言论和出版自由实际上难以完全实现；（3）不属于宪法列举的基本权利，也不属于这些基本权利所派生的具体权利，但经由基本国策结合概括性权利条款推导出的权利，比如经由环境保护的基本国策，推导出的环境权，这种综合性的权利虽然与已列举的宪法基本权利密切关联，但列举的宪法基本权利并不能完全涵括其权利内容，需要补充；（4）不属于固有权利，也不属于列举的基本权利及其派生权利，也不能由基本国策推导出来的一项宪法保障的权利，比如美国宪法判例所发展出来的隐私权中的堕胎权、日本的宪法判例所发展出来的隐私权中的肖像权。

二、宪法未列举权利产生的必要性与可能性

宪法未列举权利产生的必要性在于在保障宪法规范稳定性的同时，满足民众日益强烈的新的权利需求。在宪法文本中明确列举出一系列的基本权利，是对这些权利最高层次的法律认可和保障，这些被明确规定的宪法基本权利能够拘束立法权，从而能够在部门法中得到具体化和保障；在确立了宪法诉讼机制的国家和地区，这些基本权利也能够作为公法上请求权的依据直接提起宪法诉讼。但随着社会的发展，尤其是科学技术的进步，这些权利清单在应付人们如潮水般涌现的新的权利主张的时候日益显得捉襟见肘，而这些新的权利要求对人性尊严的维护和人的自由与全面发展具有普遍和重要的意义。同时世界大多数国家对宪法文本的修订都规定了较普通立法更严格的程序，宪法作为国家的根本大法也必须保持规范文本的稳定性，不能频繁修改。“作为一种权宜之计和替代方案，一种关于未列举权利的认定方法和识别技术”，① 宪法未列举权利能够在不修改宪法文本的情形下，为民众提供宪法层面的权利保障，能够缓解宪法文本中列举的权利清单与民众日益增长的权利保障需求之间的矛盾。

宪法中概括性权利条款的存在，宪法诉讼机制中司法权的积极运作和判例制度的存在则使宪法未列举权利的产生成为了可能。第一，概括性权利条款是指为了避免列举规定各项宪法基本权利的不周，在列举规定的各项条款之外，另行制定的概括规定基本权利的条款，具有整合各项基本权利和补充规范遗漏的功能，目的在于对基本权利的概括保障。这一“兜底”条款的存在，就为宪法未列举权利的产生提供了规范依据，可以将宪法未规定的基本权利纳入到该条款之下加以保障。第二，在宪法诉讼机制中，法官积极行使司法权，依据概括性权利条款和其他相关宪法条款，对宪法文本加以解释，通过宪法判例的方式创设宪法未列举权利。第三，判例制度下，承认先例的约束效力，可以使宪法诉讼中法官所创设的宪法未列举权利具有普遍意义，更好保障每一位公民的基本权利。这三个方面仅为宪法未列举权利的产生提供了可能性，宪法基本权利能够真正产生，除了需要具备这些条件外，更为根本的决定因素还在于社会的发展水平能够承载对这些权利提供宪法层面保障的各项成本，能够在利益的冲突与衡量中找到均衡点。

---

① 秦小建．宪法为何列举权利？——中国宪法权利的规范内涵［J］．法制与社会发展，2014（1）．

【资料 4-1】

美国、德国、日本宪法中的概括性权利条款

美国宪法第九修正案：本宪法对特定权利的列举，不得被解释为否定或轻视由人民保留的其他权利。

德国基本法第 2 条第 1 款：人民有自由发展其人格之权利，但以不侵害他人之权利或违背合宪秩序或道德律为限。

日本宪法第 13 条：所有国民以个人之身份而受尊重。国民之生命、自由及幸福追求的权利，在不违反公共福祉之限度内，立法及其他国家政治之运作上，必须予以最大之尊重。

点评：这些概括性权利条款起着"兜底"条款的作用，其中美国宪法第九修正案采用的是间接规范的方式，否定无其他权利的解释；德国基本法、日本宪法采用的是直接规范的方式，肯定除了宪法文本中列举的权利，还存在尚未列举但对人的人格的发展、幸福的追求有重要意义的自由和权利，这些未列举的权利也应当受到宪法的保障和国家的尊重。这些概括性权利条款的存在为宪法未列举权利提供了最直接的宪法依据，对宪法未列举权利的识别和证成具有重要的意义。

三、宪法未列举权利的宪政意义与风险

宪法未列举权利具有重要的宪政意义，表现为以下两个方面：其一，有利于对既有宪政秩序的维护。宪法未列举权利的产生避免了频繁修改宪法文本以适应时代演进的成本，维护了宪法文本的稳定。同时宪法未列举权利产生的过程是践行法治原则，以宪法规范为依据，并以判例制度为支撑，通过论证说理取得公信力的过程，尽管其突破了宪法列举权利的文本规定，但却并没有伤害宪法文本的权威，反而通过极强的适应性和灵活性维护了既有的宪政法治秩序。其二，有利于新的权利诉求尽快上升为宪法基本权利从而得到更好的保障，使宪法基本权利体系能够不断扩展。

尽管宪法未列举权利的产生有其必要性和可行性，同时对于宪政秩序的维护也有重要的意义，但不可否认的是宪法未列举权利必定是对宪法文本的一种扩大解释，人们不可避免地会对司法部门的法官或者专门机构的释宪者是否会脱离宪法的拘束，成为新的专断的权力从而威胁到宪政秩序产生顾虑。这种顾虑并非多余，宪法未列举权利带来便利的同时，也会带来风险：第一，宪法未列举权利是通过宪法解释而产生的，释宪者在其中发挥着关键的作用，因此风险首先来自于解释宪法的法官不可避免地会受到自己价值观念和思想信仰的影响，最后得出的判断可能是带有偏见的甚至是恣意的，也可能是与社会主流价值观背离的，民众可能会拒绝接受这种脱离宪法文本的判断，这会造成司法公信力的丧失。① 第二，民众对权利的诉求会不断产生，在无法修改宪法文本的时候，会不断地向法院或者专门处理宪法争议的机构提出权利主张，这些机构迫于压力不得不有选择地对这些

① 参见郑贤君．基本权利研究［M］．北京：中国民主法制出版社，2007：435.

权利诉求作出回应，因此即便释宪者对宪法未列举权利的判断能够为民众所接受和认可，也可能会产生释宪者对概括性权利条款的过度运用问题，如此会限制立法机关的形成自由和民意在宪法修改过程中作用的发挥，造成权力向释宪机关集中的后果，最终可能会危害到法治的根基。为此在运用概括性权利条款推导宪法未列举权利时，必须采取非常慎重的态度，而且在推导的过程中应当发展出一系列宪法解释与司法判断的理论和技术，以减少宪法解释权力走向专断的危险，提高宪法未列举权利的说服力和公信力，这并非仅限于民众的接受和认可，更重要的是其他国家权力机构真正认可并主动受其拘束。

四、宪法未列举权利的推导原理

尽管每一项与人的尊严和自由与全面发展相关的权利都应当受到法规范层面的保护，但并不是每项权利都必须提升到宪法保障的层次，必须从该项权利是否具有普遍性、不可侵害性及所保护法益的重要性等多方面综合权衡一项权利是否值得宪法层面的保障，仅凭一般民众、学者或法官主观判断随意添加，会造成宪法的过度承载，产生负面效应。① 为了避免这种随意性，必须要有一个可操作的甄别机制，有选择性地将最重要和最迫切需要宪法保障的权利主张承认为宪法未列举权利，这一选择过程最集中地体现在宪法未列举权利的推导过程中。

除了对权利的主张，一项宪法未列举权利的产生在技术上需要具备以下条件和步骤：

第一，利用宪法未列举权利条款或其他相关规范作为宪法未列举权利的规范依据。宪法文本对宪法基本权利的列举是立宪主义的必然要求，而概括性权利条款的存在，则是源自权利先于国家存在的自然权利思想。带有实证法色彩的立宪主义与先验的自然权利、人权思想之间看似存在矛盾之处，实际上在近代宪法产生之初，正是自然权利、人权思想赋予了成文宪法以合法性，立宪主义才得到民众的普遍认同和接受，国家权力才能被更多地纳入宪政和法治轨道。因此，尽管宪法未列举权利并非都是通过概括性权利条款推导出的，宪法序言、基本国策、其他权利规范甚至国际人权公约都能够成为宪法未列举权利产生的部分规范依据，但概括性权利条款所蕴涵的自然权利观念则首先赋予了宪法未列举权利的正当性。

第二，宪法诉讼机制的运行。普通司法机关或专门的宪法机构，比如美国的联邦最高法院、日本的最高法院、德国的宪法法院等的法官拥有解释宪法的权力，形成的宪法判例能够具有拘束效力。事实上，宪法未列举权利的“未列举性”决定了其承认主体只能是宪法裁判机关，通过在个案中确认一项权利主张应当受到宪法层面的保护的方式确认。在判例法国家，比如美国，司法机关的判例作为先例自然会对以后的此类司法判断产生拘束效力，而在成文法国家，比如德国，虽然没有实行判例制度，但宪法法院作出的判决也会产生普遍的拘束效力，除非宪法法院自身作出偏离的判决。②

---

① 参见李震山．多元、宽容与人权保障——以宪法未列举权之保障为中心［M］．台北：元照出版有限公司，2005：10.

② 参见［德］克劳斯·施莱希，斯特凡·科里奥特．德国联邦宪法法院：地位、程序与裁判［M］．刘飞，译．北京：法律出版社，2007：491.

第三，运用识别和论证宪法未列举权利的可靠方法，包括宪法解释和司法判断的技巧，并获得相关的理论支撑。在宪政实践中，由于历史传统、宪政体制和宪政文化的差异，不同国家和地区推导宪法未列举权利的方法不尽相同，形成了各具特色的实践形态和相关理论。比如，美国是一个判例法国家，其普通法院具有违宪审查的权力，在审理具体案件的过程中会对法律规范的合宪性进行审查，此过程中可能通过宪法解释确认宪法未列举权利，虽然美国宪法第九修正案是概括性权利条款，但很长一段时间，联邦最高法院都是依据第十四修正案正当法律程序条款来推导宪法未列举权利，直到 1965 年格里斯沃尔德诉康涅狄格州案①中，第九修正案才成为推导婚姻中的隐私权这一宪法未列举权利的依据。此外联邦最高法院还通过对《权利法案》的解释，确认了诸多列举的宪法基本权利保护范围内的附带权利。正当法律程序条款或概括性权利条款以及《权利法案》中的其他条款是美国宪法未列举权利推导的共同依据。德国设有专门的宪法法院处理宪法争议，其中包括专门针对宪法基本权利的宪法诉愿，联邦宪法法院通过宪法解释，大量单独依据基本法第 2 条第 1 项的人格自由发展和人性尊严来保障宪法未列举权利。日本移植了美国式的司法审查模式，法院有解释宪法的权力，其宪法未列举权利是以宪法第 13 条之“幸福追求权”为基础，通过法院的判例确认的。

【案例 4-2】

美国的格里斯沃尔德诉康涅狄格州案②

格里斯沃尔德是美国康涅狄格州计划生育协会的执行主席，布克斯顿是一名执业医生和医学院教授，两人在计划生育协会纽黑文中心为已婚人士提供有关避孕方法的信息、指导和医学建议，为妇女进行体检并开出最佳避孕器具和药物以供她们使用，这些服务一般是收费的，也有一些夫妇得到了免费服务。他们两位作为共犯被认定有罪，并各被处以 100 美元的罚款，原因在于他们被认为违反了康涅狄格州的禁止使用避孕药物、器材和教唆他人犯罪的刑法规定。后来两人以所适用的康涅狄格州的州法违反了美国宪法第十四修正案为由上诉至美国联邦最高法院，美国联邦最高法院最终于 1965 年作出判决，认定康涅狄格州的州法侵犯了婚姻中的隐私权，推翻了原判决。在道格拉斯法官陈述的法院意见中指出，“如我们已经看到的，宪法第一修正案的边缘部分包含的交往权就是其中之一。宪法第三修正案规定和平时期军队非经房主许可不得驻扎于‘民房’是隐私的另一个侧面。宪法第四修正案明确规定‘人民之人身、住房、文件及财物不受物理搜查扣捕的权利不得侵犯’。宪法第五修正案不得自证其罪的条款使公民得以建立一个政府不能强行侵入的隐私区”。宪法第九修正案规定：“本宪法对特定权利的列举，不得被解释为否定或轻视由人民保留的其他权利”……因此，本案涉及的是一种处于由几条基本的宪法保证建立起来的隐私权范围内的关

① Griswold v. Connecticut，381 U. S. 479（1965）.

② Griswold v. Connecticut，381 U. S. 479（1965）.

系。……我们处理的隐私权比《权利法案》更古老。……"①

点评：本案中美国联邦最高法院采用"伴影"理论推导出婚姻中的隐私权是受到宪法保护的基本权利，康涅狄格州刑法的规定因为侵害了宪法所保护权利的基本权利而被判定无效。这种"伴影"理论的实质是一种将宪法基本权利规范看作彼此联系的整体而作出的体系解释，即从相关宪法基本权利规范所保障内容中探寻到共同的部分，这些共同的部分重叠起来就为婚姻中的隐私权这项宪法未列举权利提供了宪法依据。本案中值得注意的是第九修正案首次在推导宪法未列举权利的过程中发挥了作用，但仅仅是与其他基本权利规范配合的辅助作用，而不是独立依据。除了宪法未列举权利产生的规范依据外，还应注意到权利先于法律产生的先验权利观的作用。但我们还应该知道，美国联邦最高法院之所以得出这一结论并不仅仅是出于单纯的宪法文本规范和自然权利思想，实际上也是出于司法积极能动地对社会问题作出回应的司法能动主义的立场，当时人们对人口过剩的认识增强，对节育措施有着客观需要，已激起了保护隐私运动，将婚姻中隐私权纳入宪法保障是应对这一问题的一种方式。

需要注意的是对这种涉及社会伦理的案件的判决，往往会引发大量的争议。2015年，在欧伯格非诉霍吉斯案②中，美国联邦最高法院以5：4票数判决认可了同性伴侣的婚姻权，该项权利从个体自治、基本权利、保护家庭和儿童和婚姻作为社会秩序的基石四项原则和传统中推导出来。5：4票数的判决表现出法院内部的分裂，同时也必然引发社会中更多的争议。通过宪法诉讼中宪法解释发展未列举权利时必须慎之又慎！

【案例4-3】

日本的京都府学联案③

这是在示威游行中，警方为搜查犯罪而拍摄照片的合法性受到争讼的案件。日本最高法院判决："作为个人私生活的自由之一，任何人在未得到其允许的情况下，都有不让人随意拍摄其容貌、姿态的自由……无论这是否可称为肖像权，至少，警察并无正当理由却拍摄个人容貌，就违反《宪法》第13条的意旨，而不被允许"（最高法院大法庭1969年12月24日判决，刑集23卷12号1625页），承认了肖像权（隐私权的一种）的具体权利性。但1986年2月14日又在一个案例中判决，由自动拍摄违反速度规定之车辆的速度自动监视器拍摄司机的容貌，因为是现场有犯罪行为的情况，有紧急保全证据的必要，该方法也在一般允许的限度下，所以没有侵犯肖像权、

---

① Griswold v. Connecticut, 381 U. S. 484 (1965).

② Obergefell v. Hodges, 576 U. S. (2015).

③ 参见［日］卢部信喜原著，高桥和之增订．宪法［M］．林来梵，凌维慈，龙绚丽，译．北京：北京大学出版社，2006：104.

隐私权。①

点评：本案中日本最高法院依据宪法概括性权利条款承认了作为隐私权（私生活自由）之一的肖像权，判定警察无正当理由拍摄游行示威活动中人的容貌是违宪的，而且宪法未列举权利也不是绝对的，也会基于公共利益的考量施加一定限制。事实上，在日本“幸福追求权”作为概括性权利有一个发展的过程：日本宪法草案制定的过程中，最初有“本宪法所未列举之权利，保留于国民”的条文提案，但在讨论中，有主张关于宪法未列举的其他权利，应仅于代表国民的国会所定范围内，才能享有，因此删除了这一条。② 而宪法第13条的“幸福追求权”最初也仅被认为是宪法中保障的基本权利的总称，使得日本宪法所保障的基本权利仅限于宪法中列举的基本权利。但20世纪60年代以来，社会、经济的剧烈变动产生了诸多问题，从法律上加以应对的必要性就增加了，“幸福追求权”作为一般性且概括性的权利的意义开始得到重新评估，逐渐被解释为未列举宪法权利的根据。③ 由此可见，宪法未列举权利是应社会对权利的强烈需求而出现的，是采用宪法司法手段保障人权的结果，同时也是宪法适应社会变迁的一种方式。

五、我国的宪法未列举权利

当下，我国民众的权利意识日渐增强，权利诉求也比以往更多更强烈，有一些已超出了现有法律的框架，这其中包括：（1）宪法已经规定但法律尚未提供有效保障的权利；（2）宪法未规定，法律法规中有所涉及但保护力度不够的权利；（3）宪法和法律均未规定的，亟待寻求直接的合宪性依据或者上升为宪法基本权利从而得到更好保障的新权利。在宪法文本未修订之前，通过宪法解释推导宪法未列举权利对其加以保障不失为一个解决办法，但由于诸多困难尚未解决，宪法未列举权利在我国更多只是停留在理论探讨的层面，尚未有相关案例或宪法解释。这些困难主要表现为以下几个方面：

（一）宪法概括性权利条款尚存争议

2004年“国家尊重和保障人权”条款入宪，由于全国人民代表大会常务委员会对该条款在宪法文本中的性质、地位以及条款的含义并没有作出宪法解释，因而为学界留下了阐释与理解的广泛空间，其中该条款能否成为宪法概括性权利条款成为学者们争议的重要问题。主要有三种观点：第一，赞同将人权条款作为概括性条款。认为我国宪法修正案第24条规定的“国家尊重和保障人权”条款“意味着，对于那些宪法没有作出明示性规定但却非常重要的人权，就同样也必须给予尊重和保障。从这一意义上而言，九字条款作为

---

① 参见［日］卢部信喜原著，高桥和之增订．宪法［M］．林来梵，凌维慈，龙绚丽，译．北京：北京大学出版社，2006：104.

② 参见［日］阿部照哉，池田政章，初宿正典，户松秀典编著．宪法（下）——基本人权篇［M］．周宗宪，译．北京：中国政法大学出版社，2006：95.

③ 参见［日］卢部信喜原著，高桥和之增订．宪法［M］．林来梵，凌维慈，龙绚丽，译．北京：北京大学出版社，2006：104.

一项概括性条款，在规范意义上可涵盖非完全列举主义精神”。① 第二，对人权条款作为概括性条款持保留意见，但认同其能为析出未列举权利发挥作用，指出“人权本身是不确定的概念，在宪法文本中以综合的价值形态来出现，难以成为提炼新的基本权利的基础”，② 但“人权条款”进入宪法之后，我国宪法上的基本权利具备新的规范内涵，其中包括基本权利体系的开放性。③ “虽不能作为概括条款使用”，“但为肯定未列举权利的存在和扩大基本权利的保护范围，提供了规范依据”。④ 第三，仅将人权条款作为宪法原则。强调应坚持“人权”概念与“公民基本权利”概念的一致性，避免偏离宪法关于“公民的基本权利和义务”的规定去任意解释。“人权”概念写入宪法并不是在“公民的基本权利”之外另行规定“人权”，而是作为原则性规定，概括、提升和统摄宪法关于“公民基本权利”的规定。⑤

上述争论反映了以应然道德权利定义的“人权”概念与我国宪法文本中各项实证意义的“公民的基本权利”之间尚存在着需要进一步加以解释的不一致之处，事实上正是这一不一致之处给宪法基本权利的发展带来的契机，“人权”概念的入宪首先表明了对民众的人性关怀，对权利意识的培养产生了深远影响，其次表明了“公民的基本权利”体系尚有解释和发展的空间。

（二）宪法诉讼机制缺失

我国长期以来注重立法在推动社会发展和保障公民权利方面作用的发挥，立法已经成绩斐然，社会主义法律体系已经粗具规模，但司法在这方面作用的发挥则显得较为局限，这表现在法院受案范围有限，很多宪法基本权利和具体权利受到侵害的情形都没有纳入司法救济的范围。尤其是宪法基本权利，由于我国没有宪法诉讼机制，普通法院没有违宪审查的权力和解释宪法的权力，也没有设置类似于德国的可以接受宪法诉愿的宪法法院，公民不能因为宪法基本权利被侵害，就直接以宪法条文为依据起诉到法院或专门机构以寻求宪法层面的救济，目前只能通过立法将宪法基本权利具体化为各个部门法保障的各项法律权利并设定相应救济措施的方式来保障，当法律没有将一项宪法基本权利具体化，或者虽然在法律中加以规定但并没有设置有效的救济措施，甚至立法本身就侵犯了宪法基本权利的情形下，一项宪法基本权利在事实上就无法得到有效的保障和救济。

在宪法还没有进入诉讼领域的情况下，就不具备通过宪法解释推导出宪法未列举权利，并通过宪法判例的拘束力使其得到保障的条件，“国家尊重与保障人权”作为概括性权利条款发挥作用的空间也受到限制。因此，在适当时机建立宪法诉讼机制才能为宪法未列举权利的产生奠定基础，并且在宪法诉讼实践过程中积累和借鉴，识别和论证宪法未列举权利的宪法解释和司法判断的技巧。

---

① 林来梵，季彦敏．人权保障：作为原则的意义［J］．法商研究，2005（4）．

② 韩大元．宪法文本中“人权条款”的规范分析［J］．法学家，2004（4）．

③ 韩大元．宪法学［J］．北京：高等教育出版社，2007：136-137．

④ 屠振宇．未列举基本权利的认定方法［J］．法学，2007（9）．

⑤ 参见董云虎．全面准确地领会把握和贯彻实施国家尊重和保障人权的宪法原则［N］．人民日报，2004-05-11（10）．

现阶段我国最重要的任务还在于对已写入宪法的各项基本权利进行切实保障，否则即便发展宪法未列举权利，也很可能无法得到有效保障。

第三节　宪法基本权利的界限

尽管宪法所保障的基本权利具有重要价值和地位，但这些基本权利也不是绝对的，宪法和法律在保障基本权利的同时，也基于“规范共同生活的相关事项，维护公共利益，确保和平秩序”① 对基本权利设定了必要的限制，这些限制性规定划定了宪法基本权利的边界包括其效力发挥作用的范围。对宪法基本权利的限制出于两个目的：第一，保护宪法基本权利的目的。在基本权利发生冲突的情形下，必须通过利益衡量的原则，选择对一方主体的宪法基本权利加以保护，而另一方主体的宪法基本权利则要受到压制，以限制一项基本权利的方式来解决两项基本权利的冲突。对此，我们可以通过立法衡量，在法律中事先设定权利的优先性和保护序列加以解决，更多情况下需要在司法个案中由法官进行综合权衡，在一个案件中被优先保护的宪法基本权利，在另一个案件中可能会受到限制。第二，保护公共利益或国家利益的目的。虽然公共利益和国家利益与公民个人的权利和自由会产生冲突，但个人的生存和发展离不开社会和国家，基于公共利益和国家利益对宪法基本权利所施加的适当限制一般也被认为具有合宪性。国家权力可以基于公共利益和国家利益的保障对公民基本权利施加限制或干预，但这种限制或干预必须符合一定的条件。

为了避免假借或滥用公益的名义对宪法基本权利施加过度干预和限制，有必要对限制基本权利的立法和其他国家公权力行为设定要求和条件，此即对宪法基本权利限制的再限制，通常情况下只有满足以下条件才能对宪法基本权利施加限制：（1）对宪法基本权利的限制必须通过法律（仅指国家立法机关制定的法律，比如我国的全国人民代表大会及其常务委员会制定的法律）的方式设定，且符合法的明确性原则的要求；（2）对宪法基本权利的限制必须有正当的目的和理由；（3）采用的限制手段必须是实现目的的适当和必要手段；（4）限制手段所带来的利益减损必须小于目的所要实现的利益。可以认为，对宪法基本权利的限制和对这种限制的再限制共同设定了宪法基本权利的界限。其中第一点是宪法基本权利的法律保留原则的要求；后面三点则是比例原则的要求。

一、宪法基本权利与公共利益

公益的维护及倡导，可以说是现代国家积极的任务，也是许多实际政治运作行为所追求的目标之一，② 各国宪法、国际人权公约都以公共利益作为限制基本权利的正当理由，允许在公共利益需求的前提下，可以通过适当的方式对基本权利施加限制。问题的关键在于如何理解公共利益的含义，依据何种标准来判定公共利益，才能够在公共利益与私人利益之间达至互动增长和谐均衡，而不至于出现基本权利恣意行使违背公共利益，或者动辄以公共利益的名义剥夺和限制公民基本权利的情形，这两种情形发展到极致会危及社会的

① 吴庚．宪法的解释与适用［M］．台北：三民书局，2004：157.

② 陈新民．德国公法学基础理论（上册）［M］．济南：山东人民出版社，2001：181.

正常存续、人的自由与全面发展，最终受到损害的必定是所有人的利益。

（一）公共利益的界定

“公共利益”一词是由“公共”和“利益”两个词语构成的偏正词组，可以理解为“公共的利益”。一般而言，对“利益”的理解都不存在分歧，即客体对主体的意义和价值的享有，这种意义和价值既包括物质上的利益，也包括非物质的精神利益，如社区情感和认同、传统、人文环境等。公共利益概念界定的难点在于“公共”，“公共”的第一层含义是指“公共性”，也即具有开放性，任何人可以接近，不封闭也不专门为某些个人所保留。这层含义将公共利益同具有特定受益对象的集体利益、团体利益区分开来。“公共”的第二层含义是指国家、社会所要实现的重要目标和任务，这是由国家或地方自治团体存在的目的和相应的职责范围内公共事务的内容所决定。这层含义将公共利益同一般意义上的国家利益和社会利益区分开来。① 第一层含义侧重利益主体量的规定性，第二层含义侧重利益内容质的规定性，这层注重目的价值的含义使得许多不涉及多数人利益的价值也能够具有公益的价值。②

【资料 4-2】

中、美、德、法、日、韩宪法文本中公共利益对财产权限制的条款

国　家	公益征收条款
中 国	1982 年宪法第 10 条第 3 款：国家为了公共利益的需要，可以依照法律规定对土地实行征收或征用并给予补偿。 1982 年宪法第 13 条第 1 款：公民的合法的私有财产不受侵犯。国家依照法律规定保护公民的私有财产权和继承权。国家为了公共利益的需要，可以依照法律规定对公民的私有财产实行征收或者征用并给予补偿。
美 国	联邦宪法第五修正案：不经正当法律程序，不得被剥夺生命、自由或财产。不给予公平补偿，私有财产不得充作公用。
德 国	1949 年基本法第 14 条：财产权及继承权应予保障，其内容与限制由法律规定之。财产权负有义务。财产权之行使应同时有益于公共福利。财产之征收，必须为公共福利始得为之。其执行，必须根据法律始得为之，此项法律应规定赔偿之性质与范围。赔偿之决定应公平衡量公共利益与关系人之利益。赔偿范围如有争执，得向普通法院提起诉讼。
法 国	1789 年《人权宣言》第 17 条：私人财产神圣不可侵犯，除非当合法认定的公共需要所显然必需时，且在公平而预先赔偿的条件下，任何人的财产不得受到剥夺。
日 本	1946 年宪法第 29 条：财产权不得侵犯。财产权的内容，应符合公共福祉，以法律规定之。私有财产在正当补偿下得收为公用。

① 这两层含义是根据德国纽曼教授的“主观的公益”和“客观的公益”的理论提出的。参见陈新民．德国公法学基础理论（上册）［M］．济南：山东人民出版社，2001：185-186.

② 参见陈新民．德国公法学基础理论（上册）［M］．济南：山东人民出版社，2001：186-187.

续表

国　家	公益征收条款
韩 国	宪法第 23 条第 3 款：因公共事业的需要，对产权进行征用、使用或限制时，应根据法律对其损失给予正当的补偿。

点评： 上表列举的宪法条款中“公共利益”、“公用”、“公共福利”、“公共需要”、“公共福祉”、“公共事业”等所用语词表达虽不相同，但实际上都是指公共利益。宪法为财产权设定了有益于公共利益的负担，或者是可以因为公共利益的目的被征收或征用，使得私人财产权不具有绝对性，有了权利的边界。宪法文本中的公益征收条款是宪法基本权利与公共利益关系的重要体现。读者可以认真阅读体会，以此为例，理解宪法基本权利与公共利益的关系。

（二）公共利益的判定标准

公共利益概念具有不可分割的双重宪政功能：一方面，公共利益是国家立法、行政、司法权力限制宪法基本权利的正当性理由，依凭其所确认的“公共利益”可以对宪法基本权利施以一定程度的限制和干预，以发挥国家追求公共利益的积极职能；另一方面，公共利益作为一项价值基准实际上也是对限制宪法基本权利的国家权力所设定的再限制。因此，公共利益的确定对宪法基本权利的保障和限制具有极其重要的决定作用。但从上述对公共利益概念的界定可以发现，公共利益的内容具有不确定性，受益对象也具有不确定性，这种不确定性会极大减损其宪政功能作用的发挥，为此，必须有一个将其确定化的判定标准。宪法位于一国国内法秩序顶端，其所表达的价值理念是通过立法的方式具体化成形的，公共利益的概念直接由宪法规定，也应当由宪法内的公益价值决定公共利益的内容，宪法内的公益价值是由国家任务和国家基本原则决定的。①

1. 国家任务

一般而言，宪法会对期待国家日后做什么有所规定。宪法文本是立宪者意志表达的，必然受制于一定时期客观经济发展水平和当时的主流价值观念，这两者都是变动发展的，因而不同国家、同一国家不同发展阶段国家的任务存在差别，更确切地说是国家的核心任务存在差别。在 18 世纪盛行的警察国家理念中，虽然也将公共福利、公共福祉作为国家任务，但国家任务实际上仅限于国防和治安两大方面，除此之外国家没有其他基于人民公共利益的需求而行使权力的必要。“一战”之后，以《魏玛宪法》为代表的现代宪法提倡国家应积极追求公益，满足民众的需要，除了国防和治安传统的任务外，促进经济发展、社会福祉和文教的振兴等也成为国家任务。社会主义宪法则不仅要求国家满足民众的需求，努力谋求社会公益的增长，同时也应当最大限度地保障民众的基本权利和自由。

国家任务决定了以国家为代表追求的公共利益具体内容，那些对国家任务的达成有重

① 这一判定标准参考了陈新民教授的相关梳理，参见陈新民．德国公法学基础理论（上册）[M]．济南：山东人民出版社，2001：187-195.

要意义的事项往往会被立法、行政、司法等国家机构认定为属于公共利益。比如在国家陷于贫困，民众饱受衣、食等问题的困扰时，将经济发展列为最优先的公共利益是可以被认同的；当国家已经摆脱贫困，进入富裕的行列时，公益的概念也应该随之改变，环境权、劳动基本权利等涉及生存权和人性尊严的利益就应当高于国家困难时期所强调的经济发展的公益价值。①

【案例 4-4】

贺兰山自然保护区矿山企业关闭案②

2017 年宁夏回族自治区国土资源厅按照自治区贯彻落实中央第八环境保护督查组督查反馈意见整改方案，关闭贺兰山自然保护区内的 22 家矿山企业，以进行生态环境恢复治理。在关闭矿山企业的工作中，宁夏厅抽调全区 80% 国土资源执法人员进驻石嘴山，对自然保护区进行 24 小时不间断现场执法监察；向 22 家矿山企业送达了《关于依法关闭贺兰山自然保护区矿山企业的通知》，明确矿山企业环境整治主体责任。同时并决定凡自然保护区内新建的矿业权项目一律不批准设立，到期的矿业权一律不延续，全面禁止贺兰山自然保护区矿山开采活动。

点评：本案中宁夏回族自治区国土资源厅关闭 22 家矿山企业的行为应分情况分析，如果矿山企业因违法采矿，破坏环境而被关闭，则属于国家公权力对行政相对人的监管行为，应符合依法行政的要求；如果拥有合法采矿权的企业，在合法行使其采矿权的过程中，因环境保护的公共政策而被关闭，则构成基于环境保护公共利益的征收，国家应当对矿业权人进行补偿。在我国，国家因环境保护而限制私人财产权的行为引发了大量的社会问题，其中最终核心的问题在于这种限制是属于征收还是财产权的社会义务？如果认定为财产权的社会义务，是否还需要补偿？为了缓解这些社会矛盾，有必要根据我国现实的国情和国家任务，具体确认一定利益为公共利益，并对这些利益作出明确的限定，增强法律的确定性，赋予政府充分自由裁量权的同时通过法律规范和程序限制政府权力的滥用，以更好保障民众的利益。

2. 由宪法形成的公益

宪法本身包含很多价值追求，可以作为公共利益具体化的出发点，其中国家的基本原则是宪法内最重要的理念。比如人民主权原则、法治原则以及宪法基本权利的保障等，都可以衍生出符合公共利益的其他价值，形成公共利益的内容。其中人民主权原则之下，偏向承认经过合法程序制定的法律可以决定公共利益的内容；在涉及人民基本权利方面，对宪法界限之内的为保障基本权利的项目符合公共利益，人民义务履行的结果也被认为属于公共利益的范围，比如税收、国防都可以归为一般的公共利益范围。这些公共利益可以通

---

① 参见陈新民．德国公法学基础理论（上册）［M］．济南：山东人民出版社，2001：204.

② 税玉海．宁夏依法关闭贺兰山自然保护区内 22 家矿企［DB/OL］．［2017-07-12］．中国国土资源报，http：//www.gtzyb.com/yaowen/20170613_ 105541.shtml.

过立法加以具体化，也可以通过行政机关和司法机关适用公共利益的不确定法律概念作出行政行为和司法判决加以具体化。①

二、宪法基本权利的“第三人”效力

（一）宪法基本权利的“第三人”效力的概念

宪法基本权利的“第三人”效力是指宪法基本权利适用于私法关系，对平等民事主体间的私法关系发生的效力。依据传统的宪政理论，宪法基本权利的效力范围仅及于国家与个人之间纵向的法律关系，拘束国家公权力，使其不得侵害公民的基本权利和自由，依据新宪政理论，宪法基本权利还具有要求国家公权力采取积极行动以保障公民的人性尊严以及自由与全面发展的效力，但这些效力都作用于国家与个人之间，属于宪法基本权利的纵向效力。与这种纵向效力相对应，宪法基本权利的“第三人”效力作用于平等民事主体之间，所以又称为宪法基本权利的水平效力。宪法基本权利的“第三人”效力实际上使国家强制力能够基于保障私法关系中一方主体的宪法基本权利的目的，而不是基于公共利益的目的，介入私法关系，对另一方主体行使权利和自由的行为施加限制，而另一方主体所行使的权利和自由也可能是通过民事法具体化的宪法基本权利，比如财产权、契约自由或营业自由等。宪法基本权利的“第三人”效力既是保护宪法基本权利的需要，同时也为国家干预自治的私人领域提供了理由。

（二）宪法基本权利的“第三人”效力产生的背景

传统宪政理念中宪政实质上是“限政”，国家公权力被认为是人民的权利和自由的最大威胁，是宪法应当规制的对象，只要国家公权力不侵害人民的权利和自由，平等主体间适用私法自治原则就足以保障人民的权利。但随着社会的发展，这种理论受到了挑战：

第一，强势“社会权力”对宪法基本权利的侵害。从 19 世纪末起，出现了大企业、大工会、大众媒体等大规模组织，② 这些组织虽然是区别于国家公权力机关的私主体，但实际上却是拥有“社会权力”的强者，这些大规模组织能够对私人的权利和自由产生巨大的影响，并通过其所掌握的资源对弱者的人权施加限制，处于弱势地位的个人往往无力对抗，只能被动接受“社会权力”对其宪法基本权利的限制，所以这种侵害往往是在表面上的同意或接受的形式下出现的，仅凭借奉行私法自治、契约自由的民事法律是无法获得保障的。

第二，为了更好地追求公共利益，国家公权力职能范围发生了转变，使其全面介入私人生活，私主体与国家之间不再仅仅是对抗的关系，很多时候也是合作的关系。国家权力职能的转变促使其采用私法手段实现公权力目的，比如行政契约等，国家虽然应以平等民

---

① 参见陈新民．德国公法学基础理论（上册）［M］．济南：山东人民出版社，2001：193-198.

② 参见［日］阿部照哉，池田政章，初宿正典，户松秀典编著．宪法（下）——基本人权篇［M］．周宗宪，译．北京：中国政法大学出版社，2006：55.

事主体身份行事，但实际上仍有强烈的公权力色彩，使得与之有直接关联的私主体也有了公权力色彩，这些具有公权力色彩的私主体对处于弱势地位的个人权利的侵害采用何种手段救济也对传统宪政理念提出了挑战。

为了更好地保障宪法基本权利，有必要突破传统的宪政理念，将宪法基本权利的效力扩展至私法领域，成为“包括公法、私法在内的整个法秩序的基本原则”①。

（三）宪法基本权利“第三人”效力的实现形式

宪法基本权利对私法领域的效力可以通过立法方式，将宪法基本权利的意旨贯彻到法律条文之中，对关涉宪法基本权利的利益做立法层面的衡量，并通过法律条文确定下来，通过立法设定私法自治领域中的国家强制以保障宪法基本权利，这种方式采行已久。② 争议最大的是，在司法领域可否适用以及如何适用宪法基本权利规范对民事争议作出裁决，对此除了极少数反对适用的意见外，学界或司法领域大多主张为了保障宪法基本权利，适应社会发展的新变化，有必要对传统宪法理念加以更新，主张在特定的情形下是可以适用的，但适用的方式存在差异，有以下几种：

第一，宪法基本权利可直接适用于私人间关系。这种主张由于对私法自治原则有较大冲击，易于导致国家权力对私人关系的过度介入而很少在实践中采纳。

第二，宪法基本权利可以通过民法中概括性条款间接适用于私法关系。将基本权利的意旨通过解释纳入民事法中公序良俗的原则性条款，通过适用这一条款间接适用宪法基本权利，使其对私人关系发生拘束效力。这种以民事法中的概括性条款作为传导宪法基本权利精神的媒介方式，尊重了私法自治原则和私法自身的完整性，宪法基本权利的拘束对象仍然是作为国家公权力机关组成部分的法官，但同时也能将宪法基本权利的精神渗透到私法领域，以更好保护公民的宪法基本权利，受到较多认可。德国的通说，也被日本吸收借鉴。

【案例 4-5】

日本的伊豆仙人掌公园男女不同龄退休案③

日本伊豆仙人掌公园是一个管理和经营仙人掌等珍贵植物和放养小动物的公司。该公司于 1971 年 6 月公布了就业规则，其中规定了女职员 47 岁、男职员 57 岁的退休制度，该公司恰有 5 名女职员符合该规则规定的退休年龄，须于该年退休，这些女

① ［日］卢部信喜原著，高桥和之增订．宪法［M］．林来梵，凌维慈，龙绚丽，译．北京：北京大学出版社，2006：106.

② 关于此问题的系统探讨详见苏永钦．私法自治中的国家强制［M］．北京：中国法制出版社，2005；刘志刚．基本权利对民事法律行为效力的影响及其限度［J］．中国法学，2017（2）．

③ 案件来源于韩大元，莫纪宏主编．外国宪法判例［M］．北京：中国人民大学出版社，2005：47-51.

职工提起诉讼、主张该就业规则违反了日本宪法第 14 条①，《劳动基准法》第 3 条、第 4 条②，以及《民法》第 90 条③的规定，请求法院确认该规则无效。二审法院判定：宪法第 14 条作为法律的基本原则禁止就业歧视，但以此为依据制定的《劳动基准法》第 3 条、第 4 条禁止了基于性别以外的其他原因的歧视行为，以及基于性别的薪金歧视，并未涉及本案中基于性别原因的退休年龄歧视。但宪法第 14 条所规定的平等原则，可以解释为禁止无合理理由的差别待遇，这一内容构成一个社会“公共秩序”的内容，因此判定就业规则的男女不同龄的退休规定违反了《民法》第 90 条的规定，是无效的。

点评：本案中伊豆仙人掌公园与 5 位女职员之间的劳动争议属于私人之间的纠纷，法院并没有将宪法基本权利规范直接适用于私人关系，最终是依据《民法》第 90 条即民事概括性条款作出的判决，但却将宪法第 14 条的平等原则所规定的男女平等和禁止基于性别原因的不适当歧视的意旨作为一种“公共秩序”纳入了民法的概括性条款之内，从而间接适用了宪法基本权利规范，保障了 5 位女职员的平等权。

第三，将介入到私人关系中的州行为或者私人关系中一方主体行使公共职能的行为解释为“国家行为”，从而使基本权利对其发生拘束效力。并不是所有的私人行为都可以视为“国家行为”，依据美国的宪政实践，以下几种行为被视为“国家行为”，受到基本权利的拘束：私人主体行使公共职能的情形；政府行为介入私人活动的情形；受到政府鼓励、援助的情形等。

【案例 4-6】

美国的 Shelley 诉 Kraemer 案④

密苏里州的圣路易斯市的某个街区的土地所有者 39 个人中有 30 个人在 1911 年签署了一份契约并进行了登记，契约中写明今后不得将土地转让给白色人种以外的人占有，目的是禁止黑色人种或黄色人种的人作为所有者或租借人占有上述土地。被告 Y 是个黑人，在不知道上述限制契约的情形下购入了上述限制契约签名者的带房子的土地，取得了土地的所有权。服从上述限制契约的土地所有者们 X 向法院提起了诉讼，要求法院剥夺 Y 对该土地的所有权，帮助他们实现限制契约。州法院判决限制契约有效。联邦最高法院合并审理了本案与密歇根州底特律市的一起类似案件。联邦

---

① 日本宪法第 14 条规定：所有国民在法律之下一律平等，不因人种、信仰、性别、社会性身份或者门第不同而在政治性、经济性或者社会性关系中受到歧视。

② 日本《劳动基准法》第 3 条规定：雇主不得以劳动者的国籍、信仰或者社会性身份为理由，在薪金、劳动时间以及其他劳动条件上给予劳动者歧视性待遇。第 4 条规定：雇主不得以劳动者为女性为理由，在薪金方面给予与男性相差别的待遇。

③ 日本《民法》第 90 条规定：以违反公共秩序与善良风俗为目的之法律行为无效。

④ 参见［日］藤仓皓一郎，木下毅，高桥一修，通口范雄主编．英美判例百选［M］．段匡，杨永庄，译．北京：北京大学出版社，2005：120-122.

最高法院的判决中表明：限制契约本身是合宪的。本案争议的情形是由私人同意的契约所设定的，不同于相关立法设定的歧视黑人的取得住宅的差别规定，而宪法第十四修正案平等保护原则的适用仅限于存在州的行为的场合，所以在私人之间自发遵守时，不存在州的行为，不存在适用宪法第十四修正案的问题。但本案中私人之间同意的限制契约，受到了被歧视者的抵制，只能通过州法院对歧视人种的限制契约的同意来实现，如果没有法院的介入，Y是能够不受任何限制占有该财产的，本案中对私人间的同意而存在的事实上的差别对待，州没有采取不作为的中立态度，其强制力量被X利用来剥夺Y的财产权利。州法院和州的司法职员的职务上的行为属于州的行为，由法院执行种族限制的契约是州违反了宪法第十四修正案剥夺了Y应该享有的法律上的平等保护，是违宪的。

点评：在美国宪法基本权利在私人间效力问题是通过“州的行为”理论来解决的。这种理论坚持了宪法基本权利规范仅能拘束国家公权力，包括州的立法、行政、司法行为，但并不能触及私人同意的自治领域。面对因私人同意而影响到个人的宪法基本权利，主要是平等权时，只能通过将私人间的同意与州的行为之间存在一定程度的联系的方式，将州的行为宣布为违宪，以此来保护被私人主体限制的个人的宪法基本权利。本案中联邦最高法院就是通过将法院支持限制契约的司法行为判定为州的行为，并判定该行为违反宪法是无效的这种方式来保障Y的受到平等保护的宪法基本权利。

尽管宪法基本权利“第三人”效力对传统宪政理念提出了挑战，但必须认识到对国家权力的限制仍然是宪政最核心的功能，只有在穷尽现有法律手段都不能为被私人主体侵犯的基本权利提供救济之时，才能考虑将基本权利适用于私人关系，而且必须采用对私法领域自治冲击最小的方式加以适用，将国家权力过度干预私人领域的危险减小到最低限度。

三、特别权力关系中的人权

（一）特别权力关系

传统德、日行政法学认为，在行政领域存在性质不同的两种法律关系：人民以国民或居民身份服从国家或公共团体的一般统治，由此形成的关系为一般权力关系或称一般统治关系；在一般权力关系之外存在着一种“特别权力关系”，是指国家或公共团体等行政主体基于特别的法律原因，对相对人享有概括的命令强制的权力，使相对人处于附属的地位、负有服从的义务的关系。① 特别权力关系的成立原因大致有下列几种：第一，基于法律的规定，例如，因为兵役法的规定，国家对服兵役者发生了特别权力关系，受刑人因罪刑之宣判而入狱服刑；第二，由于当事人的同意，例如，公务员与入学的学生；第三，因事实的发生而成立的特别权力关系，例如，因国家发生了天灾事变而采取了紧急措施，禁

① 吴小龙、王族臻．特别权力关系理论与我国的“引进”[J]．法学，2005（4）．

止某一特定地区之运行；实施对酗酒者之管束。①

（二）特别权力关系理论对人权的影响

特别权力关系理论产生于19世纪的德国，由德国著名的公法学者拉班德提出，奥托·迈耶形成完整的体系，“二战”前的日本也深受德国影响。传统的特别权力关系理论，是指将依据特别的公法上的原因（包括法律规定或者本人的同意）而成立的公权力与国民的特别法律关系，理解为“特别权力关系”的观念，并主张以下法律原则具有正当性：第一，法治主义的排除。公权力拥有概括性的命令权、惩戒权，在各种没有法律根据的场合下，也能对属于特别权力关系的私人，进行概括性的统治。② 比如监狱长依据监狱管理的需要，自行决定对囚犯的自由施加各种限制。第二，人权的限制。公权力对属于特别权力关系的私人，在无法律根据的情况下，可以限制其作为一般国民所享有的人权。③ 比如对公务员政治自由、劳动权的限制。第三，司法审查的排除。特别权力关系内部的公权力行为，原则上不受司法审查。④ 比如公务员对于处分、奖惩等决定如果不服，只能在行政系统内部进行申诉，而不能将争议诉诸法院。传统的特别权力关系理论是国家权力尤其是行政权对抗法治主义的手段，因而一度被德国纳粹和日本军国主义无限扩大其适用范围，对民众的人权其中也包括一些重要的宪法基本权利产生了侵害，在现代国家，也因其对国家公权力逃避法律的控制以获得更大的自由空间，从而为更有效率地实现行政的功能和目的提供助益，依然有其存在的空间。

在法治原则和人权保障原则日益受到重视和强调的背景下，特别权力关系难以在以权利保障和权力限制为核心价值的宪政框架下继续获得足够的正当性，受到了越来越强烈的质疑和反对。特别权力关系理论基于绝对维护国家安全和统治的目的，对个人人权施加了极大的限制，这些被限制的人权中有些也是宪法基本权利，比如知情权、政治自由等，这种限制往往与法治原则和人权保障原则是相抵触的，为克服这一严重弊端，学者们对特别权力关系理论也进行了修正，开始承认以下原则：第一，特别权力关系原则上应当适应人权的规定；第二，对私人人权的限制必须有法律的依据；第三，对公权力的违法措施可以进行司法审查等。⑤ 这些修正使得特别权力关系的“特别”之处几乎仅存在于维持国家与市民特殊关系性质的需要，其他方面则越来越趋向于一般化。国家公权力对于特别权力关系中个人基本权利的限制，一般也需要符合法律保留原则和比例原则，且目的的正当性仅限于特别关系设立的目的，比如监狱对服刑人员的限制只能是出于达成羁押，防止逃脱、毁灭证据、暴力、自我伤害以及对监狱服刑人教育改造。

---

① 吴万得．德日两国特别权力关系理论之探讨［J］．政法论坛（中国政法大学学报），2001（5）．

② 参见［日］卢部信喜原著，高桥和之增订．宪法［M］．林来梵，凌维慈，龙绚丽，译．北京：北京大学出版社，2006：92.

③ 参见［日］卢部信喜原著，高桥和之增订．宪法［M］．林来梵，凌维慈，龙绚丽，译．北京：北京大学出版社，2006：92.

④ 参见［日］卢部信喜原著，高桥和之增订．宪法［M］．林来梵，凌维慈，龙绚丽，译．北京：北京大学出版社，2006：92.

⑤ 参见［日］卢部信喜原著，高桥和之增订．宪法［M］．林来梵，凌维慈，龙绚丽，译．北京：北京大学出版社，2006：93.

需要注意的是，尽管特别权力关系理论存在松动，但由于国家公权力的强势地位、国家利益的重要性，以及长期以来特别权力关系制度运行的惯性，使得法治原则和人权保障原则在特别权力关系领域的真正落实还需要付出更多的努力和经历更长的过程，其中将特别权力关系纳入司法审查的轨道有着尤为重要的意义。

【司法考试关联知识点】

宪法基本权利内容历来是司法考试宪法部分重点考查的内容，本章内容讲述的是宪法基本权利的一般原理，更重在应用原理对相关问题进行分析，其中宪法基本权利中积极权利与消极权利的分类、宪法文本中规定的宪法基本权利的种类及相互关系、宪法基本权利的限制、《立法法》中关于法律保留的规定、宪法文本对各项基本权利的限制性规定尤其是财产权的限制等都是司法考试重点考查的内容。相关原理也会在第四卷论述题和案例分析题中涉及。除了对相关宪法和法律条文的识记外，更重要的是对基础理论的理解和运用。

第五章　平等权与政治权利

【学习目的与要求】 平等和自由是近代民主的两大支柱。法律面前人人平等的观念，是近代民主政治的核心和标志之一。在大多数国家，平等权既是一项基本权利，又是一项基本原则。在本章的学习中，要了解平等权在近代宪法上的地位以及我国宪法关于平等权的规定，重点掌握平等权的含义、特征及其种类，能运用平等权理论分析相关案例；识记我国宪法关于政治权利的相关规定，掌握政治权利的概念，理解政治权利的内涵与外延，尤其要重点掌握监督权和获得赔偿权。

【引例】 2012年，常住上海的15岁江西籍女孩占某某因在微博上公开“约辩”争取异地中高考权利而备受新闻媒体关注。作为流动人口子女的主要聚集地，北京、上海、广东等地的城市居民对异地高考改革的反应非常敏感，对异地高考改革所引发的讨论甚至带动了“异闹”这一词语的走热，异地高考改革任务的复杂与艰巨可见一斑。随着异地高考改革逐渐进入“深水区”，许多前所未有的新情况、新问题、新矛盾开始显现出来，难度大、矛盾多、任务重、情况杂成为当前异地高考改革问题的主要表现。聚焦到“约辩”事件本身可以看到，以京沪粤为代表的城市家长认为如果门槛设置过低或者放开异地高考，将会对当地的教育、经济、就业等带来很大压力，会让当地本来就竞争激烈的优质教育资源被“稀释”，据此，他们要求维护当地城市考生的权益。而流动人口家长认为，自己作为建设者在流入城市纳税、交社保、做贡献，他们的子女也需要正常地融入当地城市，也有权利要求平等地受教育权。双方的辩驳说词似乎都有一定道理，难免会让人对异地高考到底如何改革产生困惑。异地高考改革问题在没有成熟设计的情况下，需要相关部门公开而广泛地征求城市家庭和流动人口家庭的意见，为多方利益表达和诉求提供充分的平台。在此过程中，主动找出深层次的矛盾和问题，摒弃短期利益和局部利益，最大范围地凝聚社会共识，使异地高考改革的成本最小化，收益最大化，如此，方能找到解决异地高考改革问题“标本兼治”的方法，从而实现公民受教育权的平等。

从2001年山东五名考生认为教育部所作的《关于2001年全国普通高等教育招生计划》的行政行为侵犯了他们的平等受教育权，到2005年武汉大学教授洪可柱等31名全国人大代表提出了关于“改进高考制度”的建议，其中一项内容是“重点高校实行联考，全国统一录取分数线”。建议公布后，深得广大民众支持，① 再到近年异地高考权利的争辩，围绕高考改革，实现公民受教育权的真正平等的案例和事件层出不穷。

我国目前各地采取不同的录取分数线可能侵害了公民宪法上的两项规定：宪法规定的

① 王月明．宪法案例与图表［M］．北京：法律出版社，2010：93.

平等权（原则）和宪法规定的公民的受教育权。平等原则要求，公民在法律面前一律平等，公民享有平等的权利。宪法还规定，公民有受教育的权利，受教育的一项重要权利就是高考录取上的平等竞争权利。从宪法学角度来讲，高考制度的深度改革迫在眉睫，期盼改革能带来实质意义上的平等和社会的公正。①

第一节 平 等 权

一、平等权在近代宪法上的地位

平等权可以说不是一种具有具体内容的权利，而是一种实现权利的原则。在近代的政治文书中首先表达这一原则的是1776年美国《独立宣言》："我们认为这些真理是不言而喻的：人人生而平等，他们都是从他们的造物主那边被赋予了某些不可转让的权利，其中包括生命权、自由权和追求幸福的权利。为了保障这些权利，所以才在人民中间成立政府，而政府正当权力，则来自被统治者的同意。如果遇有任何一种形式的政府损害这些目的，人民就有权利来改变它，建立新的政府。"可见，平等权是政府成立的正当基础之一。其后有1789年法国《人权宣言》。其第1条宣布："在权利方面，人们生来而且始终是平等的人，只有在公共利用上才显出社会上的差别。"平等权要通过一个人与社会其他成员的交往中才能体现出来。从这个意义上说，它是一种社会生活方面的权利。

宪法中的平等只是一个泛称，实际上的表达模式多种多样：英国无成文规定的法律面前平等权原则和人权法禁止歧视的模式；美国平等的法律保护模式；德国将法律面前平等与禁止歧视或优待结合的模式；法国多项内容的平等模式；加拿大四合一的平等权即法律面前和法律之下的平等、平等的保护和平等的权益与禁止歧视结合的模式；日本将法律面前平等、禁止差别和禁止特权结合的模式；印度取自英国和美国的法律平等权条款和适用范围广泛的禁止歧视的模式。可见，多数国家都将法律面前平等、平等的法律保护和禁止歧视作为一般平等权的主要立宪方式。另外，有些国家宪法规定了禁止特权、贵族、反对个人崇拜。

西方国家的平等权是在这些国家取得反对封建特权制度的革命胜利以后确立起来的。与封建制度下的公开的等级特权相比，它具有重大的历史进步。它反映了社会发展的要求。它解放了被封建制度所禁锢的社会生产力，因而推动了人类社会的发展。

然而，近代宪法所确立的平等原理，不得不具有一定的历史局限性。其主要的缺陷在于完全舍去了人们在现实生活中的各种差异，仅仅保障一种形式上的平等，即机会均等。也就是说，这种平等的基本点仅仅在于废除封建身份制度和特权制度，要求人们参加自由竞争，保障人们在各种社会活动的起点上的机会均等。

这是对封建社会以及前近代特权社会的一种巨大进步，然而仅仅保障这种形式上的平

---

① 王硕.非沪籍女生就异地高考约辩：有权利享受公平教育［DB/OL］.［2017-07-21］.人民网，http：//politics. people. com. cn/n/2012/1203/c70731-19770170-3. html.

等，一方面虽然通过所谓公平的自由竞争有可能使一部分人实现了与他人在现实意义上的平等，另一方面反而促使了社会强者与社会弱者、富裕与贫穷之间的两极分化。

二、我国宪法关于平等权的规定

近代立宪史上，历次制定和颁布的成文宪法之中均明确规定了平等。1912 年《中华民国临时约法》第 5 条规定："中华民国人民，一律平等；无论种族、阶级、宗教之区别。"1946 年《中华民国宪法》第 7 条规定："中华民国人民，不分男女、宗教、种族、阶级、党派，在法律上一律平等。"1954 年《宪法》第 85 条规定："中华人民共和国公民在法律上一律平等。"然而后来受"极左思潮"的冲击，认为它是资产阶级的宪法原则，抹杀了法律的阶级性，故 1975 年《宪法》和 1978 年《宪法》都把它取消了。

1982 年《宪法》即我国现行《宪法》第 33 条第 2 款规定："中华人民共和国公民在法律面前一律平等。"这是对平等权的一种一般性规定。除了该一般性的规定之外，现行《宪法》还有其他一些相关的具体规定，主要有：（1）第 33 条第 4 款规定："任何公民享有宪法和法律规定的权利，同时必须履行宪法和法律规定的义务。"（2）第 5 条第 5 款规定："任何组织或者个人都不得有超越宪法和法律的特权。"（3）第 4 条第 1 款规定："中华人民共和国各民族一律平等"；"禁止对任何民族的歧视和压迫"。（4）第 48 条第 1 款规定："中华人民共和国妇女在政治的、经济的、文化的、社会的和家庭的生活等方面享有同男子平等的权利。"其第 2 款又进一步具体规定："国家保护妇女的权利和利益，实行男女同工同酬，培养和选拔妇女干部。"（5）第 34 条规定："中华人民共和国年满十八周岁的公民，不分民族、种族、性别、职业、家庭出身、宗教信仰、教育程度、财产状况、居住期限，都有选举权和被选举权；但是依照法律被剥夺政治权利的人除外。"（6）第 36 条第 2 款规定："不得歧视信仰宗教的公民和不信仰宗教的公民。"

上述的这些条款虽然由于宪法体系的内在需要分散于宪法规范体系的各个部分，但它们共同构成了我国现行宪法有关平等权规定的一个完整的规范系统。

三、平等权的含义和特征

（一）平等权的含义

我国学术界对平等权概念的理解通常表现在对《宪法》第 33 条规定的解说。观点大致可以分为以下四类：

（1）早期比较传统的阶级观点。认为，讲"公民在法律面前一律平等"并不否认法律的阶级性；"社会主义法制的平等原则，不仅同法律的阶级性没有矛盾，而且有利于体现和实现法律的阶级性"。这种平等是指法律实施上的平等，"而不是立法上的平等"。因为"在立法的问题上，人民和敌人是不能讲平等的"。其特点强调阶级性、立法不平等性。①

（2）比较局限于宪法文本规定的解释，侧重平等权利义务说，基本上不承认立法平

① 吴家麟．宪法学［M］．北京：群众出版社，1983：324.

等，一般强调的是平等权的积极功能。①

（3）注意平等权拘束国家权力特别是立法权，但过于强调绝对平等，未注意合理差别。②

（4）注意平等的相对性、平等权和平均及平均主义的区别、平等与合理差别待遇的互补，注意到平等权的消极或者限制功能，或国家不得作为的界定或国家权力的界限；将平等侧重于作为对立法权的要求；以及强调平等权实现的救济特别是司法救济。也有学者着重探讨法律平等权的本质。法律平等和法律适用平等是两个层次的问题；法律平等是立法问题，法律适用平等是司法问题。前者追求的是权利义务、法律人格的平等，后者追求的是不折不扣无差异地实现法律。法律平等仅指立法或法律内容上的平等，适用法律的平等只是其附属物。法律面前人人平等所说的平等权利、平等的法律人格并不排斥法律的区别对待。

我们将平等权的含义归纳如下：一是任何公民都一律平等地享有宪法和法律规定的权利，也都平等地履行法律规定的义务；二是任何人的合法权利都一律平等地受到保护，对违法行为一律依法予以追究，绝不允许任何违法犯罪分子逍遥法外；三是在法律面前，不允许任何公民享有法律以外的特权，任何人不得强制任何公民承担法律以外的义务，不得使公民受到法律以外的处罚。这一宪法原则既包括司法平等，即公民在适用法律上一律平等，又包括公民在守法上一律平等。

（二）平等权的特征

（1）平等权源于人身的固有尊严。平等是人类与生俱来的权利，保护和促进平等是国家的首要责任。

（2）平等不是指在任何情况下的绝对平等，而是经常以相对平等的形式出现。因为现实中，人与人存在各种各样的不同，如果不分情况地完全等同，有可能违反平等的本义。平等主要强调资格权利的平等，而非在任何情况下达到事实平等；平等权尤其强调机会和过程平等，而非在任何情况下都要达致结果一样；合理的差别待遇并不违反平等。

（3）平等权的适用范围非常广泛。它是一般的平等原则与各种具体宪法权利的结合。平等是实现个人其他权利的基础和前提。

四、平等的种类

（一）法律面前人人平等、人格平等、男女平等与民族平等

这是基于平等所包含的内容而进行的划分。

（二）一般平等权与具体平等权

一般平等权规定在《宪法》第 33 条第 2 款，“公民在法律面前一律平等”。具体平等权包括 6 个方面，即第 33 条第 3 款，任何公民享有宪法和法律规定的权利，同时必须履行宪法和法律规定的义务；第 5 条第 4 款，任何组织或个人都不得有超越宪法和法律的行为；第 4 条第 1 款，民族平等；第 48 条第 1、2 款，男女平等；第 34 条，选举平等；第

---

① 刘茂林．宪法学［M］．北京：法律出版社，1999：234.

② 周叶中．宪法学［M］．北京：法律出版社，1999：341.

36 条第 2 款，宗教信仰平等。

（三）绝对平等与相对平等

绝对平等是指用强制力量实现事物之间的形式上的完全一样，不允许存在任何的差别待遇。相对平等是指在法律上承认人类具有先天和后天的差异性存在，即依事物的本性，不允许在男女、宗教、种族、阶级、党派上对任何人差别待遇的“相对性平等”。此即正义原则的“同等事物应同等对待，不同事物应不同对待”原则，只有在相对意义下，才有实现之可能。

（四）机械平等与比例平等、形式平等与实质平等

无视个人的自然事实或能力上的差异，法律上一律均等对待者为“机械平等”或“数学平等”；个人的社会地位或法律地位相应其各自能力而赋予者为“比例平等”。机械式平等由于忽视个人客观差异带来的影响，它与绝对平等相同，常受抨击；而比例平等虽与相对平等常属同义，但相对平等并非仅以事实与法律待遇之单纯结合即可，而仍然须加入正义、合理性或禁止恣意的判断标准，因此事实与法之对应并非均成比例关系，从而比例平等可视为相对平等之一的要素。① 机械平等和比例平等分别有不同的适用对象和范围，比例平等是司宪过程中经常被采用的一个审查方法。

形式平等是指保障公民法律上的平等，又称“机会的平等”。虽然各人在事实上存在差异性，但法律上同等处理，即所有人在法律上均受同等处理，而不得给予不平等的待遇，各人拥有平等机会。其缺点是产生不平等的结果，导致社会两极分化，它与近代自由民主理念的平等观念相适应。实质平等是指事实关系的均一化，即指社会经济关系事实上均等。20 世纪以来，许多国家正视社会发展中贫富悬殊在客观上造成实质不平等的情况，由国家采取积极措施，对社会与经济上的弱势者进行扶助，以实现结果的实质平等。

（五）其他分类

如将个人平等分为先天的平等与后天的平等；社会平等，又称环境平等，分为机会平等、条件平等和结果平等；以平等的存在形式为依据，分为实际存在的平等、应该存在的平等和不应该存在的平等；真平等和假平等；一般平等权和具体平等权。

五、正确理解平等权

（一）平等权是相对平等和绝对平等的有机统一

对于有些平等权来说，要坚持绝对平等的原则，如人格尊严平等、人身自由平等等。对于此类自由权利的保护不能人为制造不平等，实行差别待遇或者实行歧视。而多数平等权则属于相对平等，允许实行符合比例的相对平等。

（二）平等主要是一种法律平等，不是完全的事实平等

宪法确认的平等权，是宪法法律范围内的平等，并非在任何条件下的无条件的事实平等。

（三）平等不是平均主义

平等与平均主义是完全不同的两个概念。平等权是以法律为衡量程度。法律面前的平

① 许志雄．现代宪法论［M］．台北：元照出版有限公司，1999：96.

等是法律赋予公民权利能力的平等，即在平等的条件下公民享有相同权利的资格。按照宪法法律的规定，公民在社会上处于平等的地位，在政治、经济、文化等各方面依法享有同等的权利。但是由于人与人之间在能力、思想意识及所处环境等方面存在实际上的差别，而这种不同又必然影响人们权利的实现。宪法法律所保障的平等，是以承认人与人之间存在差别为前提，而不是无条件的绝对的平均主义。平均主义表面上抹杀或者无视各种事实差别的存在，实行绝对的均等，其结果是造成更大的不平等。

（四）平等权承认合理的差别待遇

平等权并不是完全的等同。在现实生活中，各种事物、人与人之间存在各种各样的差别，这是不可否认的。因此，差别待遇在现实中也是普遍的。问题在于，差别待遇是否合理，如果差别待遇合理，那与平等权不仅不矛盾，还是平等权的本质要求，反之，如果实行的差别待遇不合理，就可能带来歧视，违反平等权。

第二节　政治权利

政治权利又称参政权或政治参加的权利，是人们参与政治活动的一种权利和自由的总称。选举权和被选举权（现行《宪法》第34条）是传统的政治权利。现实政治生活中，言论、出版、集会、结社、游行、示威的自由（第35条）也可以作为实现政治表达，即表达政治意愿的权利，并在现代国家的政治生活中占有重要的地位。我国宪法把这些权利置于选举权和被选举权之后，比较全面地反映了现代国家中政治权利的主要内容。但应注意的是，言论、出版、集会、结社、游行、示威的自由并不仅仅是政治权利。故从保障自由的角度考虑，将其置于“表达自由”一节中。此外，政治权利当然还包括其他各种政治参与的权利。如根据我国宪法的规定，公民拥有对国家机关及其工作人员的监督权（第27条第2款）以及各种形式的管理国家事务、社会事务，管理经济和文化事业的管理权（第2条第3款）。

一、选举权与被选举权

狭义的选举权和被选举权指的是人们参加国家权力机关或代表机关的创设或组织所必需的那种选举中的选举权和被选举权。广义的选举权和被选举权指的是人们为实现任何国家机关、公共团体乃至私人组织的创设或组织所必需的各种选举中的选举权和被选举权。宪法关注的是狭义的选举权和被选举权。

现行《宪法》第34条规定：“中华人民共和国年满十八周岁的公民，不分民族、种族、性别、职业、家庭出身、宗教信仰、教育程度、财产状况、居住期限，都有选举权和被选举权；但是依照法律被剥夺政治权利的人除外。”根据这一规定，的确并非所有公民均能实际享有选举权和被选举权。对选举权与被选举权的剥夺，主要是依据刑法，并包含于一般性的“剥夺政治权利”的形式之中（《刑法》第54条）。刑法上对政治权利的剥夺，主要附加适用于危害国家安全以及故意杀人、强奸、爆炸、贩毒、抢劫等严重破坏社会秩序的犯罪人（《刑法》第56条）。剥夺选举权和被选举权，是对选举权与被选举权的享有主体的一种限制。除了这一限制形式之外，还有另外两种形式，即选举权与被选举权的不行使和停止行使。根据全国人大常委会于1983年制定的《关于县级以下人民代表大会代表直接选举的若干规定》，前者主要适用于精神病患者（第3条），后者则主要适用于被羁押期间的危害国家安全罪案件以及严重刑事案件的嫌疑人或被告人（第4条）。

根据我国的具体国情，我国宪法和选举法规定公民直接行使的选举权只是选举乡、县两级的人民代表大会的代表，县级以上（不含县级）人民代表大会的代表由间接选举产生，即由下一级的人民代表大会代表选举产生。在间接选举的情况下，大多数公民并不直接行使选举权，而是将选举权交由人民代表大会的代表来行使。

为了保证我国公民这项最基本政治权利的行使，我国立法机关还制定了《中华人民共和国全国人民代表大会和地方各级人民代表大会选举法》对公民行使选举权和被选举权的原则、程序和方法作了符合我国国情的规定，并且还规定了选举经费由国库开支，对破坏选举者给予法律制裁，从而使我国公民的选举权和被选举权得到了法律上和物质上的有效保障。

我国享有参加各级人大选举的选举权与被选举权的年龄要件相同，均为年满18周岁，但宪法规定年满45周岁的公民才可以被选为中华人民共和国主席或副主席（第79条第2款）。

二、罢免权

罢免权是选民对他们选出的不称职的代表机关代表或国家公职人员在其任期届满之前将其撤换的权利。罢免权是选举权的延伸。在实行民主宪政的国家里，公民既有权选举议员进入议会并代表自己行使统治权，就有权监督议员使之根据自己的意志和利益进行活动，而罢免权就是选民实行监督的最有利的武器。放弃这种武器，即放弃监督，选举过后，议员可以为所欲为，选民的利益即使受到损害，也无法补救。选民只能把自己的希望寄托于下一次的选举，但是下次选出的议员是否能够真正代表自己的利益进行活动，却也十分渺茫。

我国现行《宪法》第77条规定："全国人民代表大会代表代表受原选举单位的监督。原选举单位有权依照法律规定的程序罢免本单位选出的代表。"同时第102条第2款又规定："地方各级人民代表大会代表的选举单位和选民有权依照法律规定的程序罢免由他们选出的代表。"

三、监督权

【案例5-1】

2012年陕西"8·26"特大车祸发生后，陕西省安监局局长杨某某在车祸现场面露笑容的照片引起公愤，之后有网友贴出多张照片，显示杨某某在不同场合佩戴多款名表。对此，杨某某曾微博回应称自己只有5块表，最贵的价值3.5万元。但网友继续挖掘新照片，指出杨某某的手表可能超过10块，他也因此被戏称为"戴表哥"、"表哥"。湖北三峡大学学生刘某某实名向陕西省财政厅寄送政府信息公开申请，申请公开陕西省安监局局长、"戴表哥"杨某某2011年度工资。后陕西省纪委表示已经介入调查。①

2012年10月，媒体曝光称广东省番禺区城管分局政委蔡某及其家人名下拥有21处房产，总估值超4000万元，而作为正处级的官员，月薪1万元，蔡某及其家人多处房产来源的合法性引起质疑，网友戏谑称其为“房叔”；10月11日，根据初步调查结果，对蔡某停职，并作进一步调查，后核查蔡某房产为22套；10月23日，广州市纪委监察局召开新闻发布会并通报，由于涉嫌受贿，蔡某被“双规”。2013年9月12日上午，广州“房叔”案一审宣判，“房叔”蔡某因受贿罪被判刑11年半，罚款60万元，没收非法所得275万元。②

点评：从陕西“戴表哥”到广东“房叔”，反映出公民的监督意识越来越强烈。《政府信息公开条例》规定的要求公开有关信息的政府，主要是指行政机关及其各职能部门和机构，但根据该条例第36、37条的规定，具有公共管理和公共服务职能的企事业单位属于公开的信息也应当公开，因为与公众利益有重大关联性。

政府信息公开不仅仅满足公民表达的需要，而且也满足公民基于授权者地位而监督处于受权者地位的政府的需要。因此，政府信息公开应当以向不特定人公开为原则。根据《政府信息公开条例》第9条和第13条的规定，针对政府应主动公开的信息，任何公民、法人、组织都有权利要求政府机关或承担公共职能的企事业单位公开属于公开范围内的政府信息，而对于非政府主动公开的信息，公民、法人或其他组织根据自己的生活、生产、科研等特殊需要可以提起公开信息的申请。这些条款，都有利于保障我国公民监督权的实现。

监督权是我国宪法所确立的公民的基本权利之一，指的是公民监督国家机关及其工作人员活动的权利。现行《宪法》第41条第1款规定，“中华人民共和国公民对于任何国家机关和国家工作人员，有提出批评和建议的权利；对于任何国家机关和国家机关工作人员的违法失职行为，有向有关国家机关提出申诉、控告或者检举的权利”。

（一）批评、建议权

批评权是指公民在国家政治生活和社会生活中，对国家机关和国家机关工作人员的缺点、错误提出批评性意见，并要求其改正的权利。建议权是指公民对国家机关及其工作人员的工作提出建设性意见的权利。两者的共同点是：提出批评、建议的主体都是公民；两者所针对的都是国家机关和国家机关工作人员工作中存在的问题；国家的立法、行政、司法等各项工作及其政策行为等均可以成为公民批评建议的对象。批评权和建议权的区别在于：批评权主要针对国家机关及其工作人员工作中存在的违法、失职等行为，建议权针对的则主要是国家机关及其工作人员工作的改进，涉及国家法律、政策、公共行政、司法审

---

① 李志．“表哥”杨某某一审获刑14年［DB/OL］．［2017-07-21］．凤凰网，http：//news. ifeng. com/mainland/special/yananchehuo/content-3/detail_ 2013_ 09/05/29337969_ 0. shtml.

② 奚婉婷，杨美满．广州“房叔”一审获刑11年半 罚没335万元［DB/OL］．［2017-07-21］．凤凰网，http://news. ifeng. com/mainland/special/guangzhoufangshu/content-3/detail_2013_09/12/29550668_0. shtml.

判、法律监督等广泛领域。在我国，公民行使批评建议权的途径是多种多样的，如新闻报刊、来信来访、座谈对话、评估讨论等，都是公民行使批评权和建议权的形式。

（二）申诉权

申诉权是指公民对于行政机关或司法机关作出的决定或判决有错误或违法致使个人合法权益受到损害时，有向国家机关提出申诉，要求改正或撤销的权利。

根据传统宪法学理论，申诉权分为诉讼上的申诉权和非诉讼上的申诉权。诉讼上的申诉权是指刑事、民事、行政诉讼当事人，认为人民法院作出的已经发生法律效力的裁判或裁定确有错误时，依法向本级人民法院或上级人民法院或者人民检察院提出申请，要求重新审查处理的权利。对于诉讼上的申诉权，我国《刑事诉讼法》、《民事诉讼法》和《行政诉讼法》都作了详细的规定，以保障公民诉讼上的申诉权的行使。非诉讼上的申诉权是指公民对行政机关的决定不服，向其上级行政机关提出申请，要求改正或者撤销原决定，或者针对行政机关提出申请，要求改正或者撤销原决定，或者针对行政机关、司法机关的有关决定、裁判不服向监察机关、国家权力机关提出请求，要求重新处理的权利。

（三）控告权、检举权

控告权，是指公民对于违法失职的国家机关和国家机关工作人员向有关国家机关提出指控和告诉的权利。

检举权，是指公民对于违法失职的国家机关和国家机关工作人员有向有关机关揭发事实、要求处理的权利。

控告权与检举权不同，区别主要表现在：第一，行使控告权的主体主要是受到国家机关及其工作人员违法失职行为直接侵害的人，而行使检举权的主体一般是与事件无直接利害关系的公民，不一定是违法失职行为所侵害的对象；第二，控告权的行使主要是为了保护自己的权利而要求有关机关依法处理，检举权的行使一般是公民出于义愤或者是出于维护公共利益之目的，而对违法失职行为提出处理要求。

公民可以通过以下途径行使控告权和检举权：对违法犯罪行为向司法机关提出；对于违反政纪的行为向主管单位或者上级单位提出，也可向监察机关提出；对于国家行政机关或者司法机关的违法决定向同级国家权力机关或者上级国家权力机关提出；对于党的组织或者党员的违法犯罪活动向同级或者上级党的纪律检查部门提出。公民可以通过来访、书信、电话、邮件等多种方式行使控告权、检举权。

《宪法》还明确规定，公民的合法权利受到国家机关或国家工作人员侵犯而遭到损失的有依照法律规定得到赔偿的权利。与此相适应，我国于1994年制定了《国家赔偿法》，确立了包括行政赔偿和司法赔偿的国家赔偿制度。《国家赔偿法》第2条规定："国家机关和国家机关工作人员行使职权，有本法规定的侵犯公民、法人和其他组织合法权益的情形，造成损害的，受害人有依照本法取得国家赔偿的权利。"根据《宪法》和《国家赔偿法》的规定，我国公民享有取得国家赔偿的权利。国家赔偿的请求权，是指公民、法人或者其他组织的权利因国家机关及其工作人员行使公权力时基于故意或过失构成的违法行为而导致自己的权利遭受损害时，有以一定的方式向有关机关提出损害赔偿请求的权利。国家赔偿请求权是基于宪法的规定而发生直接法律效力的，是一种具有财产性质的权利。

另外，《民法通则》和《治安管理处罚条例》都作了相应的规定。

【司法考试关联知识点】

平等权和政治权利是司法考试宪法学中的考查热点，每年必考。考生在复习时掌握平等权概念的内涵和外延，政治权利应重点识记，特别是监督权和获得赔偿权，对于一些相近似的和易混淆的概念，要有意识地进行比较理解和记忆，提高在综合题目中的抗干扰能力。同时，还要重视培养理论结合实际分析问题的能力，以应对司考中日益增多的实际性的题目。

第六章　个人自由权

【学习目的与要求】 自由和平等被公认为是民主政治的关键所在，是公民基本权利的核心价值所在。在本章的学习过程中，要了解个人自由权所包含的具体内容，以及我国宪法和其他相关法律关于此内容的相关规定，重点掌握表达自由、宗教信仰自由、人身自由、一般人格权、住宅权、通信自由权、婚姻家庭权的含义和内容，能运用宪法相关原理分析社会生活中的案例。

【引例】 2014年5月16日，演员黄某某被曝因嫖娼被北京警方拘留。北京市公安局官方微博“平安北京”发布：“经了解：5月15日18时许，北京警方根据群众举报，在北京工大建国饭店将正在嫖娼的黄某某（男，38岁，演员）当场抓获。经审查，黄某某对嫖娼违法事实供认不讳。黄某某被北京警方依法行政拘留。”按照我国法律规定，卖淫、嫖娼的，处10日以上15日以下拘留，可以并处5000元以下罚款；情节较轻的，处5日以下拘留或者500元以下罚款。6月1日，各媒体报道，黄某某嫖娼案女主角刘某的家人接到警方通知，她将被警方收容教育半年，黄某某也会被同样处理。随后证实，北京警方决定对黄某某收容教育半年。黄某某和刘某同被转往位于朝阳区豆各庄的北京收容教育所。

点评： 何谓“收容教育”？按照1991年全国人大常委会通过的《关于严禁卖淫嫖娼的决定》表述，就是“由公安机关会同有关部门强制集中进行法律、道德教育和生产劳动，使之改掉恶习”。其实质就是限制人身自由、强制教育改造。但这种未经司法程序的人身限制却明显有悖国家宪法和相关法律。《宪法》第37条规定，中华人民共和国公民的人身自由不受侵犯。禁止非法拘禁和以其他方法非法剥夺或者限制公民的人身自由。我国《立法法》第8条也规定，对公民政治权利的剥夺、限制人身自由的强制措施和处罚事项，只能通过制定法律来实施。由此解读，无论是全国人大此前有关严禁卖淫嫖娼的“决定”还是国务院“条例”，都并非真正意义上的国家法律，其所谓“收容教育”的条规，也显然属于违背《宪法》和《立法法》精神的行为。就司法的统一性看，《关于严禁卖淫嫖娼的决定》和《治安管理处罚法》，均属同一立法主体就同一惩治对象作出的制度法规，理应处罚标准一致，但《治安管理处罚法》的处理方式中并未包括“收容教育”，而这种涉嫌“双重标准”的法规设计，显然有失立法的严肃与严谨。按照后法优于前法的基本法理，人们或可得出“收容教育”已经被依法废止的结论；而依据“一事不二罚”的行政法原则，同样可以形成对当事人同一个违法行为，不得给予两次以上性质相似处罚的司法认知。事实上，既然不具法律依据的收容遣送制度和劳动教养制度已经废除，其同属漠视公民权利、随意限制人身自由的“收容教育”，也当寿终正寝。这便是人们围观演员黄某某案所要表达的民意诉求，期待其能够成为收容教育制度终结的一个撬动杠杆。①

第一节 表达自由

人们的意见在没有表达以前属于思想范畴，不宜用法律加以规定，因为法律对于人们的思想无法加以限制。但意见表达之后，就已公之于众，就会产生社会影响，国家对这种表达就并非无能为力了。同时，民主政治是以人民的意志作为基础的。社会的发展也以人们的思想交流、知识传播作为重要条件，国家也有必要表示对各种意见表达的态度，所以，各国宪法都有关于意见表达自由的规定。

表达自由无论是形式和内容都十分广泛。形式上只有口头表达和书面表达，无言的行动表达和有言的行动表达；内容上可涉及社会、政治、经济、文化等各方面。广而言之，它可以说是一种无所不包的权利，离开公民的意见表达这个因素，公民的任何权利都难以想象。

我国现行《宪法》第35条规定："中华人民共和国公民有言论、出版、集会、结社、游行、示威的自由。"这些自由，在宪法学上均可称为表达自由。

一、言论自由

言论自由是公民对于政治和社会生活中的各种问题，有通过语言形式表达其思想和见解的自由。言论自由作为近代宪法上一项最重要的公民权利，是资产阶级革命的产物。1776年美国弗吉尼亚州宪法最早规定了保障人民的言论和出版自由。1789年法国《人权宣言》宣称："自由传达思想和意见是人类最宝贵的权利之一。因此，每个公民都有言论、著述和出版自由。"1966年，联合国《公民和政治权利国际公约》规定："人人有发表意见而不受干预之权利"，"人人有发表自由之权利"。言论自由作为公民的法律权利，其核心是指国家的任何立法与行政活动都不得剥夺公民的言论自由，否则就是违宪行为。它包括四层含义：

（1）公民有发表错误言论甚至违反主流言论或者与宪法、法律不一致的言论的自由；

（2）对于违法或有害的言论，除事关国家安全和军事秘密者外，应实行事后追惩，不做事先的约束和禁止，否则就会导致压制言论自由；

（3）公民有不说话的自由，即沉默的自由；

（4）公民有要求政府信息公开（即知情权）和公民自由传播信息的自由。

从我国目前的实际情况看，宪法和法律所确认并保护的言论自由主要是通过以下途径和方式来实现的：（1）在各种合法场合发表意见，进行交谈、讲学、演讲等，这是言论自由最基本最普遍的方式；（2）通过新闻传播媒体表达思想，发表见解；（3）通过批评、建议、控告、申诉、检举等权利的行使，表达自己的观点，对国家机关及其工作人员进行

① 张玉胜. 黄某某案拷问"收容教育"合法性. [DB/OL]. [2017-07-21]. 四川日报网，http://comment. scdaily. cn/bdkj/content/2014-06/04/content_8031345. htm? node=3671.

有效监督；(4) 国家机关实行政务公开，对重大决策提交公民讨论，听取意见；(5) 建立畅通的民意表达渠道，开展各种形式的社会对话。

然而，任何自由都不是绝对的，都要有一定的限制。我国公民的言论自由也同样应该在法律的范围内行使。这就是：第一，不得利用言论自由煽动群众反对政府，危害国家安全和社会安定；第二，不得利用言论自由对他人的人格尊严进行侮辱诽谤；第三，不得利用言论自由，诬告、陷害其他公民。在我国的社会主义条件，法律上的这种规定，是保障言论自由的一种必要手段。

【案例 6-1】

秦某某，男，32 岁，湖南省衡南县香花村人，高中毕业，曾是北京尔玛互动营销策划有限公司员工。其用互联网蓄意制造传播谣言、造谣滋事、恶意侵害他人名誉，非法攫取经济利益的网络推手公司中的一员。据秦某某供认，尔玛公司自 2010 年 3 月在北京市朝阳区成立以来，主要从事网络推手、网络营销等业务，为了扩大知名度、影响力，秦某某及其公司员工组成网络推手团队，伙同他人，通过微博、贴吧、论坛等网络平台，组织策划并制造传播谣言、蓄意炒作网络事件、恶意诋毁公众人物，以此达到公司谋利目的。秦某某、杨某某等对编造“7·23”动车事故政府花 2 亿元天价赔偿外籍旅客、虚构雷锋生活奢侈细节污蔑道德形象、捏造中国残联主席张海迪拥有日本国籍等一系列违法犯罪事实供认不讳。另外，为使公司获得更多营销利益，他们使用淫秽手段，色情包装“中国第一无底限”暴露车模干某某、“干爹为其砸重金炫富”的模特杨某某等，助其成名，严重败坏了社会风气。后据北京市朝阳区人民法院官方微博“北京朝阳法院”消息，网络推手秦某某涉嫌诽谤、寻衅滋事一案，公开宣判。被告人秦某某犯诽谤罪，判处有期徒刑 2 年；犯寻衅滋事罪，判处有期徒刑 1 年 6 个月，决定执行有期徒刑 3 年。鉴于秦某某归案后能如实供述所犯罪行，认罪悔罪态度较好，法院对其所犯诽谤罪、寻衅滋事罪均依法予以从轻处罚。①

点评： 警方出手严查网络造谣，这再次提醒人们，网络社会也是法治社会，只要行为越过了法律所允许的边界，就要受到法律制裁。互联网号称“虚拟社会”，其实从来就不是“虚拟”的。它由真实的人构成，是现实社会在网络上的延伸。现实社会中对每位成员应有的约束和规范，在网络社会没有理由不遵守。所有维护公共场所安全的法律，在网络社会也同样适用。网络是现实社会的一部分，不会也不能有超出法律规定的绝对自由。近些年来，网络信息技术快速发展，人们的意见表达空间得到了前所未有的扩展。但众声喧哗中，泥沙俱下、鱼龙混杂的网络环境也着实让人困扰。如今的互联网上，捕风捉影、无中生有的言论层出不穷，造谣生事、毁谤他人的行为屡屡发生。种种乱象，扰乱着人们的思考判断，危害着社会的正常秩序，冲击着基本的法律道德底线，必须严厉打击。中国是法治社会，网络必须遵守底线。

---

① 韩芳.“秦火火”一审获刑三年.［DB/OL］.［2017-07-21］. 人民法院报，http://www.chinacourt.org/article/detail/2014/04/id/1277855.shtml.

二、出版自由

我国现行宪法规定的出版自由实质上也就是新闻出版自由。它是公民或一定社会群体拥有利用书籍、报刊、广播、电视等交流工具，表达思想、意见、愿望、要求的权利。出版自由是言论自由的重要表现之一。言论出版自由对民主政治的发展产生重大影响，和国家安全有密切联系，而且对其他公民也发生影响。

出版自由包括两个方面的内容：一是著作自由，即公民有权自由地在出版物上发表作品。二是出版单位的设立自由，即报社、期刊社、出版社等设立的自由。一个国家出版自由保障的程度，同样反映了这个国家政治文明和精神文明的发展状况。我国为了保障公民的出版自由，曾颁布了相应的法规。国务院于2001年12月颁布的《出版管理条例》第5条规定："公民依法行使出版自由的权利，各级人民政府应当予以保障。"第23条规定："公民可以依照本条例规定，在出版物上自由表达自己对国家事务、经济和文化事业、社会事务的见解和意愿，自由发表自己从事科学研究、文学艺术创作和其他文化活动的成果。"

关于言论出版自由的限制，就内容而言，有诸如为防止对其他公民、对社会产生恶劣影响而禁止运用言论或出版诽谤他人、伤风败俗，为维护国家安全而禁止通过言论或出版泄露国家机密等。就限制的形式而言，概括地说有法律限制和司法限制两种。法律限制中又有宪法加以原则性的限制和宪法确定由普通法加以限制之分。由于出版物的影响很大，为了加强对出版物的管理，保障公民的出版自由的实现，各国都普遍比较重视对出版工作的管理，制定相应的法律和制度。目前主要采取的方式有两种。一种方式是预防或事前审查制，即在著作出版前审查其内容是否合法，其具体做法有：（1）检查制，即有关出版物在出版之前，须送主管机关审查批准后，方可出版；（2）特许制，即出版物在出版前虽然不受检查，但在设立出版机构时，必须得到主管机关的批准，领到特许证后，才取得出版相应出版物的资格；（3）报告制，即在创办和成立出版社时，不用事先经过主管机关的特许，但须在出版时向主管机关成交报告，以备案考查；（4）保证金制，即设立出版机构时，不仅事先经主管机关的批准，而且须预交一定的保证金，以担保出版物的合法出版。另一种方式是追惩制，即出版物在出版前不受主管机关干涉，可以自由出版，但在出版后，如发现有违反法律的行为时，予以禁止和处罚的制度。我国目前还没有制定《出版法》，对于出版自由的保障和限制，主要是根据有关行政法规的规定，实行预防制和追惩制相结合的制度，对出版进行限制，但事前审查主要由出版单位承担，国家一般不予干涉。

出版自由是公民的一项重要的宪法权利，为了更好地保障这项权利，规范出版活动，应当尽快制定《出版法》，完善相应的法律制度，从法律上保障公民出版自由的真正地充分地实现。

三、结社自由

结社自由是指宪法确认的公民为了一定的宗旨而组成某种社会团体组织的自由。在我国，凡符合宪法和法律的规定，并履行一定的法律程序而成立的社会团体，都受到国家的保护。

根据结社的性质和活动方式不同，可以把结社分为两种：（1）以营利为目的的结社。如商业结社中的公司、集团、中心等，通常由民法、商法、公司法来调整其权利义务关系。（2）以非营利为目的的结社。其中又分为政治性结社，如政党、政治团体等；非政治性结社，如宗教、慈善、文化艺术等团体。宪法中所规定的结社自由主要是指组成政治性团体的自由。对于结社自由的保障，主要包括两方面的内容：第一，个人是否结成团体，是否加入团体以及是否退出团体，完全出于其个人的意愿，国家或公共权力不加以不当的干涉；第二，对于团体通过内部的意见交流形成团体的共同意志，并为实现其意志而公诸该团体外部的活动，国家和公共权力也不加以不当的干涉。

在我国，凡符合宪法和法律的规定，并履行一定法律程序而组成的社会团体，都受到国家的保护。现在，我国除中国共产党外，还有8个民主党派以及工会、青年团、妇女联合会等各种社会团体。1998年10月25日国务院颁布了《社会团体登记管理条例》，对社会团体设立的条件、程序作了严格的规定。按照《社会团体登记管理条例》的规定，社会团体是指由我国公民自愿组成，为实现会员共同意愿，按照其章程开展活动的非营利性社会组织。国家机关以外的组织可以作为单位会员加入社会团体。成立社会团体，应当经其业务主管单位审查同意，并依照本条例的规定进行登记，社会团体应当具备法人条件。国务院民政部门和县级以上地方各级人民政府民政部门是本级人民政府的民办非企业单位登记管理机关。

结社自由作为公民的一项基本权利，是公民参与政治生活、社会生活的重要形式。因此，对结社自由应当提供相应的法律保障，同时也应当从法律上加以规范。根据我国《社会团体登记管理条例》的规定，结社自由的保障和限制主要有以下内容：（1）社会团体的成立实行核准登记制。（2）社会团体必须遵守宪法、法律、法规和国家政策，不得反对宪法确定的基本原则，不得危害国家统一、安全和民族团结，不得损害国家的、社会的、集体的利益和其他公民的合法的权利和自由。（3）登记管理机关对社会团体的活动进行法律监督。

四、集会、游行、示威自由

集会、游行、示威自由都是公民表达自己见解、意愿的自由。集会游行和示威是特定的表达思想的方式。所以，在某种意义上说它是言论自由的表现形式。集会自由是公民有为共同目的、临时集合在一定场所、讨论问题或表达意愿的自由。游行自由是公民在公共道路或露天场所以和平方式进行，以表达其强烈意愿的自由。示威自由是公民在公共道路或露天场所以集会、游行、静坐等方式，表达要求、抗议或者支持、声援等共同意愿的活动。

公民依法享有集会、游行、示威的自由权利，是现代民主政治制度的特征。因此，国家都应为公民充分行使这种自由权利提供必要的条件和相应的保障。但同时，由于集会、游行和示威是一种比较激烈的意愿表达方式，在客观上会对人们的工作、生活和社会秩序产生较大的影响，因此国家又应当从法律上对其加以必要的规范和限制。为此，1989年

10月31日七届全国人大常委会第十次会议审议通过并由国家主席公布实施了《中华人民共和国集会游行示威法》。一方面，《中华人民共和国集会游行示威法》第3条规定，"公民行使集会、游行、示威的权利，各级人民政府应当依照本法规定，予以保障"，并通过一系列具体措施来保障公民依法行使集会、游行、示威的自由；另一方面，又作出一些限制性的规定：

（1）明确规定反对宪法所确认的基本原则的，危害国家统一、主权和领土完整的，煽动民族分裂的集会、游行、示威，不予许可；主管部门有充分根据认定申请举行的集会、游行、示威将直接危害公共安全或者严重破坏社会秩序的，不予许可；集会、游行、示威必须和平进行，不得携带武器、管制刀具和爆炸物，不得使用暴力或者煽动使用暴力等。

（2）集会、游行、示威的申请与许可制度。根据法律，集会、游行、示威的主管机关是集会、游行、示威地的市、县公安局，游行、示威路线经过两个以上区县的，主管机关为所经过区县的公安机关的共同上级公安机关。在申请书上，应写明以下内容：集会、游行、示威的目的、方式、标语、口号、人数、车辆数、使用音响设备的种类数量、起止时间、地址、路线和负责人的姓名、职业、住址。主管机关接到申请书后，应当在举行日期的2日前，将许可或者不许可的决定书面通知其负责人，不许可的，应当说明理由。逾期不通知的，视为许可。

（3）集会、游行、示威的限制。集会、游行、示威在国家机关、军事机关、广播电台、电视台、外国驻华大使馆领馆等单位所在地举行或者经过，主管机关为了维持秩序，可以在附近设置临时警戒线，未经人民警察许可，不得逾越；一些重要的国家机关，如全国人大常委会、国务院、中央军事委员会、最高人民法院、最高人民检察院、国宾下榻处、重要军事设施、航空港、火车站和港口等周边距离10～300米内，不得举行集会、游行、示威。集会、游行、示威应当按照许可的目的、方式、标语、口号、起止时间、地点、路线及其他事项进行，不得违反治安管理法规，不得进行犯罪活动或者煽动犯罪。举行集会、游行、示威有下列情形之一的，人民警察应当予以制止：在集会、游行、示威中出现危害公共安全或严重破坏社会秩序情况；未依照本法规定申请或者申请未获许可的；未按照主管机关许可的目的、方式、标语、口号、起止时间、地点、路线进行的。出现上述情形之一的，不听制止的，人民警察现场负责人有权依照规定采取必要手段强行驱散，并对拒不服从的人员强行带离现场或者立即予以拘留。

（4）法律责任。在举行集会、游行、示威时，违反《治安管理处罚法》的，依照规定予以处罚。举行集会、游行、示威，如有下列情形之一的，公安机关可以对其负责人和直接责任人员处以警告或者15日以下拘留：未依照本法规定申请或者申请未获许可的；未按照主管机关许可的目的、方式、标语、口号、起止时间、地点、路线进行，不听制止的。举行集会、游行、示威时有犯罪行为的，依照刑法的规定追究刑事责任。

五、宗教信仰自由

现行《宪法》第36条规定："中华人民共和国公民有宗教信仰的自由。"宗教信仰自由是指每个公民既有信仰这种宗教的自由，也有信仰那种宗教的自由；在同一宗教内，有信仰这个教派的自由，也有信仰那个教派的自由；有过去不信教而现在信教的自由，也有过去信教而现在不信教的自由；有按宗教信仰参加宗教仪式的自由，也有不参加宗教仪式的自由。

宗教是人类社会发展到一定历史阶段、人类思维能力发展到一定水平以后产生的社会现象。宗教作为意识形态，首先表现为一种特定形式的思想信仰；同时宗教也是一种文化现象，在历史上曾对社会的文化、文明和社会进步作出过重大贡献。

宗教信仰自由是一种信奉神灵或不信奉神灵的自由。它原是思想意识范畴内的问题，不能用法的强制力加以解决，宪法本无规定的必要。但是，各国宪法一般都有宗教信仰自由的规定。这些规定不能从通常的法理考虑，应从历史的角度加以研究。常见的有：

1. 保障性的规定

其主要事项是待遇平等、活动自由。联邦德国基本法规定任何人均不得因宗教而受到歧视或享有特权。正常的宗教活动受到保护。

2. 限制性规定

其主要是政教分离、宗教和教育分离。如匈牙利宪法规定匈牙利人民共和国实行政教分离；日本宪法规定任何宗教团体不得从国家接受特权或行使政治上的权力；罗马尼亚宪法规定学校同教会分离，任何教派、修道院或宗教人员的专门学校之外，不得开办或者保持其他教育机构。

此外，还有一些个别的附加规定。如瑞士宪法规定联邦耶稣会不得在瑞士境内存在。其会员在教堂或在学校进行任何活动，都被禁止。现埃及宪法虽然规定了所有公民在宗教方面没有任何歧视，国家保证举行礼拜和宗教礼仪的自由，却又规定伊斯兰教是国教，伊斯兰教的立法原则是立法的主要依据，宗教教育是教学大纲中的基本项目。

宗教信仰是一个信仰问题，但又不仅仅限于精神信仰领域。它往往与特定国家政治、历史、文化、道德、民族、种族等问题紧密地联系在一起。过去，我们对于宗教信仰的认识有很大偏差，甚至在有的地方把宗教人士内定为反革命分子来对待，打击压制信教人士，反对宗教活动。时至今日，仍然有很多人认为，宗教是精神鸦片，宗教是虚幻的世界观在人脑中的反映，是错误的世界观，与马克思主义的无神论格格不入，对宗教怀有偏见乃至抱有敌视态度。其实，我们更应看到宗教在社会生活中的积极作用，特别是在维系社会道德、净化人的心灵、塑造人们的宽容心态方面具有不可替代的作用。

然而，宗教信仰往往并不仅仅停留于内心的信仰，通常还伴随着一定的活动，通过一定的外部行为表现出来。一旦这种外部行为与他人的权利或利益发生冲突或是对社会构成具体危害时，就可能成为国家权力限制的对象。正是基于这一点，我国《宪法》第 36 条第 3 款规定："任何人不得利用宗教进行破坏社会秩序、损害公民身体健康、妨害国家教育制度的活动。"根据宪法的规定来看，对宗教活动的限制具体表现为以下几个方面：

（1）禁止强迫公民信仰或不信仰宗教，禁止歧视信仰宗教的公民或不信仰宗教的公民。

（2）任何人不得利用宗教进行破坏社会秩序、损害公民身体健康、妨害国家教育制度的活动。

（3）宗教团体和宗教事务不受外国势力的支配。为了更好地规范宗教活动，切实保障公民的宗教信仰自由，《宗教事务条例》对宗教和宗教事务管理等问题作了具体规定。

（4）宗教团体按照国家有关规定可以编印宗教内部资料性出版物。出版公开发行的宗教出版物，按照国家出版管理的规定办理。涉及宗教内容的出版物，应当符合《出版管理条例》的规定，并不得含有下列内容：①破坏信教公民与不信教公民的和睦相处的；②破坏不同宗教之间和睦以及宗教内部和睦的；③歧视、侮辱信教公民或者不信教公民的；④宣扬宗教极端主义的；⑤违背宗教的独立自主自办原则的。

（5）宗教活动场所应加强内部管理，依照有关法律、法规、规章的规定，建立健全人员、财务、会计、治安、消防、文物保护、卫生防疫等管理制度，接受当地人民政府有关部门的指导、监督、检查。

（6）宗教教职人员经宗教团体认定，报县级以上人民政府宗教事务部门备案，可以从事宗教教务活动。宗教教职人员担任或者离任宗教活动场所主要教职，经本宗教的宗教团体同意后，报县级以上人民政府宗教事务部门备案。宗教教职人员主持宗教活动、举行宗教仪式、从事宗教典籍管理、进行宗教文化研究等活动，受法律保护。对于违反法律规定，侵犯公民合法权益，以及从事违法宗教活动的，依法要承担相应的法律责任。同时，对政府宗教事务部门的具体行政行为不服的，可以依法申请行政复议；对行政复议决定不服的，可以依法提起行政诉讼。

【案例 6-2】

浙江省民族和宗教事务委员会与浙江省建设厅于 2015 年制定《浙江省宗教建筑规范》，并于 5 月 5 日在网上公开征求意见。该规范性文件对天主教、基督教教堂十字架的设置、教堂建筑布局、建筑风格等进行了限制，陆续引来众多基层教会的关注，其中有教会发出反馈意见表示其中对于“十字架”的规定与国家法律和教会传统不合。

点评：首先，对于《宪法》第 36 条宗教信仰自由条款的理解，由于我们缺少释宪机关的正式解释，但是从国际人权保障领域来看，宗教信仰自由分为三个保护理由：第一个是内心信仰的自由，教徒和教义信条内心的信仰，这是纯精神领域的自由；第二个是宗教行为的自由；第三个是宗教角色自由。浙江省的规范性文件首先对十字架进行了限制，十字架是基督教、天主教信仰的象征，寄托了教徒的精神，通过这样一个公权力的规范性文件，强行规定它的大小位置，可以认为是对宗教的不尊重，伤害了教徒的情感，对内心信仰自由造成侵害。首先，对教堂布局进行了规定，对宗教行为自由进行了限制；其次，立法权的界限问题，制定规范性文件实质意义是立法学，公权力的界限在哪里，教堂十字架怎么布置这是私人的事情，通过立法权力规定它，这是立法权的滥用。立法权的边界在哪里，这是我们中国宪法目前没有解决的问题，哪些东西可以立法，哪些东西不可以立法，这是值得我们思考的问题。最后，《浙江省宗教建筑规范》还涉及宗教歧视，它对基督教和天主教限制比较多，但是对佛教和道教的限制比较少。①

---

① 张丽，王欣. 2015 年度我国十大宪法事例发布 宪法宣誓、居住证制度、南充公款拉票贿选案等入选.［DB/OL］.［2017-07-21］. 法制晚报，http：//dzb. fawan. com/html/2016-01/11/content_590597. htm.

第二节　人身自由

人身自由有广义和狭义之分，就狭义而言，人身自由仅指人的身体不受控制与剥夺，即一个人的身体不受非法限制，生命健康权不得随意剥夺。我国现行《宪法》第 37 条第 1 款规定："中华人民共和国公民的人身自由不受侵犯。"这一规定至少蕴涵三层含义：一是公民有人身自主权，不受他人非法支配或者控制；二是公民有居住和行动的自由权；三是公民保护自己的身体不受侵害的权利。广义的人身自由既包括人身自由，还包括衍生的自由权利，如人格尊严、住宅安全和通信自由与通信秘密不受侵犯。

一、生命健康权

生命健康权是指国家有义务尊重公民的生命和身体完整，而不能妄加杀戮和伤害，其中，生命权是指一种维持生命存在的权利，即活着的权利；健康权是指有权维持自己身体各器官的正常功能的权利。生命健康权不是国家赋予的，它作为个人的完整性的根本体现，是随着人之所以为人就已经存在的，不能被国家任意剥夺。宪法意义上的健康生命权是一种防御权，目的是防止国家侵害公民的生命和健康。许多国家的宪法都明确规定公民享有生命健康权。

对生命健康权加以法律保障的另一表现就是对死刑的限制或废除。人类社会发展至今，死刑的合法性与正当性面临着严峻的挑战，越来越多的国家，越来越多的人要求限制或者废止死刑。其理由如下：一是死刑并不必然具有比终身监禁更大的威慑力；二是人不能复生，如果一旦误判，就会造成无可挽回的损失；三是现代刑事正义观重在教育，而不是在于野蛮；四是生命无价，生命权无可剥夺；五是如果死刑用得不当，极容易成为国家镇压与排除异己的手段。正是基于上述理由，西方许多国家掀起废除死刑的高潮。其次，关于生命权利的平衡——堕胎问题也是存在争议的。胎儿作为潜在的人，是否享有生命权？如果胎儿有生命权，那么堕胎就是剥夺生命权。胎儿必然与孕妇息息相关，如果胎儿有生命权，那么与孕妇人身权利及其他权利冲突时，该如何解决？胎儿问题从表面看，似乎来自于女权主义的扩张，但深层次的问题却是一个权利的平衡问题。最后，关于选择死亡的权利——安乐死问题。每个公民都有生的权利，那么是否享有死的权利？"安乐死"一词源于希腊文，意思是"幸福"的死亡。它包括两层含义：一是无痛苦的死亡；二是无痛致死术。安乐死一般是指对患有不治之症的病人或死亡已经开始的病人，不再采取人工的方法延长其死亡过程，为制止剧烈疼痛的折磨不得不采用可能加速死亡的药物。在法律上，除了刑法规定的死罪条款，其他任何法律都无权对于人的生命作出规定或者安排。在医学上，医生有救死扶伤的义务，根本没有为解除患者痛楚而帮助其施行"死刑"的权利。在中国传统中，也有所谓"身体发肤受之父母，不得损伤"，同样也是强调生命并不仅仅属于自己，个人无权安排自己的生命状态。而赞成安乐死的人认为，生命属于自己，人人有权选择死得毫不痛苦。安乐死问题的关键不是要不要承认安乐死的问题，而是如何分配安乐死的权利、如何避免因实施安乐死而可能带来的负面作用、如何从技术层面更好地控制安乐死、如何提高国家的医疗保障体制的问题。

二、人身自由不受侵犯

人身自由是指公民个人身体保护、人身自主的自由。人身自由不受侵犯的权利是指公民享有不受任何非法搜查、拘禁、逮捕或拘役，即公民对自己身体活动的自由不受非法限制或剥夺的权利。人身自由是公民宪法地位的直接体现，任何组织或者个人不得非法剥夺或限制公民的人身自由。剥夺或限制公民的人身自由，必须按照法定程序进行。

《宪法》第 37 条第 2 款规定："任何公民，非经人民检察院批准或者决定或者人民法院决定，并由公安机关执行，不受逮捕。"《刑事诉讼法》第六章强制措施规定了拘传、取保候审、监视居住、拘留、逮捕等 5 种强制措施规定了严格的程序。

《宪法》第 37 条第 3 款规定："禁止非法拘禁和以其他方法非法剥夺或者限制公民的人身自由，禁止非法搜查公民的身体。"

《刑事诉讼法》第 134 条规定："为了收集犯罪证据、查获犯罪人，侦查人员可以对犯罪嫌疑人以及可能隐藏罪犯或者犯罪证据的人的身体、物品、住处和其他有关的地方进行搜查。"第 136 条还规定："进行搜查，必须向被搜查人出示搜查证。"在执行逮捕、拘留的时候，遇有紧急情况，不另用搜查证也可以进行搜查。"并于第 137 条第 2 款规定："搜查妇女的身体，应当由女工作人员进行。"

《刑法》第 245 条规定："非法搜查他人身体、住宅，或者非法侵入他人住宅的，处三年以下有期徒刑或者拘役。司法工作人员滥用职权，犯前款罪的，从重处罚。"

【案例 6-3】

唐某，湖南永州人，"永州 11 岁幼女被迫卖淫案"中受害者 11 岁的乐乐的母亲。2012 年 8 月 2 日，湖南省永州市劳教委以"扰乱社会秩序"为由，对唐某处以"劳动教养 1 年 6 个月"。2012 年 8 月 10 日，湖南省劳教委撤销永州市劳教委对唐某的劳教决定。2012 年 11 月 3 日，唐某向永州市劳教委提出行政赔偿申请。2013 年 1 月 5 日，永州市劳教委认为唐某的请求不符合国家赔偿范围，不予赔偿。2013 年 1 月 23 日，唐某向永州市中级人民法院提起行政赔偿诉讼，要求永州市劳教委赔偿侵犯人身自由的赔偿金 1463.85 元，书面赔礼道歉并支付精神损害抚慰金 1000 元。2013 年 12 月 28 日，劳动教养制度正式被废除。①

点评：劳动教养并非依据法律设立，从法律形式上亦非刑法规定的刑罚，而是依据国务院劳动教养相关法规的一种行政处罚，公安机关无须经法庭审讯定罪，即可对疑犯投入劳教场所实行最高期限为 4 年的限制人身自由、强迫劳动、思想教育等措施。劳教制度的弊端有：(1) 劳动教养制度明显违反了《宪法》和《立法法》的有关规定。我国现行《宪法》第 37 条规定："中华人民共和国公民的人身自由不受侵犯。"(2) 劳动教养制度与现行《行政处罚法》的规定也不符。《行政处罚法》第 9 条规定："限制人身自由的行政处罚，只能由法律规定。"第 10 条第 1 款规定："行

---

① 陈进红. 唐慧终审胜诉 获赔 2641.15 元. [DB/OL]. [2017-07-21]. 钱江晚报，http://qjwb.zjol.com.cn/html/2013-07/16/content_2233842.htm?div=-1.

政法规可以设定除限制人身自由以外的行政处罚。”第 64 条第 2 款规定：“本法公布前制定的法规和规章关于行政处罚的规定与本法不符合的，应当自本法公布之日起，依照本法规定予以修订，在 1997 年 12 月 31 日前修订完毕。”（3）劳动教养制度违背《公民权利和政治权利国际公约》的规定。1998 年，中国加入《公民权利和政治权利国际公约》，公约第 9 条规定：除非依照法律所规定的根据和程序，任何人不得被剥夺自由。而且劳动教容易养成滥用权力的“温室”，出现如下现象：①将刑事诉讼案件作为劳教处理；②利用劳教进行创收；③利用“劳教”打击报复上访和维权人员。

第三节 一般人格权、住宅权、通信自由权

所谓人格，就是公民作为人必须具有的资格。人格尊严，则指公民作为一个人应有的最起码的社会地位，并应受到社会和他人最起码的尊重。我国《宪法》第 38 条规定：“中华人民共和国公民的人格尊严不受侵犯。禁止用任何方法对公民进行侮辱、诽谤和诬告陷害。”无论公民的职业、职务、政治立场、宗教信仰、文化程度、财产状况、民族、种族等有何差别，其人格尊严都是相同的。

人格权主要指姓名、名誉、荣誉和肖像等权利。姓名权是指公民有权决定、使用和依法改变自己的姓氏名称，他人不得干涉、滥用和假冒公民的姓名。名誉权是公民享有自己适度名声并享有维护其名声不受侵害的权利。肖像权是指公民有自主地制作、占有、使用其肖像的权利。

在我国，人格尊严的保障非常明显地存在着宪法上的保障以及普通法律上的保障这两个不同的层次。其中，后者已受到广泛的重视。《刑法》、《民法通则》乃至《治安管理处罚法》等都对人格权的保障作了具体规定。例如，《刑法》第 246 条第 1 款规定：“以暴力或者其他方式公然侮辱他人或者捏造实事实诽谤他人，情节严重的，处三年以下有期徒刑、拘役、管制或者剥夺政治权利”；又如《民法通则》第 101 条规定：“公民、法人享有名誉权，公民的人格尊严受法律保护，禁止用侮辱、诽谤等方式损害公民、法人的名誉”；此外，《民法通则》第 99 条和第 100 条则分别规定了对公民的姓名权和肖像权的保护。这些均属于针对公民私人之间侵犯人格尊严行为而存在的保障制度，在严格的意义上并不能同视于宪法上的人格尊严保障，但可视为宪法上权利保障规范的具体化。

住宅权，也称住宅不受侵犯，是指公民日常生活、工作和休息的场所不受非法侵入或搜查的权利。任何组织和个人，非经法律许可，不得随意侵入、搜查或者查封公民的住宅。住宅不受侵犯是人身保护的重要条件之一，因而也构成人身自由的一部分。早在 1603 年英国的判例中就写下一句格言：每个人的房屋就是他的堡垒。

我国《宪法》第 39 条规定：“中华人民共和国公民的住宅不受侵犯，禁止非法搜查或者非法侵入公民的住宅。”其他法律，如刑法也对住宅权提供保护。根据《刑法》第 245 条的规定，非法搜查他人住宅或非法侵入他人住宅的，处 3 年以下有期徒刑或者拘役。《刑事诉讼法》则对国家机关限制公民住宅权的行为作出了限制性规定，公安机关、

检察机关为了收集犯罪证据、查获犯罪嫌疑人，需要对有关人员的住宅及其他地方进行搜查时，必须严格按照法律规定的程序和条件进行，依法规定有权进行搜查或进入他人住宅的国家机关也必须严格按照法定程序，比如搜查时必须向被搜查人出示搜查证；搜查时，应有被搜查人或者他的家属、邻居或者其他人在场；搜查后，要将搜查的情况写成笔录，由侦查人员和被搜查人或者他的家属、邻居或者其他见证人签名盖章等。任何私人未经允许一律无权进入他人住宅。

住宅不受侵犯的权利当然也具有一定的内在界限。为了收集犯罪证据、查获和拘禁犯罪嫌疑人，特定的司法人员可以进入、搜查或查封特定的权利享有主体的住宅。当然基于宪法对公民住宅不受侵犯权利的保障，司法人员在进行上述活动时，必须严格按照正当的法律程序。又如，基于防止公共利益受到危害、防止危害公共秩序和治安行为的发生，以及防止或阻止危及公民生命安全的事故发生，国家得采取措施进入公民住宅等。

通信自由和通信秘密，是指公民对通信内容以及通信双方的相关信息享有保密而不必向有关机关告知的权利，任何组织和个人不得非法干涉。对于“通信”，应做扩张解释，“信”不限于书信，包括利用各种通信方式和通信设施所传达和记载的个人信息，比如，书信、电报等传统的通信方式。同时应当认识到，随着科技的进步，出现了很多新的通信方式（以后会更多），比如电话、手机、手机短信、QQ、网上聊天等，都应属于宪法所保护的“通信自由和通信秘密”。通信秘密自由以不公开为其权利内涵，是以保障公民个人拥有隐私空间的生活利益为目的的权利。

我国《宪法》第 40 条规定：“中华人民共和国公民的通信自由和通信秘密受法律的保护。除因国家安全或者追查刑事犯罪的需要，由公安机关或者检察机关依照法律规定的程序对通信进行检查外，任何组织或者个人不得以任何理由侵犯公民的通信自由和通信秘密。”

根据法律的规定，扣押和拆检公民的信件必须遵守以下规定：

只有公安机关和检察机关才有权决定扣押或者拆检公民的有关信件。

扣押或者拆检公民的有关信件只有两种原因，一是国家安全的需要，二是追查刑事犯罪的需要。

对于扣押的邮件、电报等经查明不影响国家安全或与犯罪无关，应立即退还原主或交还邮电部门。

需扣押的邮件、电报等，应由人民检察院或公安机关通知邮电部门。

对公民个人保存的邮件、电报等，如公安机关或检察机关认为需要检查时，公民有义务交出，如公民拒绝交出，可以强行搜查，但必须出示搜查证件。紧急情况下可以不出示搜查证，但必须笔录搜查情况。

另外，我国《刑法》第 252 条具体规定：“隐匿、毁弃或者非法开拆他人信件，侵犯公民通信自由权利，情节严重的，处一年以下有期徒刑或者拘役。”

第四节　婚姻家庭权

我国《宪法》第 49 条第 1 款规定，婚姻、家庭、母亲和儿童受国家的保护；第 4 款规定禁止破坏婚姻自由，禁止虐待老人、妇女和儿童。

男女在婚姻家庭关系中享有平等的权利，这是我国婚姻家庭制度的基本准则和本质特征。《婚姻法》、《继承法》、《妇女权益保障法》、《未成年人保护法》、《老年人权益保障法》、《刑法》等都针对这一条建立了比较完善的立法保障制度。该项权利主要指妇女享有与男子平等的婚姻自主权，禁止干涉妇女的结婚、离婚自由；妇女按照国家规定享有生育和不生育子女的权利等；妇女享有与其配偶平等的对未成年子女的监护权等。

"婚姻自由"是指婚姻双方当事人有权按照法律的规定，决定自己的婚姻问题，不受任何人的强制和干涉。婚姻自由包括结婚自由和离婚自由两个方面。为了保护婚姻自由，《刑法》第257条规定，以暴力干涉他人婚姻自由的，处2年以下有期徒刑或拘役（需告诉才处理）。犯前款罪，致使被害人死亡，处2两年以上7年以下有期徒刑。

"虐待"是指用各种方式在生活上、身体上、精神上等对老人、妇女和儿童进行摧残和迫害。法律禁止严重虐待老人、妇女、儿童的行为。《刑法》第260条规定，虐待家庭成员，情节恶劣的，处2年以下有期徒刑或拘役（需告诉才处理）。犯前款罪，致使被害人重伤、死亡的，处2年以上7年以下有期徒刑。

财产权利是公民确立其社会地位的物质保障。对妇女来说，保障妇女享有与男子平等的财产权利是提高妇女在社会和家庭中的地位，从而真正实现男女平等的基础。《妇女权益保障法》规定，妇女享有与其配偶平等的对法律规定的夫妻共同财产的占有、使用、收益和处分的权利；国家保护离婚妇女的房屋所有权；农村划分责任田、口粮田，以及批准宅基地等，也应当受保障；妇女享有的与男子平等的财产继承权受法律保护，在同一顺序法定继承人中，不得歧视妇女等。老年人的财产权同样受法律保障。《老年人权益保障法》规定，老年人有权依法处分个人的财产，子女或者其他亲属不得干涉，不得强行索取老年人的财物。老年人有依法继承父母、配偶、子女或者其他亲属遗产的权利，接受赠与的权利。《继承法》规定，在法定继承中，老人可以父母身份列为第一顺序继承人，对于生活有特别困难又缺乏劳动能力的老人应当给予照顾；在遗嘱继承中，要求遗嘱人应给缺乏劳动能力又无生活来源的老人保留必要的遗产份额，否则遗嘱无效；在遗产分割时，应照顾无劳动能力的老人；清偿被继承人债务时，即使遗产不足以清偿债务的，也应当给予缺乏劳动能力又无生活来源的老人保留适当的遗产。赡养人应当妥善安排老年人的住房，不得强迫老年人迁居条件低劣的房屋。老年人自有的或者承租的住房，子女或者其他亲属不得侵占，不得擅自改变产权关系或者租赁关系。

我国宪法和有关法律除了保障老年人享有公民的一般权利以外，还对老年人所特有的权利以及老年人权利的保护作出了具体规定。宪法明确规定，成年子女有赡养扶助父母的义务，禁止虐待老人。《老年人权益保障法》还专章规定了老年人获得赡养扶助与扶养的义务，其中包括：赡养人应当为老年人提供经济上的供养；赡养老人应当在生活上照料和精神上慰藉老年人。此外，我国宪法明确规定，公民在年老、疾病或者丧失劳动能力的情况下，有从国家和社会获得物质帮助的权利。国家发展为公民享有这些权利所需要的社会保险、社会救济和医疗卫生事业。《老年人权益保障法》重申这一点，并且为老年人该项权利的实现作出了具体规定：国家建立养老保险和社会救济制度，保障老年人的基本生活；国家建立多种形式的医疗保险制度，保障老年人的基本医疗需要。

【司法考试关联知识点】

个人自由权是司法考试的重要考点。考生需要注意广义的人身自由与狭义的人身自由的区别，此外，命题者往往设计具体的案例来考查广义的人身自由权、人格尊严和住宅不受侵犯等基本权利，因此，考生要学会运用书本上的理论来解决实际问题。

第七章　社会经济文化权利

【学习目的与要求】 了解公民的社会经济文化权利，包括财产权、劳动权和休息权、获得物质帮助的权利、受教育权以及文化权利的概念、特点和内容。要求学生在课前预习相关权利的宪法规定，课后复习社会经济文化权利的基本概念、基本内容，并参阅相关的文献资料和宪法案例、宪法事例，加深对知识点的掌握。

【引例】 2012年10月16日，李某入职某建材公司，从事穿线工工作，双方签订了劳动合同。李某的月平均工资为3627.45元。2014年1月17日，李某以建材公司未与其签订书面劳动合同、拖欠工资以及未缴纳社会保险为由，书面提出与公司解除劳动关系。庭审中，李某主张公司未安排其休2013年年休假，也未支付其工资补偿，要求公司支付其未休带薪年休假工资。公司主张，其未安排李某休2013年带薪年休假，原因在于李某至2013年10月工作刚满1年，而公司统一安排员工每年4月休年假，李某离职时未来得及安排其休年休假。法院认为，享受带薪年休假是劳动者合法的权利。《劳动法》第45条规定："劳动者连续工作1年以上的，享受带薪年休假制度。"《职工带薪年休假条例》第3条规定，职工累计工作已满1年不满10年的，年休假5天；已满10年不满20年的，年休假10天；已满20年的，年休假15天。《企业职工带薪年休假实施办法》第12条规定："用人单位与职工解除或者终止劳动合同时，当年度未安排职工休满应休年休假的，应当按照职工当年已工作时间折算应休未休年休假天数并支付未休年休假工资报酬，但折算后不足1整天的部分不支付未休年休假工资报酬。"因此，企业以员工离职时未到年休假时间为由未安排年休假，应按照核算后的带薪年休假天数，以此向员工支付工资补偿。①

点评： 本案中，法院判决保护了宪法所保障的劳动权与休息权。宪法基本权利往往需要通过立法来明确具体内容，作为法律权利受到保护。《劳动法》中劳动者带薪休假的权利即是对宪法权利的具体化和保障。

公民的社会经济文化权利是指公民依照宪法参与社会经济文化活动和享有经济、文化利益方面的一系列基本权利的总称。根据我国《宪法》的规定，公民的社会经济文化权利包括财产权、劳动权与休息权、获得物质帮助的权利、受教育权和文化权利。

---

① 屈斌. 劳动者，你的"休假"去哪儿了——法官点评如何保障劳动者的休息休假权. [DB/OL]. [2017-08-18]. 内蒙古法制报，http://www.nmgfzb.com/news-31776.html.

第一节　财　产　权

财产权可以分为宪法上的财产权和民法上的财产权，宪法上的财产权是为防范来自国家公权力的侵害而设定的权利，民法上的财产权则体现为公民、法人或其他组织享有的具体的民事权利，如物权、债权等。① 宪法意义上的公民财产权是指公民的私有财产在受到国家和其他组织、个人违法侵害的时候，享有宪法保护的公民权利。它主要对抗国家权力，强调限制国家权力任意侵犯个人的合法财产权，从而不仅为个人的生存和自由发展提供了必需的物质基础，也为社会秩序的安定奠定了经济条件。② 财产权的概念和范围在不同法域的国家以及不同的历史时期，答案是不相同的。古罗马时期，财产主要表现为以实体存在的有体物和没有实体存在的无体物。从宪法学角度看，近代以前受宪法保护的财产权仅仅是指物权形态的各种权利。1919 年德国《魏玛宪法》出台后，联邦帝国法院在审理一起案件时才将《魏玛宪法》所保护的财产权扩大到所有具有财产价值的权利，即宪法保护的财产权既包括物权，也包括债权等私法财产权。1949 年基本法通过之后，联邦普通法院将财产权扩大到公法领域。在英美法系国家，由于没有严格的公法和私法的划分，所有的财产性权利都平等地受到宪法保护。③ 我国法受大陆法系的影响，在立法上从不同的意义上使用了“财产”这一概念。宪法财产权既包括私法财产权，也包括部分公法财产权。虽然不同法域国家财产权概念和范围存在差异，但是财产权是一种必然与市场经济相伴生的重要法律现象，它与契约自由一道，共同构成了市场经济的两大法律支柱。确立财产权的宪法保障机制，可以推动市民社会的形成和发展，维护社会的安定秩序，最终又反过来为宪法自身的安定性提供条件，并促使宪法走向“规范宪法”④。

私有财产权的存在是抵制政府权力扩张的坚固的金质屏障。它是人类谋求生存与发展的基本权利，也是维系人类自由与尊严的根基。财产权开辟了公民私人自治领域，勘定了政府公权力的范围。宪政的真谛就是“限政”——限制政府的权力，保护公民的权利，现代政府是权力受到制约的“有限政府”，政府存在的正当理由是保护公民的包括财产权在内的各种权利，为公民私有财产提供充分的法律保障，是政府义不容辞的职责。倘若说“限制”是政府必须承受的压力，那么“节制”则是政府应有的美德。政府征收的赋税应当在合理且民众可以承受的限度之内，否则毫无节制的苛捐杂税、乱摊派、乱罚款都是对公民财产权的赤裸裸的侵蚀，是一种打着“合法”旗号对公民财产赤裸裸的公然夺取。

保护财产权历来为宪法之重要内容之一。作为一种基本人权，财产权在各国宪法中都

---

① 财产权的客体范围在宪法和民法上都可以包括物权、知识产权，但也有一些明显的差异。如国家不应成为宪法上财产权的主体，但可以成为民法上财产权的主体；宪法上财产权的客体范围可以不同于民法，如法定的、部分基于个人给付的福利有国家的参与，不宜划入民法的调整范围。李累．论宪法上的财产权——根据人在社会中的自治地位所作的解说．法制与社会发展［J］，2004（4）.

② 刘广宏．论我国公民财产权的宪法保护［D］．内蒙古大学硕士学位论文，2013.

③ 汪进元，高新平．财产权的构成、限制及其合宪性［J］．上海财经大学学报，2011（5）.

④ 所谓“规范宪法”，是美国当代宪法学家 K. 罗文斯登提出的宪法分类概念，指的是相对稳定的，并具有法律实效性的宪法。

有规定。① 17、18 世纪，自然法学派将财产与生命、自由并举，视为人权之三大基石。早期的宪法及宪法文件都将财产权规定为不应受限制的绝对权利。1789 年法国大革命时提出“私有财产神圣不可侵犯”当时发表的《人权和公民权宣言》，加进了“财产权”，把人权概括为“自由、财产、安全和反抗压迫”，第 17 条还宣布：“财产是神圣不可侵犯的权利。”在此之前，1776 年美国《独立宣言》把人权概括为“生命权、自由权和追求幸福的权利”。为什么 1789 年的法国大革命要强调“财产权”、“财产神圣不可侵犯”？这是因为当时的法国波旁王朝实行专制独裁，国王可以任意把臣民（甚至贵族）投入巴士底狱关押起来，可以任意没收工商业者的财产归国王所有，或者赏赐给国王的宠臣、情妇。因此，1789 年法国资产阶级革命（又称“市民革命”）强烈要求保护私有财产。“私有财产神圣不可侵犯”符合当时新兴的资产阶级的利益。这条原则为资本主义工商业的发展提供了保障，打开了通路，在当时起到了巨大的进步作用。从那以后，推翻封建专制统治、建立资本主义制度的国家，都把“私有财产神圣不可侵犯”原则写进自己的宪法。“私有财产神圣不可侵犯”成为资本主义国家的标志和资产阶级政党的旗帜。但“二战”后，“资本主义”的名声不好了。资本主义国家都不愿自称或被称为“资本主义国家”。从那时起，许多资本主义国家修改宪法，或重新制定了宪法。1948 年的《世界人权宣言》把人权概括为“人人享有言论和信仰自由并免于恐惧和匮乏”的权利。关于财产权，第 17 条规定：(1)“人人得有单独的财产权以及同他人合有的所有权；(2) 任何人的财产不得任意剥夺。”其中“任意”两字的含义有两层：未经法律许可，个人的财产不得被政府或他人剥夺；如果某国法律允许，该国政府就可以依照法律规定征收个人的财产。但 19、20 世纪以来，财产被视为一种“社会职务”财产权的行使应有助于增加社会财富，有助于公共利益。② 各国宪法一方面规定保护公民财产自由，另一方面则规定公民财产权的行使不得妨害公共利益。洛克在讨论财产权问题时，认为：尽管财产权是人与生俱来的自然权利，但是，每个人的劳动所得以享用为度，不能尽量占有。由此可知，财产权有史以来，如同其他权利一样，应该受到限制。③

中华人民共和国成立以后，我国对私有财产权的认识，经历了一个复杂的过程。20 世纪 50—80 年代初，人们在理论上没有科学的区分所有制和所有权之间的关系，一直对私有财产权的确认和保护存在一定的偏见，认为生产资料只能由国家所有，而生活资料允许私人限制性的拥有，这是社会主义和资本主义的根本区别。在计划经济体制下，私有财产的范围日益萎缩，公民的个人财产仅限于基本的有限的生活资料和对财产的拥有，对私有财产保护的理论研究被视为禁区，私有财产保护制度十分薄弱。1954 年宪法仍然包含承认私有财产权的条款，但是已经不再使用私有财产权的概念；而 1975 年宪法和 1978 年

---

① 美国宪法修正案第 5 条规定，没有合理补偿，私有财产免受政府征收。日本宪法第 29 条规定：(1) 财产不受侵犯；(2) 财产权适应公共福利的需要由法律规定；(3) 私有财产在正当的补偿之下可以用于公共目的。

② 王世杰，钱端升．比较宪法［M］．北京：中国政法大学出版社，1997：122.

③ 关于财产权限制的理论基础问题，德国的“社会义务”理论和美国的“警察权力”理论具有代表性。汪进元，高新平．财产权的构成、限制及其合宪性［J］．上海财经大学学报，2011（5）.

宪法所保护的就只剩“生活资料的所有权”。80 年代以来，随着改革开放的逐步深入，在由计划经济向社会主义市场经济体制转轨的过程中，社会经济生活发生了很大变化，人们对私有财产的观念和认识也开始发生了转变。1982 年宪法改变了仅仅保护“生活资料的所有权”的提法，改为保护“公民的合法收入、储蓄、房屋和其他合法财产的所有权”，并增加规定了“保护公民的私有财产的继承权”。1982 年宪法第 13 条第 1 款虽然将“生活资料”的用语改为“合法财产”，这主要是为了照顾第 11 条个体经济中个体劳动者所拥有的生产资料，但是对于个体经济外的大部分公民来讲，仍然只保护其生活资料。同时，从第 13 条第 1 款对合法财产的列举来看——合法的收入、储蓄、房屋与 1975 年宪法对生活资料的列举——劳动收入、储蓄、房屋，1978 年宪法对生活资料的列举——合法收入、储蓄、房屋相比，并没有多少变化，这也从侧面印证了 1982 年宪法对公民合法财产的保护仍然以保护生活资料为主。① 与《宪法》的规定相适应，我国《民法通则》第 75 条对公民个人合法财产的范围作了具体规定，即“公民的个人财产，包括公民的合法收入、房屋、储蓄、生活用品、文物、图书资料、林木、牲畜和法律允许公民所有的生产资料以及其他合法财产”。

但随着社会的不断发展，尤其是个体经济和私营经济等非公有制经济的迅速发展，我国公民财产权的范围不断扩大，宪法的这一规定已不合时宜，所以 2004 年十届全国人大二次会议对宪法进行修改时，废除了宪法的原第 13 条规定，将其改为：“公民的合法的私有财产不受侵犯。”“国家依照法律规定保护公民的私有财产权和继承权。”“国家为了公共利益的需要，可以依照法律规定对公民的私有财产实行征收或者征用并给予补偿。”2004 年宪法修正案在保护财产权方面与前几次修正案相比有如下进步：（1）主客体的界定更加科学。首先，1999 年宪法修正案第 16 条规定在保护非公有制经济时，只列举了个体经济和私营经济，2004 年修正案全面保护非公有制经济的各类主体。其次，宪法第 13 条在规定保护公民私人财产时，原来是以列举方式提示为生活资料，现在将其置换为“合法的私有财产”。（2）在剥夺行为方面，2004 年修正案规定了征收行为的补偿要件，② 且将征收的客体范围加以扩大，不仅包括集体所有的土地，还包括公民的私有财产。修正案区分了征收和征用两种不同的行为方式，概念体系更加精细。此次修改可谓具有划时代的进步意义，反映了我国对私有财产观念的价值趋向发生了根本的转变，这必将对我国的政治和经济生活产生深刻的影响。

---

① 马克思认为，生产资料和生活资料应当具有不同的所有权形式，生活资料可以是私有的，而且必须是私有的，只有这样才能达到真正为劳动者所消费的目的。然而，生产资料虽然长期以来是私有的，但是这种私有却导致了劳动者对劳动产品的丧失，所以生产资料的私有是一切“罪恶”的根源。因此，在存在所有制条款的社会主义宪法中，区分这两种意义的财产就很有必要。如 1949 年《共同纲领》和 1954 年宪法都规定我国的所有制形式是混合所有制，即公有制与私有制并存，这样对资本家而言，意味着既保护生产资料，也保护生活资料，对于一般公民而言，则意味着只保护生活资料。1975、1978、1982 年宪法都规定实行单一的社会主义公有制，那么意味着保护公民所有的财产就只意味着保护其生活资料。

② 在法治发达国家，征收和补偿作为唇齿条款早已被明确规定。杜仪方．财产权限制的行政补偿判断标准［J］．法学家，2016（2）．

依照我国法律的规定，保护公民的合法财产权主要有三种方式：一是刑事制裁侵犯公民合法财产所有权的犯罪行为，并可在刑事诉讼中附带提起民事诉讼；二是通过民事诉讼，以确定产权、返还原物、排除妨碍、赔偿损失等；三是通过行政诉讼，对因国家机关及其工作人员的行为造成侵权的要求给予赔偿。

【案例 7-1】

路卡思案①

路卡思案的发生肇始于美国的海岸环境保护。1972 年，联邦议会制定了《沿岸区域管理法》(*Coastal Zone Management Act*)，规定各州可制订海岸环境保护的计划，并通过根据该类计划拨给一定财政补助等方式，诱导各州加强海岸环保，从而间接地达到保护海岸线的目的。该法施行后，各州果真先后立法保护海岸环境，其间，南卡罗来纳州也于 1977 年制定了一部《沿岸区域管理法》。根据该法的规定，海滨以及临接海滨的沙滩地域均为指定的 critical area（以下译为“保护区”），在区内建造住宅性质的建筑物受到禁止，对土地的利用也受到相应的限制。但因为这种指定保护区的范围相应较窄，不足以充分防止海岸线的侵蚀现象，该州遂于 1986 年设立了一个咨询委员会，并根据该委员会的调查报告，于 1988 年制定了《沿海区域管理法》(*Beachfront Management Act*)。新法扩大了指定保护区，并与 1977 年的《沿岸区域管理法》一样，对区内的土地利用实行规制。

本案当事人路卡思（Lucas）在 Palm 岛上从事不动产开发，建造了一个命名为“野丘”（Wild Dune）的住宅群。1978 年路卡思自己也入住此处，并于 1986 年以私人资金 97.5 万美元买下了另外两块住宅用地。这两块地皮距离海滨约 90 米，根据 1977 年的《沿岸区域管理法》不属于指定保护区，但根据 1988 年的《沿海区域管理法》则属于该类区域，被禁止建造居宅性质的建筑物。于是，路卡思便以该法的土地利用限制乃相当于不予补偿的财产征用（taking）为由，向州地方法院提起诉讼，要求南卡罗来纳州海岸委员会（South Carolina Coastal Council）作出损失补偿。

点评：本案颇为复杂，但其主要涉及的是：政府根据公共利益的需要而对私人财产的规制是否构成“征用”，从而被规制的私人财产是否可获得宪法上的财产权保护。

在美国宪法上，征用的形式本来颇为宽泛。除了对土地所有权的剥夺可视为征用之外，对财产权的其他形式的规制，包括妨害财产的使用，均有可能被认定为征用。此外，即使是无形财产受到剥夺，也可能构成征用，为此需要对其加以补偿。

对具有经济利益的任何利用权的剥夺均构成“征用”。这是本案法理论述的关键部分，霍姆斯大法官已经认识到：对于物理性的公益征用，为使财产权的保护在具有意义的

① 林来梵. 美国宪法判例中的财产权保护——以 Lucas v. South Carolina Coastal Council 为焦点［J］. 浙江社会科学，2003（5）：77.

形式下进行，作为其当然的前提，政府对包含在财产的所有权中的各种利益的重新定义的权限，有必要受到宪法的制约。但凡必须补偿的情形存在两个范畴。一个是对财产所进行的物理性侵害；另一个则是对经济上的有益利用（economically beneficial use）的完全损害。本案的情形即属于后者，

路卡思一案最终以路卡思的胜诉而告终。这个结局似乎也说明了在现代的美国，对财产权的保护其实进一步趋于强化。我们可以看出，财产权的宪法保护，其实不是一种简单的法的实践。它本身就涉及非常复杂的宪法运作问题，离不开宪法上所设立的财产权保护条款之外的其他具体制度的有效配合。就此反观当下的我国，我们不要天真地期望通过在宪法文本中插入一套宪法条文就可以建立起有效的财产权宪法保护机制，也不要误认为在修宪中引入私人财产权保护条文就会导致所有制的变更；相反，财产权宪法保护的实际命运如何，具体内容怎样，靠凭一套宪法条文不行，还需要对相关条文进行解释和运作。

第二节　劳动权与休息权

一、劳动权

（一）劳动权的概念和特征

劳动权一般被认为是一种经济权，是一项重要的基本人权，① 也是公民的一项重要的宪法权利。20 世纪以来，劳动权作为公民的一项重要人权，日益受国际社会和各国政府的重视，并相继载入宪法。我国宪法也明确规定了公民享有劳动权。

劳动权是经济权中重要的权利，是指一切有劳动能力的公民，有获得工作和取得劳动报酬的权利。劳动权是公民赖以生存的基础，是行使其他权利的物质上的前提。我国《宪法》第 42 条规定："中华人民共和国公民有劳动的权利和义务。"劳动权的基本特征如下：

第一，劳动权的主体是公民，但是，"公民的劳动权"与"劳动者的劳动权"在宪法和劳动法中是两个有严格区别的法律概念。《宪法》第 42 条所规定的"公民有劳动的权利和义务"，其权利主体是指"一切有劳动能力的公民"。由于并非每一个有劳动能力的公民都一定能进入劳动关系中，而未进入者不能被称为"劳动者"，② 虽不能由此认为他不享有劳动权，但是与劳动者的劳动权相比，他的劳动权则少了许多的内容。根据宪法，在未获得劳动者身份之前，公民的劳动权主要包括：就业权和就业前的培训权，至于年老体弱时接受国家和社会援助或救济的权利，以及社会保险权和医疗卫生权等，则属于它的

---

① 叶静漪，魏倩．《经济、社会和文化权利国际公约》与劳动权的保护［J］．北京大学学报，2004（2）．

② 劳动法意义上的"劳动者"是指与用人单位形成劳动关系的职工。劳动权对于"劳动者"而言具有更大的权利价值。但宪法劳动权的享有主体远远大于基于劳动关系的劳动者，其主体是"公民"，即"可辨认之个体"，这彰显了基本权利的普遍性。徐钢，方立新．论劳动权在我国宪法上的定位［J］．浙江大学学报，2007（4）．

其他社会权利，而这些权利在劳动者那里则是随同劳动权的享受而存在，即是劳动权本身的内容。劳动者劳动权的内容则相当丰富和宽泛，除了上述9项外，依劳动法他还享有这些权利：签订劳动合同权、解除劳动合同权、经济补偿权、工作时间权、劳动竞赛权、合理化建议权、科学研究权、技术革新权、发明创作权、受表彰或奖励权、参加组织工会权、民主协商参与权、批评检举和控告权、劳动培训权、职业技能考核权、劳动安全权、劳动保险权、劳动环境权、病伤产期不受解雇权、女工和未成年工受特殊保护权、伤残保障权、疾病保障权、退休保障权、退职保障权、待业保障权、家属抚恤权等。

第二，劳动权的平等性。凡是具有劳动能力的公民，都有权平等地参加社会劳动，享有平等的就业机会。平等权是指“人民在法律上之地位，不因门户、阶级、性别及职业之区别，而受差别待遇之权利”。① 平等权与其说是一项权利，不如说是一项原则，是贯彻于法律权利，甚至人权的基本原则。② 对于劳动权而言，平等权的意义不仅在于平等就业权，而是可以把平等视为一个贯穿其全部内容的基本原则。劳动权和平等权之间的关系可以归结为：平等权为劳动权的实现提供坚实的保障，劳动权丰富、扩展了平等权的内容。

第三，劳动权具有自由权和社会权的双重属性。从1954年宪法一直到现行的1982年宪法，宪法劳动权在这几部宪法中的文字表述并没有发生实质性的变化。1954年和1982年宪法表述为“中华人民共和国公民有劳动的权利”，1975年和1978年宪法为“公民有劳动的权利”。宪法劳动权的规范形式虽然没有发生变化，但其存在和运行状态却发生了根本变化。改革开放前，我国宪法劳动权只具有社会权的属性，而不具有自由权的属性，其含义为国家通过计划手段为公民提供就业岗位或安置公民就业。改革开放以后，宪法劳动权的社会属性发生了变化，由国家安置公民就业转变为国家通过实施积极的财政经济政策促进就业或提供就业机会。更重要的是，随着经济体制改革和社会主义市场经济体制的确立，宪法劳动权的概念又生发出了自由权的含义，使得宪法劳动权兼具了自由权和社会权的双重属性。③

第四，劳动既是权利，又是义务。我国宪法第42条不仅规定了公民的劳动权，同时还规定了公民的劳动义务。宪法规定，劳动是一切有劳动能力的公民的光荣职责。公民有权根据自己的能力参加社会劳动，取得相应报酬，同时也有义务参加社会劳动。我国学者一般认为，所谓劳动义务是指一切有劳动能力的公民均必须通过自己的劳动以维持其个人的生活的责任，在此并不构成国家强制人们从事劳动的那种法规范上的依据，而仅具有一定道德意义上的指导性内涵。④ 也有学者指出，“首先，在我国，劳动已不再单纯是公民个人谋生的手段，同时也是国家和社会积累物质财富和精神财富的基本方式；其次，规定劳动是公民的义务，有助于劳动权更好地实现；最后从社会发展来看，国家的繁荣、民族的富强、人类文明的进步，都离不开劳动。”⑤ 这种权利与义务的一致性反映了我国社会主义制度下劳动的性质。

---

① 林纪东．比较宪法［M］．台湾：五南图书出版有限公司，1980：166.

② 薛长礼．劳动权论［D］．吉林大学博士学位论文，2006.

③ 王德志．论我国宪法劳动权的理论建构［J］．中国法学，2014（3）.

④ 许崇德等．宪法（第三版）［M］．北京：中国人民大学出版社，2006：228.

⑤ 蔡定剑．宪法精解（第二版）［M］．北京：法律出版社，2006：271.

（二）劳动权的产生和发展

奴隶社会中，奴隶完全没有法律人格，只是会说话的工具，是权利的客体，不能享有任何权利。在这种社会背景下，劳动是奴隶无条件履行的绝对义务，劳动的意义不是为了自身的生存，而是为奴隶主生产尽可能多的劳动成果，从而社会不具备生成劳动权的任何条件，甚或连道德意义和习惯意义上的劳动权利都没有。

在封建社会中，虽然少数自耕农拥有自己的土地，但大多数农民没有或只有少部分的土地，为了生存只能在封建领主的庄园里劳动或租种地主的土地，他们与地主之间形成人身依附关系，只有有限制的法律地位和法律人格。并且由于封建社会实行封闭的自给自足的自然经济，社会分工和商品经济极不发达，劳动权没有产生的社会根据和理由，整个社会既没有可能，也没有必要形成劳动力的大规模买卖和转让。虽然这时也出现劳动力出让的现象，但这种劳动力出让并不是现代劳动法意义上的劳动关系，而是一种典型的人身依附关系。这意味着，这一时期不存在“劳动权”的问题。

资本主义发展初期，新兴资产阶级和资产阶级化的封建贵族为了巩固和发展资本主义生产关系，公开使用国家暴力颁布了一系列血腥恐怖的“劳工法规”，赋予资产阶级以特权，用鞭打、烙印、酷刑等手段强迫公民劳动，繁重的劳动折磨着每一个劳动者，劳工权利毫无保障。

19 世纪初，随着资本主义社会进入自由竞争阶段。它要求国家不干预经济生活，只是充当“守夜人”的角色。这种自由放任的政策在使资本主义经济得到快速发展的同时，也使工人阶级和资本家之间的贫富差距扩大，阶级矛盾尖锐，以致后来爆发三大工人运动，直接威胁着资产阶级的稳定统治。

随着工人运动的风起云涌，无产阶级首先提出争取劳动权的要求，1831 年里昂工人起义时提出了“生活、工作或死亡”的口号，这被认为是无产阶级第一次提出了劳动权利的口号。由于资本主义的生产方式已经取得了统治地位，也为资产阶级采用法律手段缓和阶级矛盾提供了物质基础。1848 年“二月革命”时，法国资产阶级临时政府发布了《为全体市民提供劳动机会的宣言》，承认劳动者享有劳动权，第一次以法令形式确认劳动权。这是劳动权的萌芽阶段。

20 世纪初，一些发达资本主义国家进入了垄断资本主义阶段，雇佣劳动与垄断资本之间的矛盾日趋尖锐。资本主义国家不得不放弃传统的“守夜人”理论，运用政治、法律等手段来调节劳资关系，劳动权入宪是这一时期劳动权发展的重要特征。最早以宪法规定劳动权的资产阶级宪法是 1919 年德国《魏玛宪法》。从此，劳动权作为一种宪法权利为越来越多的资本主义国家接纳。①

这个时期，劳动权进入宪法的另一个动力是苏俄社会主义革命胜利。1917 年，新生

---

①　1946 年《日本宪法》第 27 条规定：“国民均有劳动的权利和义务。”1947 年《意大利宪法》第 1 条、第 4 条、第 35 条规定：“意大利为民主共和国，其基础为劳动。”“共和国承认全体公民均享有劳动权，并帮助建立实现此项权利的条件。”“共和国保护一切形式和种类的劳动。”1949 年《德意志联邦共和国基本法》第 12 条规定：“所有德国人有权自由选择其职业、工作及接受培训造就的地点。”除此之外，也有国家虽然在宪法的正文之中没有明确规定劳动权，但却在实际的法律和制度范围内，对劳动权事实上实施着某种程度的保障。

的苏维埃政权就发布了《被剥削劳动人民权利宣言》，1918 年的苏俄宪法以《被剥削劳动人民权利宣言》为首篇，首次集中规定了劳动权。在这种背景下，德国为了避免国内的社会主义革命，制定了《魏玛宪法》。第二次世界大战结束后，越来越多的国家陆续在宪法和法律中规定公民有劳动的权利，确认公民的劳动权。联合国大会通过的《世界人权宣言》、《经济、社会和文化权利国际公约》等一系列公约，更是为劳动权创设了国际法上的保护。

在我国，劳动权入宪可以追溯到 1954 年宪法，该法第 91 条规定，中华人民共和国公民有劳动的权利。国家通过国民经济有计划的发展，逐步扩大劳动就业，改善劳动条件和工资待遇，以保证公民享受这种权利。① 1975 年宪法第 27 条第 2 款和 1978 年宪法第 48 条都规定，公民有劳动的权利。1978 年宪法还规定国家根据统筹兼顾的原则安排劳动就业，在发展生产的基础上逐步提高劳动报酬，改善劳动条件，加强劳动保护，扩大集体福利，以保证公民享受这种权利。现行 1982 年宪法保留了劳动权的规定并且比前三部宪法规定的都要详细，共有 4 款，不过删去了 1975 年和 1978 年宪法规定的罢工自由。

（三）劳动权的内容

根据我国宪法和劳动法的规定，劳动权主要包括劳动就业权和取得报酬权。

劳动就业权是劳动权的核心内容，是公民行使劳动权的前提。理论界有关就业权的定义很多。从宪法层面而言，就业权作如下界定：公民所享有的要求国家为其创造就业机会的权利，包括获得就业机会权和享受就业服务权。就业机会的充分与否取决于多方面的因素，国家对就业权的职责只能是通过促进经济和社会发展，创造就业条件，扩大就业机会，以实现充分就业为其基本职责，所以国家更多的是针对市场调节劳动力资源配置过程中存在的市场失灵问题，采取针对性的措施，为公民提供便利，创造就业机会。我国《劳动法》第 12 条规定："劳动者就业，不因民族、种族、性别、宗教信仰不同而受歧视。"为劳动者提供更多的就业机会是国家的一项任务。我国《宪法》第 42 条规定："国家通过各种途径，创造劳动就业条件，加强劳动保护，改善劳动条件，并在发展生产的基础上，提高劳动报酬和福利待遇。"劳动就业权关系到劳动者的切身利益，为此国家采取了一系列的措施。

劳动报酬是公民付出一定劳动后所获得的物质补偿。我国宪法中规定的劳动权是针对国家享有的，是基于"公民"的身份而享有的不以劳动关系的存续为基础，其义务主体主要是国家，即公民有权要求"国家必须制定和实施有关劳动保护的法律，其中必须规定有关劳动报酬、劳动时间、休息以及其他劳动条件的基本标准"。对于劳动报酬而言，"只是行使劳动权的客观结果，作为一种权利，其本身更倾向于民事上的债权请求权"。②我国《劳动法》第 46 条规定："工资分配应当遵循按劳分配原则，实行同工同酬。工资水平在经济发展的基础上逐步提高。国家对工资总量实行宏观调控。"为了保障劳动者的劳动报酬权，我国实行最低工资保障制度。根据《劳动法》的规定，最低工资的具体标

① 1949 年《共同纲领》只是在第 26、32. 34、47 条，分别规定了国家提供劳动条件、建立劳动保险、组织劳动互助、加强劳动者教育的政策。

② 林来梵．从宪法规范到规范宪法［M］．北京：法律出版社，2001：216.

准由省、自治区、直辖市人民政府规定，用工单位支付劳动者的工资不得低于当地最低工资标准。《劳动法》同时规定，工资应当以货币形式按月支付给劳动者本人，不得克扣或者无故拖欠劳动者的工资。

（四）我国宪法对劳动权的保障

劳动创造社会财富，以法的形式保护社会财富创造者的权益，是人类文明的重要成果。劳动权是公民生存和发展的基本条件，保障劳动权的实现是人权保障的重要内容，它对于一个社会的稳定具有重要意义。与其他社会权一样，劳动权也需要国家积极作为才能实现。当我国宪法将劳动权作为公民的一项重要的权利和义务来加以强调，从而使公民拥有了在社会中生存的手段及对社会发展所应承担的义务时，也将保护这一权利和促使这一义务实现的社会责任赋予了国家。《宪法》第42~45、48条对这种责任均有规定，而整部劳动法则是对它们的具体化。

《宪法》第42条规定：中华人民共和国公民有劳动的权利和义务。国家通过各种途径，创造劳动就业条件，加强劳动保护，改善劳动条件，并在发展生产的基础上，提高劳动报酬和福利待遇。《宪法》上其他与劳动权有关的条款包括：（1）第43条：中华人民共和国劳动者有休息的权利。国家发展劳动者休息和休养的设施，规定职工的工作时间和休假制度。（2）第45条第3款：国家和社会帮助安排盲、聋、哑和其他有残疾的公民的劳动、生活和教育。前者规定了劳动者的休息权，学理上普遍认为这应属于劳动权的延伸，即属于劳动条件的一种（因为这种休息是劳动间歇的休息，与退出劳动的休息——退休不同）。后者是残疾人的劳动保护，当然也属于公民劳动权的应有之义，单独强调显示了其保护强度势必高于健康公民的劳动。（3）《劳动法》第3条规定了劳动者享有的权利包括：平等就业和选择职业、取得劳动报酬、休息休假、获得劳动安全卫生保护、接受职业技能培训、享受社会保险和福利、提请劳动争议处理以及法律规定的其他劳动权利。（4）《劳动法》第5条规定：“国家采取各种措施，促进劳动就业，发展职业教育，制定劳动标准，调节社会收入，完善社会保险，协调劳动关系，逐步提高劳动者的生活水平。”（5）《劳动法》第7条规定：“劳动者有权参加和组织工会。工会代表和维护劳动者的合法权益，依法独立自主地开展活动。”《劳动法》第8条规定：“劳动者依照法律规定，通过职工大会、职工代表大会或者其他形式，参与民主管理或者就保护劳动者合法权益与用人单位进行平等协商。”与《宪法》、《劳动法》相配套的立法，多为国务院制定的行政法规、有地方立法权的人大制定的地方性法规和国家劳动与社会保障部制定的部门规章等，也包括最高人民法院发布的少量司法解释。这些规范性法律文件，对于劳动权利作出了比较具体、全面的规定。大体包括：保障和促进就业，劳动合同和集体合同，工时、休息休假、劳动报酬、女工和未成年工保护、社会保险、劳动保障监察、劳动争议处理等方面。

二、休息权

（一）休息权的概念和特征

休息权，是指劳动者在劳动中经过一定的体力和脑力的消耗后，依法享有的恢复体力、脑力以及用于娱乐和自己支配的必要时间的权利。它是劳动者获得生存的必要条件。[①] 休息权作为劳动者享有的基本权利，与劳动权形成完整的统一体，没有休息权，劳动权无法得到实现。[②] 休息权的基本特征如下：

第一，法律上的休息权的主体是劳动者。从人的自然生理意义上讲，任何一个自然人都有休息的权利，这是客观的现实必然。然而，由于法律是关注人的特定利益的，劳动者这一特殊群体之特殊利益，使得法律确认劳动者为休息权享有之主体成为必要，而且法律意义上的劳动者又有其特殊的内涵。[③] 劳动者作为一个法学概念有广义和狭义之分。其广义指具有劳动权利能力和劳动行为能力（但并不一定参与劳动关系）的公民。其狭义仅指职工。职工亦有广义和狭义之分。其广义指具有劳动权利能力和劳动行为能力并且已经依法参与劳动关系（但并不一定建立劳动法律关系）的公民，也即一般法律意义上的职工。其狭义仅指具有劳动权利能力和行为能力并且已依法参与劳动法律关系的公民，也即劳动法意义上的职工。

第二，休息权是实现劳动权的必要条件。劳动者在付出一定的劳动以后，需要消除疲劳，恢复必要的劳动能力，休息权本身是劳动权存在和发展的基础。休息权是人之自然生理与事之工作效率的双重要求。无论是科学研究还是事实都已表明，长时间劳动对人的生理和心理承受能力会产生很大影响，会使人产生厌倦情绪，工作效率降低，并严重危害身体健康。运用法律手段保障劳动者的休息权，也就是保障劳动者的身体健康和劳动安全，只有尊重休息的权利并创造休息条件，让劳动者有足够的休息调整，才能更好地投入到工作中去，才能更好地调动劳动者的积极性。反之，即使劳动时间再长，也会由于劳动者的工作效率降低和积极性不高而影响工作效果，使加班的初衷无法实现。我国现行《宪法》第 42 条规定：公民有劳动的权利和义务；第 43 条规定：劳动者有休息的权利。由此可见，我国宪法虽然对休息权进行单条规定，实可理解为对第 42 条劳动权规定的延伸，休息权乃是与劳动权密切相关的权利。[④] 国家通过立法把劳动者的休息权确立下来，并根据人的生理需求来合理确定工作时间，劳动者的休息权不仅是在遵守国家的法律，更是在尊重我们的身体对我们自身的要求。

---

① 在法律工具书方面，法学词典对休息权的定义是："公民的基本权利之一，劳动者为保护身体健康和提高劳动效率而休息和休养的权利。其目的是保证劳动者的疲劳得以解除，体力和精神得以恢复和发展；保证劳动者有条件进行业余进修，不断提高自己的业务水平和文化水平；保证劳动者有一定的时间料理家庭和个人的事务，丰富自己的家庭生活。"法学词典编纂委员会 . 法学词典 [M]. 上海：上海辞书出版社，1989：343.

② 休息权与劳动权是对立统一的关系。任何劳动者不可能在同一时间既休息又劳动，休息时间增加，劳动时间就缩短，两者是相互对立的；两者又是统一的，只有在劳动者享有必要的休息休假机会下，才能提高劳动的质量和效率，才能有充沛的精力去完成生产工作，追求更高价值的劳动成果。

③ 法律意义上的劳动者具体是指达到法定年龄，具有劳动能力，以从事某种社会劳动获得收入为主要生活来源，依据法律或合同的规定，在用人单位的管理下从事劳动并获取劳动报酬的自然人，该自然人法定年龄最低为 16 岁；但是文艺、体育和特种工艺单位招用的劳动者不受上述年龄限制。

④ 持这种观点的有林来梵教授和汪进元教授等，详见韩大元，林来梵，郑贤君. 宪法学专题研究》[M]. 北京：中国人民大学出版社，2008：439；汪进元. 基本权利的保护范围——构成、限制及其合理性 [M]. 北京：法律出版社，2013：251.

第三，休息权是劳动者享受文化生活，自我提高的重要权利。休息权不仅为劳动者提供充分的恢复体力的机会，而且为劳动者参加各种文化与社会活动、提高文化素质提供机会。因此，休息权是劳动者自我发展所不可缺少的条件。

第四，休息权是一种法定权利，完整意义上的休息不仅包括体力的休息，还包括精神的休息。任何形式的增加劳动者体力负担和精神负担的工作，不管是在单位还是在家，都是一种劳动，只不过所在场所不同而已。劳动者在享有休息权期间，不得以任何理由侵犯其权利。劳动者有权自行安排自己的活动，用工单位不得扣除应支付的工资。

（二）休息权的法律属性

1919 年德国颁布《魏玛宪法》开始，劳动者休息权成为宪法权利。《魏玛宪法》最早将劳动者休息权写入宪法，使劳动者休息权成为宪法所规定和保障的权利类型。该法第 139 条规定："星期日及由国家所认可之休息日为工作休息日及精神休养日，以法律保护之。"这是历史上第一次用宪法的形式来规定公民有劳动及休息的权利，首创劳动者休息权为宪法权利的先河。自此以后，劳动者休息权作为人权的基本内容之一，成为一项宪法性权利及人权相继被一些国家载入宪法，并通过劳动立法加以具体化。① 第二次世界大战结束后，人权意识和权利观念进一步增强，增加国家经济总量、提高国民生活水平和保障人权成为各国政府的主要任务，越来越多的国家陆续在宪法或劳动法中确认公民的休息权。② 曾经有两位荷兰学者对 1976 年前 142 部各国宪法的研究表明，在宪法中规定了劳动权的国家有 78 个，占 55%，而没有规定劳动权的国家有 64 个，占 45%；规定了公正的和优惠的报酬或平等工资权的国家有 46 个，占 32. 4%，没有规定的国家有 96 个，占 67. 6%；规定休息和休假权利的国家有 46 个，占 32. 4%，没有规定的国家有 96 个，占 67. 6%。③

我国《宪法》第 43 条规定："中华人民共和国劳动者有休息的权利。国家发展劳动者休息和休养的设施，规定职工的工作时间和休假制度。"可见，劳动者享有的休息权，是我国宪法规定的公民享有的基本权利之一。从实质意义讲，休息权是每个劳动者享有的私权利，这正与私权是宪政之终极追求的现代法治精神契合。首先，休息权享有之主体——劳动者的平民化决定了休息权的私权性；其次，休息权不具有公权利的职责性，劳动者具有一定的选择自由；最后，休息权，涉及每一个劳动者的日常生活，在绝大多数情况下影响的是劳动者本人的生活状态与质量。但这并不能排除政府有义务采取措施保障劳动者的休息权。

（三）休息权的内容

我国现行的法律体系从三个立法层面对劳动者的休息权作出了较为明确的规定：首先是宪法层面，这体现在《宪法》第 43 条的规定中。其次是法律层面，1995 年 1 月 1 日开

---

① 徐秀义，韩大元．现代宪法学基本原理［M］．中国人民大学出版社，2001：633.

② 蓝寿荣．休息何以成为权利——劳动者休息权的属性与价值探析［J］．法学评论，2014（4）.

③ ［荷］亨利·范·马尔赛文，格尔·范·德·唐．成文宪法的比较研究［M］．陈云生，译．北京：华夏出版社，1987：155-158.

始施行的《劳动法》第36条、第37条、第38条和第40条的规定，分别对普通职工的工作时间、计件工作的工时制度、法定节假日作出了具体规定。鉴于一些企业的具体情况以及对一些公共利益的保护，《劳动法》第41、42条作出了可以延长工作时间但又有限制的规定。最后是行政法规层面，在2007年12月公布、2008年1月1日起实施的《职工带薪年休假条例》(国务院令第514号)中对职工带薪年休假制度进行了详细规定，从此以后，机关、团体、企业、事业单位、民办非企业单位、有雇工的个体工商户的职工在同一单位连续工作1年以上的，都可享受带薪年休假。根据我国法律的规定，劳动者的休息权具体包括：

1. 劳动者工作时间限制权

1935年第十九届国际劳工大会通过了第47号公约，将每周工作时间减至40小时；许多工业发达国家先后实行了40小时或40小时以下工作周。近年来一些发达国家的周工时已缩减为35小时左右，最短的要算挪威等国只有30小时。我国劳动法规定用人单位应当保证劳动者每周至少休息1日。由于我国劳动法规定职工每周工作时间不得高于40小时，因此，用人单位不得随意要求劳动者加班加点。

2. 劳动者周、公休假权

即法律规定或者依法订立的协议规定的每工作一定时间（一般为1周）必须休息的时间，如每工作5天以后休息2天，这2天就是公休假日。“周休”是一种常见的公休假日。在世界性的立法中，一般是通过规定工作时间数，来间接规定公休假时间的长度的。世界各国一般都规定每周至少有1天休息，相当一部分国家还规定每周2天的休假制度。公休假日制度最早起源于基督教。周休日通称为“礼拜日”、“安息日”。瑞士于1890年实行周休制度，是世界上最早实行周休制度的国家。1919年制定的《国际劳动宪章》规定：“工人每周至少有24小时休息，并尽量把星期日作为公休日。”中国目前就实行每周2天的休假制度即“五天工作制”。

3. 法定节假日休息权

法定节假日是指根据各国、各民族的风俗习惯或纪念要求，由国家法律统一规定的用以进行庆祝及度假的休息时间。当然各国对法定节假日的规定不太一样。我国《劳动法》第40条规定，用人单位在元旦、春节、国际劳动节、国庆节，以及法律、法规规定的其他休假节日，应当依法安排劳动者休假。

4. 带薪年休假权

这是指劳动者每年享有保留工作，带薪连续休假的权利。目前世界各国已广泛地实行年休假制度。假期一般规定为5~30天，工资照发。年休假长短，一般按照劳动者的劳动时间的长短来确定假期的长度。对于特别繁重或者有害健康的工作，假期比一般工作时间长。假期内，一般不得被单位解除劳动合同。我国《劳动法》第45条规定：“国家实行带薪年休假制度。劳动者连续工作1年以上的，享受带薪年休假。”目前，国家尚未制定出关于带薪年休假制度的具体实施办法，劳动者带薪年休假一般由用人单位根据地方法规和企业制度自行实施。

第三节 获得物质帮助的权利

一、获得物质帮助权的概念和特征

获得物质帮助权是我国公民的一项基本权利，是指公民在年老、疾病、残疾等丧失劳动能力或部分丧失劳动能力的情况下，有权利从国家和社会获得物质帮助，从而维持基本生活。这是特殊主体享受的受益权，不一定具备劳动者的身份，也不一定曾对社会作出过贡献；只要是我国公民，在特定条件下，就可以享受这一权利。《宪法》第 45 条第 1 款规定："中华人民共和国公民在年老、疾病或者丧失劳动能力的情况下，有从国家和社会获得物质帮助的权利。国家发展为公民享受这些权利所需要的社会保险、社会救济和医疗卫生事业。"

获得物质帮助权的基本特征包括：

第一，获得物质帮助权是保障人们过有尊严生活的有效手段，体现了法的公平价值。首先物质帮助权体现法实质上的平等价值。形式上的平等是抽象的平等，它排除了一切个性和能力的差别，以抽象人格存在，这保证了每个人在起跑线上是平等的，但是没有考虑人的现实差别。实质上的平等是对形式上平等的修正，"主要指的是为了在一定程度上纠正由于保障形式上的平等所招致的事实上的不平等，依据各个人的不同属性采取分别不同的方式，对作为各个人的人格发展所必需的前提条件进行实质意义上的平等保障"①。实质上的平等价值的实现要求国家的积极干预，主要通过对以物质帮助权为核心的社会权进行保障来实现的。它强调国家介入经济社会，通过资源的再次分配，保障经济和社会的弱者。以物质帮助权为核心的社会权给予了因形式上的平等而导致实质不平等的社会主体请求国家保障其基本生活的权利。以上两者都是通过国家的"有形之手"弥补自由竞争市场的缺陷，修正形式上的平等导致实质上的不平等。其次，物质帮助权从实现实质正义的价值出发，关注社会成员的生存和发展，从宪法的高度肯定了社会成员请求对社会资源进行再分配，以满足其基本生活需求的权利的正当性，有助于矫正社会的不平等，最大限度地实现社会公平。

第二，获得物质帮助权既是一种社会权利，又是一种经济权利，具有社会性和经济性二重性；物质帮助权属于基本人权中与自由权相对的社会权，其实现依赖于国家的积极行为。基于这一特征，产生了国家的基本义务。具体地说：首先，从物质帮助权的概念上分析，作为一项基本人权，它更多地呈现出社会权特征，如要求通过国家积极作为，满足处于生存困境中的公民的救助请求等。其次，从物质帮助权的内容上看，所涉及的社会救助、社会福利、社会保险、社会优抚等各项制度的建设，和相关公共事业的发展都需要政府积极、主动地介入社会生活，没有政府的有效参与，作为一项社会权利，物质帮助权将难以实现。

---

① 林来梵．从宪法规范到规范宪法：规范宪法学的一种前言［M］．北京：法律出版社，2001：107.

第三，获得物质帮助权是宪政国家必须履行的义务，其实现过程需要国家的积极干预。物质帮助权对公民而言，是宪法赋予的一项基本人权。根据我国现行宪法，中华人民共和国公民，不分民族、种族、性别、职业、家庭出身、宗教信仰、教育程度和职务高低，只要处于需要物质帮助的条件和状态之下，即可以行使请求权，向国家主张要求获得物质帮助。对国家而言，物质帮助权是宪法规定并且应当履行的一项给付义务，它要求国家必须以积极作为的方式对处于困境中的公民提供物质上的帮助和服务，使民众在任何情况下都能维持起码的生活水准。通过物质帮助权的实现，不仅使处于社会危险中的弱者得到必要的社会救济，同时保障社会生活的平衡。

二、获得物质帮助权的范围

公民获得国家物质帮助的范围，《宪法》作出了限定："国家和社会帮助安排盲、聋、哑和其他有残疾的公民的劳动、生活和教育。"（第 45 条第 3 款）这种情况及相关的权利有：老年人的物质帮助权；患疾病公民的物质帮助权；丧失劳动能力公民的物质帮助权，主要指残疾人的物质帮助权。

第一，老年人的物质帮助权。我国《老年人权益保障法》第 4 条 2 款也规定了这一内容。此外，《老年人权益保障法》第 31 条规定："老年人无劳动能力、无生活来源、无赡养人和扶养人，或者其赡养人和扶养人确无赡养能力或者扶养能力的，由地方各级人民政府依照有关规定给予供养或者救助。对流浪废乞讨、遭受遗弃等生活无着的老年人，由地方各级人民政府依照有关规定给予救助。"

第二，患疾病公民的物质帮助权。我国公民在患病期间有从国家或社会获得医疗帮助和物质帮助的权利。

第三，丧失劳动能力公民的物质帮助权。主要指残疾人的物质帮助权。国家和社会对残疾人实行的"特别扶助"主要有以下内容：《残疾人保障法》第 4 条规定："国家采取辅助方法和特别措施，对残疾人给予特别扶助，减轻或者消除残疾影响和外界障碍，保障残疾人权利的实现。"这是国家法律关于对残疾人实行特别扶助原则的规定。国家和社会之所以要采取辅助方法和扶持措施，给残疾人以特别扶助，理由有二：

一是残疾人因为身有残疾而成为一个特殊的群体，他们在参与社会生活时，除具有公民的共性外，还存在特殊性，通常的方式对他们往往难以适用，必须辅之以一些特殊的方式、方法和辅助手段。例如，在交往中，辅之以盲文、手语和其他工具，在生产中使用必要的辅助工具，在教育中辅以特殊的教育手段，在艺术中运用独特的辅导和表演方式，在体育比赛中采用特殊的方法和规则，等等。

二是残疾人是一个困难的群体。残疾的影响，特别是外界的障碍，使残疾人在社会生活中处于不利的地位，权利的实现和能力的发挥受到限制。法律规定对残疾人采取扶助和保护措施，是为了调节由于社会补偿条件不足而给残疾人造成的事实上的不平等，消除残疾人平等参与社会生活的障碍，保障他们权利的实现。应当特别指出的是，对残疾人的特别扶助措施，并不妨碍和影响其他社会成员实现自己的权利，因而不应视为是对其他人的歧视或不公平，恰恰相反，它体现了社会公正，促进了社会和谐，是社会文明进步的表现。

目前，我国对残疾人的特别扶助主要包括法律保障、政策扶持、社会扶助、无障碍环境以及特殊用品和辅助用具等。

在法律保障方面，颁布了《残疾人保障法》，出台了《残疾人教育条例》，各省、自治区、直辖市制定了残疾人保障实施办法，数十部重要法律和不少法规、规章中都有保障残疾人权益的条款；在全社会广泛开展维护残疾人权益的法制宣传教育，各级人民代表大会组织残疾人保障法执法检查，监督、推动法律的实施；法律服务机构和法律援助机构积极为残疾人提供优先、优质、优惠的法律服务和法律援助。

在政策扶持方面，各级政府和有关部门出台了一系列保障残疾人权益和发展残疾人事业的政策、规定、规划、计划，对残疾人康复、教育、就业、扶贫、文化、福利等作出了一些优惠照顾、优先扶持等规定。特别是县（市）、乡（镇）、村普遍制定了对残疾人的优惠政策和扶助规定，对农村残疾人减免义务工、公益事业费和其他社会负担。

在社会扶助方面，全国城乡广泛开展各种形式的扶残助残活动，如“全国助残日”、“志愿者助残”、“手拉手红领巾助残”、“建残疾人之家”、“做残疾人之友”、“文化、教育、科技助残”、“法律助残”、“一助一送温暖”、“帮、包、带、扶”等。这些活动，不仅为残疾人解决了大量的具体问题，而且形成了扶残助残的良好社会风尚。

在无障碍环境方面积极推行城市道路和建筑物无障碍，发展信息和交流无障碍。在城市道路、公共建筑物、居住区设置、方便残疾人通行和使用的盲道、坡道、交通音响信号装置等无障碍设施；编写、出版发行盲文读物、盲人有声读物，在影视作品、电视节目中增加字幕、解说，开办电视手语节目，使盲人、聋人能够无障碍地获得信息，进行交流。

在残疾人特殊用品和辅助用具方面，普遍建立了残疾人用品用具供应服务站，研制、生产、供应了大量残疾人专用生活用具、专用学习用具、康复器具、特殊生产设备和专用交通工具等，如假肢、矫形器、轮椅、助行器和自助具、拐杖、盲杖、盲表、聋人闹钟和门铃、盲人写字板、打字机等，帮助残疾人增强了生活自理和参与社会的能力。

公民物质帮助权的最终实现有赖于国家建立完善的社会保障制度。2004 年十届全国人民代表大会二次会议对《宪法》进行修改时，增加规定了“国家建立健全同经济发展水平相适应的社会保障制度”。这就使建立健全社会保障制度成为国家在宪法上的义务。随着社会保障制度的建立与发展，公民物质帮助权将得到进一步的实现。

第四节　受教育权

一、受教育权的概念和特征

受教育权利是我国宪法赋予公民的一项基本权利。《宪法》第 46 条规定：“中华人民共和国公民有受教育的权利和义务。”这一规定使受教育权利成为宪法权利中经济、社会和文化权利的重要组成部分。

受教育权是公民在教育领域享有的重要权利，是公民接受文化、科学等方面教育训练的权利。受教育权有狭义和广义两种用法。狭义的受教育权，仅指“接受教育的权利”，英文为“the right to be educated”，或“the right to receive an education”，权利主体限于受教育的公民本人，是公民作为权利主体，为了人格的自我发展和完善而具有的一项要求国家提供教育机会与设施、并不得侵犯受教育自由的基本权利。广义的受教育权，对应的英文为“the right to education”，是我国学界常用的概念，也是《世界人权宣言》、联合国《经济、社会、文化权利国际公约》、《儿童权利公约》等众多国际法律文件中“the right to education”的官方中文版本通用译法。其权利内涵较为丰富，不只是“接受教育的权利”，还包括教的权利和选择教育的自由。《经济、社会、文化权利国际公约》更进一步将“建立教育机构的自由”和“免遭非人道的纪律措施的权利”增列其中。

受教育权的基本特征包括：

第一，受教育权是自由权与社会权的统一，其中社会权反映了教育权的实质内容。受教育权是一个包含诸多子权利的权利体系。教育首先是个自由问题，是否接受教育以及接受什么样的教育应该说是受教育者的教育选择权，国家及他人无权干涉，特别是在非义务教育阶段表现得更为明显。从这个角度来说，它是一种自由权性质的权利。而教育条件以及教育制度的提供，则需要国家的积极作为，受教育权方能实现。从这个意义上来说，它又是典型的社会权。因此，它既是一种自由权，又是一种社会权，而且偏重于社会权。它是一种独立的、不可替代的宪法基本权利，它主要是针对国家权力，国家的义务不只是消极不侵害和防止其被侵害，更主要的是积极主动地提供受教育权平等实现的物质条件。

第二，受教育权是一项权利。受教育权之所以是一项权利，原因在于受教育的自由对个人存在的必要性。“如果教育中的人失去了获得自我发展和自我创造的自由，没有锻炼自己的理性和德性的机会，他们就不可能形成运用自由的能力，他们也就不可能真正地对自己负责，也就不可能对他们生活在其中的社会负责，也就不可能与他人形成一种担负社会共同生活的道德责任的共契关系。……因此，教育中的人的自主发展和自我价值的实现是他们需要自由的重要原因。”① 受教育权是人自由成长的必要条件。

第三，受教育权是一项基本权利。对于基本权利，我国学者有了深入的研究。如学者郭道晖先生认为基本权利的特征（相对于非基本权利）在于：基本权利是相互依存、不可分割的，有其一不能无其二；基本权利是不可转让、不可偏废的；基本权利是其他权利的本原和基础；基本权利具有稳定性、永久性，又是发展的。② 而周叶中将其概括为：基本权利决定着公民在国家中的法律地位；基本权利是公民在社会生活中必需的权利；基本权利具有母体性；基本权利具有稳定性和排他性。③ 受教育权是人的一项基本权利，源于受教育对人之为人的意义。如康德认为：“人只有靠教育才能成人，人完全是教育的结果。”④ 黑格尔同样认为人必须经过教育才知道如何为人：“应该怎样做人，靠本能是不行的，而必须努力。”⑤ 但从基本权利的核心——人的自我实现角度来看，受教育权不但是一项基本权利，而且在一定意义上是其他基本权利实现的前提。因为受教育权的充分实

① 金生鋐．规训与教化［M］．北京：教育科学出版社，2004：14．

② 郭道晖．建构我国宪政立法体系策议［J］．法商研究，2001（1）．

③ 周叶中．宪法［M］．北京：高等教育出版社，北京大学出版社，2000：251-252．

④ ［德］康德．康德教育论［M］．瞿菊农，编译．北京：商务印书馆，1933：5.

⑤ ［德］黑格尔．法哲学原理［M］．范扬等，译．北京：商务印书馆，1979：188.

现，为人的自我实现奠定了基础。接受教育是公民独立经营自己生活，实现其所拥有的各种权利的重要条件。这些权利包括生存权、劳动权、政治权利、经济权利。

第四，受教育权具有双重性，即受教育既是公民的一项权利，同时也是公民的一项义务。国家一方面为公民享有受教育权提供各种机会，另一方面有权要求公民履行教育方面应尽的义务。

既是公民权利又是公民义务是受教育权的突出特点之一，这是国家与社会融合的结果。受教育权之所以在作为公民一项宪法基本权利的同时还是一项义务，是因为这一权利既是寻求人格与个性全面发展的要求，同时，接受教育的义务也是出于现代国家全面管理社会的需要，是国家为造就和培育生产和社会管理所需的人力资源的必要手段。

首先，教育之作为权利，是个人获得全面的人格发展，参与文化生活的必要条件。德国宪法第 2 条第 1 款规定，“人人有自由发展个性权”就是受教育权更为深层的法理基础与宪法依据。现代生活与古典生活已有了很大不同，在很大程度上，是否接受教育、接受何种程度的教育已成为个人塑造全面人格、发展个性、追求幸福及提升生活品质的不可或缺的条件。

其次，教育之作为义务，是因为公民只有接受国家拟定和认可的既定的知识体系，才能满足经济生产和公共管理需求；公民只有接受教育，才具备符合国家与社会需求的知识品格；公民只有具备相应的知识，才具有参与职业生活所必需的知识与经验，才能顺利地进入社会，否则就有可能被社会排斥，成为社会的边缘和底层，增加国家的负担。在此情况下，国家必须强制公民接受教育，以减轻在管理和安排就业方面的负担。特别是义务教育，更是达到这一目的的基本保证，国家、社会和家庭在此方面必须保证初等教育的实现，接受初等教育因此就成为国家对公民的一项强制性措施，这就表现为宪法对教育的义务性规定。因此，几乎在所有国家，初等教育都以义务形式表现，如九年义务教育。并且，在经济发达的国家里，国家不仅推行强制性的初等义务教育，而且还负担所有的教育费用，义务教育同时还是免费教育。如意大利宪法第 34 条规定：“学校向一切人开门。”“凡年满八岁者之初级教育，为义务教育和免费教育，天资聪颖、优良之学生，即使无力就学，亦有权升入高级学校。”这正是国家责任与强制公民接受教育的双重性在宪法上的表现，国家在扩大了所承担责任的同时也具有了强加于公民义务的权力。并且，教育权同时作为公民义务的这一事实也反映了传统古典基本义务与社会国家基本义务之间的差异。社会国家之下公民义务范围有了明显的拓展，一些具有社会性质的义务成为公民基本义务的内容，这也成为社会法治国家之下宪法义务体系变化与发展的显著标志之一。

二、受教育权的内容

根据宪法和有关法律的规定，公民受教育权的基本内容包括：

（一）受教育机会权

受教育机会权是指受教育者有权通过接受教育获得生存和发展能力的可能性空间和余地，是接受任何等级教育的起点、资格或身份。它是一种重要的社会资源，是一种机会性资源，它是无形的，是一种接受特定阶段特定形式教育的可能性，是受教育权存在和发展的前提性和基础性权利。平等是受教育机会获得的主要原则。它又可分为入学升学机会权、受教育选择权和学生身份权。国家对这类权利的保障，在义务教育和非义务教育中的责任是不同的，义务教育的受教育机会权是实质平等，非义务教育的受教育机会权是依个人能力、成绩相互竞争的形式平等。

（二）受教育条件权

受教育条件权，是指公民依法享有的利用法律规定的受教育条件从而发展自己的权利。此权利承前启后，是学习过程中的权利，是完全需要国家采取积极措施予以保障的权利。受教育条件权完全是社会权性质的权利。受教育权在很大程度上依赖于国家，没有国家相应教育条件的配备，受教育权就不可能完全实现。

（三）受教育成功权

受教育成功权是指学生在完成学业时，有获得学习成功的权利。它包括获得公正评价权和获得学业证书学位证书权。每一个人都希望在学业完成时有个学习结果，以证明其已经完成某一阶段的学习，具备了某种资格和能力。现在是“学历社会”、“知识经济时代”，社会很看重一个人的学历和知识水平，如果没有相关的学历证明、资格证明，个人就很难进入某一领域就职和发展。因此，受教育成功权对一个人的就业、工作等都有密切的关系。

三、受教育权的法律保障

作为一项宪法性质的法定权利，受教育权利是指公民作为权利主体依照法律、法规的规定，在受教育方面可以作出或不作出一定行为的许可和自由，并可要求他人为其受教育而作出一定行为或履行一定义务的权利。因此，它的实现除了依赖权利主体的作为或不作为以外，还需要一定的外部条件保障。

受教育权在早期的宪法中并没有得到明确的规定。真正地在宪法中明确规定受教育权的，是 1919 年的德国《魏玛宪法》。《魏玛宪法》专设一章即第五章“教育及学校”来规定教育问题，虽然没有明确提出“受教育权”的概念，但是，在条文规定中明显地肯定了受教育上的权利。如《魏玛宪法》第 145 条规定：“国民小学及完成学校之授课及教育用品，完全免费。”此处规定，间接地肯定了公民的“受教育权”。“受教育权”作为公民的一项宪法权利明确地写进宪法是 1936 年的苏联宪法（《苏维埃社会主义共和国联盟宪法》）。该宪法在第十章“公民的基本权利和义务”第 121 条明确规定：“苏联公民有受教育的权利。”所以，可以说，“受教育权”是随社会主义宪法的产生而产生的，是社会主义宪法区别于以往资本主义宪法关于公民权利规定的一个重要的法律特征。

“受教育权”真正作为一项人权来考虑是在“二战”后于 1948 年联合国大会通过的《世界人权宣言》中确立的。《世界人权宣言》第 26 条明确规定：“人人都有受教育的权利，教育应当免费，至少在初级和基本阶段应如此。”1966 年 12 月 16 日联合国大会通过的《经济、社会、文化权利国际公约》也重申了《世界人权宣言》关于受教育权的规定，该公约第 13 条规定：本公约缔约各国承认，人人有受教育的权利。“受教育权”在“二战”后作为一项基本的宪法权利在世界各国宪法中得到了充分肯定，据荷兰学者亨利·范·马尔赛文、格尔·范·德·唐在《成文宪法的比较研究》一书中统计，在总共 142

个国家宪法中，规定了公民受教育权的有 73 个，占总数的 51.4%。① 因此，可以说，受教育权作为一项宪法权利已经在世界各国宪法制度中得到了基本肯定。

中华人民共和国成立前夕诞生的《中国人民政治协商会议共同纲领》对中华人民共和国的“文化教育政策”做了明确的规定，但是并没有明确提出公民的“受教育权”。1954 年宪法则在第 94 条明确规定“中华人民共和国公民有受教育的权利”，并且还规定“国家设立并且逐步扩大各种学校和其他文化教育机关，以保证公民享受这个权利”。1975 年宪法尽管对公民的基本权利内容规定得很少，但仍然在第 27 条规定公民有受教育的权利。1978 年宪法第 51 条规定：“公民有受教育的权利。国家逐步增加各种类型的学校和其他文化教育设施，普及教育，以保证公民享受这种权利。该条规定也将公民的受教育权与有关的宪法保证结合起来。1982 年现行宪法第 46 条同样肯定公民的受教育权，但是，该条规定将受教育权既看成是一种权利，又看成是一种义务。对受教育权实现的宪法保证在第 19 条做了专门规定。由此可见，受教育权作为宪法规范意义上的公民的基本宪法权利在国外宪法文本、国际人权文件以及我国现行宪法中都已经获得了比较明确的宪法地位。也就是说，受教育权作为一种公民的宪法权利已经得到了宪法规范和宪法制度的肯定。受教育权利作为一项宪法性质的权利，不仅在我国宪法中有规定，而且它也已被具体的部门法如教育法所内化。《中华人民共和国教育法》第 9 条规定：“中华人民共和国公民有受教育的权利和义务。公民不分民族、种族、性别、职业、财产状况、宗教信仰等，依法享有平等的受教育机会。”其他相关条款都分别对公民受教育权利的内容和保障作了规定。

第五节 文化权利

文化权利是公民享有的基本权利之一。公民的文化权利包括公民有参与文化生活的权利；享受科学进步及其应用产生的福利的权利；作者对其本人的任何科学、文学或艺术作品所产生的精神上和物质上的利益，有享受保护的权利；科学研究和创造性活动所不可缺少的自由，等等。《世界人权宣言》第 27 条规定：“（一）人人有权自由参加社会的文化生活，享受艺术，并分享科学进步及其产生的福利。（二）人人对由于他所创作的任何科学、文学或美术作品而产生的精神的和物质的利益，有享受保护的权利。”《经济、社会、文化权利国际公约》第 15 条第 1 款规定：“本公约缔约各国承认人人有权：（甲）参加文化生活；（乙）享受科学进步及其应用所产生的利益；（丙）对其本人的任何科学、文学或艺术作品所产生的精神上和物质上的利益，享受被保护之利。”

一、公民文化权利的一般内容

公民文化权利应当包括以下四个基本层面的要求：

第一是公民享受文化成果的权利，即文化权利的普遍性。也就是说，当文化产品和服

① ［荷］亨利·范·马尔赛文，格尔·范·德·唐．成文宪法的比较研究［M］．陈云生，译．北京：华夏出版社，1987：160.

务的供应，不仅仅是作为一种经济产量和产值，也不仅仅具有少数人评奖的意义，而且是被最大多数人享受，成为公共生活质量的一个组成部分之时，这种文化权利才有了普遍的社会人文价值。随着公益文化事业的飞速发展，以及文化产业的成长对文化生产所作出的大规模的推动，文化产品和文化成果的总量已经得到极大的丰富，社会文化供给的能力也大大增强了。如何给公民创造更多的文化享受的条件，这将是文化权利实现的最为基本的内涵。这其中包括对影剧院、图书馆、博物馆等基本的文化场馆的建设与安排，对文学、戏剧、电影、音乐、舞蹈等多种多样文化产品的生产与供应，等等。

第二是公民参与文化活动的权利，即文化权利的主体性。如果仅仅是“你播我看，你唱我听”，仅仅是享受文化成果，那还停留在基本的甚至是被动的层面上。被动地消费文化成果，那还是远远不够的。因为文化对于人的发展的根本价值，不但体现在完成的文化结果中，而且体现在主动的参与过程中。必须要通过开展各种各样、不同层次的社会文化活动，使广大人民群众能够得到充分的文化参与的权利。自娱自乐的文化广场的普遍形成、业余民间文艺社团的大量产生，就表明现代社会文化参与的广泛的群众基础。要实现公民的文化权利，就必须要最大限度地提供老少咸宜、各得其所的参与文化活动的条件与氛围。通过开展各种各样的社会文化活动，包括我们城市正在建设的社区信息苑、数字化图书馆、学习型企业组织、外来工文化之家等，才能让公民在各得其所的文化参与中，获得自我肯定的体验和快乐，使他们不但是文化成果的购买者和消费者，而且是文化活动的实践者和体验者。

第三是开展文化创造的权利，即文化权利的创造性。“公民既是文化活动的参与者，文化产品的消费者，还是文化成果的创造者。”① 最能体现公民文化主体意识的是文化创造的开展，这也是社会主义的本质特征之一。只有当全社会的资源都被充分调动起来，并投入到文化创造活动中去，才能切实形成一个大规模的文化建设的高潮，才能使群众的文化创造热情和潜能得到极大的发挥。没有这种自由的文化创造的空间和机制，文化权利的实现还将停留在较低层次上，还不能真正造就具有文化创造力和想象力的现代公民群体。在生产力低下的年代，大多数人不得不从事基本生产资料和生活资料的生产。而在信息化和知识经济的年代，随着科技的进步、知识的普及和民主的进步，越来越多的公民拥有了文化创造的物质条件和自由时间，也就焕发出文化创造的巨大热情。一个地区的公民文化创造越有活力，标志着这里的文明就越昌盛，积累的创意资源和经济价值就越丰富。

第四是公民的文化成果受到保护的权利，即文化权利的受保护性。这与文化创造权利是紧密联系在一起的。知识经济是建立在知识、信息的生产、分配和使用基础上的经济。对知识产权的保护是知识经济时代将智力资源作为第一要素进行资源配置的条件，是知识经济实现资产投入无形化的基础。知识产权保护的水平，是反映和衡量知识经济发展水平的重要标尺。此外，狭义地看，文化产业的核心是版权产业，而文化产业的发展依赖于知识产权的保护。要想最大限度地保障人民享有优秀的文化成果，政府必须加强对知识产权的保护，严厉打击各种假冒伪劣、侵权盗版等行为。它不仅仅包括当地公民对自己的文化创造成果申请保护的权利，而且包括前人的文化遗产受到社会保护的权利，这种遗产不仅

① 孙岳兵，张冰侠．浅析我国宪法语境下的公民文化权利［J］．长沙铁道学院学报，2008（4）．

仅包括物质性文化遗产如兵马俑、三星堆，而且包括非物质性文化遗产，如上海黄道婆及手工棉纺织技术、龙华庙会及其传说、上海顾绣等。倡导对前人文化遗产的尊重，不但为后人积累了宝贵的文化资源，打下了传承和创新的基础，也是对今人文化创造热情的保护。如果没有形成对知识产权的保护机制，不能有效地保护文化创造的成果，就必然会打击人们进行文化创意和创新的积极性，同时也不利于知识经济的健康发展。

第五文化认同的权利。文化认同权是指公民个人对某些特殊群体的传统文化、民风民俗的尊重及认同；与此同时，这个群体的特殊文化应该得到其他文化群体的尊重和认同。世界是丰富多彩的，产生于此基础上的文化同样是多才多样的。文化认同权的确立就是对文化多样性的尊重和保护，尤其是在经济、政治和文化全球化的浪潮下。

二、我国宪法对文化权利的规定

公民文化方面的权利包括：科学研究、文学艺术创作和其他文化活动。我国《宪法》对公民的文化权利作了规定，“中华人民共和国公民有进行科学研究、文学艺术创作和其他文化活动的自由”。党对科学、文艺的政策是“百花齐放、百家争鸣”。“双百”方针体现了文化活动自由的宪法精神。为了促进科技、文艺和其他文化事业的繁荣发展，国家先后颁布了一批法律、法规，如《中华人民共和国学位条例》、《中华人民共和国自然科学奖励条例》等，从法律上保证公民享有此项权利。

根据我国宪法的规定，公民的文化权利包括三个方面的内容，即从事科学研究的权利、文艺创作的权利与从事其他文化活动的权利。

（一）从事科学研究的权利

公民从事科学研究的权利受宪法和法律保护。科学研究的范围包括自然科学技术、社会科学及人文社会科学研究。科学研究是对未知领域的探讨，是探求真理的过程。从事科学研究作为公民的基本权利，其内容包括：公民有自由地对科学领域的各种问题进行探讨的权利，不允许任何机关、团体和个人的非法干涉；公民有权通过各种形式发表自己的研究成果，国家有义务提供必要的物质条件与具体设施；国家积极创造条件，鼓励和奖励科研人员，保护科研成果。就其科学研究的价值而言，自然科学技术、社会科学和人文社会科学具有同等价值，应给予平等保护。

（二）文艺创造的权利

根据宪法的规定，公民有权自由地从事文艺创作活动，并发表成果。文艺创作是一种创造性劳动，应允许公民自由地选择创作内容和创作形式，按照不同的风格进行文艺创作。

（三）从事其他文化活动的权利

除上述科学研究和文艺创作之外的其他文化活动，主要指观赏文化艺术珍品，欣赏文艺作品，利用图书馆、文化馆、出版社从事文化活动等。这些活动对于丰富公民的文化生活，提高公民的文化素质具有重要意义。为了实现公民的文化权利，国家应积极创造条件，提供必要的设施与物质保障。

作为体现身份平等的文化权利，虽然与经济和社会权利一并提了出来，但是，人们更多的注意力通常集中于经济和社会权利方面，对文化权利的关注远不如后者。文化权利所处的受忽视现状是由多方面因素促成的：一是由于没有编纂成完整的条约或者宣言，人们对文化权利任意组合，文化权利散见于联合国专门机构的各种文件，有的是国际性的，有的是地区性的。二是对“文化”一词理解上的不统一。三是出于政府的担心和恐惧。因为承认各种不同文化的认同，承认弱势人群特别是少数民族和原住民的认同权利，有可能等同于鼓励分裂，危害国家统一。基于同样的原因，《联合国宪章》没有写进文化权利，《世界人权宣言》也不包括少数成员的文化权利。直到 1966 年，这些权利才在《公民权利和政治权利国际公约》第 27 条中得到承认。

与公民的经济权利、政治权利相比较，实现公民的文化权利是更高的要求，而公民文化权利的实现又反过来促进了公民经济权利、政治权利的实现。随着中国的改革开放的不断深入，涉及体制性、制度性的一些深层次问题日趋尖锐，这些问题归根结底要靠深化改革来解决。而所有改革措施的实施和社会的和谐进步，都是在文化心理的平台上进行的，是以提高人的科学素养、民主法治意识和伦理水平，提升全体公民的综合素质为基本条件的。如果没有公民素质的提高作为社会基础，任何意义重大的改革举措，都不可能获得广泛理解，也不可能成功。可以说，要走向社会和谐、社会公平和社会正义的美好前景，实现公民的经济权利是基础，政治权利是保障，文化权利是升华。

【司法考试关联知识点】

本章中，司法考试的关联知识点主要是我国宪法关于财产的规定、公民财产权的限制、劳动权及受教育权。命题者往往设计具体的案例来加以考察，因此，要学会运用理论知识来解决实际问题。

第八章　公民的基本义务

【学习目的与要求】 了解宪法基本义务的一般原理，包括宪法中规定的公民基本权利的概念和特点，以及我国公民基本义务的主要内容。要求学生参阅相关的文献资料和宪法案例、宪法事例，加深对公民基本义务的宪法规定的掌握，树立起正确的公民义务观。

【引例】 2015年12月24日，公众号"虞城县征兵办公室"发布《虞城县人民政府关于对丁某某等5人拒服兵役行为的处理公告》（以下简称《处理公告》），5名"90后"以种种理由逃避服兵役，违反了《中华人民共和国兵役法》，被处以各单位禁招、两年内禁止出国（境）和升学等6条严肃处理。《处理公告》显示，丁某某、魏某某、牛某、郭某某、马某5人均为"90后"。2015年9月，5人自愿报名参军到部队服役。但在服役期间，因怕苦怕累、不愿受部队纪律约束，5人以种种理由逃避服兵役。经多次做工作，其思想仍无转变，直至被部队按思想退兵作出处理。《处理公告》称，丁某某等5人的行为违反了《中华人民共和国兵役法》、《河南省征兵工作条例》以及相关法律、法规，已构成拒服兵役的违法行为。经研究，决定对丁某某、魏某某、牛某、郭某某、马某5人进行以下处罚：1. 经济处罚1万元，由所在乡镇执行，罚款上交县财政，列支下年度乡镇征兵经费。如当事人拒不执行，移交县人民法院强制执行。2.不得将其录用为公务员或者参照公务员法管理的工作人员。3.两年内公安机关不得为其办理出国（境）手续。4.两年内教育部门不得为其办理升学手续。5.党（团）员由所在党（团）组织按照权限严肃处理。6.将其列入虞城县拒服兵役人员黑名单，通过新闻媒体向全社会公告，并上传公安网备案。服兵役是每个公民应尽的义务。有服兵役义务的公民拒绝、逃避兵役登记和体格检查的，应征公民拒绝逃避征集的，以及预备役人员拒绝、逃避参加军事训练和执行军事勤务的，都将依法受到处罚。本案涉及公民基本义务的内容。公民的基本义务是社会和国家对公民最重要的、最基本的要求。所以，忠实地履行宪法和法律规定的义务，是公民当然的责任。不忠实履行义务，对国家的力量将会产生损害的后果。因此，公民不履行基本义务要受到舆论的谴责、纪律的处分，严重的还要承担法律责任。①

① 邵群峰. 虞城5名"90后"拒服兵役 将依法受到处罚［DB/OL］.［2017-07-21］. 京九晚报，http://epaper.cnsq.com.cn/jjwb/html/2015-12/25/content_307473.htm.

第一节　基本义务的一般原理

公民的基本义务就是宪法规定的公民必须履行的义务，是公民对国家和社会的义务。

我国是社会主义国家，从整体上说，公民是国家的主人，是国家权力的主体。公民享有宪法和法律上的权利，表明公民的主人翁地位。公民的个人命运与国家的命运息息相关，国家的繁荣昌盛是公民理应关怀的事务。国家生存和国家管理必须依赖于公民基本义务的履行。对国家来说，公民的基本义务就是国家的权利，国家有权要求其公民按照宪法和法律的规定，作出一定行为或者不作出一定行为。《宪法》第 33 条第 4 款规定，任何公民享有宪法和法律规定的权利，同时必须履行宪法和法律规定的义务。上述规定表明，公民不仅是享有基本权利的主体，而且是履行基本义务的主体。对国家来讲，公民的基本义务就是国家的权利，国家有权要求公民按照宪法和法律的规定，作出一定行为或者不为一定行为，否则就要受到舆论的谴责、纪律的处分，严重的还要承担法律责任。按照权利和义务相平衡的原则，公民既然享有宪法规定的基本权利，也就应当履行宪法规定的基本义务。宪法在规定了公民基本权利的同时，也规定了公民的基本义务。公民的基本义务是社会和国家对公民最重要的、最基本的要求。所以，忠实地履行宪法和法律的义务，是公民当然的责任。不忠实履行义务，对国家的力量将会产生损害的后果。

第二节　我国公民基本义务的主要内容

一、维护国家统一和民族团结

《宪法》第 52 条规定：“中华人民共和国公民有维护祖国统一和全国各民族团结的义务。”国家统一与各民族团结是进行现代化建设的重要保证。维护国家统一是指维护国家主权独立和领土完整。国家主权是国家最重要的属性，是国家独立自主地处理国内、外交事务，管理自己国家的权力。对于我国的国家主权，任何人都不得以任何方式将它割让，也不允许任何人进行分裂、破坏或者危害国家政权的统一管辖权。作为公民宪法基本义务的第一项，维护国家统一是要求公民负有维护国家主权独立和领土完整的义务，是我国公民的最高法律义务。任何人都不得以任何方式分裂国家、接受外国势力支配、割让领土、服从外国势力或要求外国干涉中国内政，坚持台湾是中国领土不可分割的一部分的原则，反对外来侵略或危害国家政权统一管辖权的行为。公民应履行这项义务，而实际上它也是对我国政府及国家各级领导人的要求，因为后者违反此项义务的后果要比普通公民的违反义务的后果严重得多。

维护民族团结的义务是指每个公民都有责任维护各民族间的平等、团结和互助关系，同一切破坏民族团结和制造民族分裂的言行作斗争，它与我国多民族的国家结构密切相关。在我国，维护国家统一的重要内容与标志是维护民族团结。我国是统一的多民族国家，能否正确处理民族关系对国家的统一和稳定将产生重要的影响。根据我国《宪法》和《民族区域自治法》的规定，一切破坏民族团结、制造民族分裂的行为都将受到法律的追究。全国各族人民都要把维护民族团结作为自己的崇高责任，任何人都不得以任何形式制造民族矛盾和民族冲突。

我国是统一的多民族国家。维护祖国统一和民族团结，不仅是我国社会主义事业取得胜利的基本保证，而且是全国各族人民的根本利益所在。只有维护祖国统一和各民族团结，才能使我们有一个安定团结的局面，才能团结全国各族人民，同心同德把我国建设成富强民主文明和谐美丽的社会主义现代化强国。

二、遵守宪法和法律，保守国家秘密，爱护公共财产，遵守劳动纪律，遵守公共秩序，尊重社会公德

（一）遵守宪法和法律

遵守宪法和法律的义务是指公民有忠于宪法和法律，维护宪法和法律尊严，保护宪法和法律实施的义务。一切违反宪法和法律的行为必须予以追究。

《宪法》第53条规定："中华人民共和国公民必须遵守宪法和法律，保守国家秘密，爱护公共财产，遵守劳动纪律，遵守公共秩序，尊重社会公德。"我国宪法和法律是全国各族人民意志和利益的集中体现，是保护人民、打击敌人、促进社会主义现代化建设顺利发展的重要工具。因此，维护宪法和法律的尊严是每个公民对国家和社会应尽的神圣职责。遵守宪法和法律是公民应履行的最根本的义务。在法律完备的法治国家，只要公民守法，也就等于公民履行了其他的宪法和法律的义务。法治国家必须以公民守法为条件，否则法治就失去了建立的可能。当然，公民守法是与公民的主人翁地位密切相关的，在多数居民受奴役的社会中，遵守法定义务是毫无意义的。保守国家秘密等规定是对守法义务的必要的补充，共同组成了我国社会秩序的基本要求。

对于这项基本义务，应作广义的理解，公民不仅应遵守宪法和法律，还应遵守行政法规，因为根据宪法的规定，行政法规也属于全国人民代表大会及其常务委员会监督权的范围之列；公民还应遵守地方性法规。但在我国目前的法律体制下，对于行政法规的遵守有绝对性，对于地方性法规的遵守则不是绝对的；随着我国法治建设的发展，行政法规也将逐步进入可诉讼的阶段。此外，保守国家秘密、爱护公共财产、遵守劳动纪律、遵守公共秩序、尊重社会公德也是本项基本义务的要求。

（二）保守国家秘密

国家秘密是指关系国家的安全和利益，依照法定程序确定，在一定时间内只限一定范围的人知悉的事项。保守国家秘密就是要保护国家秘密不被泄露和遗失。国家秘密关系到国家的安全和利益，因而严守国家秘密是关系到国家安危的大事。

《保守国家秘密法》对国家秘密的范围作了具体规定。国家秘密一旦外泄，将会给国家安全和国家利益带来危害。

【案例 8-1】

泄露国家秘密案①

2013 年 8 月，某境外网站全文刊发了一份中央机密文件，随后多家网站进行转载，引起了社会广泛关注。北京警方迅速成立专案组，全力开展调查工作。经大量调查，专案组最终锁定了犯罪嫌疑人高某（女，70 岁，北京市朝阳区人）。专案组在掌握大量证据的基础上，于 2014 年 4 月 24 日将其抓获，并在其居住地起获了重要证据。经审查，犯罪嫌疑人高某交代了将一份非法获取的中央机密文件提供给某境外网站的犯罪事实。2013 年 6 月，高某通过他人获得了该机密文件的复印件后，将内容逐字录入成电子版保存，随后将该电子版通过互联网提供给某境外网站负责人。该网站将文件进行了全文刊登，引发多家网站转载。归案后，犯罪嫌疑人高某表达了深刻忏悔。她说，自己的泄密行为危害了国家利益、触犯了国家法律，对此深表忏悔，诚心诚意地认识自己的错误和罪行，甘愿接受法律惩处。

点评：未向社会公开的中央文件是国家机密，这是社会的常识。尽管任何国家机密的边界都有模糊之处，但在中国，中央机密文件属于国家秘密。任何一个普通中国人，通过非正当途径获得一份内部机密文件，把它逐字逐句录入到电脑上，然后传给一家境外网站，实际上就是泄露了国家秘密，同时给国家利益造成了重大损失。在当前对外开放日益扩大、市场经济迅速发展的新形势下，我们尤其要增强保密观念，严格履行保守国家秘密的义务，不仅要防止敌对分子刺探我国军事情报的间谍活动，而且要警惕经济、技术秘密的泄露。对违反国家保密法规，泄露国家秘密情节严重的行为，必须以泄露国家秘密罪论处。

（三）爱护公共财产

公共财产是指全民所有制财产和劳动群众集体所有制财产，《宪法》第 12 条规定："社会主义的公共财产神圣不可侵犯。国家保护社会主义的公共财产。禁止任何组织或者个人用任何手段侵占或者破坏国家和集体的财产。"公共财产是巩固国家政权、使国家日益繁荣富强的物质基础，因而所有公民都必须爱惜和维护国家和集体的财产。它是社会主义现代化建设的物质基础，也是不断提高人民物质和文化生活水平的重要源泉。爱护社会主义的公共财产是关系到巩固社会主义制度的大问题。其含义不仅指公民不得侵占、不得浪费公共财产，还指公民应积极同侵害公共财产的行为作斗争。

（四）遵守劳动纪律

劳动纪律是指劳动者在从事社会生产和进行工作的时候，必须遵守和执行的劳动秩序和劳动规则及其工作程序。公民遵守劳动纪律，对于保证社会化大生产的正常进行，提高劳动效率，保护劳动者的生产安全具有重要意义。遵守劳动纪律，是维护正常生产秩序和工作秩序，保证劳动者的安全，保证产品数量质量和提高劳动生产率的重要条件。社会主

① 社评：境外传机密文件犯法，这是常识.［DB/OL］.［2017-07-21］. 环球网，http：//opinion.huanqiu. com/editorial/2014-11/5211818. html.

义的劳动纪律能够建立在劳动者自觉遵守的基础上，但也需要辅之以法律手段。对违反劳动纪律的公民，要给予相应的行政处分或行政处罚；对违反劳动纪律情节严重，使国家和人民利益遭受损失的公民，则要给予相应的法律制裁。

（五）遵守公共秩序

公共秩序是由法律、纪律和人们共同生活的社会习惯构成的公共生活的行为准则。公共秩序包括社会秩序、生产秩序、教学科研秩序。公共秩序是保证安定团结的政治局面，进行现代化建设的重要条件。公共秩序是保证人民正常生活和工作，谋求社会正常运行的重要条件，因此遵守公共秩序是公民的基本义务。它大量地表现为人们在公共场所进行的活动中，例如乘公交车要排队，看病要依次就诊，看电影或演出要文明，在街上骑车或行走要遵守交通规则，等等。保持良好的公共秩序，是保证公民正常的社会生活，维护安定和谐社会环境的重要条件。每个公民都必须遵守和维护公共秩序，对扰乱或破坏公共秩序的人要绳之以法。

（六）尊重社会公德

宪法规定的社会公德，是人们在生产、工作和生活中必须遵守的道德标准。其核心内容是爱祖国、爱人民、爱劳动、爱科学、爱社会主义。开展爱国主义教育是加强社会公德教育的重要内容。社会公德也是保证人民正常生活和工作，谋求社会正常运行的重要条件，因此遵守尊重社会公德是公民的基本义务。社会公德是所有公民必须遵守的公共道德规范。社会公德包含两大方面的内容：一是指我们国家所提倡的、作为全体公民必须共同遵守的最基本的道德要求，那就是我国《宪法》第 24 条规定的“五爱”（“国家提倡爱祖国、爱人民、爱劳动、爱科学、爱社会主义的公德”）；二是指社会公共生活中形成的、为大多数人所公认的，最起码的公共生活准则，那就是党的十四届六中全会决议提出的“大力倡导文明礼貌、助人为乐、爱护公物、保护环境、遵纪守法的社会公德”。尊重社会公德，是社会主义精神文明建设的重要内容，也是我们每个公民应尽的义务。社会公德的形成、巩固和发展，要靠教育，也要靠法制。我国宪法把尊重社会公德作为公民的基本义务规定下来，以国家强制力保障其实施，有利于公民认真自觉地尊重社会公德。

三、维护祖国的安全、荣誉和利益

《宪法》第 54 条规定：“中华人民共和国公民有维护祖国的安全、荣誉和利益的义务，不得有危害祖国的安全、荣誉和利益的行为。”这条规定是对总纲第 24 条所提倡的“爱祖国”规范的具体化，把爱祖国落实为公民的基本义务。毫无疑问，如果国家不安全，公民的工作和生活也就无法正常进行；国家的荣誉和利益受到破坏也就是中国人自己的荣誉和利益受到损害。因此，任何公民都不可为了一己之私利或小集团的利益而危害国家的安全、荣誉和利益。否则，将依法追究其法律责任。

国家的安全是每一个以中国为祖国的公民生产生活、安居乐业的必要条件，反过来每个公民也就有义务维护祖国的安全。国家的荣誉也就是国家和民族的尊严，作为我国的公民，任何人都有义务维护国家的荣誉，任何崇洋媚外、丧失人格国格的行为都是不允许的。维护国家的荣誉，也就是维护中国人自己的荣誉。不热爱祖国的人，就是有辱中国公民的人格的人，情节严重的不仅应受到谴责，也应当受到法律的制裁。同理，对于国家利益，每个公民都有维护的责任。这里的国家利益，主要是指国家的整体利益，不是在公民与国家关系意义上讲的，而是相对于外国国家利益而言的，其中包括政治、经济等方面的内容。任何公民都不能以牺牲国家利益来换取个人好处，否则就要受到法律的制裁。

（一）维护祖国安全

维护祖国安全是指国家的领土完整和主权不受干扰，国家政权不受威胁。国家安全是中国公民生产生活、安居乐业的必要条件。任何组织和个人进行危害中华人民共和国国家安全的行为都必须受到法律追究。

（二）维护祖国荣誉

国家的荣誉也就是国家和民族的尊严。维护祖国荣誉是指国家的声誉和荣誉不受损害，对有辱祖国荣誉，损害祖国利益的行为给予法律制裁。

【案例 8-2】

孙天帅罢跪案

24 岁的孙天帅是河南省郑州籍青年，在广东珠海一家外资公司打工。1995 年 3 月 7 日下午，连续加班加点的工人们在 10 分钟工休时间里，累得趴在工作台上休息。外方老板到车间“巡视”，见工人没按她订的“规矩”休息，火冒三丈，责令全体工人跪下。100 多个工人一个个跪下了，唯独孙天帅倔强地站着。他一边责问老板：“为什么叫我们跪下？”一边冲着工友们喊：“你们跪什么？不就是炒鱿鱼吗？是中国人的跟我走！”他撕掉胸前的厂牌，昂然跨出了厂门。然后将这令人气愤的一幕向市劳动监察大队和电台、报社投诉。事后有人问他当初的感受，他说：“我是中国人，死也不干丢人格、国格的事！”孙天帅罢跪的事迹受到人们的普遍赞扬。

点评：孙天帅的罢跪行动，维护了国格、人格的尊严，履行了公民应尽的义务。我国《宪法》第 54 条规定：“中华人民共和国公民有维护祖国的安全、荣誉和利益的义务，不得有危害祖国的安全、荣誉和利益的行为。”伟大的社会主义祖国是我们的母亲，国家的荣誉直接关系到国家民族的尊严。因此，维护祖国的荣誉是我国公民的神圣职责。孙天帅面对外国老板侮辱中国员工的恶行，宁丢饭碗，也绝不下跪，并依法送行投诉，从而维护了祖国荣誉和民族尊严，维护了中国员工的合法权益。

（三）维护祖国利益

国家的利益则是相对于外国国家利益的国家整体利益。祖国利益是国家共同利益的集中体现，是相对集体利益和个人利益而言的。公民在享受宪法规定的权利和利益的同时，必须自觉地维护祖国利益，与损害祖国利益的行为作斗争。

第三节　保卫祖国，依法服兵役和参加民兵组织

《宪法》第 55 条规定：“保卫祖国、抵抗侵略是中华人民共和国每一个公民的神圣职责。依照法律服兵役和参加民兵组织是中华人民共和国公民的光荣义务。”

国家的主权独立、领土完整是我国现代化建设和其他事业能够顺利进行的关键，它不仅关系到祖国的前途和命运，而且关系到人民生活的安定和幸福。因此，保卫祖国、依法服兵役和参加民兵组织是每一位公民的光荣职责。根据《兵役法》的规定，我国公民不分民族、种族、职业、家庭出身、宗教信仰和教育程度，都有服兵役的义务，但依法被剥夺政治权利的人除外。

按照《宪法》第55条的规定，这项义务包括保卫祖国、抵抗侵略、服兵役和参加民兵组织的义务，服兵役的义务是关键。在上古时代的国家初生时期，当兵保卫祖国本是本国人民的权利，奴隶是不能服兵役的。随着社会生活的复杂化发展，各国都把当兵设定为一种公民或国民对国家的义务，但仍然保留了当兵保家卫国的权利意义。所以，我国宪法将保卫祖国、抵抗侵略规定为公民的神圣职责，依法服兵役和参加民兵组织就成为了公民的一项光荣义务。“光荣”的含义就表明其原始的权利本质。我国目前实行义务兵役制与志愿兵制相结合、民兵与预备役相结合的兵役制度，通过了《兵役法》，公民不分民族、种族、职业、家庭出身、宗教信仰和教育程度，都有服兵役的义务，但依法被剥夺政治权利的人除外。民兵是不脱离生产的群众性武装组织，是中国人民解放军的助手和后备力量，其任务是参加国家建设、担负战备勤务、协助维持社会治安和随时准备参军参战，保家卫国。

第四节　依法纳税

纳税义务是指纳税人依法向税收部门按一定比例缴纳税款的义务。纳税作为法律义务，具有强制性。国家对拒绝纳税或者偷税、骗税、抗税的行为，要给予法律制裁。

《宪法》第56条规定：“中华人民共和国公民有依照法律纳税的义务”。税收是国家为了实现其职能的需要，依照法律规定向公民、法人或者其他组织征收的货币和实物，是国家凭借政治权力参与国民收入分配和再分配的一种形式，是国家财政收入的主要手段。没有税收，国家机器将无法运转。我国的税收是取之于民、用之于民的，它是国家财政的重要来源，也是建设社会主义资金的重要来源。国家对征得的税收统一安排，主要用于发展文化、卫生、科学、教育事业，社会保险、社会救济事业，国防建设事业以及重点建设项目等。可见，这些税收又以财政支出的形式直接或间接地用于人民，偿还给人民。税收的最终目的是为了加快经济建设，发展生产，不断改善和提高人民的物质和文化生活。公民履行纳税义务在性质上属于公民对国家社会主义现代化建设的支援。为保证公民纳税义务的履行，国家颁布了一系列的税收法规。因此，每个公民都应自觉遵守和执行各种税收法规，对偷税漏税行为，国家将依法追究其法律责任。

在法治国家，纳税额是根据纳税者的能力来确定的，社会各阶级普遍接受，可以缓解收入不公造成的矛盾，维护社会稳定。税收作为国家进行宏观调控的经济杠杆，有利于调节经济运行，而且政府通过税收为纳税人提供公共设施和公共服务。

与服兵役的义务一样，纳税也是公民或国民对国家应负的古老的传统义务。国家产生的标志之一就是居民纳税，因为公共机构的设立和公共权力的行使必须建立在国家财政的基础上，而国家财政的主渠道就是税收。没有税收，就没有国家管理和对社会的服务，也就没有国家本身。另外，税收也是我国社会主义建设资金积累的重要来源，是国家调节国民经济的重要杠杆。所以，为了国家的繁荣昌盛，公民都应当依法纳税。

纳税以公民的自觉性为基础，辅以国家的强制手段，所有负有义务的单位和个人，都必须自觉履行纳税义务；任何偷税、漏税的行为都是违法的，都应承担一定的法律责任。

第五节　其他基本义务

除以上谈到的公民的基本义务外，我国宪法还规定了公民的其他四项义务：(1) 劳动的义务。(2) 受教育的义务。(3)《宪法》第 49 条第 2 款规定了“夫妻双方有实行计划生育的义务”。实行计划生育，控制人口增长，是我国的一项基本国策。是保证国家繁荣富强、子孙万代永享幸福的千秋大计。公民有责任作出一定牺牲，以保证国家发展的利益。所以，凡是已婚的有生育能力的公民，夫妻双方都有责任依照宪法和有关法规的规定，履行计划生育的义务。(4) 父母和子女的抚养与赡养义务，《宪法》第 49 条第 3 款规定：“父母有抚养教育未成年子女的义务，成年子女有赡养扶助父母的义务。”父母抚养教育未成年子女和成年子女赡养扶助父母，是我国公民家庭关系的基本准则，所谓“百事孝为先”、“父慈子孝”，说的就是这种关系。父母遗弃和虐待未成年子女、成年子女虐待父母的行为，不仅要受到舆论的谴责，严重的还要依法受到惩处。

如前所述，公民的基本义务相对于国家生存和国家管理而言，是国家的法定权利。但需要注意的是，国家所加诸公民的任何义务，都应来自于法律的规定，公民只履行法定义务，而不服从于任何个人的意志。按照一般宪法原理，公民的义务通常不会规定在宪法中，即公民只负有普通法律上的义务，因为宪法是公民用来约束政府的，而不是约束自己的；政府在宪法上只有义务而无权利。所以，宪法规定的公民基本义务，多数仅具象征意义。

【司法考试关联知识点】

本章中，司法考试关联知识点主要是依照法律服兵役和参加民兵组织是公民的光荣义务，有严重生理缺陷或严重残疾不适合服兵役的人，免服兵役，依照法律被剥夺政治权利的人，不得服兵役，以及公民纳税的义务。

第九章　国家的一般原理

【学习目的与要求】 了解国家的一般原理，包括国家的概念和构成要素、国家目标与价值、国家性质和国家形式。重点理解和掌握国家性质与形式以及我国宪法的相关规定。要求学习者在课前阅读我国宪法文本中国家相关规范，课后复习基本概念、基本原理，并参阅相关案例、事例，加深对相关知识点的理解和掌握。

【引例】 2015年1月1日开始实施的新《环境保护法》规定了环境公益诉讼制度。但实践中存在两方面问题：一方面，民间非政府组织提起公益诉讼数量很少，涉及立案难、诉讼费用高、诉讼主体资格门槛等客观条件限制；另一方面，一些地方的行政机关违法行使职权或者不作为，致使国家利益和社会公共利益受到侵害的情况屡有发生，但无法提起行政诉讼，导致违法行政行为缺乏有效的司法监督，依法行政、严格执法得不到执行，公共利益缺乏有效的保护机制。面对这种种困局，2015年7月1日，十二届全国人民代表大会常务委员会第十五次会议通过决定，授权最高人民检察院在北京、内蒙古、吉林等13个省（区、市）就生态环境和资源保护领域开展提起公益诉讼试点。同年7月2日，最高人民检察院印发《检察机关提起公益诉讼试点方案》，检察机关提起民事公益诉讼和行政公益诉讼的试点工作正式启动，期限两年。为期两年的提起公益诉讼试点，积累了丰富的案件样本，制度设计得到充分检验。为了给检察机关全面推开公益诉讼工作提供明确的法律依据，2017年6月22日上午，曹建明检察长向第十二届全国人民代表大会常务委员会第二十八次会议作最高人民检察院关于提请审议《行政诉讼法修正案（草案）》和《民事诉讼法修正案（草案）》的说明。十二届全国人民代表大会常务委员会第二十八次会议以148票赞成、1票弃权，表决通过了关于修改《民事诉讼法》和《行政诉讼法》的决定，检察机关提起公益诉讼明确写入这两部法律。这标志着我国以立法形式正式确立了检察机关提起公益诉讼制度。检察机关提起环境公益诉讼制度的确立过程，体现了哪些国家的一般原理？

点评： 对上述检察机关提起环境公益诉讼改革试点的实例，我们可以从以下几个方面分析：第一，我国是社会主义法治国家，国家权力应在宪政与法治的轨道上运行，改革试点也应有法律依据，且不得与宪法相抵触。第二，我国实行人民代表大会制度，全国人民代表大会常务委员会享有重大事项决定权和基本法律的修改权。第三，环境保护是我国宪法中明确规定的基本国策，可以通过国家权力配置、立法等方式落实这一基本国策，保护环境公益。

第一节　国家与宪法

一、国家的概念

以一定的限定性的地域（领土）为基础，确定性地居住于该地域的人们，在具有强制力的统治权之下，最终在法上被组织而成的社会，称为国家。为此，领土、人与权力，自古以降即被称为国家的三要素。①领土，即统治共同体的规制权限能够作用的三维的空间范围，领土实际的管控则受到国家权力有效作用的能力的限制，领土也可能通过占领、兼并或合约等方式变更。国民，即国家权力下的人民整体，是指拥有一国国籍的公民。权力，终极意义上的国家权力表现为国家主权，运行意义上的国家权力通常表现为国家职权，具有强制性、支配性和普遍约束性。②

国家是社会发展到一定历史阶段，“阶级矛盾不可调和的产物和表现”③。国家的存续则除了要保有领土、人民与主权外，还需要宪法、政党、权力传统或者国家标志等统合因素持续地发挥作用④，其中对理想国家、国家或单个国家机构最佳构成方式的种种设想，能够强有力地渗透于国家现实：作为导向模式和动力，这些设想已经对现实的政治行为进行了确定和调整，并成为现实政治联合体的重要整合要素。⑤ 国家的产生及存续的原因并不能证明国家的正当性合法性，在现代法治社会，国家的正当性合法性与宪法密切相关。

【案例 9-1】

《中共中央关于全面推进依法治国若干重大问题的决定》决定建立宪法宣誓制度。2015 年 7 月 1 日，第十二届全国人民代表大会常务委员会第十五次会议通过了《全国人民代表大会常务委员会关于实行宪法宣誓制度的决定》。该决定规定，各级人民代表大会及县级以上各级人民代表大会常务委员会选举或者决定任命的国家工作人员，以及各级人民政府、人民法院、人民检察院任命的国家工作人员，在就职时应当公开进行宪法宣誓。2018 年宪法修正案第 40 条，从宪法层面确认国家工作人员就职时应当依照法律规定公开进行宪法宣誓。宣誓誓词如下：

我宣誓：忠于中华人民共和国宪法，维护宪法权威，履行法定职责，忠于祖国、

---

① ［日］芦部信喜著，高桥和之增订．宪法［M］．林来梵，凌维慈，龙绚丽，译．北京：北京大学出版社，2006：3.

② 参见董和平．宪法［M］．北京：中国人民大学出版社，2004：144.

③ 列宁选集（第 4 卷）［M］．北京：人民出版社，1995：33. 关于国家产生的原因，除马克思主义国家学说外，还有几种代表性的理论：第一，起源于家族和家族联盟的父权制理论；第二，社会契约理论；第三，基于财产国家的世袭理论；第四，规范秩序理论；第五，基于强力的权力理论。

④ 参见林来梵．宪法学讲义［M］．北京：法律出版社，2015：181-186.

⑤ ［德］齐佩利乌斯．德国国家学［M］．赵宏，译．北京：法律出版社，2011：11.

忠于人民，恪尽职守、廉洁奉公，接受人民监督，为建设富强民主文明和谐美丽的社会主义现代化强国努力奋斗！

点评：在我国，宪法是国家的根本法，是治国安邦的总章程，具有最高的法律地位、法律权威、法律效力。国家工作人员必须树立宪法意识，恪守宪法原则，弘扬宪法精神，履行宪法使命。宪法宣誓制度有助于彰显宪法权威，激励和教育国家工作人员忠于宪法、遵守宪法、维护宪法，加强宪法实施。宪法、宪法宣誓仪式、宪法宣誓制式法器能够作为一种国家统合要素发挥作用，激发宪法意识和爱国意识。

二、国家的正当性与合法性

国家有其存在的正当性。一方面，某些确定的、尤为重要的目标只能通过国家的存在才能达成，如对和平和秩序的保障，对正当秩序的贯彻与执行，保障个体间进行必要的相互救助和补充等。对于个人而言，这种国家存在所发挥的目标实现功能，甚至要比对它的限制更为重要。① 国家目标的确定问题总是历久弥新，而这些问题尤其涉及对个体实现的保障、社会正义、经济繁荣与稳定、就业率的稳定、秩序与法律和平的保障、外部安全、环境保护和文化资助。也正因如此，我们需要在落实这些不同的目标时，对他们之间的关系进行适当处理，特别是找出正确的、应优先保护的价值，并确定理想的妥协方案。②另一方面，基于对掌权者的个人魅力及人民对其指引的绝对信仰；对传统统治合法性确认的传承与习惯；或者是对形式上正确或是以其他方式出现的规则的顺服等，法律共同体的国家秩序在现实中能够得到接受和同意。

在法治时代，宪法是共同体的基本法秩序，是一国各政治力量通过理性博弈与妥协，经由缜密程序外化而成的国家共识，是调整国家和公民关系并以人权保障为终极价值追求的国家根本法。中国语境下的宪法“是党和人民意志的集中体现，是通过科学民主程序形成的根本法”，它的至上性和根本性体现在全国各族人民、一切国家机关和武装力量、各政党和各社会团体、各企业事业组织都必须以其为根本活动准则，普通法律的制定皆以其为依据。③ 将宪法理解成对国家权力的限制与理性化，是自由的政治生活进程的保障。④

在此意义上，国家通过受到宪法的约束和塑造而获得合法性。国家权力的运行受到的宪法和法律约束，国家功能通过法律规范的方式获得和履行。国家与其他法律共同体的区别，也恰恰在于国家所承担的权能的不同，博丹即从这一角度出发，发现国家最重要的特征，就是对法律状态的处置拥有最高的权能。⑤ 宪法中关于国家的基本目标、法律与秩序

---

① ［德］齐佩利乌斯．德国国家学［M］．赵宏，译．北京：法律出版社，2011：150.

② ［德］齐佩利乌斯．德国国家学［M］．赵宏，译．北京：法律出版社，2011：178.

③ 秦前红．《宪法解释程序法》的制定思路和若干问题探究［J］．中国高校社会科学，2015（3）.

④ H. Ehmke，Grenzen der Verfassungsänderung（1953）．转引自［德］康拉德·黑塞．联邦德国宪法纲要［M］．北京：商务印书馆，2007：12.

⑤ ［德］齐佩利乌斯．德国国家学［M］．赵宏，译．北京：法律出版社，2011：66-67.

原则的基本决定，正是特定的法律共同体在特定的历史情境下，对于正义与秩序的基本构想。① 国家的具体目标的确定并非在立宪过程中就已经终结，而是国家实践的一项持续性的任务。它表现在法律共同体对具体政治目标持续性的阐释与转变的过程中。② 具备此种合法性的国家即是法治国。在法治国形成与维系的过程中，宪法，以及由宪法的运行实际建构起的法秩序起着至为核心的作用。其一，宪法中关于国家的基本目标、法律与秩序原则的基本决定，正是特定的法律共同体在特定的历史情境下，对于正义与秩序的基本构想。③ 其二，宪法对国家政权组织方式及国家机构的规定是国家得以组织的规范框架和建构路径。其三，经由宪法基本权利引入了法秩序正当性的实质内容标准。

基于此，国家与宪法“不再是彼此毫无关联，而是以不同方式交织联络并且彼此互为前提条件”④ 。一方面，宪法植根于政治统一体的构建的力量对比关系与现实需求，作为基础规范构建政治统一与创制法秩序，国家成为由宪法及其下的法律治理的共同体。另一方面，法秩序的实现需要国家的支持与保障，其大部分内容必须通过国家权力才能得以形成并且被保障实施，它们必须要被具体化，必须保证能够被贯彻执行。⑤ 国家具备（在职权的范围内）对共同体中的行为作出有拘束力的规范，以及运用权力手段，在不得已的情形下，甚至通过暴力方式强制实现规范行为的权能，⑥ 国家还可根据需求选择导引行为的手段，⑦ 这些手段的运用既是法秩序实施的保障，同时也会极大地影响宪法及其下法秩序的现实根基，从而作用于宪法及其下法秩序的形成。

第二节 国家性质

一、国家性质的概念

在宪法学上，国家性质是指通过特定的宪法规范和宪法制度所反映的一国在政治、经济和文化方面的基本特征，它反映着该国社会制度的根本属性。⑧ 体现和制约一国国家性质的因素主要有以下方面：首先，社会各阶级在国家政治生活中的地位直接体现和决定着国家性质；其次，社会经济基础是国家性质根本的决定因素；再次，社会文化制度也是影响和体现国家性质的重要因素；最后，特定国家的国家性质还深受该国特定历史条件的影响和制约。政治、经济和文化因素对国家性质的内在决定作用是通过各国特定历史和现实

---

① ［德］齐佩利乌斯．德国国家学［M］．赵宏，译．北京：法律出版社，2011：178.

② ［德］齐佩利乌斯．德国国家学［M］．赵宏，译．北京：法律出版社，2011：178.

③ ［德］齐佩利乌斯．德国国家学［M］．赵宏，译．北京：法律出版社，2011：178.

④ H. Ehmke，Grenzen der Verfassungsänderung（1953）．转引自［德］康拉德·黑塞．联邦德国宪法纲要［M］．北京：商务印书馆，2007：17.

⑤ H. Ehmke，Grenzen der Verfassungsänderung（1953）．转引自［德］康拉德·黑塞．联邦德国宪法纲要［M］．北京：商务印书馆，2007：16-17.

⑥ ［德］齐佩利乌斯．德国国家学［M］．赵宏，译．北京：法律出版社，2011：72-73.

⑦ 参见［德］齐佩利乌斯．德国国家学［M］．赵宏，译．北京：法律出版社，2011：74.

⑧ 周叶中．宪法［M］．北京：高等教育出版社，北京大学出版社，2000：190.

条件来实现的。①

二、国家政权的阶级属性

国家性质中国家政治的基本特征，即国家的阶级本质，又被称为“国体”，是国家性质的政治要素。在一个特定国家中，社会各阶级、阶层所处的地位是不同的，有的处于统治者的地位，有的处于被统治者的地位，有的处于同盟者的地位。各种政治力量的对比关系，决定着社会各阶级、阶层在国家中所处的地位。② 根据马克思主义的国家观，人类历史上先后出现过四种类型的国家，即奴隶制国家、封建制国家、资本主义国家、社会主义国家。不同历史类型的国家处于统治地位的阶级或阶层不同。社会主义国家是广大劳动人民掌握政权，对社会实施领导和管理，对少数敌视和破坏社会主义事业的敌对分子专政的国家。

我国是人民民主专政的社会主义国家。人民民主专政的国体，是中国共产党把马克思主义无产阶级专政学说同中国具体实践相结合的创造，经历了一个发展演变的过程。《共同纲领》第 1 条将我国的国体规定为：“新民主主义即人民民主主义的国家，实行工人阶级领导的、以工农联盟为基础的、团结各民主阶级和国内各民族的人民民主专政。”具有过渡色彩的 1954 年宪法延续了《共同纲领》的规定，在序言中明确写道：“中国人民经过一百多年的英勇奋斗，终于在中国共产党的领导下，在 1949 年取得了反对帝国主义、封建主义和官僚资本主义的人民革命的伟大胜利，从而结束了长期被压迫、被奴役的历史，建立了人民民主专政的中华人民共和国”。1975 年宪法和 1982 年宪法则将“无产阶级专政”替代了“人民民主专政”。1982 年宪法恢复并发展了 1954 年宪法的表述，在第 1 条规定：“中华人民共和国是工人阶级领导的、以工农联盟为基础的人民民主专政的社会主义国家。”“人民民主专政”的表述比“无产阶级专政”更能确切地表明我国社会的阶级、阶层状况，以及政权的广泛基础和民主性，“科学地表达了我们国家政权的性质与职能”③。

人民民主专政的主要内容包括：

第一，工人阶级是人民民主专政的领导力量。在改革开放的新时代背景下，工人阶级的面貌、素质、分布和构成都发生了变化，大批进城务工的农民成为工人阶级的组成部分，掌握先进知识、从事科学研究的知识分子已成为社会主义建设事业的重要力量，成为工人阶级的组成部分。工人阶级的领导主要通过中国共产党实现。

第二，工农联盟是人民民主专政的基础。工农联盟是我国历史上取得新民主主义革命、社会主义革命胜利的保证，也是当前实现社会主义现代化的根本保证。宪法通过基本经济制度、参政议政权利、社会基本权利、国家目标条款等多种途径保障工人、农民和知识分子在内的社会主义劳动者的利益，促进其发展，极大巩固与扩大了政权工农联盟的阶

---

① 参见周叶中．宪法［M］．北京：高等教育出版社，北京大学出版社，2000：191．

② 《宪法学》编写组．宪法学［M］．北京：高等教育出版社，人民出版社，2011：103．

③ 何华辉．中华人民共和国的国体——人民民主专政［M］//何华辉文集．武汉：武汉大学出版社，2006：47．

级基础。

第三，对敌人的专政。人民对政治权力的排他性占有，不让敌人成为主权者的构成部分，分享国家的政治权力。专政在法律上的手段即剥夺政治权力。①

第四，爱国统一战线。统一战线是一定政治力量的联合。团结一切可以团结的力量，结成最广泛的统一战线，是中国人民战胜一切困难，夺取革命、建设和改革事业胜利的重要法宝，是中国共产党执政兴国的重要法宝，是实现祖国统一和中华民族伟大复兴的法宝。2004 年通过的第 19 条宪法修正案中规定："在长期的革命和建设过程中，已经结成由中国共产党领导的，有各民主党派和各人民团体参加的，包括全体社会主义劳动者、社会主义事业的建设者、拥护社会主义的爱国者和拥护祖国统一的爱国者的广泛的爱国统一战线，爱国统一战线将继续巩固和发展。"在原规定的基础上增加了"社会主义事业的建设者"，主要包括在社会变革中出现的非国有经济组织从业人员，自由职业者等新的社会阶层成员。2018 年宪法修正案第 33 条规定，爱国统一战线组织包括全体社会主义劳动者、社会主义事业的建设者、拥护社会主义的爱国者、拥护祖国统一和致力于中华民族伟大复兴的爱国者。

三、国家基本经济制度

经济制度的各主要方面，如生产资料的所有制形式、各种经济成分以及国家对它们的基本政策、国家发展经济的基本方针、国家管理经济的基本原则等，都可能成为宪法调整的对象。但是，不同性质的宪法以及同一国家不同时期的宪法，对经济制度反映和保护的范围和方式都不同。

资本主义宪法关于经济制度的规定在不同历史阶段呈现不同特点。自由资本主义时期，通常仅强调对私有财产权的保护，极少直接规定国家发展经济的方针和政策。如比尔德曾指出尽管美国 1787 年宪法"对于选举人或官员没有规定财产限制"，"没有明文承认社会上的任何经济集团"，"没有提到将特权授予任何阶级"，② 但实质上受到经济利益集团的影响，政治机构的设置有利于对其财产权的保障。19 世纪末 20 世纪初，各主要资本主义国家先后完成从自由资本主义向垄断资本主义的过渡，为应对贫富差距过大等引发的社会矛盾激化的现实问题，福利政策、社会国家等被写入宪法。20 世纪中叶后，与经济发展密切相关的经济环境等权利和国策被写入宪法。一些新兴的民族主义国家宪法也在宪法中规定了经济制度。

社会主义宪法自产生时起，便注重对经济基础的调整。1918 年苏俄宪法、1924 年苏联宪法都有关于经济制度的规定，宣布实现土地等重要自然资源的公有化，全面建立社会主义的公有制经济基础，实行"按劳分配"的社会主义原则。其他东欧社会主义国家纷纷模仿苏联经济模式，在宪法中作出规定。在认识到苏联经济模式的弊端之后，一些社会主义国家开始尝试经济体制改革，以增强经济活力。随着 80 年代末苏联的解体，其他东

---

① 参见林来梵．宪法学讲义［M］．北京：法律出版社，2015：199-201.

② ［美］查尔斯·A. 比尔德．美国宪法的经济观［M］．北京：商务印书馆，2010：116.

欧社会主义国家的改革也彻底脱离了社会主义轨道。

我国现行宪法对基本经济制度作出了系统的规定，具体内容包括：第一，生产资料公有制的社会主义经济制度基础。社会主义公有制包括全民所有制和劳动群众集体所有制，实行各尽所能、按劳分配的原则。在社会主义初级阶段，坚持公有制为主体、多种所有制经济共同发展的基本经济制度，坚持按劳分配为主体、多种分配方式并存的分配制度。全民所有制经济是国民经济中的主导力量，国家保障其巩固和发展。国家鼓励、指导和帮助集体经济的发展。自然资源属国家或集体组织所有。国家保护社会主义的公共财产。第二，社会主义市场经济体制。1993 年宪法修正案规定："国家实行社会主义市场经济。"社会主义市场经济注重以市场的方式配置资源，同时坚持公有制的主体地位，共同富裕的发展目标，重视国家对经济的宏观调控。第三，私人财产权保护。2004 年宪法修正案规定："公民的合法的私有财产不收侵犯。国家依照法律规定保护公民的私有财产权和继承权。国家为了公共利益的需要，可以依照法律规定对公民的私有财产实行征收或者征用并给予补偿。"此外宪法对公民获得社会保障等社会经济权利的相关规定在经济制度的塑造上也具有重要意义。

四、国家基本文化制度

国家的基本文化制度反映国家的文化特征，是国家性质的一个侧面。文化制度是指一国通过宪法和法律调整以社会意识形态为核心的各种基本文化关系的规则、原则和政策的总和。① 文化制度主要包括教育、科技、文学艺术、出版传媒、医疗、卫生、体育、文物、图书馆等领域的社会事业以及社会意识形态等方面。文化制度属于上层建筑的范畴，具有鲜明的阶级性、历史性和民族性。

文化是宪法产生和发展的重要基础，文化制度是宪法的重要内容。近代以来，确认和维护以社会意识形态为核心的文化制度开始成为宪法的重要内容。早期的资产阶级宪法主要从人民主权、天赋人权、生而平等等启蒙思想家的政治哲学体现主流意识形态，较少规定具体的文化制度与政策。进入 20 世纪以后，宪法对文化制度的规定更加丰富。1919 年《魏玛宪法》第一次比较系统地规定了文化权利和国家的基本文化政策。社会主义国家宪法对文化制度高度重视，1918 年、1936 年的苏联宪法都对文化制度作了较为系统、全面的规定，宣布社会主义文化的先进性和大众性，重视公民的受教育权和国家教育文化制度的规定，强调社会主义学说在意识形态领域的指导作用。

我国宪法关于文化制度的规定系统、全面，主要内容如下：第一，坚持马克思主义在意识形态领域的指导地位。加强文化制度建设，必须坚持以马克思列宁主义、毛泽东思想、邓小平理论和"三个代表"重要思想、习近平新时代中国特色社会主义思想为指导，坚持用科学发展观指导社会主义文化建设。第二，加强理想教育、道德教育、文化教育、纪律教育和法治教育。第三，加强科学文化体育建设。现行宪法第 20 条、第 21 条、第

① 周叶中．宪法［M］．北京：高等教育出版社，北京大学出版社，2000：206.

22条、第23条、第47条等对科学文化卫生体育建设事业和公民的文化活动自由作了具体规定。

第三节　国家形式

一、国家形式与国家性质

一国取得统治地位的阶级或阶层，为保障和实现统治阶级的意志和利益，组织和运行国家权力的形式即为国家形式，具体包括政权组织形式和国家结构形式。国家形式与国家性质关系密切。国家性质是决定国家形式的主导因素，除国家性质外，历史的、民族的、地理的、文化的、经济的等因素也会影响一个国家采用何种国家形式。国家形式反映并制约国家性质，国家形式如果反映了国家性质的要求，则有助于统治的巩固和发展；反之则会导致国家的涣散和衰弱，此时，国家形式会形成国家组织性质转变的牵制力量。

二、政体与政权组织形式

（一）政体与政权组织形式的概念

政体是拥有国家主权的统治阶级实现其国家主权的宏观体制。政权组织形式是国家机关的内部构成形式，是国家形式的重要方面。政体着重于体制，政权组织形式着重于机关；体制粗略地说明国家权力的组织过程和基本形态，政权组织形式则着重于说明实现国家权力的机关及各机关之间的相互关系。① 政体是对政权组织形式的抽象和概括，政权组织形式是政体在微观操作层面的实现形式，两者之间存在显著的差别。实践中存在政体相同，而具体的政权组织形式由于各种具体的历史条件的差异存在不同的情形。一般认为，奴隶制、封建制国家的政体基本上可以归结为君主制、贵族制、民主制；资本主义国家的政体可以归结为君主制和共和制；社会主义国家的政体都是共和制。各种政体之下又各有不同的政权组织形式。

（二）政体与政权组织形式的分类

资本主义国家的政权主要分为君主制和共和制。

君主政体下产生了两种政权组织形式：第一，二元君主立宪制，是指君主的权力受到宪法和议会的限制，但限制的力量非常弱小，君主仍然掌握着极大的权力。现代国家中只有极少数国家实行这种政权组织形式。第二，议会君主立宪制，是指君主的权力受到宪法和议会的严格限制，只行使一些形式上的或者礼仪性的职权，君主对议会、内阁、法院都没有实际控制能力。现代国家中英国、日本等少数国家实行这种政权组织形式。

共和政体是指国家最高权力机关和国家元首由选举产生并有一定任期的政权体制，是资本主义国家普遍采用的较为典型的政体。具体有四种政权组织形式：第一，总统制。总统为国家元首兼政府首脑，掌握军事、行政和外交大权，由选民产生，对选民负责。美国是典型的总统制国家。第二，议会内阁制。议员由选民选举产生，政府由议会选举产生并

① 何华辉．比较宪法学［M］．武汉：武汉大学出版社，1988：144.

对议会负责。德国、意大利等是实行议会内阁制的典型国家。第三，半总统半议会制。总统是国家元首，由选民直接选举产生，拥有任免总理、主持内阁会议、颁布法律、统帅武装部队等大权；总理是政府首脑，对议会负责。法国是实行半总统半议会制的典型国家。第四，委员会制。国家最高行政权由委员会集体行使，委员会成员由众议院选举产生，总统（行政首长）由委员会成员轮流担任。瑞士是实行委员会制的典型国家。

社会主义国家的政体都是共和政体，其经济基础是社会主义生产资源的公有制，阶级本质为无产阶级专政或人民民主专政，按照民主集中制原则组织。各社会主义国家因具体国情的差异，在具体的国家权力结构安排上存在不同之处。自 1917 年，苏俄建立世界上第一个社会主义国家以来，主要存在三种典型的政权组织形式：第一，公社制。公社制是巴黎公社的政权形式，特点是公社委员会作为最高国家权力机关，统一行使立法权和行政权，实行直接选举，公社管理人员对选民负责并可随时撤换。第二，苏维埃制。苏维埃制是俄国劳动人民在反对沙皇专制统治的革命中创造的政权组织形式，特点是实行两院制，苏维埃既是最高立法机关，又是最高权力机关，其他国家机关由其产生并向其负责。最高苏维埃设立主席团作为常设机构，苏维埃代表由人民选举产生，对人民负责。1931—1937 年土地革命时期，中国共产党在革命根据地瑞金建立了中华苏维埃共和国，为中华人民共和国的政权建设积累了经验。第三，人民代表会议制。全国人民代表会议是最高国家权力机关，行使立法权。国家机构由权力机关产生，并对其负责，实行民族集中制。这是社会主义国家普遍采用的一种政权组织形式。

（三）人民代表大会制度

人民代表大会制度是我国人民民主专政的政权组织形式。我国宪法明确规定，国家的一切权力属于人民，人民行使国家权力的机关是全国人民大表大会和地方各级人民代表大会。国家行政机关、审判机关和检察机关都由人民大表大会产生，对它负责，受它监督。人民代表大会制度以民主集中制为根本原则，在结构上采取一院制，各级人民代表大会都由人民代表组成，人民代表通过民主选举方式产生，对人民负责，受人民监督。人民代表大会制度体现了我国的性质，符合我国国情，具有强大的生命力和优越性。伴随着法治社会的发展，科学技术的进步，人民代表大会制度也需要通过各种改革措施逐步完善，以更广泛地代表民意，更理性科学地制定法律规则和组织国家权力。

三、国家结构形式

（一）国家结构形式的概念

国家结构形式是指国家的统治阶级所采取的，按照一定原则划分国家内部区域，调整国家整体与组成部分、中央与地方之间相互关系的总体形式。历史上，国家形成的重要标志就是以地域划分行政区域，以替代原始社会按血缘划分的氏族。国家结构形式是国家形式的重要内容，体现国家在纵向上的组织结构。一国统治阶级在决定采用何种国家机构形式时，受到阶级力量对比情况、民族、经济、地理、历史及国际环境等多重因素的影响。

（二）国家结构形式的分类

近现代国家，国家结构形式主要有单一制和联邦制两种类型。

单一制，是指国家由若干普通行政区域、自治区域或者特别行政区等构成一个统一完整的主权国家实体的形式。其主要特征是：第一，从国家的法律体系看，国家只有一部宪法，由统一的中央立法机关根据宪法制定法律。第二，从国家机构体系看，国家只有一套中央国家机关。第三，从中央与地方的权力划分看，地方接受中央的统一领导，地方政府的权力由中央通过宪法授予，地方行政区域单位和自治单位没有脱离中央而独立的权力。各个国家中央和地方权力分配存在差异，当国家权力高度集中于中央政府时，又称为中央集权型单一制；当地方政府享有较大的行政自治权，中央对地方控制力较弱时，又称为地方分权型单一制。第四，从对外关系看，国家整体是代表国家进行交往的唯一主体，每位公民只有一个统一的国籍。单一制是当今世界多数国家采用的国家结构形式。

联邦制，是指国家由两个或两个以上的政治实体（州、邦、成员国）组成复合制国家的结构形式。其主要特征是：第一，从国家法律体系看，联邦和其成员单位分别有自己的宪法和法律。第二，从国家机构体系看，联邦和其成员单位有各自的立法机关、政府和司法体系。第三，从联邦与各成员单位的权力划分看，其权力划分由联邦宪法作出规定，或者通过联邦与成员单位的协商契约加以明确。宪法未明确列举与规定的剩余权力的归属存在差异，有的归属于联邦，如加拿大，有的归属于州，如美国。一般而言，与单一制国家的地方行政单位相比，联邦制国家的组成单位具有更大范围的自治权。第四，从对外关系看，有的国家允许其成员单位享有一定的外交权。联邦国家的公民既有联邦的国籍，又有成员国的国籍。联邦制也是当今世界常见的国家结构形式，采用联邦制的国家如美国、瑞士、俄罗斯、印度等。

两种类型的国家结构形式的实质区别在于国家与其内部构成主体的权力关系。典型的单一制国家，成员单位的权力被认为是国家授予的，国家与成员单位之间是领导与服从的关系；在典型的联邦制国家，联邦权力被视为成员单位对其权力的让与，联邦与州之间是契约与合作的关系。但在实践中，单一制与联邦制国家中央与地方的权力划分情况较为复杂，权力划分情况也会随着社会经济发展及国家关系形势有所变动，在处理中央与地方，局部与整体的关系时，应尽量符合客观事实、贴近公民，同时又要相互协调，并尽可能地高效、“减少摩擦”和节约资源。

（三）我国是单一制国家结构形式

我国《宪法》序言明确规定：“中华人民共和国是全国各族人民共同缔造的统一的多民族国家。”《宪法》第3条规定：“中央和地方的国家机构职权的划分，遵循在中央的统一领导下，充分发挥地方的主动性、积极性的原则。”这表明我国为统一多民族的单一制国家。我国实行单一制的原因如下：第一，长期的统一和单一制的历史传统使我国有建立单一制国家的政治基础和心理。我国自秦汉以来，在漫长的历史发展进程中，除较短时间处于分裂状态外，一直是中央集权的统一的多民族国家。建立单一制国家，有助于维护国家统一。第二，具有建立单一制国家的民族基础。我国有56个民族，形成了“大杂居、小聚居”的局面，各民族在长期的交往过程中建立了互相合作依存的关系，少数民族众多，但人口仅占全国总人口的约1/10。中华人民共和国成立后，民族平等、团结和区域自治的民族政策更进一步促进了各民族间的友好交往，民族关系融洽。第三，建立单一制国家，发挥汉族地区和少数民族地区各自的经济优势，相互结合，以实现各民族共同繁荣发展。

《宪法》第30条规定，中华人民共和国的行政区域划分如下：全国分为省、自治区、直辖市；省、自治区分为自治州、县、自治县、市；县、自治县分为乡、民族乡、镇；直辖市和较大的市分为区、县；自治州分为县、自治县、市。在没有设市的情况下属于省、县、乡三级制，在设市的情况下属于省、市、县乡四级制。《宪法》第31条规定，国家在必要时得设立特别行政区。在特别行政区内实行的制度按照具体情况由全国人民代表大会以法律规定。我国目前设立有香港和澳门两个特别行政区。

行政区划是统治阶级为便于管理，在考虑地理条件、历史传统、风俗习惯、经济联系、民族分布等因素的基础上进行的行政区域划分。行政区划可以根据政治经济等情况的变化适时加以变更。行政区划的变更包括：行政区的设立、撤销、更名、行政区行政中心驻地迁移等。根据宪法和有关法律规定，行政区域的划分和变更需要经过法定程序。省、自治区、直辖市的设立、撤销、更名和特别行政区的设立由全国人民代表大会审议决定。省、自治区、直辖市的行政区域界线的变更，省、自治区、直辖市政府驻地的迁移，自治州、县、自治县、市、市辖区的设立、撤销、更名和隶属关系的变更以及自治州、自治县、市政府驻地的迁移，自治州、自治县的行政区域变更，县、市的行政区域界线的重大变更，涉及海岸线、海岛、边疆要地、重要资源地区及特殊情况地区的隶属关系或行政区域界线的变更，由国务院审批。县、市、市辖区的部分行政区域界线的变更，国务院授权省、自治区、直辖市人民政府审批，批准变更时，同时报送民政部备案。乡、民族乡、镇的设立、撤销、更名和行政区域界线的变更，乡、民族乡、镇政府驻地的迁移，由省、自治区、直辖市政府审批。行政公署、街道办事处的撤销、更名、驻地迁移，由依法批准设立该派出机关的政府审批。

四、国家标志

国家一般通过国旗、国徽、国歌和首都等标志物作为国家象征形态，这些宪法或法律规定的象征国家主权、代表国家尊严的标志物即为国家标志。国家标志往往代表一个国家的传统和精神，体现国家的性质和信仰，通过这种标志物的具体形态，“国家的存在、它的功能、权力和声望都可以被人们用肉眼感知，并留存于记忆中”，借由这些“标识”更使其整合性得到强化和巩固，这种自我呈现的导向性标识，有助于增强成员的归属感，唤醒人们之间的情感联系。① 基于此，一般都由宪法或者专门法律规定国家标志及其制作使用办法。

中华人民共和国国旗为五星红旗。1949年9月27日，全国政协第一届全体会议代表通过了以五星红旗为国旗的议案。1990年6月28日，中华人民共和国第七届全国人民代表大会常务委员会第十四次会议通过了《中华人民共和国国旗法》，并由中华人民共和国主席发布主席令，予以公布，自1990年10月1日起实行。中华人民共和国国旗的红色象征革命。旗上的五颗五角星及其相互关系象征共产党领导下的革命人民大团结。

中华人民共和国国徽的内容为国旗、天安门、齿轮和麦稻穗。1950年6月18日，中

① 参见［德］齐佩利乌斯．德国国家学［M］．赵宏，译．北京：法律出版社，2011：62-63.

国人民政治协商会议第一届全国委员会第二次会议通过中华人民共和国国徽图案及对该图案的说明。同年9月20日，毛泽东主席命令公布中华人民共和国国徽。1991年3月2日，中华人民共和国第七届全国人民代表大会常务委员会第18次会议通过了《中华人民共和国国徽法》，并由中华人民共和国主席颁布主席令，予以公布，自1991年10月1日起施行。中华人民共和国国徽象征中国人民自“五四”运动以来的新民主主义革命斗争和工人阶级领导的以工农联盟为基础的人民民主专政的中华人民共和国的诞生，鲜明地表现了我国的国家性质。

中华人民共和国国歌为《义勇军进行曲》。1949年9月27日，中国人民政治协商会议第一届全体会议通过决议，在中华人民共和国国歌未正式制定前，以田汉作词、聂耳作曲的《义勇军进行曲》为代国歌。1978年3月5日，第五届全国人民代表大会第一次会议通过《义勇军进行曲》新词。1982年12月4日，第五届全国人民代表大会第五次会议通过关于中华人民共和国国歌的决议，撤销1978年3月5日全国人民代表大会通过的新词，恢复田汉作词、聂耳作曲的《义勇军进行曲》为中华人民共和国国歌。2004年3月14日，十届全国人民代表大会二次会议通过宪法修正案，规定“中华人民共和国国歌是《义勇军进行曲》”。《义勇军进行曲》铿锵有力，凝聚着中国人民的爱国主义精神。

【案例9-2】

2017年6月28日至2017年7月27日，《中华人民共和国国歌法（草案）》通过全国人大法律草案征求意见系统面向公众征求意见。该法制定的指导思想包括：一是，通过国家立法落实宪法规定的国家标志重要制度，为践行社会主义核心价值观，弘扬中国精神、凝聚中国力量提供法治保障。二是，准确把握本法的定位，突出重点，针对实际中存在的突出问题，重点对应当奏唱国歌的场合，国歌标准曲谱的审定、发布和使用，奏唱礼仪规范以及不得奏唱、播放国歌的场合作出规范。三是，坚持从实际出发，注重规范与引导并重，在保证国歌奏唱的严肃性和规范性的同时，加强国歌宣传教育，鼓励广大人民群众唱国歌、爱国歌，弘扬爱国主义精神。该法对国歌的地位、奏唱国歌的场合、国歌奏唱的形式和礼仪、国歌标准曲谱和官方录音版本、国歌的宣传教育监督管理和法律责任等内容作了规定。

点评：国歌是宪法确立的国家重要象征和标志，制定一部专门的国歌法，通过国家立法对国歌的奏唱场合、奏唱礼仪和宣传教育等进行规范，对于保证宪法的有效实施，增强国歌奏唱的严肃性和规范性，维护国家尊严，提升公民的国家观念和爱国意识，培育和践行社会主义核心价值观，弘扬以爱国主义为核心的伟大民族精神，激励全国各族人民为实现中华民族伟大复兴的中国梦而共同奋斗，具有重大意义，是十分必要的。通过网络平台征求公众对法律草案的意见，是借助互联网技术平台，充分鼓励民主参与的重要途径。同学们应重视这种发表意见的民主机制，积极关注、研究，并发表意见，参与法律制定。

中华人民共和国首都为北京。1949年9月27日，中国人民政治协商会议第一届全体会议一致通过中华人民共和国的国都定于北平，即日起北平改名北京。选择定都北京的主要原因在于，该地作为中国的首都已有700多年的历史，规模宏伟，文物集中，交通便利，自“五四运动”以来，这里就是新文化思想的摇篮，具备现代大国首都的各种资格。首都北京是中国共产党中央委员会、中华人民共和国中央人民政府所在地，是全国政治、经济和科学文化的中心，也是国内国际交往的中心之一。

【司法考试关联知识点】

本章司法考试的知识点理论性很强，需要考生理解性记忆国家的目标、宪法的规范性功能等，在此基础上把握宪法与宪政的关系。其中人民民主专政、政权组织形式、人民代表大会制、国家结构形式、我国单一制的国家结构形式等知识点是司法考试常考知识点。

第十章 选举制度

【学习目的与要求】 掌握选举制度的概念和基本原则，了解选举制度的历史、选举程序以及对代表的监督和罢免。要求学习者在课前预习人民代表大会代表选举制度的相关规定，课后复习所学内容，同时参阅与选举制度相关的文献资料和宪法案例、宪法事例，加深对选举制度的掌握。

【引例】 2011 年 7 月 5 日，按照上级部门规定，广西灵川县大圩镇工作人员刘某志、全某等人来到宝介山村，组织村民进行县、镇人民代表大会代表选举。接到村委通知后，刘某良与村民刘某某、覃某等人来到该选区固定投票点参与选举。大部分村民均填好票，刘某良便收集了覃某等人填好的 130 余张选票，但未将选票投放至票箱内，当镇工作人员要求核对选票发放名单情况，刘某良又以怀疑选票数目不对，可能存在作弊行为为由，对工作人员进行纠缠。一直到当天晚上 8 点左右，刘某良不顾工作人员的劝阻，强行将该选区的 130 余张选票、选票箱抢走自行“保管”，致使当日宝介山村选区选举无效。灵川法院经审理后认为，根据我国《刑法》第 256 条的规定，在选举各级人民代表大会代表和国家机关领导人员时，以暴力、威胁、欺骗、贿赂、伪造选举文件、虚报选举票数等手段破坏选举或者妨害选民和代表自由行使选举权和被选举权，情节严重的，处 3 年以下有期徒刑、拘役或者剥夺政治权利。刘某良的行为已构成破坏选举罪，遂判处其有期徒刑 2 年 10 个月。①

点评： 选举权与被选举权是公民受到宪法保护的基本权利，选举制度是该项权利得以落实的制度保障，也是国家机构体系能够产生的重要机制，应当受到法律的保护。我国刑法中破坏选举罪的设立是对选举制度的重要保护。

第一节 选举制度概述

我国历代正史中，从《旧唐书》、《新唐书》到《明史》均有《选举志》。不过，那时的“选举”专指统治者为了维护封建官僚政治体制，以选贤举能为幌子，根据其需要进行的遴选、委派、监察、撤换官员的活动。中国古代评鉴人才的标准基本分为三种：一是观其德；二是观其才；三是观其智。观人行为，用乡举里选之制。西汉时有举孝和察

① 侯兴荣. 村民破坏人大代表选举强抢选票被判刑［DB/OL］.［2017-07-21］. 中国法院网，http：//www. chinacourt. org/article/detail/2012/03/id/473832. shtml%26.

廉，自隋朝以后，统治者废除九品中正制，设进士科，推行科举，为统治阶级选拔人才。唐朝以后历代各朝继承了隋朝的科举制，并在漫长的岁月中形成了一套系统的制度。

不过中国古代“选举”的实质是统治阶级“统治权”的寄存过程，其权力合法性的来源是统治阶级的同意，而非人民同意，这种没有体现民主精神的选举并不是现代意义上所指的选举，与当代西方和中国的选举含义完全不同。在西方，选举的含义一开始就是与民主联系在一起的。对于 election（对应汉语中的“选举”一词）的解释有多种：《美利坚百科全书》中的解释是“选举是由那些合格的人正式参加投票来选择公职人员或决定有关政策的一项程序”；①《布莱克维尔政治学百科全书》认为，选举是一种具有公认规则的程序形式，人们据此而从所有的人或一些人中，选择一个或几个担任一定职务；《国际社会科学百科全书》认为，选举是较大的群体为自己提供一个较小的领导群体的一种方法。② 可见，虽然解释的用语不同，但是人们普遍是从公职选举的角度去理解和运用“选举”一词的。

在当代中国，人们对选举的解释也有多种：《现代汉语词典》对选举的解释是“用投票或举手方式选出代表或负责人”；③《简明政治学辞典》对选举的解释是“有广义和狭义之分。狭义上是指公民（选举人）按照法定形式，选举一定的公职人员的行为。广义上指公民（选举人）实现选举权的一种活动，是实现公民政治权利的一种方式”。④

选举制度是“选举国家各级代表机关的代表和其他公职人员的原则和制度的总称”。⑤ 即是由一系列与选举原则、选举程序、选举方法相关的法律规范形成的各种具体制度构成的整体和总称。它通常在宪法、选举法等法律中作出相关规定，主要包含选举原则、程序等。选举制度是一个国家政治制度的重要组成部分，它既是一种政治制度，也是一种法律制度，是当代民主国家实现民主的最佳手段之一。在现代社会的通常情况下，国家政权机关大多通过由公民选举的方式产生和组成，因此，选举制度已成为国家政治制度必不可少的组成部分，是整个国家政治制度的基石。我国的选举制度有广义和狭义之分，狭义上的选举制度是指《中华人民共和国全国人民代表大会和地方各级人民代表大会选举法》（以下简称《选举法》）中所规范的人大代表选举制度。广义的选举制度则是指法律规定的关于选举国家机关代表和国家公职人员的各项制度的总和。本书仅对狭义的选举制度进行介绍，即人大代表选举制度。

第二节　我国选举制度的历史发展

选举作为一种社会行为，其历史可以追溯到原始社会。虽然当时没有形成严格的制

① 胡盛仪，陈小京，田穗生．中外选举制度比较［M］．北京：商务印书馆，2000：4.

② 何怀红．选举社会及其终结［M］．上海：三联书店，1998：40.

③ 胡盛仪，陈小京，田穗生．中外选举制度比较［M］．北京：商务印书馆，2000：6.

④ 皮纯协．简明政治学辞典［M］．郑州：河南人民出版社，1986：512-513.

⑤ 中国社会科学院世界经济与政治研究所．当代世界政治实用全书［M］．北京：中国社会出版社，1993：182.

度，但选举的形式已经产生。作为萌芽形态的国家选举制度产生于奴隶制国家。在奴隶制社会中，君主制国家不存在选举制度，但在共和制国家，统治阶级却根据统治需要，通过选举组织自己的政权机关。古希腊的雅典共和国是当时实行共和制的典型。雅典人在建国初期就由居于统治地位的氏族组成贵族会议，再由贵族会议从贵族中选举四名执政官来执政。在封建社会中，也有少数封建共和制国家存在选举，例如意大利的威尼斯、热那亚、佛罗伦萨等城市共和国。资本主义社会的选举制度与资产阶级的议会制度紧密相连，因为组成议会的议员都要通过不同程度和形式的民主选举产生。英国是资产阶级夺取政权最早的国家，所以资产阶级选举制度首先在英国产生，随后在美国、法国出现。社会主义的选举制度与人民代表紧密相连。1917 年十月社会主义革命后，俄国无产阶级和劳动人民夺取政权，建立了苏维埃共和国，选举制度便在苏维埃共和国开花结果。尽管当代各国政权组织形式不同，但一般都把选举制度作为国家制度的重要组成部分。

1949 年中华人民共和国成立后，中央人民政府委员会于 1953 年颁布了中华人民共和国的第一部选举法，即《中华人民共和国全国人民代表大会和地方各级人民代表大会选举法》（以下简称《选举法》）。1953 年《选举法》根据当时的实际情况，对我国选举制度的基本原则、程序和方法作了具体规定，确立了比较完善的选举制度。1953 年《选举法》确立的基本原则是：选举权的普遍性原则，除少数地主阶级分子、反革命和其他依法被剥夺了政治权利的人以及精神病患者外，凡年满 18 周岁的公民都有选举权和被选举权；选举权的平等性原则；直接选举和间接选举并用的原则、无记名投票和举手表决并用的原则等。此外，1953 年《选举法》还对各级人大代表的名额、代表的产生、候选人的提名、选举组织和程序、选举经费等作了具体规定。1953 年《选举法》的制定和颁布，标志着中华人民共和国选举制度的建立，为我国选举制度的发展奠定了基础。

随着社会主义民主政治的发展和我国人民代表大会制度建设的需要，十一届三中全会后，我国又于 1979 年制定了新的《选举法》，并于 1982 年、1986 年、1995 年、2004 年和 2010 年、2015 年分别 6 次进行了修改和完善。1979 年《选举法》与 1953 年《选举法》相比，主要在两个方面有了新的发展：一是将直接选举扩大到县级人民代表大会代表的选举；二是将等额选举修改为差额选举。此外，1979 年《选举法》还在下列方面完善了选举制度：第一，各省、自治区、直辖市人民代表大会常委会按照法律规定的原则并根据当地的实际情况自行决定各级地方人民代表大会代表的名额；第二，明确规定每个少数民族至少应有一名全国人民代表大会的代表；第三，规定在基层直接选举中一律实行无记名投票；第四，将原来按照选民的居住状况划分选区，改为按照生产单位、事业单位、工作单位和居住状况划分选区；第五，规定如果候选人提名过多时，可以进行预选，根据较多数选民的意见，确定正式候选人名单；第六，规定各党派、团体和选民，都可以用各种形式宣传代表候选人；第七，明确必须获得选区全体选民或者选举单位全体代表的过半数选票才能当选。

1982 年第五届全国人大第五次会议通过的《关于修改〈中华人民共和国全国人民代表大会和地方各级人民代表大会选举法〉若干规定的决议》在下列方面完善了选举制度：第一，规定县、自治县行政区域内，镇的人口特多的或不属于县以下人民政府领导的企业事业组织的职工人数在全县总人口中所占比例较大的，经省、自治区、直辖市的人民代表大会常委会决定，农村每一代表所代表的人口数同镇或者企业事业组织职工每一代表所代表的人口数之比可以小于4：1直至1：1；第二，规定同一少数民族人口数不及境内总人口数15%者，每一代表所代表的人口数由原来的10%放宽到15%，并规定此类代表所代表的人口数可以比当地每一代表所代表的人口数少1/2；第三，将1979年《选举法》关于宣传候选人的规定改为“介绍代表候选人的情况”；第四，规定获得过半数选票的当选代表的名额少于应选代表名额时，“不足的名额应当在没有当选的代表候选人中另行选举，以得票多的当选，但是得票数不得少于选票的1/3”；第五，增加了“地方各级人民代表大会代表在任期内调离或者迁出本行政区域的，其代表资格自行终止，缺额另行补选”的规定。

1986年12月2日，第六届全国人民代表大会常委会第十八次会议再次修正《选举法》，在下列方面进一步完善了选举制度：第一，对少数民族和华侨进一步作出照顾；第二，规定乡、民族乡、镇的选举委员会受上一级选举委员会的领导，改变过去受本级人民政府领导的规定；第三，规定直接选举代表时，选区全体选民的过半数参加投票，选举有效，代表候选人获得参加投票的选民过半数的选票即可当选；第四，对罢免代表、补选代表和代表辞职等做了规定。

为了市场经济条件下社会主义民主政治发展的要求，1995年2月28日，第八届全国人大常委会第十二次会议再次通过修改《选举法》的决议，将《选举法》由原来的44条扩充为53条，我国现行选举制度得到了进一步完善。修改后的《选举法》规定：第一，在各级人民代表大会的代表中，应逐步提高妇女代表的比例；第二，乡、民族乡、镇的选举委员会受上一级人民代表大会常务委员会领导；第三，明确规定了地方各级人民代表大会的代表名额的确定，以及其确定和变更的程序；第四，规定省级人民代表大会和全国人民代表大会农村每一代表所代表的人口数4倍于城市每一代表所代表的人口数，进一步缩小城乡差别；第五，规定由全国人民代表大会另行规定香港特别行政区和澳门特别行政区应选全国人民代表大会代表的名额及其产生办法；第六，规定选区的规模大小及各选区每一代表所代表的人口数应大体相等的原则；第七，规定选民名单应在选举日的20天以前公布，并将初步候选人名单公布改为在选举日15天以前公布；第八，规定县以上地方各级人民代表大会在选举上一级人民代表大会代表时，提名和酝酿代表候选人的时间不少于2天，必要时还可以进行预选；第九，进一步规定代表当选的程序；第十，规定罢免代表的程序和方法；第十一，规定代表辞职的程序。

为进一步完善我国的选举制度，2004年10月27日第十届全国人民代表大会常务委员会第十二次会议通过了《关于修改〈中华人民共和国全国人民代表大会和地方各级人民代表大会选举法〉的决定》，从以下几个方面对《选举法》再次进行了修改：第一，进一步明确了地方各级人民代表大会的代表名额（见修改后的第9条）；第二，详细规定了正式代表候选人的产生程序（见修改后的第31条）；第三，完善了代表候选人的介绍制度（见修改后的第33条）；第四，完善了县、乡两级人民代表大会代表的罢免制度（见修改后的第44条）；第五，对破坏选举的刑事责任制度作了进一步的完善（见修改后的第52条）。

2010年3月14日，第十一届全国人民代表大会第三次会议通过修改《中华人民共和国全国人民代表大会和地方各级人民代表大会选举法》的决定，这标志着社会主义民主政治又向前迈出了历史性的一步。此次修改的主要内容是：第一，实行城乡按照相同人口比例选举人民代表大会代表。地方各级人民代表大会代表名额，由本级人民代表大会常务委员会或者本级选举委员会根据本行政区域所辖的下一级各行政区域或者各选区的人口数，按照每一代表所代表的城乡人口数相同的原则以及保证各地区、各民族、各方面都有适当数量代表的要求进行分配。第二，增加“选举机构”作为第二章，对选举委员会的产生、回避、职责和工作要求等分别作出具体规定。第三，确保基层代表数量。新修改的《选举法》明确规定：“全国人民代表大会和地方各级人民代表大会的代表应当具有广泛的代表性，应当有适当数量的基层代表，特别是工人、农民和知识分子代表。”第四，选举时应当设有秘密写票处。新修改的《选举法》第38条规定：“全国和地方各级人民代表大会代表的选举，一律采用无记名投票的方法。选举时应当设有秘密写票处。”第五，公民不得同时担任两个以上无隶属关系的行政区域的人民代表大会代表。第六，代表候选人应当与选民见面。新修改的《选举法》规定，选举委员会根据选民的要求，应当组织代表候选人与选民见面，由代表候选人介绍本人的情况，回答选民的问题。第七，保障依法选举。新修改的《选举法》特别增加了一条有针对性的规定：“全国人民代表大会和地方各级人民代表大会代表的选举，应当严格依照法定程序进行，并接受监督。任何组织或者个人都不得以任何方式干预选民或者代表自由行使选举权。”同时，为了及时有效查处以暴力、威胁、贿赂等手段破坏选举的行为，新《选举法》第56条规定：“主持选举的机构发现有破坏选举的行为或者收到对破坏选举行为的举报，应当及时依法调查处理；需要追究法律责任的，及时移送有关机关予以处理。”

2015年第十二届全国人民代表大会常务委员会第十六次会议通过《关于修改〈中华人民共和国地方各级人民代表大会和地方各级人民政府组织法〉、〈中华人民共和国全国人民代表大会和地方各级人民代表大会选举法〉、〈中华人民共和国全国人民代表大会和地方各级人民代表大会代表法〉的决定》，该项决定对《选举法》作了以下几个方面的修改：第一，禁止参加选举的公民直接或者间接接受境外机构、组织、个人提供的与选举有关的任何形式的资助。违反该项禁止性规定的，不列入代表候选人名单；已列入候选人名单的，从名单中除名；已经当选的，其当选无效。第二，规定当选代表名单由选举委员会或者人民代表大会主席团予以公布。第三，完善代表资格审查委员会的审查制度，包括明确依据、内容和程序，以及补选代表资格的审查。第四，明确了县级人民代表大会专门委员会成员的代表职务被罢免或者辞去代表职务的请求被接受时，其常务委员会组成人员或者专门委员会成员的职务应相应撤销或者终止，并予以公告。

第三节　我国选举制度的主要原则

一、选举权的普遍性原则

我国《宪法》第34条规定：“中华人民共和国年满18周岁的公民，不分民族、种族、性别、职业、家庭出身、宗教信仰、教育程度、财产状况、居住期限，都有选举权和被选举权；但是依照法律被剥夺政治权利的人除外。”通过以上的规定可以看出，我国公民除特殊情况外，均享有选举权及被选举权，这是我国宪法中对公民普遍选举权的相关规定。

早在18世纪的美国，激进主义平等派人士提出口号“无选举权则不纳税”，并建议任何一个年满18周岁的公民都应当享有选举权，并极力主张全体公民应在政治上享有完全平等的地位，这成为了普遍选举权原则的最初来源。1789年法国大革命通过的《人权与公民权宣言》是最早规定普选权的成文法典。实现人民主权的重要条件是看其公民是否享有普选权，这也是衡量一国民主化程度的重要标准之一。通过西方近代史可以看出，虽然美国《独立宣言》、法国《人权宣言》中早已规定，人人生而平等，应平等地享有选举权，但在绝大多数资本主义国家，都或多或少地存在过对选举权的限制，如对种族、性别、教育程度、居住期限、财产状况等进行严格规定。①

在我国，选举权的普遍性主要体现在如下几个方面：第一，我国法律规定，凡是年满18周岁的中华人民共和国公民，没有被剥夺政治权利的，均享有选举权和被选举权。这一规定表明我国对于公民的选举权没有资格的限制。公民享有选举权或参加选举只需要具备三个条件：中华人民共和国公民；年满18周岁；依法享有政治权利。第二，我国《选举法》明确规定，性别、民族、种族、财产状况、居住期限、受教育程度等外在条件，均不能作为公民行使选举权与被选举权的限制条件，也不得成为公民是否享有选举权和被选举权的资格条件。在外国，公民的选举权往往受到民族、种族、性别、宗教信仰、受教育程度、财产状况和居住年限等因素的限制。如法国、比利时要求居住6个月以上才有选举权，泰国甚至规定必须住满20年才有选举权。比较而言，我国没有这些方面的限制条件。第三，从选举实践来看，我国于1953年进行的直接选举中，年满18周岁的公民中大约有2.87%的人没有列入选民名单；1981年在县级以下直接选举过程中，年满18周岁的公民中大约有0.03%的人没有被列入选民名单。从这一数据可以看出，在我国年满18周岁的公民中，有较高比例的人群享有选举权和被选举权。第四，根据我国法律规定，凡是没有被人民法院剥夺政治权利的公民均可以享受选举权，包括被人民法院判处有期徒刑、拘役、管制而没有附加剥夺政治权利的，正在接受拘留或劳教的，正在取保候审或被监视居住的，正在接受侦查、起诉、审判，而未被人民法院决定暂时停止其选举权利的公民。

二、选举权的平等性原则

选举权的平等性原则是指凡是选民在权利和地位上是平等的，每人在每次选举中只有一次投票权，并且每票的价值相等。

平等选举权原则，通过汲取“人人生而平等”的理念，在选举制度形成与发展的过程中逐步完善，主要包括如下两层含义：其一，选举权利平等，公民不论任何人，均平等地享有选举权，并不受任何歧视与资格限制；其二，“一人一票”原则，即任一公民在任一次选举当中仅有一个表决权，每张选票效力相等、影响同等，不因投票人的不同而有所

① 王玉明．选举论［M］．北京：中国政法大学出版社，1992：126.

区别，正如罗尔斯曾说，当每一个拥有选举权的人都有一张选票的规则被严格坚持时，它意味着每张选票在决定选举结果中具有大致相同的分量。我国《选举法》第 4 条规定，“每一选民在一次选举中只有一个投票权”，就是充分体现了这一原则。这一原则体现为：第一，参选权上的平等。根据《选举法》的规定，年满 18 周岁的中国公民，除被依法剥夺政治权利者外，在享受选举权和被选举权方面，均不因民族、种族、性别、职业、家庭出身、宗教信仰、教育程度、财产状况和居住期限等方面的差别而享受特权或受到歧视。第二，投票权上的平等。即每一选民在一次选举中只有一个投票权，所有有效选票都具有相等的法律效力。第三，代表名额上的平等。根据《选举法》的规定，我国地方各级人民代表大会代表名额是按照基数加人口数来计算，并使各民族、各地区、各方面都能有适当数量代表的原则统一确定的，这便体现了被选举权上的平等和重视实际上的平等。此外贯彻实施选举法还要注意体现法律所规定的被提名权上的平等，即选民或代表依法联名提出的代表候选人，与各政党、各人民团体所联合或者单独推荐的代表候选人，具有同等的法律地位，都应当依法列入初步候选人名单。

三、直接选举和间接选举并用的原则

直接选举模式是选民以选区为单位直接投票，从候选人中选出国家权力机关组成人员；间接选举模式是选民在本选区内先选举出本级人民代表大会代表，由该人民代表大会代表再通过投票选举产生上一级人民代表大会代表和本级国家机关组成人员。按照我国《选举法》的规定，在不设区的市及以下各级行政区划的人民代表大会代表由选民直接选举产生；市级以上人民代表大会代表由下一级人民代表大会选举产生。也即在县乡两级实行直接选举，在市级以上实行间接选举。

我国实行直接选举和间接选举并用的民主选举制度是从 1953 年开始的。基于当时的实际情况 ,《选举法》只规定基层人民代表大会的代表由直接选举产生，县以上（包括县）地方各级人民代表大会和全国人民代表大会代表都由间接选举产生。随着政治、经济、文化和交通等各方面的发展，1979 年《选举法》将直接选举扩大到县级。30 多年来，特别是党的十一届三中全会以来的实践证明，直接选举和间接选举并用的民主选举制度，既符合我国的国情，又能使人民当家做主的民主权利得到较好的实现。

四、秘密投票原则

秘密投票选举原则，是 19 世纪中期英国工人阶级在争取普选权的斗争中提出来的选举原则。这种选举制度相对于举手表决制度与公开投票制度而言更具有实践意义。它是选举中的一种表决方式，其基本特征是，选票上不注明选举人的姓名，选票由选举人亲自填写，而且可以在秘密投票处填写选票，并由选举人本人将选票投入特制的票箱。

秘密选举也是我国现行选举制度的一项基本原则。作为一项基本原则，秘密选举经历了一个逐步确立的过程。早在新民主主义革命时期，中国共产党领导广大劳动人民群众在各革命根据地范围内，就曾开展过一系列民主选举活动。这个时期的选举表决采用过烧香、投豆、举手、投票等表决方式。1953 年中华人民共和国第一部《选举法》采用的是举手与投票并用的表决方式。在选举制度不完善，尤其是选举人的文化程度普遍不高，参

政经验普遍不足的情况下，采用上述表决方式有其客观必然性。但是，由于这类表决方式具有不同程度的公开性，不利于充分表达选举人的意志。经过20多年的社会实践，我国的政治、经济、文化有了根本的发展，选举人的政治素质、文化程度普遍有所提高，采用秘密投票的表决方式已具备客观的可能性，因此，自1979年起，《选举法》明确规定，全国和地方各级人民代表大会的换届选举，一律采用无记名投票的方式进行。选民如果是文盲或者因残疾不能写选票，可以委托他信任的人代写。《全国人民代表大会议事规则》规定，全国人民代表大会全体会议在进行国家机构组成人员的选举或者决定任命时，设秘密写票处。我国《选举法》第39条规定："全国和地方各级人民代表大会代表的选举，一律采用无记名投票的方法。选举时应当设有秘密写票处。"秘密投票原则体现了民主的本质，保障了选民的自由选举权，是适应我国文化与现实需要的选举原则。

五、选举权利保障原则

我国《选举法》第7条规定："全国人民代表大会和地方各级人民代表大会的选举经费，列入财政预算，由国库开支。"由国库开支是指由国家财政支出，而不是由机关单位或选民个人支出。这一规定从物质上保障了选民根据自己的意愿投票，保障了候选人不因经济条件的差别而在选举时受到限制。除此之外，国家还提供必要的物质设施，如电台、电视等帮助和支持选举活动。

我国《选举法》第57条规定了"国家对破坏选举的制裁"。为了保障选民和代表自由行使选举权和被选举权，对有下列违法行为的，应当依法给予行政处分或刑事处分：以金钱或者其他财物贿赂选民或者代表，妨害选民和代表自由行使选举权和被选举权的；以暴力、威胁、欺骗或者其他非法手段妨害选民和代表自由行使选举权和被选举权的；伪造选举文件、虚报选举票数或者有其他违法行为的；对于控告、检举选举中违法行为的人，或者对于提出要求罢免代表的人进行压制、报复的。这一规定就是《选举法》对选民和代表行使选举权的具体和直接的保障。

第四节　我国选举的程序

一、选举组织机构

选举组织是选举法规定的负责和主持各级人民代表大会代表选举工作的机构。我国的选举组织依直接选举和间接选举的不同而分别设立。县级以上各级人民代表大会代表的选举，由本级人民代表大会常委会作为选举组织负责和主持。县级以下（包括县级）的各级人民代表大会代表的选举，成立选举委员会负责和主持。我国《选举法》第8条对此作了明确规定："全国人民代表大会常务委员会主持全国人民代表大会代表的选举。省、自治区、直辖市、设区的市、自治州的人民代表大会常务委员会主持本级人民代表大会代表的选举。不设区的市、市辖区、县、自治县、乡、民族乡、镇设立选举委员会，主持本级人民代表大会代表的选举。不设区的市、市辖区、县、自治县的选举委员会受本级人民代表大会常务委员会的领导。乡、民族乡、镇的选举委员会受不设区的市、市辖区、县、自治县的人民代表大会常务委员会的领导。”可见人民代表大会常委会和选举委员会就是主持选举的组织。选举委员会一般设立主任1人，副主任若干人，委员若干人。不设区的市、市辖区、县、自治县的选举委员会受本级人民代表大会常委会的领导；乡、民族乡、镇的选举委员会受不设区的市、市辖区、县、自治县的人民代表大会常委会的领导。它们要接受省、自治区、直辖市、社区的市、自治州的人民代表大会常委会对选举工作的指导。选举委员会可下设办事机构，办理选举中的具体事宜。选举委员会的主要职责包括：主持选举；进行选民登记，审查选民资格，公布选举名单，受理选民的申诉并作出处理；划分选区，分配各选区代表的名额；根据多数选民的意见，确定和公布正式代表候选人名单；确定选举的结果是否有效；公布当选代表的名单。选举工作完成后，选举委员会及其所属选举工作机构即行撤销。

二、选举程序

根据《选举法》的规定，我国的选举程序包括：划分选区、选民登记、代表候选人提名、投票、公布选举结果和对代表的罢免以及补选等程序。

（一）选区划分

选区是进行选举的基本单位，是以一定的人口数为基础划分的选举代表的区域。选区的划分应坚持一定的原则，除了方便选民参加选举，保障选民的选举权和被选举权外，还有因选举制度以及选举的特殊要求而确立的原则。据此，《选举法》作了灵活的规定：“选区可以按居住状况划分，也可以按生产单位、事业单位、工作单位划分。”这样既有利于选民选出自己真正满意的代表，加强选民对代表的监督，也能使代表在任期内联系选民，听取选民的意见。选区的大小，按照每一选区选1~3名代表划分，在每一选区中，每一代表所代表的人口数应大体相等。

（二）选民登记

选民登记是确认选民资格的行为。其意义一方面在于它直接关系到公民是否享有选举权和被选举权，另一方面，又有助于确定法定的当选票数，关系到选举的结果。因此，选民登记无论对公民还是对国家都很重要，必须严肃认真，做到不错不漏不重。根据《选举法》的规定，选民登记按照选区进行，经过登记确认的选民资格长期有效。每次选举前对上次选民登记以后新满18周岁的公民，以及被剥夺政治权利期满恢复政治权利的选民，予以登记；对选民经登记后迁出原区的，列入新迁入地选区的选民名单；对死亡的和依照法律被剥夺政治权利的人，从选民名单上除名；精神病患者不能行使选举权利的，经过选举委员会确认，不列入选民名单。选民名单应在选举日的20日以前公布，实行凭选民证参加投票的，应当发给选民证。对公布的选民名单有不同意见的，可以向选举委员会提出申诉。选举委员会对申诉意见，应在3日内作出处理决定。申诉人如果不服，可以在选举日的5日以前向法院起诉，人民法院在选举日以前作出判决。人民法院的判决是最后的决定。

（三）代表候选人的提出

《选举法》第29条第1款规定：“全国和地方各级人民代表大会的代表候选人，按选区或者选举单位提名产生。”候选人的提出直接关系到代表是否就是人民满意的代表以及代表在国家权力机关中能否反映人民的意志，因此，代表候选人提名是选举程序的重要环节。我国各级人民代表大会代表候选人的提名建立在广泛征求意见，反映大多数选民共同意愿的基础上，体现了选民的民主性。《选举法》规定，各政党、各人民团体，可以联合或者单独推荐代表候选人。选民或者代表，10 人以上联名，也可以推荐代表候选人。推荐者应向选举委员会或者大会主席团介绍候选人的情况。对于推荐的候选人，由选举委员会或大会主席团根据多数选民或代表的意见，确定正式的代表候选人的名单。

《选举法》规定，全国和地方各级人民代表大会代表候选人的名额，应多于应选代表的名额。这体现了差额选举的原则。根据《选举法》的规定，由选民直接选举代表的候选人名额，应多于应选代表的 1/3～1 倍；由地方各级人民代表大会选举上一级人民代表大会代表候选人的名额，应多于应选代表名额 1/5～1/2。

正式的代表候选人产生后，选举委员会或人民代表大会主席团应当向选民或者代表介绍代表候选人的情况。推荐代表候选人的政党、人民团体和选民、代表可以在选民小组或代表小组会议上介绍所推荐的代表候选人的情况。介绍代表候选人的情况，应该对候选人的情况作全面介绍，包括经历、品德、政治素质、参政和议政能力、文化水平等，使选民和代表能作出符合自己意愿的判断和选择。

（四）投票选举

投票选举是选民以投票的方法，表达选举意向的选举阶段，选民可以投赞成票、反对票，可以另选其他任何选民，也可以弃权。《选举法》规定在选民直接选举人民代表大会代表时，选民根据选举委员会的规定，凭身份证或者选民证领取选票。投票选举由选举委员会主持。各选区设立投票站、流动票箱或者召开选举大会组织投票。在间接选举人民代表大会代表时，人民代表大会主席团主持选举。

全国和地方各级人民代表大会代表的选举投票，一律采用无记名的方法。每一选民在一次选举中只有一个投票权，如果在选举期间外出，经选举委员会同意，可以书面委托其他选民代为投票，但每一选民接受的委托不得超过 3 人。

（五）公布选举结果

投票结束后，选举进入公布选举结果阶段。首先要确定选举是否有效。由选民或者代表推选的监票、计票人员和选举委员会或者人民代表大会主席团的成员将投票人数和票数加以核对，作出记录，并由监票人签字。每次选举所投的票数，多于投票人数的无效，等于或少于投票人数的有效；每一选票所选的人数，多于规定应选代表人数的作废，等于或少于规定应选代表人数的有效。同时在直接选举时还必须要求选区全体选民的过半数参加，否则选举无效。其次，依法确定当选人员。《选举法》规定，在直接选举时，候选人必须获得全体代表的过半数的选票时，始得当选。如果获得过半数的代表名额超过应选代表名额时，以得票多的当选。如果票数相等，不能确定当选人时，应当就票数相等的候选人再次投票，以得票多的当选。如果获得过半数选票的当选代表的人数少于应选代表的名额时，不足的另行选举，以得票多的当选，但是得票数不得少于选票的 1/3，间接选举时候选人仍必须达到全体代表的过半数选票。最后，由选举委员会或者人民代表大会主席团依法确定选举结果是否有效，并予以宣布。

第五节　对代表的监督和罢免

在选举制度中，选举权和监督罢免权应该是不可分割的整体。可以说监督罢免权是选举权的延伸，是对选举权的一种特殊保护。因此，我国《选举法》规定，全国和地方各级人民代表大会代表受选民和选举单位的监督，选民或选举单位有权罢免自己选出的代表。

一、对代表的罢免和补选

对代表的罢免既是行使选举权的重要方面，也是人民对代表进行监督的最有力的措施。我国《选举法》以专章规定了对代表的罢免问题。根据《选举法》的规定，直接选举的代表，原选区选民 30 人以上联名可以向县级人民代表大会常委会提出罢免要求，被提出罢免的代表有权在选民会议上提出申辩意见，也可以书面提出申辩意见，然后由县级人民代表大会常委会将罢免要求和书面申辩意见印发原选区选民。表决罢免要求由县级人民代表大会常委会派有关负责人主持。罢免案须经原选区过半数的选民通过。对于间接选举的代表，在大会开会期间，主席团或 1/10 以上代表联名，可以提出对本级人民代表大会选出的上一级人民代表大会代表的罢免案；在大会闭会期间，人民代表大会常委会主任会议、人民代表大会常委会 1/5 以上组成人员联名，可以向人民代表大会常委会提出由该级人民代表大会选出的上一级人民代表大会代表的罢免案。被提出罢免的代表有权在主席团会议、大会全体会议、人民代表大会常委会主任会议、常务委员会全体会议上提出申辩意见，或者书面提出申辩意见。罢免案经审议后由全体会议表决，一般要求在开会期间经过半数代表的通过，闭会期间经人民代表大会常委会组成人员的过半数通过。罢免的决议报上一级人民代表大会常委会备案。如果被罢免的代表是常委会组成人员或专门委员会组成人员，那么其代表职务被罢免后，其常委会组成人员或专门委员会组成人员的职务相应被撤销。

《选举法》第 56 条规定，代表在任期内，因故出缺，由原选区或者原选举单位补选。地方各级人民代表大会代表在任期内调离或者迁出本行政区域的，其代表资格自行终止，缺额另行补选。县级以上的地方各级人民代表大会闭会期间，可以由本级人民代表大会常务委员会补选上一级人民代表大会代表。补选出缺的代表时，代表候选人的名额可以多于应选代表的名额，也可以同应选代表的名额相等。补选的具体办法，由省、自治区、直辖市的人民代表大会常务委员会规定。

二、代表的辞职

我国《选举法》规定了代表的辞职程序。《选举法》第 54 条规定，全国人民代表大会代表，省、自治区、直辖市、设区的市、自治州的人民代表大会代表，可以向选举他的人民代表大会的常务委员会书面提出辞职。常务委员会接受辞职，须经常务委员会组成人员的过半数通过。接受辞职的决议，须报送上一级人民代表大会常务委员会备案、公告。县级的人民代表大会代表可以向本级人民代表大会常务委员会书面提出辞职，乡级的人民代表大会代表可以向本级人民代表大会书面提出辞职。县级的人民代表大会常务委员会接受辞职，须经常务委员会组成人员的过半数通过。乡级的人民代表大会接受辞职，须经人民代表大会过半数的代表通过。接受辞职的，应当予以公告。

三、代表资格的终止和停止

根据2015年8月29日第十二届全国人民代表大会常务委员会第十六次会议《关于修改〈中华人民共和国全国人民代表大会和地方各级人民代表大会代表法〉的决定》第三次修正，第48条规定，代表有下列情形之一的，暂时停止执行代表职务，由代表资格审查委员会向本级人民代表大会常务委员会或者乡、民族乡、镇的人民代表大会报告：因刑事案件被羁押正在受侦查、起诉、审判的；被依法判处管制、拘役或者有期徒刑而没有附加剥夺政治权利，正在服刑的。前款所列情形在代表任期内消失后，恢复其执行代表职务，但代表资格终止者除外。第49条规定，代表有下列情形之一的，其代表资格终止：(1) 地方各级人民代表大会代表迁出或者调离本行政区域的；(2) 辞职被接受的；(3) 未经批准两次不出席本级人民代表大会会议的；(4) 被罢免的；(5) 丧失中华人民共和国国籍的；(6) 依照法律被剥夺政治权利的；(7) 丧失行为能力的。

【案例10-1】

湖南衡阳贿选案①

在2012年12月28日至2013年1月3日召开的湖南省衡阳市第十四届人民代表大会第一次会议上，527名市人民代表大会代表出席会议，并从93名代表候选人中差额选举出了76名湖南省人民代表大会代表。然而经查证在此次选举中，56名当选的省人民代表大会代表存在送钱拉票的行为，涉案金额高达1.1亿元人民币；同时，518名衡阳市人民代表大会代表和68名工作人员收受钱物。湖南省有关各级人民代表大会常委会对此事件的处理主要包括三个方面：第一，对于以贿赂手段当选的56名省人民代表大会代表，在2013年12月27日至12月28日举行的湖南省十二届人民代表大会常委会第六次会议上被确认并公告"当选无效"。第二，对于收受钱物的518名衡阳市人民代表大会代表，原选举单位的人民代表大会常委会和军人代表大会分别接受516名衡阳市人民代表大会代表辞去代表职务。② 第三，对于因516名代表资格终止后出现巨大空缺的衡阳市人民代表大会及其常委会，湖南省十二届人大常委会第六次会议通过《关于成立衡阳市第十四届人民代表大会第三次会议筹备组的决定》，授权筹备组行使相关职权。

---

① 蒙志军. 我省严肃查处衡阳破坏选举案［DB/OL］.［2017-07-21］. 湖南日报网，http：//hnrb.voc. com. cn/article/201312/201312281959021647. html.

② 对此数据有不同的报道。《湖南日报》2013年12月29日的报道与2013年12月28日发布的《衡阳市第十四届人民代表大会第三次会议筹备组公告（第1号）》的数据不一致，在此以正式发布的筹备组公告为准。

点评：“当选无效”，是代表资格的一种效力认定机制，是指代表候选人在选举过程中以非法手段获取代表资格，其代表资格无效。《选举法》第 57 条规定了导致代表资格归于无效的四种违法行为：“（1）以金钱或者其他财物贿赂选民或者代表，妨害选民和代表自由行使选举权和被选举权的；（2）以暴力、威胁、欺骗或者其他非法手段妨害选民和代表自由行使选举权和被选举权的；（3）伪造选举文件、虚报选举票数或者有其他违法行为的；（4）对于控告、检举选举中违法行为的人，或者对于提出要求罢免代表的人进行压制、报复的。衡阳贿选事件属于典型的第一类违法行为。案件事实查清后，湖南省十二届人大常委会第六次会议依《选举法》第 57 条第 1 款和第 3 款的规定，确认并公告 56 名通过贿赂手段从衡阳市选出的省人民代表大会代表“当选无效”。

辞职，是指人民代表大会代表主动地请求辞去其代表职务要求不再享有代表权利，不再履行代表义务的行为。衡阳贿选事件被查实后，衡阳市人民代表大会代表中接受贿赂的代表及相关代表集体辞职，根据《衡阳市第十四届人民代表大会第三次会议筹备组公告（第 1 号）》，原选举单位的人民代表大会常委会和军人代表大会分别接受 516 名衡阳市人民代表大会代表辞去代表职务，筹备组据此确认其“代表资格终止”。“辞职被接受”是“代表资格终止”的常见情形之一。《代表法》第 49 条规定了导致代表资格终止的七项事由，该七项事由可以分为两大类“辞职被接受”和“被罢免”导致的代表资格终止，以经过选举法上的特定程序为前提，也是最受关注的两项事由；两者之间的区别也是清晰的，辞职以基于代表自愿的主动申请为前提，罢免则基于罢免案而被动启动，两项程序的对抗性也由此不同。其他五项事由则属于无须经过选举法上的特定程序而自动进人本级人民代表大会常委会确认并公告“代表资格终止”的程序。

【司法考试关联知识点】

本章司法考试的关联知识点包括：第一，选举制度的基本原则：（1）选举权的普遍性原则；（2）选举权的平等性原则，注意不同级别的地方人民代表大会代表的名额和比例；（3）直接选举和间接选举并用的原则，注意直接选举与间接选举的分界，直接选举的选区划分标准。第二，选举的组织和程序。第三，对代表的监督，重点注意代表资格丧失的几种情形。

第十一章　中央国家机关

【学习目的与要求】 国家机构是我国宪法的主要内容之一，中央国家机关包括全国人民代表大会及其常务委员会、国家主席、国务院、国家监察委员会、最高人民法院和最高人民检察院、中央军委。本章内容主要为中央各个国家机关的性质、地位、组成、任期、职权、活动原则等，要求学习掌握《宪法》、《全国人民代表大会组织法》、《国务院组织法》、《选举法》、《立法法》等相关法条内容。

【引例】

国家监察机构改革：从试点到正式确立

2016年11月7日，中共中央办公厅印发了《关于在北京市、山西省、浙江省开展国家监察体制改革试点方案》，开始监察改革的试点。2016年12月25日，全国人大常委会高票通过了在北京市、山西省、浙江省开展国家监察体制改革试点工作的决定，监察体制改革正式步入法治轨道，监察委员会改革工作有序推进，取得重要阶段性成果，探索积累了成功经验。2017年全国人大常委会批准了在全国各地推开国家监察体制改革试点的方案，监察体制改革在全国范围内推进，取得了良好的效果。2018年3月11日第十三届全国人民代表大会第一次会议通过了《中华人民共和国宪法修正案》，修正案第52条正式确立了监察委员会制度，设专节对监察委员会做了原则性规定。2018年3月20日第十三届全国人民代表大会第一次会议通过《中华人民共和国监察法》，在法律上细化规定了监察委员会制度。

点评： 监察委会员制度从试点到正式确立的这一过程，生动地展现了宪法作为国家的根本大法，在配置国家权力，设置国家机构方面的根本效力。监察委员会作为人民代表大会，行政机关，法院与人民检察院及军事机关之外的专设国家机构，这一机构的设置和职权配置必须要由宪法加以规定，再由法律加以细化，才是正式的制度确立。国家机构的设置改革必须在法治的轨道上开展。此外，这一过程也展现出，宪法和法律作为统治阶级意志集中体现的原理。

第一节　国家机构概述

一、国家机构的概念与特点

国家机构是统治阶级为实现其统治职能，而建立起来的一整套有机联系的政治组织。

国家机构是国家职能的外在载体，有国家必有国家机构，只是不同的历史时期，不同的社会形态，国家机构的称呼不尽相同。国家机构一般包括所有的国家机关，各个国家机关之间相互联系、互有分工，统一形成一个完整的组织体系。于现代国家而言，国家机构一般包括立法机关、行政机关、司法机关、军事机关等。

国家机构不同于一般的社会组织，它有如下特点：第一，阶级性。国家机构是统治阶级的政治组织，其代表的是统治阶级的意志和利益。第二，强制力。国家机构行使权力是以国家强制力作为后盾，来实现其组织目的。第三，组织性。宪法和法律对于国家机构的设置、职权、职责等作出明确规定，各机关依据宪法和法律分工合作、协调配合，如一台复杂又精密的机器般统一、高效运行。

二、国家机构的本质与分类

统治阶级设置国家机构的目的就是为了使其满足统治阶级进行统治的需要。因而，一个国家的阶级本质决定了其国家机构的阶级本质。我国是人民民主专政的社会主义国家，因此，我国国家机构的本质就是人民民主专政。

现代国家的国家机构非常复杂，以不同的标准可以划分为不同的类别：

（1）横向上，依行使职权不同划分，西方国家一般依立法、行政、司法将国家机构分为立法机关、行政机关、司法机关。而社会主义国家依据国家权力统一原则分为权力机关、行政机关、司法机关和军事机关等。

（2）纵向上，依所处地位不同划分，在单一制国家，一般分为中央国家机关和地方国家机关。在联邦制国家，一般分为联邦国家机关和各联邦的地方国家机关。

就我国而言，横向上包括国家权力机关、国家主席、行政机关、国家军事领导机关、监察机关、审判机关和检察机关。纵向上，我国中央国家机关包括全国人民代表大会及其常务委员会、国家主席、国务院、中央军事委员会、国家监察委员会、最高人民法院、最高人民检察院。我国地方国家机关包括地方各级人民代表大会及其常务委员会、地方各级人民政府、地方各级监察委员会、地方各级人民法院和人民检察院、民族自治地方机关和特别行政区机关。

三、我国国家机构的活动原则

依据我国《宪法》的规定，我国国家机构的活动原则包括：

（一）民主集中制原则

《宪法》第 3 条规定："中华人民共和国的国家机构实行民主集中制的原则。"民主集中制是民主与集中相结合的制度，即在民主基础上的集中、在集中指导下的民主。具体到国家机构表现为：第一，产生方式上，国家权力机关由民主选举产生，国家行政机关、国家监察机关、司法机关、军事机关等由国家权力机关选举或决定产生；第二，责任体制上，按国家机关的工作性质和特点的不同分为集体负责制和个人负责制，国家权力机关和司法机关实行集体领导体制，国家行政机关和军事机关实行首长个人负责制；第三，具体工作上，既遵循中央的统一领导，也尊重地方的自主权。

（二）法治原则

首先，国家机关的组织和活动都必须依法进行，《宪法》第 5 条规定：“中华人民共和国实行依法治国，建设社会主义法治国家。”其次，任何国家机关的权力行使都必须符合宪法和法律的要求，一切国家机关和武装力量、各政党和各社会团体、各企业事业组织都必须遵守宪法和法律。最后，所有国家机关都要求对法律负责，一切违反宪法和法律的行为，必须予以追究。

（三）精简、效率和服务原则

《宪法》第 27 条规定：“一切国家机关实行精简的原则，实行工作责任制，实行工作人员的培训和考核制度，不断提高工作质量和工作效率，反对官僚主义。一切国家机关和国家工作人员必须依靠人民的支持，经常保持同人民的密切联系，倾听人民的意见和建议，接受人民的监督，努力为人民服务。”国家机构具有庞大而复杂的体系，为了更好地运行国家权力，管理国家事务，保证政令畅通、提高工作质量和效率，就必须精简机构设置，简政放权，严格执行公务员制度，提高工作人员素质。同时秉持为人民服务宗旨，联系群众，走群众路线，接受人民的监督，努力为人民做好服务工作。

第二节　全国人民代表大会及其常务委员会

一、代议机关概述

代议机关又称为代表机关、权力机关、立法机关，是现代民主政治基础上建立的代议制的载体，通过选举方式产生并代替人民行使国家权力的国家机关。不同的国家对于代议机关地位的认定不同。有的国家以代议机关为国家最高权力机关，有的国家以代议机关为最高立法机关，还有的国家虽以代议机关为立法机关，但并非最高立法机关。因此，对代议机关的称呼也存在多种情况，西方国家一般称之为“国会”、“议会”者居多，社会主义国家一般称之为“人民代表会议”。

需要注意的是，代议机关和代议制度是有所区别的两个概念，两者的性质也是不同的。代议机关是指一个具体的国家机关，而代议制度是指以这一机关为核心和内容的一整套国家政权组织制度。即代议机关是代议制度原则和内容的具体化、结构化。如我国的政权组织形式为人民代表大会制度，在此制度下建立和运行全国及地方人民代表大会。

第一，关于代议机关的性质，即代议机关代表了谁的问题，各国学者有不同认识，主要有委托说、代表说和国家机关说。委托说认为议员与其选民的关系为委托关系，议员的活动乃是委托活动。代表说认为全体议员代表全体人民，议员被选举出来后并不属于其选区的受托人。国家机关说认为代议机关就是国家机关，议员与选民之间不存在委托关系，也不存在代表关系。

第二，关于代议机关的组织机构，基本可以划分为一院制、两院制和多院制。一院制不容易引起内部冲突，更有利于立法和通过议案，避免妨碍社会的改革和进步。两院制可以预防议会的专横，对立法和议案通过更为不易且谨慎。多院制存在多个立法机构，共同行使立法权，只有较少数的国家采用这一制度。

第三，关于代议机关的职权，因不同国家对于代议机关地位的认定不同，所以代议机关的职权也存在不同情况。多数西方议会的职权主要有立法权、监督权、财政权。我国全国人民代表大会的职权有立法权、决定权、任免权和监督权等。

二、全国人民代表大会

在我国，代议机关是指全国人民代表大会，全国人民代表大会常务委员会是其常设机关。关于全国人民代表大会的性质、地位、组成、任期、职权等都由我国《宪法》加以规定。

（一）性质和地位

《宪法》第57条规定："中华人民共和国全国人民代表大会是最高国家权力机关。"全国人民代表大会在整个国家机构体系中居于最高地位。首先，它是全国人民的代表机关，集中代表全国人民的意志和利益。其次，其行使的乃是国家最高权力，拥有国家立法权，通过宪法和法律将其他事务的处理权授权给其他国家机关。最后，其他国家机关都由全国人民代表大会产生，任何国家机关都不得超越于全国人民代表大会之上，也不能与其并列。

（二）组成和任期

《宪法》第59条规定："全国人民代表大会由省、自治区、直辖市、特别行政区和军队选出的代表组成。各少数民族都应当有适当名额的代表。"全国人民代表大会代表的名额不超过3000人。名额的分配由全国人民代表大会常务委员会根据人口比例为基准分配，适当照顾城乡之间、少数民族等。全国人民代表大会每届任期5年。为保证任期届满新的一届及时更替，在全国人民代表大会任期届满的2个月以前，全国人民代表大会常务委员会必须完成下届全国人民代表大会代表的选举。

（三）会议制度

全国人民代表大会的工作方式主要为举行会议。会议分为常规会议、临时会议和秘密会议三种。常规会议一般在每年第一季度举行一次，由全国人民代表大会常务委员会召集。如果全国人民代表大会常务委员会认为必要，或者有1/5以上的全国人民代表大会代表提议，可以临时召集全国人民代表大会会议。全国人民代表大会会议一般公开举行，必要时经主席团和各代表团团长会议决定，可以举行秘密会议。会议会期一般为半个月，须有2/3以上的代表出席方得举行。

会议的形式有预备会议、主席团会议、代表团会议。每次会议前由全国人大常委会主持召集预备会议，选举主席团和秘书长，讨论大会议程和准备事项。大会正式召开举行代表团会议，一般分为代表团全体会议和代表团小组会议。举行会议时，法律规定国务院和中央军委组成人员，最高人民法院院长和最高人民检察院检察长列席会议。由于中国人民政治协商会议也同时召开，全体政协委员列席全国人民代表会议。

（四）职权

根据《宪法》第62条的规定，全国人民代表大会行使以下六个方面的权力：

（1）有权修改宪法。宪法作为国家的根本大法，只有作为国家最高权力机关的全国人民代表大会才有权修改。宪法的修改，由全国人民代表大会常务委员会或者1/5以上的全国人民代表大会代表提议，并由全国人民代表大会以全体代表的2/3以上的多数通过。

（2）有权制定和修改基本法律。基本法律是指那些涉及公民基本权利和义务，关系到整个国家和社会生活，关系到全国人民利益的重要法律。如刑事、民事、诉讼、国家机构、公民基本权利和义务等方面的法律。

（3）国家领导任免权。全国人民代表大会有权选举全国人民代表大会常务委员会委员长、副委员长、秘书长和委员；选举中华人民共和国主席、副主席；根据中华人民共和国主席的提名，决定国务院总理的人选；根据国务院总理的提名，决定国务院副总理、国务委员、各部部长、各委员会主任、审计长、秘书长的人选；选举中央军事委员会主席，根据中央军事委员会主席的提名，决定中央军事委员会其他组成人员的人选；选举国家监察委员会主任，根据国家监察委员会主任的提请，任免国家监察委员会副主任、委员；选举最高人民法院院长和最高人民检察院检察长。以上由它所选举、决定产生的人员，全国人民代表大会有权依照法定程序予以罢免。

（4）国家重大问题决定权。包括审查和批准国民经济和社会发展计划和计划执行情况的报告；审查和批准国家的预算和预算执行情况的报告；批准省、自治区和直辖市的建置；决定特别行政区的设立及其制度；决定战争与和平的问题等。

（5）最高监督权。全国人民代表大会有权监督宪法和法律的实施。由全国人民代表大会监督宪法的实施，对于国家机关和工作人员的违宪行为作出审查和处理决定。全国人民代表大会有权改变或撤销其常务委员会制定的不适当的法律。全国人民代表大会有权监督由其产生的其他国家机关。听取、建议修改和通过国务院的工作报告，撤销其不适当的行政法规、决定和命令；听取最高人民法院、最高人民检察院的工作报告；中央军委也要向全国人大负责。

（6）应当由最高国家权力机关行使的其他职权。

（五）工作程序

全国人民代表大会的主要工作是讨论、审议并通过议案，选举和罢免国家领导人。其程序一般为：

1. 提出议案

有权提出一般议案的主体包括：全国人民代表大会主席团、全国人民代表大会常务委员会、全国人民代表大会各专门委员会、国务院、中央军委、最高人民法院、最高人民检察院，以及1个代表团或者30名以上代表。宪法的修改，则需要全国人民代表大会常务委员会或者1/5以上的全国人民代表大会代表提议。

2. 审议议案

对国家机关提出的议案，由主席团决定交各代表团审议，或者并交有关的专门委员会审议并提出报告，再由主席团审议决定提交大会表决；对代表团或者30名以上代表提出的议案，由主席团决定是否列入大会议程，或者先交有关的专门委员会审议，提出是否列入大会议程的意见，再决定是否列入大会议程。

3. 表决议案

宪法修正案需全体代表2/3以上通过，法律和其他议案由全国人民代表大会以全体代表的过半数通过。表决结果由会议主持人当场宣布。

4. 公布议案

法律议案由国家主席以主席令形式发布。其他议案由全国人大主席团发布公告公布，或者由国家主席发布命令公布。

（六）全国人民代表大会各专门委员会

由于全国人民代表大会会期较短，当许多国家重大决策和议案涉及较为专业性、技术性的问题时，需要专门人员组成专门委员会处理具体的审议工作。各专门委员会隶属于全国人民代表大会，其成员也是从全国人民代表大会代表中选举产生受全国人民代表大会的领导。全国人民代表大会闭会期间，受全国人民代表大会常务委员会领导。

专门委员会目前共有9个常设委员会：民族委员会、宪法和法律委员会、财政经济委员会、教育科学文化卫生委员会、外事委员会、华侨委员会、内务司法委员会、环境保护委员会、农业与农村委员会。

专门委员会的任期与全国人民代表大会任期一致为5年，其工作任务主要是审议全国人民代表大会主席团或者全国人民代表大会常务委员会交付的议案，提出与本委员会相关职权范围内的议案，以及对相关领域问题进行调查研究等。全国人民代表大会及其常务委员会认为必要的时候，就特定问题还可以成立临时性委员会。临时性委员会在特定工作事项完成后即予以撤销。

三、全国人民代表大会常务委员会

全国人民代表大会常务委员会是全国人民代表大会的组成部分，是全国人民代表大会的常设机关。在闭会期间行使部分最高国家权力。

（一）组成和任期

全国人民代表大会常务委员会的人员包括委员长、副委员长若干人、秘书长、委员若干人。这些人员都由全国人民代表大会代表中选出，任期和本届全国人大相同，为5年，行使职权至下一届全国人民代表大会选出新的常委会为止。其中委员长和副委员长连续任职不得超过两届。同时，全国人民代表大会常务委员会的所有成员有职务上的限制，不得兼任国家行政机关、审判机关和检察机关的职务。

（二）职权

全国人民代表大会常务委员会在闭会期间代为行使全国人民代表大会的部分国家权力，所以其职权相对全国人民代表大会而言较小，同时它的地位又高于其他国家机关。我国宪法规定，全国人民代表大会常务委员会的职权包括：

（1）宪法解释权和宪法监督权。全国人民代表大会常务委员会有权对宪法进行进一步明确或者补充解释，该解释与宪法条文具有同等法律效力。同时，考虑到宪法监督的日常性工作，宪法规定全国人民代表大会常务委员会也有权监督宪法的实施。

（2）立法权和法律解释权。全国人民代表大会常务委员会有权制定和修改除应当由全国人民代表大会制定的法律以外的其他法律。还可在全国人民代表大会闭会期间，对全国人民代表大会制定的法律进行部分补充和修改，但是不得同该法律的基本原则相抵触。当出现以下一些情况时，全国人民代表大会常务委员会还可以解释全国人民代表大会制定的法律：法律的规定需要进一步明确具体含义的；制定后出现新的情况需要明确适用法律依据的。

（3）任免权。在全国人民代表大会闭会期间，全国人民代表大会常务委员会有权根据国务院总理的提名，决定部长、委员会主任、审计长、秘书长的人选；根据中央军事委员会主席的提名，决定中央军事委员会其他组成人员的人选；根据国家监察委员会主任的提请，任免国家监察委员会副主任、委员；根据最高人民法院院长的提请，任免最高人民法院副院长、审判员、审判委员会委员和军事法院院长；根据最高人民检察院检察长的提请，任免最高人民检察院副检察长、检察员、检察委员会委员和军事检察院检察长，并且批准省、自治区、直辖市的人民检察院检察长的任免；决定驻外全权代表的任免。

（4）重大事项决定权。在全国人民代表大会闭会期间，全国人民代表大会常务委员会审查和批准国民经济和社会发展计划、国家预算在执行过程中所必须作的部分调整方案；决定同外国缔结的条约和重要协定的批准和废除；规定军人和外交人员的衔级制度和其他专门衔级制度；规定和决定授予国家的勋章和荣誉称号；决定特赦；决定全国总动员或者局部动员；决定全国或者个别省、自治区、直辖市进入紧急状态。

（5）监督权。全国人民代表大会常务委员会有权监督法律的实施，撤销国务院制定的同宪法、法律相抵触的行政法规、决定和命令；撤销省、自治区、直辖市国家权力机关制定的同宪法、法律和行政法规相抵触的地方性法规和决议；有权听取和审议国家机关的工作报告，监督国务院、国家监察委员会、中央军事委员会、最高人民法院和最高人民检察院的工作；有权向国务院及各部委、国家监察委员会、最高人民法院、最高人民检察院提出书面质询案等。

（6）全国人民代表大会授予的其他职权。

第三节 国家元首

一、国家元首概述

世界上大部分国家的宪法都规定了本国的国家元首，不同之处在于称呼等外在表现形式和职权等具体规定上。国家元首作为国家的最高代表，对内对外代表国家主权，享有元首职权和特殊的礼遇。一般分为以下两种类型：

（一）因国家的政体不同，分为君主制元首和共和制元首

君主制元首称为君主，如国王、苏丹、天皇等。实行世袭制，终身任职。共和制元首一般称为总统、主席等，由选举产生，有任期限制。

（二）因享有权力的状态不同，分为实位元首和虚位元首

实位元首又称为实权元首，指能够实际掌握元首权力，并对国家政治统治有实质性的影响力。虚位元首则“君临而不统治”，只是礼仪上的国家代表，其职权受到议会和政府的制约。

【案例 11-1】

特朗普旅行禁令生效引抗议①

2017 年 6 月 29 日晚 8 点，特朗普政府针对 6 个国家的旅行禁令正式生效。据美联社报道，受到限制的 6 个国家为叙利亚、苏丹、索马里、也门、伊朗以及利比亚。除非在美国拥有近亲，或是与学校和企业间存在“真实关系”，否则这 6 个国家的国民将无法获得美国签证。

据悉，针对旅行禁令的通过，美国夏威夷法院已经对该州与美国本土的“亲密关系”提出质疑，以希望避免旅行禁令在夏威夷实施。

据《华尔街日报》早前报道，特朗普政府从 29 日起执行其旅行禁令，但在美国及其他地区的机场不太可能立即看到这些变化。相反，新规将首先影响到全球各地大使馆和其他政府官员的工作，这些人要根据特朗普 3 月份颁布、最高法院支持部分内容的行政命令来决定谁可以获得签证。

点评：最高法院就曾在诸如遣返程序等问题上部分限制了行政和立法机关的权力。特朗普这项计划的问题并不仅仅在于是否合宪，而更在于总统是否可以单方面作出这样的决定。国会制定的《移民与归化法案》并没有给予总统这样的授权，如果特朗普一意孤行，无疑会损害国会的权威，破坏美国宪政三权分立的体制，造成更严重的宪法危机。

（三）因国家元首组织的不同，分为个体元首和集体元首

由一人独任国家元首为个体元首。由多人或机构组成则称为集体元首。

二、我国国家元首制度

我国国家元首制度经历了四个阶段：中华人民共和国成立之初，我国法律并没有专门设置国家元首制度，事实上履行国家元首职能的是中央人民政府委员会。至 1954 年宪法颁布，设置了国家主席，为全国人民代表大会选举产生的独立国家机关；还对其产生、任期和职权等予以明确规定。1975 年和 1987 年宪法取消了国家主席的设置，没有关于国家元首的规定。现行 1982 年宪法恢复了国家主席的建制。

（一）产生、任期和补缺

对于担任中华人民共和国国家主席的资格，宪法有明确规定：国籍条件，即必须为中华人民共和国公民；政治条件，必须有选举权和被选举权；年龄条件，必须年满 45 周岁。

国家主席、副主席由全国人民代表大会选举产生，产生程序为：每届全国人民代表大会第一次会议上，由会议主席团提名，经各代表团协商，再由主席团根据多数代表意见确定正式候选人名单，最后经大会全体代表过半数表决通过。

国家主席、副主席的任期同全国人民代表大会每届任期相同。

---

① 孟湘君. 特朗普旅行禁令生效引抗议 谁可能被拒入境美国? [DB/OL]. [2017-07-21]. 中国新闻网, http: //www. chinanews. com/gj/2017/07-01/8266229. shtml.

国家主席缺位的时候，由副主席继任主席的职位。副主席缺位的时候，由全国人民代表大会补选。国家主席、副主席都缺位的时候，由全国人民代表大会补选；在补选以前，由全国人民代表大会常务委员会委员长暂时代理主席职位。

（二）职权

国家主席的职权要同全国人民代表大会及其常务委员会的职权结合起来行使，即国家主席行使职权须以全国人民代表大会或全国人民代表大会常务委员会的决定为依据，主要采取主席令的形式。

1. 公布权

全国人民代表大会及其常务委员会制定的法律表决通过后，须以国家主席令的形式公布，但国家主席无权否决、退回或者搁置。此外，国家主席根据全国人民代表大会或者全国人民代表大会常务委员会的决定，发布特赦令、宣布进入紧急状态、战争状态、发布动员令等。

2. 人事任免权

根据全国人民代表大会或者全国人民代表大会常务委员会的决定，宣布国务院总理、副总理、国务委员、各部部长、各委员会主任、审计长、秘书长任职或者免职。

3. 外交权

国家主席代表国家，进行国事活动，接受外国使节；根据全国人民代表大会常务委员会的决定，派遣和召回驻外全权代表，批准和废除同外国缔结的条约和重要协定。

4. 荣典权

国家主席根据全国人民代表大会或者全国人民代表大会常务委员会的决定，对单位或者个人授予国家的勋章和荣誉称号。

宪法没有对副主席的职权作明确规定，但规定副主席协助主席工作，并在受主席委托的情况下，可以代行主席的部分职权。

第四节　国　务　院

一、行政机关概述

世界各国的行政机关体制各有特色，但总体来看，都是行使国家行政权力以对国家和社会事务进行管理，执行立法机关制定的法律的国家机关。根据行政机关与议会的关系，资本主义民主国家的行政机关主要包括三种组织形式：

1. 内阁制

内阁制的特点是行政机关不与议会相分离，行政权力和立法权力二者合一。政府是最高行政机关，议会是最高权力机关，政府须对议会负责。政府首脑通常由在议会中占多数席位的政党或政党联盟的领袖担任。国家元首乃虚位元首，与政府首脑不同人担任。

2. 总统制

总统制与内阁制相比较，重点区别在于总统是由选民选举出来，独立于议会之外，同时担任政府首脑和国家元首，只对选民负责，不对议会负责。即行政权力与立法权力是相分立的。

3. 合议制

典型国家为瑞士。瑞士最高行政机关为7名由公民选举产生的委员组成联邦委员会。联邦委员会从属于联邦议会，无权解散议会。

二、国务院

（一）性质和地位

我国《宪法》第85条规定："中华人民共和国国务院，即中央人民政府，是最高国家权力机关的执行机关，是最高国家行政机关。"第一，国务院是中央人民政府，相对应地，地方各级人民政府是它的下级单位，受其领导。第二，国务院是最高国家权力机关的执行机关，表明国务院从属于全国人民代表大会，向其负责并接受其监督。第三，国务院是最高国家行政机关，表明国务院处于国家行政系统的最高地位，统一领导国家的行政工作。

（二）组成人员和组成机构

根据我国宪法规定，国务院由总理、副总理若干人、国务委员若干人、各部部长、各委员会主任、审计长、秘书长组成。国务院每届任期为5年，总理、副总理、国务委员连续任职不得超过两届。国务院实行总理负责制。总理对其主管的工作有完全的决定权，同时也负全部的责任。第一，总理由国家主席提名根据全国人民代表大会的决定，予以任命；第二，总理有权提名其他所有的国务院组成人员人选，并有权提出罢免；第三，总理统一领导国务院的各项工作，副总理、国务委员协助总理工作；第四，总理召集和主持国务院全体会议和常务会议，对所议事项有最终决定权，并由此承担全部责任；第五，总理签署国务院发布的行政法规、决定和命令，向全国人民代表大会及其常务委员会提出的议案，任免国务院相关人员的决定等。

国务院的组成机构分为：（1）各部、各委员会。国务院根据全国行政工作需要设立专业的部门机关，掌管某一方面具体的行政工作。各部及各委员会也实行首长负责制度。（2）审计机关。又称审计署，独立行使审计监督权，对国务院各部门和地方各级人民政府的财政收支，对国家的财政金融和企事业单位的财务收支，进行审计监督。（3）直属机构。直属机构的法律地位低于各部、各委员会，主管国务院某项专门业务，如国家税务总局、国家统计局、海关总署等。（4）办公办事机构。国务院设立的协助总理办理各项专门事项的机构，包括国务院办公厅，国务院侨务办公室、港澳办公室、法治办公室等。

（三）国务院的职权

关于国务院的职权问题，《宪法》第89条作了详细规定，主要包括：

1. 制定行政法规，发布决定和命令

国务院可以就以下事项制定行政法规：为执行法律的规定需要制定行政法规的事项及国务院行政管理职权的事项。

2. 提出议案

国务院可以就以下方面向全国人民代表大会和全国人民代表大会常务委员会提出议案：国民经济和社会发展计划案、预算案、批准和废除条约案、任免案、法律案。

3. 行政机关领导权

包括对于国务院各部委与地方各级行政机关的领导权。对于各部委，规定各部和各委员会的任务和职责，统一领导各部和各委员会的工作，并且领导不属于各部和各委员会的全国性的行政工作，改变或者撤销各部、各委员会发布的不适当的命令、指示和规章；对于地方各级行政机关，统一领导全国地方各级国家行政机关的工作，规定中央和省、自治区、直辖市的国家行政机关的职权的具体划分，改变或者撤销地方各级国家行政机关的不适当的决定和命令。

4. 行政工作领导权和管理权

包括编制和执行国民经济和社会发展计划及国家预算；领导和管理经济工作和城乡建设、生态文明建设；领导和管理教育、科学、文化、卫生、体育和计划生育工作；领导和管理民政、公安、司法行政等工作；管理对外事务，同外国缔结条约和协定；领导和管理国防建设事业；领导和管理民族事务，保障少数民族的平等权利和民族自治地方的自治权利；保护华侨的正当的权利和利益，保护归侨和侨眷的合法的权利和利益。

5. 行政区划权

批准省、自治区、直辖市的区域划分，批准自治州、县、自治县、市的建置和区域划分。

6. 紧急状态宣布权

依照法律规定决定省、自治区、直辖市的范围内部分地区进入紧急状态。

7. 人事管理权

审定行政机构的编制，依照法律规定任免、培训、考核和奖惩行政人员。

8. 其他职权

全国人民代表大会和全国人民代表大会常务委员会授予的其他职权。

第五节　国家监察委员会

2018 年宪法修改，宪法第三章“国家机构”增加“监察委员会”一节，确立了监察委员会作为国家机构的法律地位。目的在于建立集中统一、权威高效的国家监察体系，实现对所有公职人员监察全覆盖。为了深化国家监察体制改革，加强对所有行使公权力的公职人员的监督，实现国家监察全面覆盖，深入开展反腐败工作，推进国家治理体系和治理能力现代化，根据宪法，制定并颁行了《中华人民共和国监察法》（以下简称《监察法》）。宪法和法律从以下几方面明确了国家监察委员会的设置。

（一）性质和地位

各级监察委员会是行使国家监察职能的专责机关，依《监察法》对所有行使公权力的公职人员（以下称公职人员）进行监察，调查职务违法和职务犯罪，开展廉政建设和反腐败工作，维护宪法和法律的尊严。国家监察工作严格遵照宪法和法律，以事实为根据，以法律为准绳；在适用法律上一律平等，保障当事人的合法权益；权责对等，严格监督；惩戒与教育相结合，宽严相济。国家监察工作坚持标本兼治、综合治理，强化监督问责，严厉惩治腐败；深化改革、健全法治，有效制约和监督权力；加强法治教育和道德教育，弘扬中华优秀传统文化，构建不敢腐、不能腐、不想腐的长效机制。监察机关办理职务违法和职务犯罪案件，应当与审判机关、检察机关、执法部门互相配合，互相制约。监察机关在工作中需要协助的，有关机关和单位应当根据监察机关的要求依法予以协助。

国家监察委员会是最高监察机关。可以从三个方面加以理解：第一，国家监察委员会与全国人民代表大会及其常务委员会的关系。国家监察委员会由全国人民代表大会产生，负责全国监察工作。国家监察委员会对全国人民代表大会及其常务委员会负责，并接受其监督，表明其由最高国家权力机关产生。第二，国家监察委员会与地方各级监察委员会的关系。监察委员会领导地方各级国家监察委员会的工作，国家监察委员会可以办理下一级监察机关管辖范围内的监察事项，必要时也可以办理地方各级监察机关管辖范围内的监察事项。同时也有权处理监察机关之间对监察事项的管辖争议。可以将其所管辖的监察事项指定下级监察机关管辖，也可以将下级监察机关有管辖权的监察事项指定给其他监察机关管辖。表明其在监察委员会系统中处于领导地位。第三，独立行使监察权。依照法律规定独立行使监察权，不受行政机关、社会团体和个人的干涉。表明其职权的行使具有独立性。

（二）组成和任期

国家监察委员会由主任、副主任若干人、委员若干人组成，主任由全国人民代表大会选举，副主任、委员由国家监察委员会主任提请全国人民代表大会常务委员会任免。

国家监察委员会主任实行的是有限的任期制度。每届任期同全国人民代表大会每届任期相同，连续任职不得超过两届。

（三）职权

国家监察委员会依照《监察法》和有关法律规定履行监督、调查、处置职责：(1)廉政教育和监督权。对公职人员开展廉政教育，对其依法履职、秉公用权、廉洁从政从业以及道德操守情况进行监督检查。(2) 调查权。对涉嫌贪污贿赂、滥用职权、玩忽职守、权力寻租、利益输送、徇私舞弊以及浪费国家资财等职务违法和职务犯罪进行调查。(3) 处分及建议权。对违法的公职人员依法作出政务处分决定；对履行职责不力、失职失责的领导人员进行问责；对涉嫌职务犯罪的，将调查结果移送人民检察院依法审查、提起公诉；向监察对象所在单位提出监察建议。

国家监察委员会可以向中国共产党中央机关、中央国家机关、法律法规授权或者委托管理公共事务的组织和单位以及所管辖的行政区域、国有企业等派驻或者派出监察机构、监察专员。派驻或者派出的监察机构、监察专员根据授权，按照管理权限依法对公职人员进行监督，提出监察建议，依法对公职人员进行调查、处置。

第六节　最高人民法院和最高人民检察院

一、概述

在实行三权分立的国家，司法权与立法权、行政权相并立，因而国家机构也可简单地分为立法机关、行政机关和司法机关。司法机关一般都包括法院，而绝大多数国家都把司法权交由法院行使。但是作为承担公诉职能的检察院是否包括在司法机关里，各国有各自的规定。一般分为两种类型：

第一，审检合一型。审检合一是指检察机关没有自己独立的组织系统，而是附设于法院系统内部。

第二，审检分离型。审检分离是指检察机关独立设置，自成系统，与审判机关完全分离。

我国宪法并没有明确规定哪个国家机关为司法机关，而只是规定人民法院是国家的审判机关，行使审判权，人民检察院是国家的法律监督机关，行使检察权。最高人民法院是最高审判机关，最高人民检察院是最高检察机关。

二、最高人民法院

最高人民法院行使国家最高审判权，同时监督地方各级人民法院和专门人民法院的审判工作。

（一）职权

（1）一审管辖权，法律规定由它管辖的或者它认为应当由自己审理的第一审案件，主要是在全国有重大影响的刑事案件、民事案件和行政案件，以及国家赔偿案件；（2）上诉管辖权，审判对高级人民法院、专门人民法院判决、裁定的上诉、抗诉案件；（3）审判监督权，监督地方各级人民法院和专门人民法院的审判工作，审判最高人民检察院按照审判监督程序提出的抗诉案件，依照审判监督程序提审或者指令下级人民法院再审地方各级人民法院和专门人民法院确有错误的生效判决、裁定；（4）司法解释权，对在审判过程中如何具体应用法律的问题，进行司法解释；（5）核准权，包括死刑核准权，死刑除依法由最高人民法院判决的以外，应当报请最高人民法院核准。以及核准法定刑以下判处刑罚的案件。

（二）组织体系

最高人民法院由院长一人、副院长、庭长、副庭长和审判员若干人组成。院长由全国人民代表大会选举和罢免，副院长、庭长、副庭长、审判员由全国人民代表大会常务委员会根据最高人民法院院长的提请任免。根据我国现行宪法规定，最高人民法院院长每届任期与全国人民代表大会每届任期相同，均为5年，且连续任职不得超过两届。最高人民法院对全国人民代表大会及其常务委员会负责并报告工作。

最高人民法院设有立案庭、刑事审判庭、民事审判庭、行政审判庭、环境资源审判庭、审判监督庭、执行局等审判业务庭及政治部、研究室、监察局、司法行政装备管理局等辅助和综合部门。

此外，最高人民法院设立审判委员会，实行民主集中制，审判委员会决议按照少数服从多数的原则确定。审判委员会的任务是总结审判经验，讨论重大的或者疑难的案件和其他有关审判工作的问题。最高人民法院审判委员会委员，由最高人民法院院长提请全国人民代表大会常务委员会任免。

三、最高人民检察院

最高人民检察院行使国家最高检察权，同时领导地方各级人民检察院和专门人民检察院的工作。

（一）职权

（1）侦查权。依法对贪污案、贿赂案、侵犯公民民主权利案、渎职案以及认为需要自己依法直接受理的其他刑事案件进行侦查。（2）公诉权。对重大刑事犯罪案件依法审查批捕、提起公诉。（3）抗诉权。对各级人民法院已经发生法律效力、确有错误的判决和裁定，依法向最高人民法院提起抗诉。（4）监督权。依法对民事诉讼、行政诉讼实行监督，依法对监管改造场所的活动实行监督。（5）解释权。对于检察工作中具体应用法律的问题进行司法解释。（6）领导权。领导地方各级人民检察院和专门人民检察院的侦查、法律监督、审查批捕、起诉等工作。（7）人事权。协同主管部门管理人民检察院的机构设置和人员编制。（8）受理权。受理公民控告、申诉和检举，受理对贪污、贿赂等犯罪的举报，并领导全国检察机关的举报工作。

（二）组织体系

最高人民检察院由检察长一人、副检察长和检察员若干人组成。最高人民检察院检察长由全国人民代表大会选举和罢免，副检察长、检察委员会委员、检察员和军事检察院检察长由最高人民检察院检察长提请全国人民代表大会常务委员会任免。最高人民检察院检察长每届任期与全国人民代表大会每届任期相同，均为5年，且连续任职不得超过两届。最高人民检察院对全国人民代表大会及其常务委员会负责并报告工作。最高人民检察院领导地方各级人民检察院和专门人民检察院的工作。

最高人民检察院设有办公厅、政治部、侦查监督厅、公诉厅、刑事执行检察厅、民事行政检察厅、刑事申诉检察厅、控告检察厅、铁路运输检察厅、职务犯罪预防厅、法律政策研究室、纪检监察组、监察局、国际合作局、计划财务装备局等部门。

此外，最高人民检察院设有检察委员会。检察委员会实行民主集中制，在检察长的主持下，讨论决定重大案件和其他重大问题。如果检察长在重大问题上不同意多数人的决定，可以报请全国人民代表大会常务委员会决定。

第七节　中央军事委员会

一、性质和地位

我国《宪法》第29条规定：“中华人民共和国的武装力量属于人民。它的任务是巩固国防，抵抗侵略，保卫祖国，保卫人民的和平劳动，参加国家建设事业，努力为人民服务。”那么，谁来领导全国的武装力量呢？《宪法》第93条规定：“中华人民共和国中央军事委员会领导全国武装力量。”即中央军事委员会（以下简称“中央军委”）是全国武装力量的最高领导机关，是中央国家机构体系中的一个独立机构，从属于最高国家权力机关全国人民代表大会，并对其负责。

中国人民解放军是由中国共产党缔造和领导的人民军队，共产党领导军队武装力量确保了人民民主专政政权的稳固性。因而我国宪法确认中央军委为国家机构的重要组成部分，实现党的军事指挥系统和国家的军事管理系统相统一。

二、组成和任期

宪法规定，中央军委由主席、副主席若干人、委员若干人组成。中央军委主席由全国人民代表大会选举产生。全国人民代表大会根据中央军委主席的提名，决定中央军委其他组成人员的人选。在全国人民代表大会闭会期间，全国人民代表大会常务委员会根据中央军委主席的提名，决定其他组成人员的人选。

中央军委每届任期与全国人民代表大会任期相同，即5年。考虑到军事领导工作的特殊性，宪法并没有对军委主席的连续任职作出限制规定。

三、组织体系

中央军委实行首长负责制，即中央军委主席对职权范围内的事项做最后决策，同时向全国人民代表大会负责。首长负责制更有利于全国武装力量的统一领导和迅速决策。中央军委下设15个职能部门，分别是：（1）七个部，包括办公厅、联合参谋部、政治工作部、后勤保障部、装备发展部、训练管理部、国防动员部；（2）三个委员会，包括纪律检查委员会、政法委员会、科学技术委员会；（3）五个直属机构，包括战略规划办公室、改革和编制办公室、国际军事合作办公室、审计署、机关事务管理总局。

四、职权

我国宪法虽然没有对中央军委的职权进行明确规定，但基于其重要的中央国家机构地位，它的职责体现为领导全国武装力量，享有对国家武装力量的决策权和指挥权。《国防法》对中央军事委员会的职权作出了具体规定：（1）统一指挥全国武装力量；（2）决定军事战略和武装力量的作战方针；（3）领导和管理中国人民解放军的建设，制订规划、计划并组织实施；（4）向全国人民代表大会或者全国人民代表大会常务委员会提出议案；（5）根据宪法和法律，制定军事法规，发布决定和命令；（6）决定中国人民解放军的体制和编制，规定总部以及军区、军兵种和其他军区级单位的任务和职责；（7）依照法律、军事法规的规定，任免、培训、考核和奖惩武装力量成员；（8）批准武装力量的武器装备体制和武器装备发展规划、计划，协同国务院领导和管理国防科研生产；（9）会同国务院管理国防经费和国防资产；（10）法律规定的其他职权。

【案例11-2】

军队和武警部队全面停止有偿服务活动

2016年2月16日，中央军委下发《关于军队和武警部队全面停止有偿服务活动的通知》，对军队和武警部队全面停止有偿服务工作进行总体部署。全军部队闻令而动，军地部门联合发力，全面停止有偿服务工作稳妥推进，取得阶段性成果。

《关于军队和武警部队全面停止有偿服务活动的通知》指出，中央军委计划用3年左右时间，分步骤停止军队和武警部队一切有偿服务活动。对于承担国家赋予的社会保障任务，纳入军民融合发展体系。自该通知下发之日起，所有单位一律不得新上项目、新签合同开展对外有偿服务活动，凡已到期的对外有偿服务合同不得再续签，能够协商解除军地合同协议的项目立即停止。

点评：对外开展有偿服务，是特殊历史条件下形成的产物。1998年军队和武警部队停止经商后，暂时保留一些领域可以开展有偿服务活动，在特定时期对锻炼专业技术队伍、提高富余资源使用效率、弥补供应保障经费不足、为经济社会发展和人民群众服务等起到了一定作用。当前，中央军委印发《关于军队和武警部队全面停止有偿服务活动的通知》，果断停止有偿服务，这是深化国防和军队改革的重要举措，是让军队回归使命、聚焦军事核心能力建设的英明决策，是纯洁部队风气的有力抓手，对于实现党在新形势下的强军目标具有重大现实意义和深远战略意义。

【司法考试关联知识点】

本章司法考试的关联知识点包括：全国人民代表大会及其常务委员会、国务院、地方各级人民代表大会及其常务委员会和地方各级人民政府的职权，包括各国家机关的主要工作制度，以及中央国家机关相互之间的权责与地位。

第十二章　地方国家机关

【学习目的与要求】 地方国家机关主要包括地方人民代表大会及其常务委员会、地方各级人民政府、地方各级监察委员会、地方各级人民法院和人民检察院等。本章将围绕各个地方国家机关的性质、地位、组成、任期、职权范围等展开讲解和论述。另外，包括民族自治区制度和特别行政区制度内容的介绍。要求学习掌握《宪法》、《地方各级人民代表大会和地方各级人民政府组织法》、《人民法院组织法》、《人民检察院组织法》、《民族区域自治法》、《香港特别行政区基本法》、《澳门特别行政区基本法》等相关法条内容。

【引例】

首起村主任状告镇政府案①

46 岁的秦某某是于 1999 年 3 月经合法程序被小官庄村民选举为村主任的。2001 年 9 月 9 日一大早，泥沟镇党委、政府通知他去镇政府开会。会上镇党委、镇政府以未完成“三提五统”、农业结构调整不力为由，暂停了他的村委会主任职务。而村委会公章也当场被镇党委、镇政府收回。很快，镇党委、镇政府指定了村委会负责人，并通过高音喇叭向小官庄村民宣布这一结果。秦某某被停职后的一个多月里，多次去找镇领导申辩，也先后 9 次去台儿庄区人民法院状告镇政府，但都没有任何结果。一气之下，他又把“状子”递到了枣庄市中级人民法院。枣庄市中级人民法院指定枣庄市峄城区人民法院审理此案。2002 年 4 月 19 日枣庄峄城区人民法院主审法官依法宣布民选村委会主任秦某某状告镇政府一案撤诉有效。之后，山东枣庄市台儿庄区泥沟镇新上任的镇长张某某，向秦某某赔礼道歉，宣布恢复他行使村主任职务的权利。至此，《村民委员会组织法》颁布实施后我国首例民选村主任状告镇政府侵犯职务权案以原告撤诉而告终。

本案例涉及的问题是：我国的基层自治制度到底赋予基层组织什么权力，由村民直接选举产生的村民委员会成员是否可以由其他组织或个人指定、委派或撤换？基层人民政府和村民委员会的相互关系主要有两个方面的内容：一是基层人民政府和村民委员会的指导和被指导的关系；二是村民委员会对基层人民政府的协助与被协助关系。这种法定的指导和协助关系表明，村民委员会不是隶属于基层人民政府下的行政机关。据此，本案中，镇党委、镇政府无权指定村委会负责人、暂停村委会主任秦某某职务。

---

① 陈国军，温闽. 我国首起村主任状告镇政府案以撤诉告终［DB/OL］.［2016-08-20］. 中国法院网，http：//old. chinacourt. org/html/article/200204/19/2144. shtml.

第一节 地方国家机关概述

中国是一个地大物博、人口众多的统一国家。因为国家领土大，地方必须有一定程度的自治权。因为国家要统一，中央又必须保持一定的集权控制。中央与地方的关系至秦以降，一直以单一制作为国家组织结构形式，各民族各地区属于统一的国家以内。中央与地方的关系就是上下级的关系，命令与服从的关系。对于我国而言，单一制有利于国家的独立和统一，有利于国家的发展和社会主义建设，有利于各民族的共同繁荣和发展。

单一制又称中央集权制，是指一个中央控制下的统一整体，主要表现为一部宪法，一个最高立法机关，一个中央政府，一套司法系统。地方政府的权力由中央政府授予。相对应的，称之为复合制，是指由两个或两个以上政治实体组成的政治结构，主要表现为具有一部以上的宪法，中央政府权力有限，地方政府高度自治等。按其中央与地方分权的程度和各政治实体联合的程度，又分为联邦制与邦联制。

我国的地方国家机关主要包括地方的代议机关、地方行政机关和地方司法机关等。

（1）地方代议机关在我国主要是地方人民代表大会及其常务委员会，其与全国人民代表大会及其常务委员会没有领导与被领导的关系，但有法律上的监督关系。

（2）地方行政机关又称为地方政府，是依国家行政区划为权力边界来管理地方行政事务的机关。其须向地方代议机关负责并接受监督，同时，还对上一级行政机关负责并报告工作，受国务院统一领导。

（3）地方监察机关即地方各级监察委员会，代表国家行使监察权力。上下级监察委员之间是领导与被领导的关系。

（4）地方司法机关主要包括人民法院和人民检察院，代表国家行使司法权力，一般按照行政区划配套设置人民法院与人民检察院。人民法院在其系统内上级与下级之间为监督与被监督的关系。人民检察院在其系统内上级与下级之间为领导与被领导的关系。

（5）除此之外，在少数民族聚居区，建立民族自治地方，设立人民代表大会和人民政府作为自治机关行使自主权；在特别行政区设立特别行政区机关，拥有高度自治权。

第二节 地方各级人民代表大会及其常务委员会

一、地方各级人民代表大会

（一）性质和地位

我国《宪法》第96条规定：“地方各级人民代表大会是地方国家权力机关。”地方各级人民代表大会包括省、自治区、直辖市、自治州、设区的市、县、自治县、不设区的市、市辖区、乡、民族乡、镇设立的人民代表大会。它们是本行政区域范围内的人民行使国家权力的机关，同级地方行政机关、监察机关、审判机关和检察机关都由其产生，对它负责，受它监督。地方各级人民代表大会与全国人民代表大会之间，地方各级人民代表大会之间，为监督与被监督，指导与被指导关系，不存在领导与被领导的关系。

（二）组成和任期

地方各级人民代表大会由人民选举的代表组成，分为间接选举和直接选举两种情况。省、自治区、直辖市、自治州、设区的市的人民代表大会代表由下一级的人民代表大会选举；县、自治县、不设区的市、市辖区、乡、民族乡、镇的人民代表大会代表由选民直接选举。

地方各级人民代表大会代表名额分配办法：（1）省、自治区、直辖市的人民代表大会代表的具体名额，由全国人民代表大会常务委员会依照本法确定。（2）设区的市、自治州和县级的人民代表大会代表的具体名额，由省、自治区、直辖市的人民代表大会常务委员会依照本法确定，报全国人民代表大会常务委员会备案。（3）乡级的人民代表大会代表的具体名额，由县级的人民代表大会常务委员会依照本法确定，报上一级人民代表大会常务委员会备案。

地方各级人民代表大会每届任期 5 年。

（三）职权

依据宪法和地方组织法的规定，地方各级人民代表大会在本行政区域内，保证宪法、法律、行政法规的遵守和执行；依照法律规定的权限，通过和发布决议，审查和决定地方的经济建设、文化建设和公共事业建设的计划。

县级以上的地方各级人民代表大会行使下列职权：

（1）保证宪法和法律的实施。在本行政区域内，保证宪法、法律、行政法规和上级人民代表大会及其常务委员会决议的遵守和执行，保证国家计划和国家预算的执行。之所以如此，是为了通过地方各级人民代表大会保证宪法和法律能够得到统一的遵守和执行，便于中央的统一领导和国家的法制统一。

（2）地方性法规制定权。省、自治区、直辖市的人民代表大会根据本行政区域的具体情况和实际需要，在不同宪法、法律、行政法规相抵触的前提下，可以制定和颁布地方性法规，报全国人民代表大会常务委员会和国务院备案；省、自治区的人民政府所在地的市和经国务院批准的较大的市的人民代表大会根据本市的具体情况和实际需要，在不同宪法、法律、行政法规和本省、自治区的地方性法规相抵触的前提下，可以制定地方性法规，报省、自治区的人民代表大会常务委员会批准后施行，并由省、自治区的人民代表大会常务委员会报全国人民代表大会常务委员会和国务院备案。设区的市的人民代表大会和它们的常务委员会，在不同宪法、法律、行政法规和本省、自治区的地方性法规相抵触的前提下，可以依照法律规定制定地方性法规，报本省、自治区人民代表大会常务委员会批准后施行。

（3）地方重大事项决定权。审查和批准本行政区域内的国民经济和社会发展计划、预算以及它们执行情况的报告；讨论、决定本行政区域内的政治、经济、教育、科学、文化、卫生、环境和资源保护、民政、民族等工作的重大事项。

（4）人事权。选举本级人民代表大会常务委员会的组成人员；选举省长、副省长，自治区主席、副主席，市长、副市长，州长、副州长，县长、副县长，区长、副区长；选举并且有权罢免本级监察委员会主任；选举本级人民法院院长和人民检察院检察长，选出的人民检察院检察长，须报经上一级人民检察院检察长提请该级人民代表大会常务委员会批准；选举上一级人民代表大会代表。

（5）监督权。听取和审查本级人民代表大会常务委员会的工作报告；听取和审查本级人民政府和人民法院、人民检察院的工作报告；改变或者撤销本级人民代表大会常务委员会的不适当的决议；撤销本级人民政府的不适当的决定和命令。

（6）权益保障。保护社会主义的全民所有的财产和劳动群众集体所有的财产，保护公民私人所有的合法财产，维护社会秩序，保障公民的人身权利、民主权利和其他权利；保护各种经济组织的合法权益；保障少数民族的权利；保障宪法和法律赋予妇女的男女平等、同工同酬和婚姻自由等各项权利。

乡、民族乡、镇的人民代表大会行使下列职权：

（1）保证宪法和法律的实施。在本行政区域内，保证宪法、法律、行政法规和上级人民代表大会及其常务委员会决议的遵守和执行。

（2）在职权范围内通过和发布决议。

（3）决定主要事务。根据国家计划，决定本行政区域内的经济、文化事业和公共事业的建设计划；审查和批准本行政区域内的财政预算和预算执行情况的报告；决定本行政区域内的民政工作的实施计划。

（4）人事权。选举本级人民代表大会主席、副主席；选举乡长、副乡长，镇长、副镇长。

（5）监督权。听取和审查乡、民族乡、镇的人民政府的工作报告；撤销乡、民族乡、镇的人民政府的不适当的决定和命令。

（6）权益保障。保护社会主义的全民所有的财产和劳动群众集体所有的财产，保护公民私人所有的合法财产，维护社会秩序，保障公民的人身权利、民主权利和其他权利；保护各种经济组织的合法权益；保障少数民族的权利；保障宪法和法律赋予妇女的男女平等、同工同酬和婚姻自由等各项权利。

（四）会议制度和工作程序

1. 会议次数

地方各级人民代表大会以会议为主要工作方式。会议每年至少举行一次。

2. 召集会议

县级以上的地方各级人民代表大会会议由本级人民代表大会常务委员会召集。乡、民族乡、镇的人民代表大会由上一次会议主席团负责召集。

地方各级人民代表大会每届第一次会议，在本届人民代表大会代表选举完成后的两个月内，由上届本级人民代表大会常务委员会或者乡、民族乡、镇的上次人民代表大会主席团召集。

经 1/5 以上的代表提议，可以临时召集会议。

3. 预备会议

县级以上的地方各级人民代表大会每次会议举行预备会议，选举本次会议的主席团和秘书长，通过本次会议的议程和其他准备事项的决定。预备会议由本级人民代表大会常务委员会主持。每届人民代表大会第一次会议的预备会议，由上届本级人民代表大会常务委员会主持。

4. 会议主持和与会人员

举行会议的时候，由主席团主持会议。县级以上的地方各级人民政府组成人员和人民法院院长、人民检察院检察长，乡级的人民政府领导人员，列席本级人民代表大会会议。县级以上的其他有关机关、团体负责人，经本级人民代表大会常务委员会决定，可以列席本级人民代表大会会议。

5. 会议内容

地方各级人民代表大会的会议内容主要包括听取和审议各项工作报告、审议议案、人事任免、咨询和询问等。

主席团、常务委员会、各专门委员会、本级人民政府，或者代表 10 人以上（乡镇为 5 人以上）联名，可以向本级人民代表大会提出属于本级人民代表大会职权范围内的议案，由主席团决定提交人民代表大会会议审议，或者并交有关的专门委员会审议、提出报告，再由主席团审议决定提交大会表决。进行选举和通过决议，须以全体代表的过半数通过。

（五）专门委员会和调查委员会

1. 专门委员会

省、自治区、直辖市、自治州、设区的市的人民代表大会根据需要，可以设法制（政法）委员会、财政经济委员会、教育科学文化卫生委员会等专门委员会。各专门委员会受本级人民代表大会领导；在大会闭会期间，受本级人民代表大会常务委员会领导。

各专门委员会的主任委员、副主任委员和委员的人选，由主席团在代表中提名，大会通过。在大会闭会期间，常务委员会可以任免专门委员会的个别副主任委员和部分委员，由主任会议提名，常务委员会会议通过。

各专门委员会在本级人民代表大会及其常务委员会领导下，研究、审议和拟订有关议案；对属于本级人民代表大会及其常务委员会职权范围内同本委员会有关的问题，进行调查研究，提出建议。

2. 调查委员会

县级以上的地方各级人民代表大会可以组织关于特定问题的调查委员会。主席团或者 1/10 以上代表书面联名，可以向本级人民代表大会提议组织关于特定问题的调查委员会，由主席团提请全体会议决定。调查委员会由主任委员、副主任委员和委员组成，由主席团在代表中提名，提请全体会议通过。

调查委员会应当向本级人民代表大会提出调查报告。人民代表大会根据调查委员会的报告，可以作出相应的决议。人民代表大会可以授权它的常务委员会听取调查委员会的调查报告，常务委员会可以作出相应的决议，报人民代表大会下次会议备案。

二、县级以上的地方各级人民代表大会常务委员会

（一）性质和地位

1954年的宪法并没有规定在地方各级人民代表大会设立常务委员会。现行宪法只规定县级以上地方设立人民代表大会常务委员会，乡镇一级没有规定。县级以上的地方各级人民代表大会常务委员会是本级人民代表大会的常设机关，对本级人民代表大会负责并报告工作。

（二）组成和任期

县、自治县、不设区的市、市辖区的人民代表大会常务委员会由本级人民代表大会在代表中选举主任、副主任若干人和委员若干人组成。省、自治区、直辖市、自治州、设区的市的人民代表大会常务委员会由本级人民代表大会在代表中选举主任、副主任若干人、秘书长、委员若干人组成。常务委员会会议由主任召集，每两个月至少举行一次，主要是审议议案和质询。主任会议处理常务委员会的重要日常工作。

同时，还有职位兼任的限制。常务委员会的组成人员不得担任国家行政机关、监察机关、审判机关和检察机关的职务；如果担任上述职务，必须向常务委员会辞去常务委员会的职务。

每届任期同本级人民代表大会每届任期相同，它行使职权到下届本级人民代表大会选出新的常务委员会为止。

（三）职权

1. 制定地方性法规

享有同级人民代表大会相同的地方性法规制定权，在同级人民代表大会闭会期间，按照相同的程序制定地方性法规。

2. 人事任免权

在本级人民代表大会闭会期间，决定本级行政机关副职领导人的个别任免；在行政机关和司法机关正职领导人不能担任职务的时候，从副职人员中决定代理人选；根据省长、自治区主席、市长、州长、县长、区长的提名，决定本级人民政府秘书长、厅长、局长、委员会主任、科长的任免，报上一级人民政府备案；按照《人民法院组织法》和《人民检察院组织法》的规定，任免人民法院副院长、庭长、副庭长、审判委员会委员、审判员，任免人民检察院副检察长、检察委员会委员、检察员，批准任免下一级人民检察院检察长。此外，还依法享有地方监察委员会组成人员的人事任免权。

3. 组织选举、召集会议

领导或者主持本级人民代表大会代表的选举；召集本级人民代表大会会议。

4. 决定重大事项

讨论、决定本行政区域内的政治、经济、教育、科学、文化、卫生、环境和资源保护、民政、民族等工作的重大事项；根据本级人民政府的建议，决定对本行政区域内的国民经济和社会发展计划、预算的部分变更；决定授予地方的荣誉称号。

5. 监督权

监督本级人民政府、人民法院和人民检察院的工作，联系本级人民代表大会代表，受

理人民群众对上述机关和国家工作人员的申诉和意见；撤销本级人民政府的不适当的决定和命令；撤销下一级人民代表大会及其常务委员会的不适当的决议。

第三节　地方各级人民政府

一、性质和地位

地方各级人民政府是地方各级人民代表大会的执行机关，是地方各级国家行政机关。包括省、自治区、直辖市、自治州、市、县、自治县、市辖区、乡、民族乡、镇的人民政府。

地方各级人民政府实行双重负责制。同时对本级人民代表大会和上一级国家行政机关负责并报告工作。县级以上的地方各级人民政府在本级人民代表大会闭会期间，对本级人民代表大会常务委员会负责并报告工作。全国地方各级人民政府都是国务院统一领导下的国家行政机关，都服从国务院。

二、组成、任期和领导体制

省、自治区、直辖市、自治州、设区的市的人民政府分别由省长、副省长，自治区主席、副主席，市长、副市长，州长、副州长和秘书长、厅长、局长、委员会主任等组成。

县、自治县、不设区的市、市辖区的人民政府分别由县长、副县长，市长、副市长，区长、副区长和局长、科长等组成。

乡、民族乡的人民政府设乡长、副乡长。民族乡的乡长由建立民族乡的少数民族公民担任。镇人民政府设镇长、副镇长。

地方各级人民政府每届任期5年。为了保证行政工作的效率，实行行政首长负责制。

三、职权

（一）执行决议、预算

执行本级人民代表大会及其常务委员会的决议，以及上级国家行政机关的决定和命令；执行国民经济和社会发展计划、预算。

（二）制定规章、行政措施

省、自治区、直辖市的人民政府可以根据法律、行政法规和本省、自治区、直辖市的地方性法规，制定规章，报国务院和本级人民代表大会常务委员会备案。省、自治区的人民政府所在地的市和经国务院批准的较大的市的人民政府，可以根据法律、行政法规和本省、自治区的地方性法规，制定规章，报国务院和省、自治区的人民代表大会常务委员会、人民政府以及本级人民代表大会常务委员会备案；规定行政措施，发布决定和命令。

（三）领导、管理和监督

领导所属各工作部门和下级人民政府的工作；管理本行政区域内的经济、教育、科学、文化、卫生、体育事业、环境和资源保护、城乡建设事业和财政、民政、公安、民族事务、司法行政、计划生育等行政工作；依照法律的规定任免、培训、考核和奖惩国家行政机关工作人员；改变或者撤销所属各工作部门的不适当的命令、指示和下级人民政府的不适当的决定、命令。

（四）保护权益

保护社会主义的全民所有的财产和劳动群众集体所有的财产，保护公民私人所有的合法财产，维护社会秩序，保障公民的人身权利、民主权利和其他权利；保护各种经济组织的合法权益；保障少数民族的权利和尊重少数民族的风俗习惯，帮助本行政区域内各少数民族聚居的地方依照宪法和法律实行区域自治，帮助各少数民族发展政治、经济和文化的建设事业；保障宪法和法律赋予妇女的男女平等、同工同酬和婚姻自由等各项权利。

第四节　地方各级监察委员会

2018 年宪法修改，修正案第 52 条规定，在宪法第三章“国家机构”中增加一节，作为第七节“监察委员会”。该节对地方各级监察委员会组成、任期、地位和职责等也做了原则性规定。2018 年颁布实施的《监察法》又对地方各级监察委员会的设置及运行做了进一步的细化规定。

省、自治区、直辖市、自治州、县、自治县、市、市辖区设立监察委员会。地方各级监察委员会由本级人民代表大会产生，负责本行政区域内的监察工作。地方各级监察委员会由主任、副主任若干人、委员若干人组成，主任由本级人民代表大会选举，副主任、委员由监察委员会主任提请本级人民代表大会常务委员会任免。地方各级监察委员会主任每届任期同本级人民代表大会每届任期相同。地方各级监察委员会对本级人民代表大会及其常务委员会和上一级监察委员会负责，并接受其监督。

地方各级监察委员会依照《监察法》和有关法律规定履行监督、调查、处置职责，具体包括：第一，对公职人员开展廉政教育，对其依法履职、秉公用权、廉洁从政从业以及道德操守情况进行监督检查；第二，对涉嫌贪污贿赂、滥用职权、玩忽职守、权力寻租、利益输送、徇私舞弊以及浪费国家资财等职务违法和职务犯罪进行调查；第三，对违法的公职人员依法作出政务处分决定；对履行职责不力、失职失责的领导人员进行问责；对涉嫌职务犯罪的，将调查结果移送人民检察院依法审查、提起公诉；向监察对象所在单位提出监察建议。

第五节　地方各级人民法院

一、概述

人民法院是国家的审判机关，人民法院的任务是审判刑事案件、民事案件、行政案件等，并且通过审判活动，惩办一切犯罪分子，解决民事纠纷，以保卫无产阶级专政制度，维护社会主义法制和社会秩序，保护社会主义的全民所有的财产、劳动群众集体所有的财产，保护公民私人所有的合法财产，保护公民的人身权利、民主权利和其他权利，保障国家的社会主义革命和社会主义建设事业的顺利进行。我国的人民法院由最高人民法院、地方各级人民法院和专门人民法院组成。

二、组织系统

地方人民法院按照行政区划设置，分为：

（一）高级人民法院

省、自治区、直辖市设高级人民法院，管辖的案件包括，法律、法规规定由它管辖的第一审案件；下级人民法院移送审判的第一审案件；对下级人民法院判决和裁定的上诉案件和抗诉案件；人民检察院按照审判监督程序提出的抗诉案件。

（二）中级人民法院

中级人民法院包括在省、自治区内按地区设立的中级人民法院；在直辖市内设立的中级人民法院；省、自治区辖市设立的中级人民法院；自治州中级人民法院。中级人民法院管辖的案件包括：法律、法规规定由它管辖的第一审案件；基层人民法院移送审判的第一审案件；对基层人民法院判决和裁定的上诉案件和抗诉案件；人民检察院按照审判监督程序提出的抗诉案件。

（三）基层人民法院

基层人民法院是指县、自治县、不设区的市、市辖区的人民法院。基层人民法院审判刑事和民事的第一审案件，但是法律、法规另有规定的案件除外。基层人民法院对它所受理的刑事和民事案件，认为案情重大应当由上级人民法院审判的时候，可以请求移送上级人民法院审判。

三、组成和任期

地方各级人民法院设刑事审判庭、民事审判庭和经济审判庭，根据需要可以设置其他审判庭。地方各级人民法院由院长一人，副院长、庭长、副庭长和审判员若干人组成。人民法院的审判人员必须具有法律专业知识。

地方各级人民法院院长由地方各级人民代表大会选举，副院长、庭长、副庭长和审判员由地方各级人民代表大会常务委员会任免。在省、自治区内按地区设立的和在直辖市内设立的中级人民法院院长、副院长、庭长、副庭长和审判员，由省、自治区、直辖市的人民代表大会常务委员会任免。在民族自治地方设立的地方各级人民法院的院长，由民族自治地方各级人民代表大会选举，副院长、庭长、副庭长和审判员由民族自治地方各级人民代表大会常务委员会任免。

地方各级人民法院院长任期与本级人民代表大会每届任期相同，为5年。

四、审判工作的基本制度

（一）合议制

人民法院审判案件，实行合议制。人民法院审判第一审案件，由审判员组成合议庭或者由审判员和人民陪审员组成合议庭进行；简单的民事案件、轻微的刑事案件和法律另有规定的案件，可以由审判员一人独任审判。人民法院审判上诉和抗诉的案件，由审判员组成合议庭进行。合议庭由院长或者庭长指定审判员一人担任审判长。院长或者庭长参加审判案件的时候，自己担任审判长。

（二）审判委员会制度

各级人民法院设立审判委员会，实行民主集中制。审判委员会的任务是总结审判经验，讨论重大的或者疑难的案件和其他有关审判工作的问题。审判委员会由人民法院院长、副院长、各庭庭长以及一些资深审判员组成。地方各级人民法院审判委员会委员，由院长提请本级人民代表大会常务委员会任免；最高人民法院审判委员会委员，由最高人民法院院长提请全国人民代表大会常务委员会任免。各级人民法院审判委员会会议由院长主持，本级人民检察院检察长可以列席。

（三）两审终审制

人民法院审判案件，实行两审终审制。地方各级人民法院第一审案件的判决和裁定，当事人可以按照法律规定的程序向上一级人民法院上诉，人民检察院可以按照法律规定的程序向上一级人民法院抗诉。地方各级人民法院第一审案件的判决和裁定，如果在上诉期限内当事人不上诉、人民检察院不抗诉，就是发生法律效力的判决和裁定。中级人民法院、高级人民法院和最高人民法院审判的第二审案件的判决和裁定，就是终审的判决和裁定，也就是发生法律效力的判决和裁定。

（四）审判监督制度

审判监督制度是指对人民法院已经发生法律效力的判决和裁定，如果发现在认定事实上或者在适用法律上确有错误，经法定的人民法院或者人民检察院提起，依法重新进行审判的一种特殊制度。审判监督制度是一种补救性制度，也是对我国两审终审制的补充。

（五）回避制度

当事人如果认为审判人员对本案有利害关系或者其他关系不能公平审判，有权请求审判人员回避。审判人员是否应当回避，由本院院长决定。审判人员如果认为自己对本案有利害关系或者其他关系，需要回避时，应当报告本院院长决定。

五、审判工作的基本原则

人民法院在开展审判工作中，必须遵循以下工作原则：

（1）依法独立审判原则。人民法院依照法律规定独立行使审判权，不受行政机关、社会团体和个人的干涉。（2）公民在适用法律上一律平等原则。人民法院审判案件，对于一切公民，不分民族、种族、性别、职业、社会出身、宗教信仰、教育程度、财产状况、居住期限，在适用法律上一律平等，不允许有任何特权。（3）各民族公民都有用本民族语言文字进行诉讼的原则。（4）公开审判原则。人民法院审理案件，除涉及国家机密、个人隐私和未成年人犯罪案件外，一律公开进行。（5）被告人有权获得辩护原则。被告人除自己进行辩护外，有权委托律师为他辩护，可以由人民团体或者被告人所在单位推荐的或者经人民法院许可的公民为他辩护，可以由被告人的近亲属、监护人为他辩护。人民法院认为必要的时候，可以指定辩护人为他辩护。

第六节　地方各级人民检察院

一、概述

人民检察院是国家的法律监督机关。人民检察院通过行使检察权，镇压一切叛国的、分裂国家的和其他反革命活动，打击反革命分子和其他犯罪分子，维护国家的统一，维护无产阶级专政制度，维护社会主义法制，维护社会秩序、生产秩序、工作秩序、教学科研秩序和人民群众生活秩序，保护社会主义的全民所有的财产和劳动群众集体所有的财产，保护公民私人所有的合法财产，保护公民的人身权利、民主权利和其他权利，保卫社会主义现代化建设的顺利进行。同时通过检察活动，教育公民忠于社会主义祖国，自觉地遵守宪法和法律，积极同违法行为作斗争。我国的人民检察院由最高人民检察院、地方各级人民检察院和专门人民检察院组成。

二、组织系统

地方人民检察院分为三级：

（1）省、自治区、直辖市人民检察院；

（2）省、自治区、直辖市人民检察院分院，自治州和省辖市人民检察院；

（3）县、市、自治县和市辖区人民检察院。

我国人民检察院实行双重领导体制。最高人民检察院对全国人民代表大会和全国人民代表大会常务委员会负责并报告工作，地方各级人民检察院对本级人民代表大会和本级人民代表大会常务委员会负责并报告工作；最高人民检察院领导地方各级人民检察院和专门人民检察院的工作，上级人民检察院领导下级人民检察院的工作。

三、组成和任期

地方各级人民检察院可以分别设立相应的检察处、科和其他业务机构。各级人民检察院由检察长一人，副检察长和检察员若干人组成。

省、自治区、直辖市人民检察院检察长和人民检察院分院检察长由省、自治区、直辖市人民代表大会选举和罢免，副检察长、检察委员会委员和检察员由省、自治区、直辖市人民检察院检察长提请本级人民代表大会常务委员会任免。省、自治区、直辖市人民检察院检察长的任免，须报最高人民检察院检察长提请全国人民代表大会常务委员会批准。自治州、省辖市、县、市、市辖区人民检察院检察长由本级人民代表大会选举和罢免，副检察长、检察委员会委员和检察员由自治州、省辖市、县、市、市辖区人民检察院检察长提请本级人民代表大会常务委员会任免。自治州、省辖市、县、市、市辖区人民检察院检察长的任免，须报上一级人民检察院检察长提请该级人民代表大会常务委员会批准。

地方各级人民检察院检察长的任期，与本级人民代表大会每届任期相同，为5年。

四、职权

各级人民检察院行使下列职权：

(1) 对于叛国案、分裂国家案以及严重破坏国家的政策、法律、法规、政令统一实施的重大犯罪案件，行使检察权。

(2) 对于直接受理的刑事案件，进行侦查。

(3) 对于公安机关侦查的案件，进行审查，决定是否逮捕、起诉或者免予起诉；对于公安机关的侦查活动是否合法，实行监督。

(4) 对于刑事案件提起公诉，支持公诉；对于人民法院的审判活动是否合法，实行监督。

(5) 对于刑事案件判决、裁定的执行和监狱、看守所、劳动改造机关的活动是否合法，实行监督。

五、检察工作的基本原则

(1) 依法独立行使检察权原则。人民检察院依照法律规定独立行使检察权，不受其他行政机关、团体和个人的干涉。

(2) 公民在适用法律上一律平等原则。各级人民检察院行使检察权，对于任何公民，在适用法律上一律平等，不允许有任何特权。

(3) 为人民服务原则。人民检察院在工作中必须坚持实事求是，贯彻执行群众路线，倾听群众意见，接受群众监督，调查研究，重证据不轻信口供，严禁逼供信，正确区分和处理敌我矛盾和人民内部矛盾。各级人民检察院的工作人员，必须忠实于事实真相，忠实于法律，忠实于社会主义事业，全心全意地为人民服务。

第七节　民族自治地方机关

一、民族区域自治制度

我国是一个多民族国家，民族问题是关系到国家稳定与发展的大问题。为实现民族平等、团结和互助，国家创造性地采用了民族区域自治作为解决民族问题的基本政治制度。根据我国《宪法》第 4 条的规定，国家保障各少数民族的合法的权利和利益，维护和发展各民族的平等团结互助和谐关系。各少数民族聚居的地方实行区域自治，设立自治机关，行使自治权。各民族自治地方都是中华人民共和国不可分离的部分。

民族区域自治制度是指在中华人民共和国范围内，由中央政府统一领导，在少数民族聚居的地方，实行区域自治，设立自治机关，行使自治权，管理本民族内部地方性事务的制度。主要包括三项内容：(1) 民族区域自治制度必须以国家统一、领土完整为前提；(2) 民族区域自治制度必须以少数民族聚居区为基础；(3) 民族自治机关行使自治权。否则，其与一般地方国家机关无异。

【案例 12-1】

缅北冲突至少 8 死 29 伤 少数民族武装号称投入千人①

从 2016 年 11 月 20 日凌晨开始，缅甸北部多地爆发少数民族武装与政府军的军事冲突，目前已造成至少 8 死 29 伤。缅甸边境少数民族与政府军的冲突持续了多年。为努力争取达成全国范围内的停火和平协议，缅甸新一届政府在 2016 年 8 月底—9 月初召开了“21 世纪彬龙会议”。为何此时冲突再起？缅甸和平进程和民族和解何去何从？

缅甸是个多民族国家，境内分布着大大小小的民族 100 多个。全国 5100 多万人口（2014 年人口普查数据）中约 1/3 是少数民族。

1947 年 1 月，缅甸在昂山将军（昂山素季的父亲）的带领下脱离英国殖民，独立成为一个国家。同年 2 月，缅族、克钦族、掸族等领导人在掸邦彬龙镇举行会议，并签署《彬龙协议》。

然而在独立后不久，中央政府与地方少数民族之间的矛盾不断激化，造成大小几十支少数民族武装长期存在。缅甸历届政府先后用武力或和谈方式试图解决民族问题，但一直未能全面结束内战而实现全国和平，造成边境许多少数民族聚居地区战乱持续多年。

点评：中国的民族区域自治制度有两个显著特点：一是中国的民族区域自治，是在国家统一领导下的自治，各民族自治地方都是中国不可分离的一部分，各民族自治机关都是中央政府领导下的一级地方政权，都必须服从中央统一领导。二是中国的民族区域自治，不只是单纯的民族自治或地方自治，而是民族因素与区域因素的结合，是政治因素和经济因素的结合。实践证明，实行民族区域自治既符合历史的发展，又符合现实情况，有很大的优越性。

1. 民族区域自治制度有利于维护国家统一和安全。民族区域自治是以领土完整，国家统一为前提和基础的，是国家的集中统一领导与民族区域自治的有机结合。它增强了中华民族的凝聚力，使各族人民，特别是少数民族把热爱本民族与热爱祖国的深厚感情结合起来，更加自觉地担负起捍卫祖国统一、保卫边疆的光荣职责。
2. 民族区域自治制度有利于保障少数民族人民当家做主的权利得以实现。
3. 民族区域自治制度有利于发展平等团结互助和谐的社会主义民族关系。
4. 民族区域自治制度有利于促进社会主义现代化建设事业蓬勃发展。

二、民族自治地方机关的组成

民族自治地方的地方机关由自治区、自治州、自治县的人民代表大会和人民政府组成。民族自治地方的人民法院和人民检察院不属于民族自治地方的地方机关，民族乡也不

① 王晓枫. 缅北战事再起 和平进程恐受阻［DB/OL］.［2017-07-21］. 新京报，http：//epaper. bjnews. com. cn/html/2016-11/22/content_ 661149. htm？ div=-1.

属于民族自治地方，不享有宪法授予的自治权。

民族自治地方的人民代表大会是民族自治地方的国家权力机关。自治区、自治州的人民代表大会代表由下一级人民代表大会选出，自治县的人民代表大会代表由选民直接选出。民族自治地方的人民代表大会中，除实行区域自治的民族的代表外，其他居住在本行政区域内的民族也应当有适当名额的代表。

自治区、自治州、自治县的人民代表大会设立常务委员会。自治区、自治州的人民代表大会常务委员会由本级人民代表大会在代表中选举主任、副主任若干人、秘书长、委员若干人。自治县的人民代表大会常务委员会由本级人民代表大会在代表中选举主任、副主任若干人和委员若干人。民族自治地方的人民代表大会常务委员会中应当有实行区域自治的民族的公民担任主任或者副主任。

自治区、自治州、自治县的人民政府是本级人民代表大会的执行机关，是地方国家行政机关。其对本级人民代表大会和上级国家行政机关负责并报告工作。各民族自治地方的人民政府都是国务院统一领导下的国家行政机关，都服从国务院。自治区主席、自治州州长、自治县县长由实行区域自治的民族的公民担任。自治区、自治州、自治县的人民政府的其他组成人员，应当合理配备实行区域自治的民族和其他少数民族的人员。自治机关所属工作部门的干部中，应当合理配备实行区域自治的民族和其他少数民族的人员。

自治地方人民政府每届任期与本级人民代表大会任期相同，为5年。

三、民族自治地方的自治权

民族自治地方的自治权是指民族自治地方的自治机关依法管理本民族内部事务的权力。民族自治地方的自治权除了行使普通地方国家机关的职权外，同时还行使宪法、民族区域自治法授予的自治权：

（一）制定自治条例和单行条例

自治条例是自治地方的人民代表大会结合当地民族政治、经济文化特点制定的管理自治地方事务的综合性法规。单行条例是依据当地民族的特点，针对某一方面的具体问题而制定的法规。自治区的自治条例和单行条例，报全国人民代表大会常务委员会批准后生效。自治州、自治县的自治条例和单行条例报省、自治区、直辖市的人民代表大会常务委员会批准后生效，并报全国人民代表大会常务委员会和国务院备案。

（二）变通权

上级国家机关的决议、决定、命令和指示，如有不适合民族自治地方实际情况的，自治机关可以报经该上级国家机关批准，变通执行或者停止执行；该上级国家机关应当在收到报告之日起60日内给予答复。

（三）使用和发展本民族语言文字

民族自治地方的自治机关在执行职务的时候，依照本民族自治地方自治条例的规定，使用当地通用的一种或者几种语言文字；同时使用几种通用的语言文字执行职务的，可以实行区域自治的民族的语言文字为主。

（四）自主管理地方财政

民族自治地方的财政是一级财政，是国家财政的组成部分。民族自治地方的自治机关有管理地方财政的自治权。凡是依照国家财政体制属于民族自治地方的财政收入，都应当由民族自治地方的自治机关自主地安排使用。

（五）自主安排、管理和发展地方经济建设事业

在国家计划的指导下，根据本地方的特点和需要，制定经济建设的方针、政策和计划，自主地安排和管理地方性的经济建设事业。根据本地方的财力、物力和其他具体条件，自主地安排地方基本建设项目。自主地管理隶属于本地方的企业、事业。可以开展对外经济贸易活动，经国务院批准，可以开辟对外贸易口岸等。

（六）自主发展教育、科技、文化等社会事业

民族自治地方的自治机关根据国家的教育方针，依照法律规定，决定本地方的教育规划，各级各类学校的设置、学制、办学形式、教学内容、教学用语和招生办法。民族自治地方的自治机关自主地决定本地方的科学技术发展规划，普及科学技术知识。民族自治地方的自治机关自主地发展具有民族形式和民族特点的文学、艺术、新闻、出版、广播、电影、电视等民族文化事业，加大对文化事业的投入，加强文化设施建设，加快各项文化事业的发展等。

（七）组织维护社会治安的公安部队

民族自治地方的自治机关依照国家的军事制度和当地的实际需要，经国务院批准，可以组织本地方维护社会治安的公安部队。

第八节　特别行政区机关

一、特别行政区制度

特别行政区制度是我国以和平方式解决历史遗留下来的香港、澳门、台湾问题而设立的特殊的地方行政区域制度。特别行政区是指在中华人民共和国范围内设立的享有特殊法律地位、实行资本主义制度和生活方式的地方行政区域。相对于普通地方行政区域，具有以下特点：

（一）“一国两制”

即在中华人民共和国境内，主体部分坚持实行社会主义制度，坚持四项基本原则。在特别行政区内，相当长的一个时期保持原有的资本主义制度和生活方式。

（二）享有高度自治权

依法享有立法权、行政管理权、独立的司法权和终审权等高度自治权。通用自己的货币，其财政收入用于自身需要，不上缴中央人民政府。

（三）当地人管理方针

特别行政区的行政机关、司法机关、立法机关由当地人组成，中央人民政府不派遣人员担任公职，即“港人治港”“澳人治澳”。

【案例 12-2】

香港回归二十周年

香港回归二十周年（1997 年 7 月 1 日—2017 年 7 月 1 日）是香港回归祖国及中华人民共和国香港特别行政区成立 20 周年的日子。

2017 年 7 月 1 日，庆祝香港回归祖国 20 周年大会暨香港特别行政区第五届政府就职典礼在香港会展中心隆重举行。中共中央总书记、国家主席、中央军委主席习近平出席并发表重要讲话。

回归以来，“一国两制”、“港人治港”，高度自治在香港成功落实。有赖国家大力支持，香港社会各界同心协力以及内地省市配合，香港的社会和经济发展取得一定的成绩。回归二十周年是一个重要的里程碑，总结香港在“一国”和“两制”下的独特双重优势，继往开来，为香港谋划更大的发展，为国家作更大的贡献。

同时，为了与全港市民分享回归二十周年的喜悦，香港特区政府以“同心创前路，掌握新机遇”为主题，与社会各界携手举办一连串丰富、精彩的庆祝活动。

点评：习近平对今后更好在香港落实“一国两制”，提出四点意见：第一，始终准确把握“一国”和“两制”的关系。必须牢固树立“一国”意识，坚守“一国”原则，正确处理特别行政区和中央的关系。任何危害国家主权安全、挑战中央权力和香港特别行政区基本法权威、利用香港对内地进行渗透破坏的活动，都是对底线的触碰，都是绝不能允许的。要把坚持“一国”原则和尊重“两制”差异、维护中央权力和保障香港特别行政区高度自治权、发挥祖国内地坚强后盾作用和提高香港自身竞争力有机结合起来，任何时候都不能偏废。第二，始终依照宪法和基本法办事。要把中央依法行使权力和特别行政区履行主体责任有机结合起来；要完善与基本法实施相关的制度和机制；要加强香港社会特别是公职人员、青少年的宪法和基本法宣传教育。第三，始终聚焦发展这个第一要务。发展是解决香港各种问题的金钥匙。香港背靠祖国、面向世界，有着许多有利发展条件和独特竞争优势。特别是这些年国家的持续快速发展为香港发展提供了难得机遇、不竭动力、广阔空间。大家一定要珍惜机遇、抓住机遇，把主要精力集中到搞建设、谋发展上来。第四，始终维护和谐稳定的社会环境。只有凡事都着眼大局，理性沟通，凝聚共识，才能逐步解决问题。从中央来说，只要爱国爱港，诚心诚意拥护“一国两制”方针和香港特别行政区基本法，不论持什么政见或主张，我们都愿意与之沟通。

二、中央与特别行政区的关系

（一）特别行政区隶属于中央人民政府

特别行政区是中华人民共和国的一个享有高度自治权的地方行政区域，直辖于中央人民政府。特别行政区享有高度自治权，但不享有国家主权。中央人民政府负责管理与特别行政区有关的外交事务、防务，任命香港特别行政区行政长官和行政机关的主要官员，决定特别行政区进入紧急状态，解释和修改特别行政区基本法等。

（二）特别行政区享有高度自治权

这主要体现在：

1. 行政管理权

依照基本法的规定自行处理特别行政区的行政事务，包括经济、财政、金融、贸易、商业、土地、航运、民航、教育、科学、文化、体育、宗教、劳工和社会服务等方面。

2. 立法权

特别行政区的立法机关依据基本法的规定，有权制定适用于特别行政区的法律。制定的法律须报全国人民代表大会常务委员会备案。备案不影响该法律的生效。

3. 独立的司法权和终审权

特别行政区法院独立进行审判，不受任何干涉。凡是在特别行政区内发生的任何案件，以特别行政区的终审法院为最高审级，该终审法院的判决即是最终判决。

4. 自行处理对外事务的权力

包括有参加外交谈判、国际会议、国际组织的权力；有签订国际协议的权力；有与外国互设官方、半官方机构的权力；有签发特区护照和旅行证件的权力。

5. 其他方面

包括特别行政区的行政机关、立法机关由当地永久性居民组成，中央人民政府不从内地派遣官员去担任特别行政区行政机关和立法机关的重要职位；特别行政区不实行社会主义制度和政策，保持原来的资本主义制度和生活方式50年不变；特别行政区境内的土地和自然资源在所有权属于国家的前提下，由特别行政区负责管理、使用、开发、出租或者批给个人、法人或者团体使用或者开发，其收入全部归特别行政区政府支配；特别行政区保持财政独立，财政收入不上缴中央人民政府，中央人民政府不在特别行政区征税；特别行政区的货币体系独立，其发行权属于特别行政区政府；特别行政区使用的语言，除中文外，在香港特别行政区还可使用英文，在澳门特别行政区还可使用葡文；特别行政区除悬挂中华人民共和国国旗外，还有自己的区旗、区徽等。

三、特别行政区的法律制度

特别行政区的法律制度自成体系，主要由以下部分构成：

（一）特别行政区基本法

特别行政区基本法属于我国基本法律的范畴，地位低于宪法又高于其他法律规范性文件。特别行政区立法机关制定的任何法律不得与特别行政区基本法相抵触。

（二）予以保留的原有法律

对于如何处理与基本法相抵触的原有法律，如《香港特别行政区基本法》作出规定：香港特别行政区成立时，香港原有法律除由全国人民代表大会常务委员会宣布为同本法抵触者外，采用为香港特别行政区法律，如以后发现有的法律与本法抵触，可依照本法规定的程序修改或停止生效。

（三）特别行政区立法机关制定的法律

除有关国防、外交和其他按照基本法规定不属于自治范围的法律之外，特别行政区可制定任何其有权制定的法律。如认为特别行政区立法机关制定的任何法律不符合关于中央管理的事务及中央和特别行政区的关系的条款，可将有关法律发回，但不做修改。经全国人民代表大会常务委员会发回的法律立即失效。

（四）适用于特别行政区的全国性法律

基本法对全国性法律在特别行政区的适用作了明确而严谨的规定，如《香港特别行政区基本法》第 18 条规定："全国性法律除列于本法附件三者外，不在香港特别行政区实施。凡列于本法附件三之法律，由香港特别行政区在当地公布或立法实施。全国人民代表大会常务委员会在征询其所属的香港特别行政区基本法委员会和香港特别行政区政府的意见后，可对列于本法附件三的法律作出增减，任何列入附件三的法律，限于有关国防、外交和其他按本法规定不属于香港特别行政区自治范围的法律。全国人民代表大会常务委员会决定宣布战争状态或因香港特别行政区内发生香港特别行政区政府不能控制的危及国家统一或安全的动乱而决定香港特别行政区进入紧急状态，中央人民政府可发布命令将有关全国性法律在香港特别行政区实施。"

（五）适用于特别行政区的国际条约

一类是特别行政区成立前就已在适用而成立后经转换仍在适用的国际条约；另一类是特别行政区成立后才开始适用的国际条约。

【司法考试关联知识点】

地方国家机关作为司法考试的考点历来不多，但是，其与中央国家机关在组成、会议制度、职权等方面相应的区别是经常容易设置的考点。对于地方人民法院和地方人民检察院的职权与工作制度也是考查的重点。民族自治地方机关和特别行政区机关的相关知识点也需掌握，了解相关的宪法和法律文本内容。

第十三章　政党制度

第一节　政党制度概述

【学习的目的与要求】 了解政党制度的产生和发展的历史；熟悉和掌握宪法序言中关于中国政党制度的规定；深入理解宪法中党的领导的基本原则。

【引例】 2000年美国总统大选的两位主角是共和党的小布什（George W. Bush）和民主党的戈尔（Albert Gore）。在美国的总统选举中，由于实行“赢者通吃”的选举规则，所以选战的重点大多放在那些至关重要的人口大州，特别是民主共和两党势均力敌的大州。2000年总统大选接近尾声时，两党均拿下了自己的“票仓州”和估计获胜的州，只剩佛罗里达州成为胜负的关键。佛州是全美第四人口大州（仅次于加利福尼亚州、纽约州和得克萨斯州），有25张选举人票，谁失去佛罗里达州，谁就会失去总统位子，因此它的每一张选票都成为争夺对象。在美国，选举的具体方式和其他民政问题一样，属于州政府管辖，因此各州有不同的选举法。而佛罗里达州选举法规定，如果候选人所得的选票差距在0.5%以内，各选区（县）选举委员会必须重新机器计票一次，另外，候选人有权在选举结束后72小时以内提出人工重新计票的要求，由县选举委员会决定是否可行。该选举法还规定，在大选结束后7日内，各县选举委员会须将选举结果上报州务卿办公室，由州务卿将选举结果汇总、确认和签署，然后宣布全州的正式选举结果，从而决定本州25张总统选举人票的归属。

2000年11月8日下午，佛罗里达州完成了67个县的计票工作：在大约600万张选民票中，布什赢得2 909 135张，戈尔赢得2 907 351张，其他候选人赢得139 616张，布什仅比戈尔多得1784张选民票（相当于佛罗里达州选票总数的0.0299%）。对戈尔及其支持者来说，这不到2000票的微小差距，充满了诱惑。他们相信，通过对选票的重新计算，可能会改变选举结果。但对于布什来说，自然不肯放弃到手的胜利果实。结果，佛罗里达州计票还未结束，有关选票的争执即起。计票纠纷引发了十几桩法律诉讼案，官司一直从佛罗里达州的地方法院打到联邦最高法院。

最终，联邦最高法院以5∶4的微弱多数判决：“推翻佛州最高法院命令继续人工计票的决定。”法院多数意见认为，重新人工计票违反了平等法律保护条款。最高法院的这一裁决，把小布什送进了白宫，戈尔随后尊重了最高法院的判决，承认败选，一场世纪之交政党之间激烈的选举战争到此结束。

一、政党的概念与特征

美国宪法之父麦迪逊在《联邦党人文集》第十篇写道："热心于有关宗教和政体的不同意见，以及其他许多理论和实践上的见解，依附于各种野心勃勃、争权夺利的领袖或依附于其财产使人们感觉兴趣的人，相继把人们分为各种党派，煽动他们彼此仇恨，使他们更有意于触怒和压迫对方，而无意为公益而合作。人类互相仇恨的倾向是如此强烈，以致在没有充分机会表现出来时，最琐碎、最怪诞的差别就足以激起他们不友善的情感和最强烈的冲突。但是造成党争的最普遍而持久的原因，是财产分配的不同和不平等。有产者和无产者在社会上总会形成不同的利益集团。债权人和债务人也有同样的区别。土地占有者集团、制造业集团、商人集团、金融业集团和许多较小的集团，在文明国家里必然会形成，从而使他们划分为不同的阶级，受到不同情感和见解的支配。管理这各种各样、又互不相容的利益集团，是现代立法的主要任务，并且把党派精神和党争带入政府的必要的和日常的活动中去。"政党是在近代随着资本主义经济和民主制度的发展而产生的。现代意义的政党最早发源于英国，辉格党（Whig，意为强盗，是苏格兰人骂人的话）和托利党（Torry，意为歹徒，是爱尔兰人骂人的话）是近代形成的两大政党，出于对王权的不同态度，他们在议会内部形成了代表不同利益集团的政治派别。他们一开始的主要分歧在于詹姆斯公爵（即后来的詹姆斯二世）是否有王位继承权的问题上。反对詹姆斯公爵有王位继承权的议员们被政敌斥为辉格。赞成詹姆斯公爵有王位继承权的议员们则被对方骂作托利。辉格党主要代表新兴资产阶级和新贵族的利益，主张限制王权，而托利党则代表地主贵族利益，主张维护君主特权。但是，无论从政治纲领还是组织架构上看，辉格党和托利党都只能算是议会里一个松散的联盟而不能算是现代意义的政党。

英国早期的政党只是具有一些现代政党的特征，从严格意义上讲政党政治则最早是在美国形成。美国政党的发展几乎一直伴随着美国建国以来 200 多年的历史，并在世界历史的发展中也产生了巨大的影响。在建国之初，美国的一些早期领导人对于党派持有否定的态度，比如第一任总统华盛顿就对激烈的政党斗争深感厌恶。但是事实上，就在独立战争结束之初，美国的建国元勋们就因为在建国等一系列重大问题的不一致而形成了两大阵营——联邦党和共和党。联邦党以汉密尔顿为首，代表东北部工商业资本家的利益，主张建立一个强大的中央政府，《联邦党人文集》正是围绕关于建立一个相对集权的联邦政府而展开的。共和党人（当时的民主共和党不同于后来的共和党）以杰斐逊为代表，代表了小农、手工业者和平民的利益，他们反对联邦党的意见，所以又称"反联邦党人"。1801 年，杰斐逊当选美国总统，此后联邦党逐渐消失，直至退出历史舞台。1828 年美国大选，民主共和党分裂为民主党和国家共和党，其中在 1834 年，由一部分国民共和党和一些反对民主党的势力成立辉格党，但 19 世纪 50 年代就开始瓦解。1854 年北部辉格党人同一些组织联合起来组成共和党，但是民主党和共和党两党轮流执政的局面并没有形成，直到 19 世纪 80 年代，1884 年，格罗佛·克利夫兰当选为内战后的第一任民主党人总统，结束了 20 多年共和党单独掌握政权的局面，从此开始了共和党和民主党轮流执政的历史。美国的两党制得以确立，在以后的 100 多年的历史中，一直就是民主党和共和党的"驴象之争"。

从政党的发展历史中，我们可以大致看出政党的主要目标是通过定期的选举获得控制国家机构的权力，进而推动政党所代表的意识形态和价值追求，实现政党所代表的利益集团的利益。我国台湾学者陈新民认为，民主国家的政党，是由某些国民聚集所成立的一种政治团体（社团），借着参加国家或地方的选举，争取选民的支持，获得行政或立法机关之职位，在这种政治过程中，来形成、凝聚及实现本身及国民的政治意志。因此，政党是一个论政及参政的团体。

从宪法的角度而言，政党应指依靠民众的支持，通过和平选举的手段去争取公共政治资源的分配和政治权力行使的政治组织或团体。在不同的国家，政党具有不同的组织形态、活动方式和政治目的，就宪法上而言，对政党的宪法规制主要是政党活动需要遵循宪法秩序，必须在尊重宪法规制的前提下开展政治活动。与宪法有关的政党问题，主要涉及政党活动的合宪性、政党选举、选区划分等。

二、政党的功能

政党制与议会制、选举制一起构成了现代民主制度的三大支柱，政党的所作所为直接关系到代议制度和宪政民主的成败得失。政党在当代西方国家的政治活动中占据主导地位，在组织竞选、掌控政策、控制社团方面发挥着主体作用。从宪政运行的角度来看，政党有下述的几个功能：

（一）利益表达和利益聚合

政党是联系政府与人民之间的纽带。政党对于人民利益的表达起着重要的不可替代的作用。首先，现代政党为民意的反映提供了制度化的渠道。人们可以通过支持有利于自己利益的政党来使自己的意志融入国家意志之中，通过反对那些不利于自己利益的政党来使自己的权益得到保护。可以说，不同的政党为人们提供了不同的政治选择，可以最大限度地覆盖到社会中的各个利益团体。即使不同的政党为了获得更广泛的民众支持，在重要的政策选择上已经差异不大，但政党之间的政策趋同恰恰反映出政党具有利益聚合的功能。当然，为了与其他政党相区分，政党需要在政策上具有一定的可识别度，而这种可识别度往往又是政策创新的结果。这种政党之间的趋同和不断创新的过程，为国家政策的稳定和与时俱进提供了重要基础。其次，国家和政府通常都是公权力的控制者，公民个人在其面前大多处于弱势地位。个人只有通过政治结社权，组成政治组织，才有可能对国家政策产生实质与持久的影响，并消解公权力对自己利益的侵蚀。再次，如果一个国家中存在着力量强大的反对党，往往会迫使执政党在制定政策时不得不综合考虑、权衡各方面的利益，这在客观上也有利于人民利益的表达。反对党当然并非与执政党水火不容，在很多情况下，两者的政策选择是趋同的，一个民主社会要得到稳定，执政党与反对党需要拥有一些共同的价值观。因此，反对党一般来说都是所谓的"忠诚的反对党"，其存在的目的是为国家和社会发展提供建设性的力量，而不是企图颠覆民主原则和宪政秩序。

（二）社会整合

现代社会是一个利益多元化与利益分化并存的社会，在客观上需要对分化的利益进行一定的整合，以推动社会共同利益。社会整合的水平在很大程度上取决于政治体系吸收、同化和消解社会各种利益和要求的能力。一个制度化很高，具有高度自主性的政党体系的存在，可以通过其社会整合功能来扩大政治参与，控制或转移动乱及革命性的政治活动。我们也可以从世界范围内的政党实践看出，一些国家出现政治动荡及颠覆性的革命，在很大程度上是因为该国的政党长期在社会整合方面功能缺失，导致社会出现难以弥合的政治分裂，进而威胁民主与宪政秩序，甚至陷入民主制度崩溃的境地。

（三）引领宪政秩序

政党是掌控政治资源的重要政治团体，政党领袖一般都是重要政治公共人物，即使是在野党的领袖也在政治上相当活跃，他们对宪法的态度直接对普通公民起着示范和引领的作用。政党居于政治舞台的中心，衡量宪法是否具有权威，宪法秩序是否良好的重要指标之一，在于政党组织和政党行为是否置于宪法的规制之下。

政党政治对于实现宪法所反映的国家权力运行机制具有巨大的保障作用。无论是立法机关还是行政机关，甚至是司法机关，离开政党政治，都将会出现运转不灵的情况。如果说宪法构建出一部国家机器的话，那么政党政治就是使机器能够正常有效运转的动力源。

三、政党权的性质

权利和权力是两个最基本的宪法现象，因此研究政党问题，当然不可避免地要讨论政党权的性质问题。综合学界现有的讨论，关于政党权大概有以下几种观点：

（一）政党权是人民结社权的衍生结果

人民有权利组成并加入一个政党，这与人们在私法领域内建立公司一样，只不过公司是以经济为目的，而政党是以政治为目的。因此，政党权其实就是一种政治性的结社权。这种观点在西方国家的政党理论中较为普遍。

（二）政党权是一种权力

权力一词虽然有不同的定义，但最广泛的用法是将权力作为影响、控制、支配的同义词，具有一定的强制力，将政党权视为权力，也就意味着政党的决策带有强制力。政党的这种强制力一方面是通过自上而下的组织系统实现的，另一方面也是通过政党与国家机构的融合来实现的。在中国，执政党的权力与国家权力并不是那么容易区分，两者都具有强制力，而且能够在实践中对公民的权利义务产生普遍性的影响。

（三）政党权是权利与权力的结合

对全体社会而言，政党权既是思想政治上的领导权威，又是执政党的政治权利，必须经过法律程序才能转化为国家权力，但对于党组织和党员来说，则是一种直接权力。

四、政党权力的边界

政党制度与宪政之间存在显见的分殊与契合的关系。传统的理论认为只要借由政党自由制度和依靠政党自治、政党自律制度，就不仅可以实现政党内部的民主化和法治化，而且亦可以在实践层面牵引国家的民主化和法治化。但是从世界范围内的政党政治实践来看，除了那些民主法治传统比较悠久的国家比如英国和美国，实现了这样一种良性的发展外，而在其他一些国家随着政党规模的扩大和组织体系的固化，却出现了另外一种情形，即政党操控在少数精英手中，导致政党本身的寡头化而背离民主的理想。而在某些国家甚至出现了政党权力的垄断化现象，形成对国家民主的破坏和对公民权利的侵蚀。针对这种政党权力异化的现象，我们认为，政党内部角色要素的清晰定位以及政党之间、政党与国家政权之间、政党与社会自主领域之间相互制约、相互作用模式的良好建立，才是优化政党功能的关键因素。

1. 政党纪律约束的边界

一个政党要协调内部的政治意志，保证党内成员的意志能够集中为不同程度的合力，从而解决政党所代表的政治意志和政治利益的聚合问题，一般会对其党员提出纪律要求，对违背纪律的党员进行纪律惩戒，比如训诫、警告、开除党籍等，这些无疑属于政党自治的范围，他人不得干预或反对。但问题在于每个党员同时又属于一个政治国家的公民（除了那些跨国界的政党外），近现代宪法都将公民的人身自由保障作为公民重要的基本权利，甚至上升到人权保障的高度。这就直接导致一个问题，政党能否通过限制人身自由的方式来追究其党员的违纪违法行为？我们认为是不可以的，其理由是：第一，国家是阶级、阶层冲突的产物，又是为了超越于阶级、阶层利益而解决冲突存在的。马克思就曾说，国家既是属于统治阶级的各个个人借以实现共同利益的形式，又是该时代整个市民社会获得集中表现的形式。人类从野蛮到文明状态的进步就是从过去那些借由“同态复仇”或“私力救济”来解决冲突的无序状态到依靠国家这个“中立”组织来解决冲突的有序状态的进步，因此限制人身自由的权力只能由国家行使是国家的重要标志之一。第二，宪法的演进与对公民人身自由的关注与保护是密不可分的。一部宪法发展的历史差不多就是人身自由保护的历史。从最早的英国《自由大宪章》对贵族人身自由的正当程序保障，到法国《人权宣言》主张法无明文规定不为罪、法律不追溯既往、没有正当程序或正当理由不能对公民逮捕、搜查等，以及到现代各国宪法都把人身自由保护作为宪法的重要内容和重要精神，这些都表明了宪法是公民自由的宪章，同时也排斥了背弃宪法去限制公民人身自由的一切可能。第三，限制公民人身自由，是国家为了维系社会的整体生存而不得不支付的代价，同时为了把限制人身自由所带来的弊害降到最低限度，各国都不惜用一套烦琐的程序制度机制来操作人身自由限制事宜，比如强调追查、控诉、审判职能和机关的分立，强调多层级的审判，强调严密的辩护制度等，这些都是政党制度的空间里所不具备的，否则就会非经法律正当程序而损害公民权利。

2. 公民基本权利与党员权利

与上个问题相关联的是，每个党员在享有其党章所规定的权利时，是否应同时享有宪法所保障之宪法基本权利？换言之，政党是否可以通过党章来“克减”或限制党员公民的基本权利，这是一个理论上急待厘清的问题。在美国，立法并不规定一般的原则来处理上述问题，依照惯例由司法机关在个案审判中进行权衡。在德国理论界普遍主张一个政党的成员在其所属政党内，仍旧享有宪法所规定的言论自由权、结社权等基本权利，而免受政党之内部规章的限制，但其所持的理论根据并不相同：一种意见认为，党员与政党的关系，等同于国家与公民的关系，因此宪法关于人权的条款应直接在政党内实施；另外一种意见认为应比照宪法基本权利第三者效力的理论，使宪法基本权利条款在政党内获得直接的适用效力。而大多数学者主张基本权利条款在政党内部的适用，来自于宪法关于政党内部秩序必须合乎民主原则的规定，借由这一规定可以推导出宪法基本权利条款对政党有拘束力。中国宪法的基本权利条款当然应在各个政党内部适用，这不仅因为宪法已规定一切政党和社会组织都必须在宪法和法律范围内活动，更因为中国的政党并不是西方学者所指称的“私法团体”，中国共产党依照宪法或法律规定非竞争性地恒久享有执政地位，具有巨大的配置公共资源的能力，所有政党的活动费用都由公共财政支付，政党机关成员的待遇也比照国家公务员安排，并自上而下地进行类似“行政化”的管理，因此，如果宪法的基本权利条款不在政党内适用，会使广大党员的自由与权利陷入到极大的不确定性危险之中。

需要进一步探讨的问题是，对于一些高度意识形态化的政党，党员对政党意识形态的忠诚与宪法和国际人权公约所规定的宗教信仰自由如何调适呢？首先，宗教信仰追求解决人的超验世界的问题，而政党的党纲、党义主要解决人的经验世界的利益与权利问题，由于各自适用的场域不同，因此它们之间并不必然地产生冲突，除非以非宗教的方式处理宗教问题。其次，近现代民族国家宪法都把政教分离和宗教信仰自由作为一项重要宪法原则，这意味着政府包括政党绝对不能干涉信仰自由。的确，人们的思想和精神是内在的东西，任何强力、外力都不能强制。信仰宗教正是属于思想范畴，是公民个人的基本权利，只要不危害社会，不损害他人，国家不能干涉，政党更不能干涉。最后，政党可以在自己的党纲中规定政治目标、思想路线和价值准则，并以此作为吸引和吸收党员的标准，但不能积极地在党章、党纲中对宗教信仰作禁止性规定。

关于党员的结社权问题，可以从党外的结社权和党内结社权两个层面来探讨，对于那些对结社采行核准登记制的国家，行政核准的合法性便赋予了结社的法律合法性，因此党员的结社权便简化成为一个行政技术的操作问题，当然关于核准本身法律的良与恶则成为一个法律价值学的问题。对于那些奉行结社备案制的国家来说，原则上党员参加本政党，并不意味着党员失去参加其他社团的权利。但党员参加政党这一契约性的行动，意味着党员不得加入与本党宗旨抵牾或违背国家民主、法治秩序的政党。至于党员是否可以在党内结成派别，西方学者有两种不同主张：赞成者认为党内民主的隐含之意是允许党内有不同意见存在，而且党内不同派别的存在，可以促进党内竞争和政策优化；反对者认为党内派别的存在会削弱本党团结，促进党争与分裂，甚至会导致选民信任的降低。在我国因为政党内部奉行民主集中制原则，强调全党团结一致，在外部公民政治性结社受到严格的限制，公民结社组成的社会团体只有获得了社会合法性、政治合法性、法律合法性，才可在国家、社会内存在和发展，理论上似乎并无允许政党内部派别发展的可能性。值得强调的是，虽然在执政党内部并不存在派别，但是允许不同意见的正常表达。对我国政党的实际情况而言，保持执政党内部的团结一致具有重大的制度意义，一方面这有助于维护中央的权威，保证地方对于中央的服从，稳固单一制的国家结构；另一方面也有助于将执政党的决策贯彻实施，有效地提高了行政效率。

五、政党制度的分类

关于政党制度的分类，根据不同的标准，可以将政党制度划分为不同的类型。

1. 一党制、两党制、多党制

根据一个国家政党的数量，可以将政党制度划分为一党制、两党制和多党制。

所谓一党制，指的是一个国家只存在一个合法政党或存在多个政党，但只有一个政党能够在实际上长期执掌国家政权。一党制是20世纪才出现的政党制度。第二次世界大战期间，德国、意大利等法西斯国家实行过短暂的一党制。这种法西斯式的一党制在法律上取缔并禁止其他政党的活动，确认法西斯一党的垄断地位，对内实行欺骗和公开的警察恐怖统治，对外推行强权政治、领土扩张和军事侵略。第二次世界大战以后，亚洲、非洲、拉丁美洲的一大批新独立的国家中出现了很多民族主义的一党政治，尤其在非洲比较突出。在非洲已经独立的50多个国家中，大多数都先后实行了一党制。这种民族主义的一党制与法西斯式的一党制有着根本的不同，因此即使经过了20世纪80年代末90年代初的多党制民主浪潮的冲击以后，仍有相当多的国家坚持实行一党制。战后新兴的民族主义国家实行一党制，主要是基于维护集中统一领导、民族团结和国家统一的考虑。

所谓两党制，并不是一个国家只有两个政党，除此之外没有其他政党，而是存在两个及两个以上政党，但只有两个主要政党单独轮流执掌政权，其他政党没有获得足够选票支持组织政府的实力。也有学者将两党制视作多党制的一个特例。实行两党制的有英国、美国、澳大利亚等国家。

所谓多党制，是指一个国家存在三个或三个以上政党时，其中一些政党联合起来组成多数党联盟，从而取得优势地位，获得国家的执政权。由于具有规模的政党相当固定，故执政联盟也相对稳定。多党制国家在选举中一般实行比例代表制，典型的国家有法国、德国、荷兰等。有一些发展中国家在实行多党制时，其执政联盟由三个以上、数量不固定且政党存在不稳定的多个政党组成，执政联盟模式无章法可循，政治情势常常陷入混乱，最后不得已以军事政权或威权体制告终，民主制度随之崩溃。

值得注意的是，一个国家的执政党数量并不是固定的，而是在一定时期内可以相互转化的。例如“二战”后的日本，在很长一段时期内都是由自民党一党执政，但是在2009年，民主党赢得了大选，使得日本似乎有向两党制发展的趋势。不过在随后的2012年大选中民主党又遭到惨败，日本重新回到了自民党一党独大的状态。

2. 平衡型、分散型、不平衡型

根据一个国家内部政党力量的对比情况，英国学者史密斯把政党制度分为平衡、分散和不平衡三种类型。平衡型是指两个大党或两个政党集团能获得90%以上选票，而且彼此相差不多，因此谁都无法长期执政，总是轮流执政，如美国。分散型是指主要政党数目多，票数比较分散，因此需要联合执政，如荷兰。不平衡型即某一大党长期独占多数，其他各党都竞争不过，如2009年以前的日本自民党。

3. 独占型和轮流型

根据一个国家政党间执政权的交替情况，可以将其政党制度划分为独占型和轮流型。独占型，是指由一个政党或一个固定的政党联盟长期执政，其他政党没有实力通过选举获得执政权；轮流型，是指一个国家的执政权在不同的政党或政党联盟之间轮流交替的政党制度。

第二节 中国的政党制度

一、中国政党的基本制度

中国政党的基本制度是中国共产党领导的多党合作和政治协商制度。该制度是由中国的历史和现实所决定的。中国共产党在民主革命的长期斗争中，同各民主党派结成人民民主统一战线。在中国共产党的领导下，终于取得了民主革命的胜利。1949 年中华人民共和国成立后，一直坚持共产党领导的多党合作制。1956 年社会主义改造基本完成之时，毛泽东进而提出共产党同各民主党派“长期共存，互相监督”的方针。1957 年以后受“左”的指导思想影响，多党合作受到破坏。1978 年中共十一届三中全会后，中国共产党重申坚持同各民主党派“长期共存，互相监督”的方针，同时又加上“肝胆相照，荣辱与共”的内容。

中国共产党领导的多党合作和政治协商制度是具有中国特色的社会主义政党制度。中国的政党制度的基本点是坚持中国共产党的长期稳定领导，同时发挥多党合作的作用。中国共产党在我国是具有宪法地位的执政党，但同时中国共产党也需要各民主党派的合作与监督。各民主党派代表广大劳动者和爱国者的利益，反映他们的要求与意愿。没有广泛的政党联盟，没有尽力发挥各民主党派的作用，就无法充分调动广大人民群众的积极性，无法避免决策的失误。共产党对国家政权的领导包括政治领导、思想领导和组织领导。政治领导主要是提出社会发展战略和重大方针政策；思想领导主要是加强对国家公职人员和人民群众的社会主义、共产主义思想教育；组织领导主要是推荐各级政权机关领导人人选，由人民政权机关选举或任命。党对国家事务主要实行政治领导，充分发挥国家机关的作用，党经过法定程序使自己的主张变为国家意志，同时通过党组织的活动和党员的模范作用带动广大人民群众，实现党的路线、方针、政策。

二、宪法规范与政党制度

现行宪法对于政党制度的安排主要体现在《宪法》序言、《宪法》总纲第 5 条和《宪法》第 4 条、第 12 条修正案之中，如果对《宪法》第 35 条关于结社自由的规定作宽泛的解释，也可以推导出有关政党制度的宪法安排。

《宪法》序言第 7 自然段写道：“中国新民主主义革命的胜利和社会主义事业的成就，是中国共产党领导中国各族人民，在马克思列宁主义、毛泽东思想的指引下，坚持真理，修正错误，战胜许多艰难险阻而取得的。我国将长期处于社会主义初级阶段。国家的根本任务是，沿着中国特色社会主义道路，集中力量进行社会主义现代化建设。中国各族人民将继续在中国共产党领导下，在马克思列宁主义、毛泽东思想、邓小平理论、‘三个代表’重要思想、科学发展观、习近平新时代中国特色社会主义思想指引下，坚持人民民主专政，坚持社会主义道路，坚持改革开放，不断完善社会主义的各项制度，发展社会主义市场经济，发展社会主义民主，健全社会主义法治，贯彻新发展理念，自力更生，艰苦奋斗，逐步实现工业、农业、国防和科学技术的现代化，推动物质文明、政治文明、精神文明、社会文明、生态文明协调发展，把我国建设成为富强民主文明和谐美丽的社会主义现代化强国，实现中华民族伟大复兴。"

上述的这段话一方面指出了中国共产党成为执政党的历史背景，即具有历史必然性；但更重要的一个方面是明确指出了执政党的路线、方针、政策以及要实现的政策目标。从宪法的高度，以根本法的形式确立执政党的执政纲领事实上构成了对执政党的宪法约束，一旦出现执政党出现与宪法规定的执政纲领不相一致的情况，就会在根本上动摇执政的根基，因此可以说宪法序言的这一部分是理解整部宪法的一个关键部分，它既确认了中国共产党的领导权和执政地位，同时又清晰地规定了其执政原则、执政方式和执政目标。

《宪法》序言第 10 自然段确认："在长期的革命、建设、改革过程中，已经结成由中国共产党领导的，有各民主党派和各人民团体参加的，包括全体社会主义劳动者、社会主义事业的建设者、拥护社会主义的爱国者、拥护祖国统一和致力于中华民族伟大复兴的爱国者的广泛的爱国统一战线，这个统一战线将继续巩固和发展。中国人民政治协商会议是有广泛代表性的统一战线组织，过去发挥了重要的历史作用，今后在国家政治生活、社会生活和对外友好活动中，在进行社会主义现代化建设、维护国家的统一和团结的斗争中，将进一步发挥它的重要作用。中国共产党领导的多党合作和政治协商制度将长期存在和发展。"这部分规定确定了我国"一党领导，多党合作"的政治结构，也确认了中国人民政治协商会议作为统一战线和多党合作重要载体的宪法地位。

《宪法》序言最后一个自然段规定："本宪法以法律的形式确认了中国各族人民奋斗的成果，规定了国家的根本制度和根本任务，是国家的根本法，具有最高的法律效力。全国各族人民、一切国家机关和武装力量、各政党和各社会团体、各企业事业组织，都必须以宪法为根本的活动准则，并且负有维护宪法尊严、保证宪法实施的职责。"《宪法》第 5 条第 3 款规定："一切国家机关和武装力量、各政党和各社会团体、各企业事业组织都必须遵守宪法和法律。一切违反宪法和法律的行为，必须予以追究。"上述规定确认了中国各政党在中国法制总框架中的位置和职责。

从以上的宪法关于我国政党制度，尤其是执政党制度的安排来看，有以下几个方面需要加以注意：

第一，中国宪法的序言以中国近代历史为背景来描述中国人民的建国历程，在这一历史进程中，中国共产党发挥的作用非常重要且不可替代，其执政党的地位是由历史所决定的且必须长期坚持的。

第二，坚持党的领导主要是在序言中被明确体现出来，《宪法》第 1 条规定，社会主义制度是中华人民共和国的根本制度。中国共产党领导是中国特色社会主义最本质的特征。这一规定在宪法正文中明确体现了中国共产党的领导。同时，可以注意到，党的领导是一个既需要起到提纲挈领的作用，但却又要与宪法规定的国家机构有一定的分离。1982 年制宪的时候，制宪者充分吸收了中华人民共和国成立以后党政不分、权力高度统一所造成的悲剧性后果，因此在安排政党制度的时候既要很明确地规定党的领导地位，又要避免将政党同国家机构相混淆。因此，我国选择了一种在宪法序言、总纲中规定政党制度的构建路径。

第三，宪法序言规定了党的路线、方针、政策，这些对执政党的根本任务的规定也在很大程度上是整部宪法的立宪目的，因此宪法序言中关于政党任务的条款实际上是不可动摇的，是不应被修改的条款，这些条款如果发生重大变化，整部宪法的目的就将难以实现。

整体上来看，宪法关于政党制度的安排，基本确立了中国政党政治的宪法框架，为政党活动的有序化、法制化奠定了重要基础，但这些安排也存在一些问题：

1. 对于多党合作的规定有待完善

宪法对于多党合作与政治协商的规定过于笼统，除了明确规定执政党的领导地位以外，对于其他政党在国家政治生活中的地位、作用和行为准则缺乏相应的规定。政治协商制度是我国的一项基本政治制度，在我国的政治生活中发挥着重要的作用，但是对于政治协商会议的组织和职权问题缺少宪法的明确规定。宪法的本义的确是为了坚持人民代表大会制度，而把政治协商会议排除出国家机构的范畴，但是由于政治协商会议发挥着参政议政的作用，这种职能的发挥离不开宪法的明确规定。

2. 政党权力的宪法规制问题

现行宪法对于中国共产党作为执政党的法律地位、执政组织形式和执政法律程序缺乏明确的规定，导致共产党的执政缺乏法律规则构建的基础，从而导致执政的权利和义务不明确，执政的法律界限也不清晰。执政党在中国处于领导地位，具有比任何其他组织都大得多的影响力和控制力，行使着重要的国家权力，对于这样一种不同于其他国家的政党政治情况，宪法应当在正文中明确规定执政党的权力运行范围、方式及结果。权力只有通过明确界定才能被有效制约，如果缺乏对于权力的明确规定，实际上也就难以从法制化的角度去规制政党的活动，容易造成政党活动偏离宪政秩序的情况。

三、中国政党制度的宪政解读

（一）中国共产党是执政党

1. 执政党的含义

中国共产党自成立以来，历经革命、建设和改革等不同的阶段，已经从领导全国人民为夺取政权而奋斗的革命党，成为了领导人民掌握政权并长期执政的党；已经从实行计划主义经济条件下的国家建设的党，成为了领导改革开放和发展社会主义市场经济的党。中国共产党是执政党，这是中国政治生态环境大变迁后，对共产党的最准确的角色定位。

所谓执政，是指党对国家政权的控制和掌握，执政党就是掌握执政权的党，它具有以下特征：

第一，重视与现有国家政权的亲和性，强调充分发挥整个国家架构的作用，这与革命党主张推翻和反对现有政权体系、破旧立新大不相同。

第二，强调社会利益的整合，重视社会利益的协调和平衡。这与革命党首先要划分敌我界线，重新分配社会利益有着重要区别。因为执政党要借助于国家政权对社会进行治理，追求社会的有序性。国家本身要承担许多超越阶级、阶层利益的公共职能。

第三，执政党本身应具有执政的合法性。近代以来，随着人民主权的观念进入宪法，合法性实际上就是执政党的执政需要经过人民的同意。具体而言，合法性指的是民众对于现存政权和现存政治秩序的信仰、认同和支持，体现为执政党获得的支持的程度、领导的合理性、权力的合理性和治理的有效性。马克思主义政党的建设理论认为，执政党的执政资格合法性主要有三大因素：人民公认、意识形态和执政绩效。20世纪初，韦伯通过社会史的考察，把合法性统治分为三种类型，即“卡里马斯”型、传统型和法理型。在“卡里马斯”型权威中，权威的合法性来自于统治者个人的人格及领导才能。在传统型权威中，权威的合法性来自于传统。而在法理型权威中，权威的合法性则来自法制及科层制度。

第四，执政党的活动要以法律为依据，活动的载体是国家机关尤其是国家代议（立法）机关和行政机关。执政党的活动不但要具有实体合法性，还要具有程序合法性。所谓程序合法性主要是指执政党不能超越国家的宪法、法律而活动。它包括执政党的资格条件的法治化、执政党权限的法治化和执政活动程序的法治化。在一些两党制和多党制的国家，由于采用了权力分立的构架，立法机关和行政机关分别进行选举，都具有民主合法性，因此可能会出现立法机关和行政机关分别由两个或多个不同政党掌控的情况。在这种分裂政府的情形下，虽然行政机关首脑所属的政党仍然为执政党，但是会受到在野党的强力制约。如何在政府出现分裂时依然能够在宪法的框架内实现有效的政府运转是考验宪法是否具有足够适应性的重要指标，也是政党政治是否真正成熟的一个重要标志。在世界范围内的政治实践中，有不少国家因为无法妥善处理分裂政府的情况，政党的活动逐渐超越宪法的范围，并最终导致了民主政体的崩溃。

第五，执政党执政权的有限性。执政党既然要以民主原则为活动内容和目标，那么其执政权只能来自于人民的授予；执政党行使权力要代表人民；执政党运用权力的过程要接受人民的监督和制约。之所以执政党需要依托国家机构作为权力工具，正是因为国家机构的权力来源于宪法的授予，有着明确的界限，因此超越或脱离国家机构的政党权力活动，实际上都是容易造成政党权力失控的。从这个意义上来说，执政党和国家机构的权力行为实际上是难以区分的，执政党必须通过国家机构来发挥其领导作用。

2. 依法执政的具体内容

共产党的执政能力，就是党提出和运用正确的理论、路线、方针、政策和策略，领导制定和实施宪法和法律，采取科学的领导制度和领导方式，动员和组织人民依法管理国家和社会事务、经济和文化事业，有效治党治国治军，建设社会主义现代化国家的本领。依法治国是中国共产党的治国方略，依法执政是其题中应有之义。在一定意义上说，依法执政还是依法治国的保证。中国共产党是代表中国最广大人民根本利益的党，党领导人民制定宪法和法律，就必须模范遵守宪法和法律。要牢固树立权力是人民赋予的、权力必须接受人民监督与法律制约的观念，带头做遵守法律、执行法律、维护法律的模范。党的领导是人民当家做主和依法治国的根本保证，人民当家做主是社会主义民主政治的本质要求，依法治国是党领导人民治理国家的基本方略，三者的结合点就是党的依法执政。

依法执政的方式是党要通过法定的方式进入政权组织，成为国家政权机关的领导党。执政党领导国家必须通过党在国家政权中发挥领导核心作用来实现。

3. 执政党与国家政权机关

（1）执政党与人民代表大会的关系

中国执政党与人民代表大会之间的关系较之于西方的政党议会关系，有着极为不同的历史逻辑起点和活动形式与内容。比如，西方的议会是先于政党产生的，先出现代议机关而后在代议机关内部分化出不同的政治派别；议会是阶级分权和社会利益分化的结果，而政党是社会力量行使政治参与权的产物；政党的决策意志要通过议会的议事程序才能对议会产生影响。中国的执政党成立于人民代表大会之前，人民代表大会是中国共产党争取执政合法性和支持人民当家做主的形式之一，虽然人民代表大会在形式上与西方的议会有相似的地方，但其主要的特征是中国共产党领导下的国家权力机关，执政党对于人民代表大会具有实质的影响力和控制力。

党的十八大提出人民代表大会制度是保证人民当家做主的根本政治制度。要善于使党的主张通过法定程序成为国家意志，支持人民代表大会及其常务委员会充分发挥国家权力机关作用，依法行使立法、监督、决定、任免等职权。人民代表大会是实现社会主义民主的最重要载体。遵循这一政治发展和政治创新的目标，执政党和人民代表大会的关系的理想状态应是：第一，执政党只有通过选举才能进入人民代表大会，并进一步通过控制其他国家机关；第二，执政党只有按照法定程序，才能使其主张和决策转化为人民代表大会的决议和决定；第三，执政党只有通过人民代表大会依照法定程序，才能使其方针、政策体现于国家的宪法和法律之中；第四，执政党只有通过人民代表大会依照法定程序，才能使其推荐的人选被选举为国家机关领导人；第五，执政党只有在人民代表大会的监督下，遵守宪法和法律，才能保持在国家生活中的合法地位；第六，执政党对人民代表大会的领导要承担相应的责任和义务，党的领导要有合理合法的边界。党对领导的失误不仅要承担政治责任，更要承担法律责任。

（2）执政党与行政机关的关系

行政机关是执行国家权力机关意志的国家机构。在现代社会，由于社会分工的进步，社会管理变得复杂化、技术化、专业化，社会公共服务的领域也不断拓宽，行政机关所担负的社会管理、公共服务等职能日趋重要，其行政行为可以直接而广泛地影响人民群众的权利和义务。执政党与行政机关的关系，主要是其对行政机关的工作人员具有政治动员、人事任免、检查监督等权力。这些权力对于调控和规制行政机关的行政行为具有十分重要的作用。执政党的领导方式是“统揽全局，协调各方”，发挥社会利益的整合作用，在这一过程中，容易出现执政党超越政党行为，直接进行行政管理的情况。由于执政党直接行使行政权缺乏宪法和法律的授权，一旦出现损害公民合法权益的情况，并没有合法的解决路径，公民的权益难以得到有效的法律救济。因此，处理好执政党与行政机关的关系是我国宪法与政治实践中的一个相当重要的方面。

（3）执政党与司法机关的关系

在西方国家，立法机关和行政机关有时被统称为政治机关，政治机关的活动特点就是受政治和政党行为影响很大，同时也是需要直接对民众负责的国家机构，政治机关对社情民意的敏感性较高，充分体现了宪政中的民主原则。司法机关的行为方式和活动规律与政治机关存在着相当大的区别，司法机关相对来说，对一时兴起的民意并不敏感，其专业性更强，具有比较高的独立性，这些特征也是其能够公正裁判的基础。同时，上述的这些特征使得司法人员的党派性比较淡化，司法人员与其所属政党之间的关系也就因之而减弱。例如政党可以要求议会中的本党成员在投票时一致行动，从而能够更有效地达到政策目标，但是政党并不能要求法院中的法官在审判案件时按照本党的政策目标而不是法律来作出判决。

在我国，执政党对于司法机关的领导是客观存在的，执政党可以在司法政策、司法人员的任免等领域对司法活动施加广泛而深入的影响，使司法机关服务于、服从于执政党的政策目标。这种执政党对司法机关产生直接影响的互相关系，在一定程度上有利于政府整体目标的实现，但是却也存在着不当干涉司法的可能性。在“依法执政”已被确立为执政党的执政目标的前提下，当下关于执政党与司法机关的关系需要解决的制度层面的问题是：执政党如何在实施政治领导的过程中维护司法的应有权威，尊重司法自身的运作规律；司法在具体实践中如何通过法律技术手段，在不损害司法基本原则的情况下，贯彻执政党对社会治理的基本要求，体现执政党对社会过程的控制和领导的愿望；执政党通过什么样的形式对司法实施组织化、制度化、常规化的领导。

（二）民主党派是参政党

1. 民主党派

民主党派，是指在大陆范围内除执政党中国共产党以外的八个参政党的统称。它们分别是：中国国民党革命委员会、中国民主同盟、中国民主建国会、中国民主促进会、中国农工民主党、中国致公党、九三学社、台湾民主自治同盟。

民主党派都有自身不同的党员构成情况，同中国共产党所代表的广泛性相比，民主党派在代表性上有着显著的特点。

中国国民党革命委员会，主要由国共内战时的中国国民党左派及其后裔组成，后来许多国民党籍的倒戈将领和被俘释放的军政人员加入。

中国民主同盟，主要是以从事文化教育方面工作的社会精英阶层所组成。

中国民主建国会，主要是以在大中城市的工商企业家和经济界的中高层人士为主。

中国民主促进会，是以从事教育文化出版工作的高中级知识分子为主。

中国农工民主党，以医药卫生界高中级知识分子为主。

中国致公党，主要以归侨、侨眷为主。

九三学社的人员组成以科学技术界高中级知识分子为主，常见职业分布为教师、医师、工程师等。

台湾民主自治同盟是“由居住在中国大陆的台湾籍人士组成”。

在我国，民主党派是参政党，接受中国共产党的领导，同中国共产党通力合作，共同致力于社会主义建设。参政党具有以下的内涵：

第一，中国共产党与参政的民主党派在政治上是领导与被领导的关系，是通力合作的友党关系，彼此之间不具有竞争性和排他性；

第二，民主党派享有参政权，参政权的基本内容包括“参加国家政权，参与国家大政方针和国家领导人选的协商，参与国家事务的管理，参与国家方针、政策、法律、法规的制定和执行”。

第三，参政党的目的是和中国共产党共同致力于社会主义建设事业，共同实现社会主义现代化的宏伟目标。

第四，参政党的功能在于既与执政党在共同的政治基础上加强团结合作，通过平等协商形成科学决策；又可避免多党竞争、互相倾轧造成的政治动荡和一党专制造成的腐败。

2. 参政党与政治协商会议

中国人民政治协商会议，简称“人民政协”或“政协”，是中国共产党领导的多党合作和政治协商的重要机构，是中国人民爱国统一战线组织，是我国政治生活中社会主义民主的重要形式。人民政协围绕团结和民主两大主题履行政治协商、民主监督和参政议政的职能。

我国宪法关于政治协商会议的规定主要在宪法序言中。“社会主义的建设事业必须依靠工人、农民和知识分子，团结一切可以团结的力量。在长期的革命和建设过程中，已经结成由中国共产党领导的，有各民主党派和各人民团体参加的，包括全体社会主义劳动者、社会主义事业的建设者、拥护社会主义的爱国者和拥护祖国统一的爱国者的广泛的爱国统一战线，这个统一战线将继续巩固和发展。中国人民政治协商会议是有广泛代表性的统一战线组织，过去发挥了重要的历史作用，今后在国家政治生活、社会生活和对外友好活动中，在进行社会主义现代化建设、维护国家的统一和团结的斗争中，将进一步发挥它的重要作用。中国共产党领导的多党合作和政治协商制度将长期存在和发展。”上述的规定强调了政治协商会议所具有的广泛代表性，明确了其活动范围与目标，是在宪法层面上对民主党派参政议政和政治协商制度的确认。

目前的中国人民政治协商会议全国委员会由包括中国共产党和民主党派在内的34个单位组成，除了政党组织以外，还有无党派民主人士、中国共产主义青年团、中华全国总工会、中华全国妇女联合会、中华全国青年联合会、中华全国工商业联合会、中国科学技术协会、中华全国台湾同胞联谊会、中华全国归国华侨联合会、文化艺术界、科学技术界、社会科学界、经济界、农业界、教育界、体育界、新闻出版界、医药卫生界、对外友好界、社会福利界、少数民族界、宗教界、特邀香港人士、特邀澳门人士、特别邀请人士。全国政协委员会每届任期5年，每年举行一次全体会议，一般都在每年3月与全国人大会议一起召开。

政治协商会议虽然并不是国家机关，但在我国政治生活中发挥着重要的不可替代的作用。党的十八届三中全会提出要完善中国共产党同各民主党派的政治协商，认真听取各民主党派和无党派人士意见。中共中央根据年度工作重点提出规划，采取协商会、谈心会、座谈会等进行协商。完善民主党派中央直接向中共中央提出建议制度。发挥人民政协作为协商民主重要渠道作用。重点推进政治协商、民主监督、参政议政制度化、规范化、程序化。各级党委和政府、政协制定并组织实施协商年度工作计划，就一些重要决策听取政协意见。完善人民政协制度体系，规范协商内容、协商程序。拓展协商民主形式，更加活跃有序地组织专题协商、对口协商、界别协商、提案办理协商，增加协商密度，提高协商成效。在政协健全委员联络机构，完善委员联络制度。

【司法考试关联知识点】

本章的司法考试关联知识点主要是共产党领导的多党合作和政治协商制度，应注重对这一制度的学习理解。

第十四章 公民自治团体

【学习的目的与要求】 了解自治权的概念；熟悉宪法中规定的公民自治团体；了解《村民委员会组织法》和《居民委员会组织法》的基本内容。

【引例】 走进广西壮族自治区宜州市屏南区的合寨村，一棵有着300多年历史的老樟树映入眼帘。1980年2月5日的晚上，就是在这棵老樟树下，亮起了一盏马灯，当时的大队党支部书记蒙宝亮主持了党员干部和村民代表会，酝酿着如何成立由村民自主选举、进行自我管理的新型组织。这棵老樟树成为中国村民自治历史进程的见证。合寨村于1980年已开始实行土地承包责任制，随着分田到户，原先生产队的凝聚力和约束力逐渐减弱，队干部对日益严重的赌博、偷盗、乱砍滥伐集体山林等现象束手无策。韦焕能当时是合寨大队果作生产队队长，同时也是党小组长。他回忆说："大伙在村头的大樟树下七嘴八舌地议论，有人说'大队的人连集体的林子都看不过来，哪有时间管我们的事呢?''快插田了，合伙用的水渠总该修一修，需要一个管事的组织啊?'大家议论后觉得，需要有一个名义、有人牵头去办，当时大队叫管委会，我们就叫个村委会，这个称呼既符合村里实际，又符合我们的身份。"但另一个问题是，过去生产队队长是大队任命的，现在如何产生村委会，怎样来确定管事的人呢？韦焕能说："没有人来任命，谁也不能站出来说自己来领导吧。最后大伙一合计，每户派1人来选举出村委会，然后依得票多少来确定在村委会中的职务。"1980年2月6日，村前的球场上搭起了松门，拉起横幅，全村143户人家的代表一个个走上前，签名盖章并按上手印，揭开了中国农民"直接行使民主权利，依法管理自己的事情，创造自己的幸福生活"的历史序幕。当时没有指定候选人，每名代表在一张两指宽的纸条上，以无记名投票方式选出主任一名、副主任两名、出纳员一名、会计员一名。韦焕能说："那天有85人参加选举，我得了全票，按照群众意愿让我当主任。"经过群众投票选举，韦焕能当选第一任村委会主任，并通过了"村规民约"。至此，一种适应家庭经营生产形式的新组织，就这样在一个偏僻的壮族山村里诞生了，合寨村也由此成为"中国村民自治第一村"。①

① 参见梁艳菊．中国民主自治第一村［J］．中国民族，2009（Z1）：20.

第一节　公民自治权概述

一、自治权的理论基础

“自治”一词，在不同国家或不同地区的不同时期，具有不同的含义。自治，顾名思义就是自我治理，是自己对自己的统治，自己对自己立法（one who gives oneself one's own law），将自治的范围不断扩大至群体、地区、社团、政府等就形成了各式各样的自治机构。在宪法的范围内，自治的主要含义就是建立自治性的政府（self-government）。

自治的基本内容就是能够在自由的状态下，不受强制地自我决定，其前提和预设条件是每个人都是理性的，是自己利益的最佳判断者。自由主义和民主主义是地方自治的两大理论基础，它们强调国家纵向结构制度的设计，目的在于实现纵向分权和地方民主。启蒙时期的美国思想家杰斐逊在就任美国第三任总统时表达了对于自治的观念。“有时人们说，人们自己管自己，是不可靠的。那么，让别人去管理他们就能变得可靠吗?”这种自治观念认为人民有能力自治，也应该而且能够摆脱君主的专制统治，通过自己选举出来的代表来处理自己的事务。

现代自治思想的产生是与自由主义和纵向分权密切相关的。如 1791 年美国宪法的前 10 条修正案就集中体现了个人自由、地方自治的观念。美国宪法第 9 条修正案规定，本宪法对权利的列举，不得解释为否认或忽视人民所保留的其他权利。第 10 条修正案规定，宪法未授予合众国，也未禁止各州行使的各项权力，分别由各州和人民予以保留。第二次世界大战以后，在自治观念影响下产生的民族自决的思想广泛传播，“自决原则”被公认为国际法的基本原则，成为殖民地和其他被压迫民族争取解放、建立新国家的有力武器。《公民权利和政治权利国际公约》和《经济、社会、文化权利国际公约》的第一部分第 1 条都规定：“所有人民都有自决权。他们凭这种权利自由决定他们的政治地位，并自由谋求他们的经济、社会和文化的发展。”可以看到，近代以自由主义理念为理论源头的自治思想已经广泛地渗透到国家、集体和个人等领域。将自治的观念运用于宪法实践中，就产生了法治国家中的自治权以及相关的自治保障制度。自治的观念也促成了有限政府的建立，要实现自治就必须在政府与个人之间、政府与社会组织之间、政府的不同层级之间划分相应的权力，一旦这种关于自治权力的划分上升到了宪法的层面，就会在很大程度上限制政府权力的作用领域，进而可以建立一个权力有限的政府。

二、自治权的特征

自治的形式可以是多种多样的，比如地方自治、行业自治、社会组织自治，但它们的核心都是自治权，其性质、主体和内容具有一些共同的特征。

（一）自治权的主体具有集合性

自治思想及其实践历史证明，“社会自治”有集体自治和个人自治两种形式。对于现代宪政理论而言，自治权一般是指“集体自治”，即共同体成员就共同体的公共事务享有共同决定权。“个人自治”即个人仅就与他人无关的事务，享有充分的决定权。个人自治是集体自治的正当性来源，集体自治是个人自治的联合，也是个人自治的自然扩展，是扩大意义上的个人自治。由此可见，宪法意义上的自治权的主体应该是一个集体或群体。如地方自治权的权利主体是以地域为基础自愿组合组织自治体的全体成员，而不是地方这样一个非人格的主体。

（二）自治权是集体权利和权力的整合

由于自治权发端于个人的理性和自由意志，因此其本身就具有权利的因素，是个人权利的延伸。至于在现实的政治实践中，自治权是否能够成为一项权利，关键是看在自治权的独立性，以及这种独立性在受到侵犯的时候是否能够获得救济。自治权同时也具有权力属性，没有权力的自治实际上根本就不可能在现实中存在。对于地方自治而言，其既是地方人民民主自由权利的一种表达和实现方式，也是地方政治共同体通过权力运作来调整和管理地方事务的自治活动。在地方自治中，比较重要的权力是自治机关的人员任免权和财政权。没有一个相对独立的财政权，地方自治就没有经济基础，自治的能力和范围都将极其有限；没有自治机关的人员任免权，地方自治就难以实现地方政治共同体内的公共利益。

（三）自治权的内容具有法定性

在现代社会和国家，自治是在法治之下的自治。没有宪法和法律的规定保障，作为权利的自治权就仅仅停留在道德层面而无法向法律权利转变；作为权力的自治权必须遵循权力法定的原则。在联邦德国，《基本法》第 28 条规定了德国地方政府在法律规定的范围内自行调控所有地方社团之权利，第 93 条通过授权地方政府提出宪政申诉，提供现实的司法保障。在英国，除教区外，所有的地方议会都由选民直接选举产生，作为地方的立法机关和决策机关，然后由地方议会任命的各种委员会作为执行机构，具体管理地方的行政事务。在美国，州以下的地方政府享有广泛的自治权，这种自治权受到州宪和联邦宪法的保障。

第二节　中国的基层群众自治制度

一、基层群众自治的含义

在中国古代社会，中国的乡村一直进行着某种程度上的自治，虽然这种自治的法制化水平很低，但确实是在“县”以下就没有再设下一级的行政机构。在古代的乡村自治中，士绅和家族是两种主导性力量，乡村的公共服务、民间纠纷基本上都是在乡村内部自行解决，并不依赖于上一级的国家机构。这种封闭性的乡村自治在清朝灭亡以后发生了很大的改变，民国初年，国家机构的行政力量开始下沉到乡村一级，帮助乡村完成规模更大的公共服务和日益复杂的社会管理。

中华人民共和国成立以后，在执政党的积极努力下，乡村建设取得了很大成就。通过土地改革，一大批贫困农民获得了土地，但是随后乡村建设在人民公社化运动中也出现了一些问题，比如农村的个体经营受到严格限制，个体生产的积极性受到政策上的抑制。20 世纪 70 年代末 80 年代初，部分农村进行的“包产到户”改革极大地冲击了人民公社

“三级所有、队为基础”的农业生产、社会管理体系。随着公社体制的松动，一些农村的生产大队、生产小队的负责人忙于自己承包的土地，很少有精力管理村里的事情，而公社层面的行政性力量也有不断上收、从农村社会撤出的迹象。这些变化使得农村秩序出现一定程度的混乱。一些农村的学校、道路、水利、桥梁等公益事业和公共事务疏于管理，社会治安情况日益严重。在这种情况下，以自我管理和自我服务为形式和目标的乡村自治再次被激活。

目前，我国的基层群众自治主要表现有城市的居民自治（社区自治）、农村的村民自治。村民委员会和居民委员会都属于基层群众自治组织。根据我国《宪法》和《地方各级人民代表大会和地方人民政府组织法》的规定，我国的人民代表大会制度是以间接代表制为主的，但我们也高度重视和发展基层直接民主。人民群众在城乡基层直接行使民主权利与代表制民主制度的有机结合，保障了人民代表大会制度这一根本政治制度在基层得到延伸。人民群众在基层群众自治实践中，学习和提高了民主协商、民主监督和参政议政能力，为在更高层面上、更广范围内开展政治协商、参政议政奠定了坚实基础。《宪法》第2条第3款规定：“人民依照法律规定，通过各种途径和形式，管理国家事务，管理经济和文化事业，管理社会事务。”《宪法》第111条规定：“城市和农村按居住地区设立的居民委员会或者村民委员会是基层群众性自治组织。”因此，所谓基层群众性自治就是农村或城市特定社区的全体村民或居民，根据宪法、法律、法规的授权，依照民主的方式建立基层自治组织，确立行为规范，办理本社区内的公务事务和公益事业的一种社会管理方式。宪法和法律规定的有关基层群众性自治组织的组织机构、管理方式、自治方法和程序等一系列规范的总和，就称为基层群众性自治制度。它是广大人民自我管理、自我教育、自我服务和民主选举、民主决策、民主管理、民主监督的重要形式，是基层直接民主的体现。基层群众性自治制度的核心问题是村民自治和居民自治。我国基层群众性自治主要有以下三个方面的基本特征：

第一，基层群众性自治具有基层性的特点。基层性这个特点在很大程度上也体现出了地域性。例如，村民自治是以农村居民的一定居住区域为地域范围的，这使得它与地方自治有相似之处，但这种居住区域不是行政区划意义的地方，而是“村”。另外，从基层群众性自治组织的自治内容上看，它所从事的工作，都是村（居）民居住范围内的公共事务和公益事业。

第二，基层群众性自治具有群众性的特点。基层群众性自治的成员是村民或居民，在某个居住区域内，不论性别、年龄、职业、宗教信仰等因素，只要是居住在这个区域的，就自然成为该组织的成员。基层群众性自治组织是基于一定居住范围内居民社会生活的共同需要而建立的，目的是解决居住地范围内的公共事务和公益事业方面的社会问题，如社会治安、公共卫生等。居民（村民）委员会不是一级政权组织，也不是国家机关。它既不以行政区划为基础设立，也不具有特殊的政治、经济目的。因此，它具有广泛的群众基础，是群众性的社会组织。

第三，基层群众性自治具有自治性的特点。这种自主性主要表现在：基层群众性自治组织在法律规定的范围内拥有一定的自主权和自决权，即在法律、法规规定的范围内对本居住区的公共事务和公益事业拥有自治权，行使自己当家做主的民主权利，实行自我管理、自我教育和自我服务；基层群众性自治组织和基层人民政府之间是指导与协助的关系，两者不存在行政隶属关系。我国《村民委员会组织法》第5条明确规定“乡、民族乡、镇的人民政府对村民委员会的工作给予指导、支持和帮助，但是不得干预依法属于村民自治范围的事项。村民委员会协助乡、民族乡、镇的人民政府开展工作。”

二、基层群众自治组织

（一）居民委员会

居民委员会是按照城市居民居住区域设立的，由居民进行自我管理、自我教育、自我服务的基层群众性自治组织。

1. 居民委员会的产生与发展

城市居民委员会产生于中华人民共和国成立初期，为维护社会治安，推进土地改革，中国共产党领导城市居民建立了治安保卫委员会、人民调解委员会和居民委员会。1954年12月全国人民代表大会常务委员会颁布了《城市居民委员会组织条例》，用法律的形式对委员会给予肯定。之后，我国城市普遍建立起居民委员会，实行基层群众自治。“文化大革命”期间，居民委员会建设受到挫折，不是被解散就是被改为“革命居民委员会”，失去了基层群众自治的性质。党的十一届三中全会以后，居民委员会工作开始重新走上正轨，1980年1月，全国人民代表大会常务委员会重新颁布了《城市居民委员会组织条例》、《人民调解委员会暂行通则》、《治安保卫委员会暂行条例》，总结了中华人民共和国成立以来群众自治的经验教训。1982年宪法以根本大法的形式明确了居民委员会的性质、地位和任务。1989年七届全国人民代表大会常务委员会又依据宪法的规定，在对《城市居民委员会组织条例》修订的基础上，通过了《中华人民共和国城市居民委员会组织法》，标志着我国城市基层群众自治的建设进入到一个新的发展时期。20世纪90年代以前，由于中国城市化率较低，城市人口尚未极度扩张，居民委员会辖区的范围普遍较小。进入21世纪后，随着2000年鼓励居民委员会合并组建社区的政策的出台，原有的居民委员会经过合并重组，管理机构变为“居民委员会”或“社区居民委员会”。但管辖范围扩大，职能也有所调整，增加了很多社会福利工作，如增设最低生活保障专干、社会保障专干等。

2. 居民委员会的功能

根据《宪法》第111条第2款的规定，居民委员会的任务是办理本居住地区的公共事务和公益事业，调解民间纠纷，协助维护社会治安，并且向人民政府反映群众的意见、要求和提出建议。《城市居民委员会组织法》对居民委员会的任务又做了具体的规定：

（1）宣传宪法、法律、法规和国家的政策，维护居民的合法权益，教育居民履行依法应尽的义务，爱护公共财产，开展多种形式的社会主义精神文明建设活动；

（2）办理本居住地区居民的公共事务和公益事业；

（3）调解民间纠纷；

（4）协助维护社会治安；

（5）协助人民政府或者它的派出机关做好与居民利益有关的公共卫生、计划生育、优抚救济、青少年教育等项工作；

（6）向人民政府或者它的派出机关反映居民的意见、要求和提出建议。

3. 居民委员会的组织体系

根据《城市居民委员会组织法》的规定，居民委员会根据居民居住状况，按照便于居民自治的原则，一般在 100~700 户的范围内设立。居民委员会的设立、撤销、规模调整，由不设区的市、市辖区的人民政府决定。居民委员会由主任、副主任和委员共 5~9 人组成。多民族居住地区，居民委员会中应当有人数较少的民族的成员。居民委员会主任、副主任和委员，由本居住地区全体有选举权的居民或者由每户派代表选举产生；根据居民意见，也可以由每个居民小组选举代表 2~3 人选举产生。居民委员会每届任期 3 年，其成员可以连选连任。居民会议可以由全体 18 周岁以上的居民或者每户派代表参加，也可以由每个居民小组选举代表 2~3 人参加。居民会议必须有全体 18 周岁以上的居民、户的代表或者居民小组选举的代表的过半数出席，才能举行。会议的决定，由出席人的过半数通过。居民会议由居民委员会召集和主持。有 1/5 以上的 18 周岁以上的居民、1/5 以上的户或者 1/3 以上的居民小组提议，应当召集居民会议。涉及居民利益的重要问题，居民委员会必须提请居民会议讨论决定。居民会议有权撤换和补选居民委员会成员。

居民委员会根据需要设人民调解、治安保卫、公共卫生等委员会。居民委员会成员可以兼任下属的委员会的成员。居民较少的居民委员会可以不设下属的委员会，由居民委员会的成员分工负责有关工作。

（二）村民委员会

村民委员会是我国宪法规定的基层群众自治性组织之一，是村民实现自我管理、自我教育、自我服务的自治组织。村民委员会是在总结城市居民委员会经验的基础上把社会主义民主扩大到农村的一项重要措施，是我国农村经济体制改革的必然产物。

1. 村民委员会的产生与发展

1978 年中国改革开放之后，农村开始实行家庭联产承包责任制。在坚持土地集体所有制的基础上，农民家庭取得了承包土地的经营自主权。绝大多数乡村不再实行土地的集体经营，原有的“人民公社”解体。发生这一变革后，农村的公共事务由谁管理、怎样管理，成为一个迫切需要解决的新问题。在这种情况下，一些地区的农村群众，就商量订立具有契约性质的村规民约，由各家各户出力，以群众自己组织起来进行自治的形式，负责管理农田灌溉、防火、防盗等本村的公共事务和公益事业。农民群众尝试的这种自我管理、自我服务的组织形式，经各级党和政府总结经验，并加以推广、提高，就逐步演变成了村民委员会这种基层农民自治组织。我国最早的村民委员会产生在广西壮族自治区罗城县和宜山县的一些村，是由农民自发组织起来的。

1982 年制定宪法的时候，把村民委员会写入了宪法，并对村民委员会的性质、地位和作用以及组织原则作了具体的规定。1983 年，全国普遍开展了由生产大队改建村委会的活动。1987 年，全国人民代表大会常务委员会通过了《村民委员会组织法（试行）》并于 1988 年 6 月开始施行。这是第一部确认和明确规范村民自治制度的全国性法律。1990 年全国各地农村开展了村民自治示范活动。1998 年全国人民代表大会常务委员会通过了《村民委员会组织法》，标志着我国农村基层民主政治建设的完善进入了新的历史时期，也标志着农村基层民主已经初步形成了一套制度化的运作模式。

2. 村民委员会的性质

我国《村民委员会组织法》第2条对村民委员会的性质有明确的规定："村民委员会是村民自我管理、自我教育、自我服务的基层群众性自治组织，实行民主选举、民主决策、民主管理、民主监督。"根据以上规定，村委会的性质是农村基层群众性自治组织。它不同于政权组织，不享有和行使国家权力；也不同于农村经济组织及其他群众团体，通常不能被视为民事法律关系的主体；它也不同于共青团、妇联等社会政治组织，它是由全体村民实行自治的组织实体。

村民委员会包含两层含义：一是指由广大村民组成的自治共同体；一是指由村民选举产生的村委会成员，即主任、副主任和委员。村委会成员是村民选举出来为村民服务的，是村民自治的具体组织者和执行者。村民自治的根本途径和形式是村民会议和村民代表会议。村民通过村民会议和村民代表会议行使当家做主的权利。涉及全村村民切身利益的事，都必须由村民会议或村民代表会议按照少数服从多数的原则讨论决定，而不是由村委会成员几个人决定。村民是自治权利的享有者。真正由村民当家做主，是发展农村基层直接民主的本质和核心。

3. 村民委员会的功能

按照我国《宪法》和《村民委员会组织法》的有关规定，可以将村民委员会的功能概括为以下几个方面：

一是宣传宪法、法律、法规和国家的政策，教育和推动村民履行法律规定的义务，爱护公共财产，维护村民的合法权益，发展文化教育，普及科技知识，促进男女平等，做好计划生育工作，促进村与村之间的团结、互助，开展多种形式的社会主义精神文明建设活动。支持服务性、公益性、互助性社会组织依法开展活动，推动农村社区建设。多民族村民居住的村，村民委员会应当教育和引导各民族村民增进团结、互相尊重、互相帮助。

二是办理本村的公共事务和公益事业，调解民间纠纷，协调和维护社会治安，向人民政府反映村民的意见、要求和提出建议；协助乡、民族乡、镇的人民政府开展工作。

三是支持和组织村民依法发展各种形式的合作经济和其他经济，承担本村生产的服务和协调工作，促进农村生产建设和经济发展。管理本村属于村农民集体所有的土地和其他财产，引导村民合理利用自然资源，保护和改善生态环境。

四是尊重并支持集体经济组织依法独立进行经济活动的自主权，维护以家庭承包经营为基础、统分结合的双层经营体制，保障集体经济组织和村民、承包经营户、联户或者合伙的合法财产权和其他合法权益。

4. 村民委员会的组织体系

根据我国《村民委员会组织法》的规定，村民委员会根据村民居住状况、人口多少，按照便于群众自治的原则设立。根据我国绝大多数农村的现实状况，村民委员会一般设立在自然村一级；几个自然村可以联合设立一个村民委员会；大的自然村可以设立几个村民委员会。村民委员会的组织机构由村民委员会、村民委员会下属各委员会、村民小组和村民会议组成。

村民委员会由主任、副主任和委员共3~7人组成。村民委员会成员中，应当有妇女成员，多民族村民居住的村应当有人数较少的民族的成员。村民委员会主任、副主任和委员，由村民直接选举产生。任何组织或者个人不得指定、委派或者撤换村民委员会成员。村民委员会每届任期 3 年，届满应当及时举行换届选举。村民委员会成员可以连选连任。

村民会议由本村 18 周岁以上的村民组成。村民会议由村民委员会召集。有 1/10 以上的村民或者 1/3 以上的村民代表提议，应当召集村民会议。召集村民会议，应当提前 10 天通知村民。召开村民会议，应当有本村 18 周岁以上村民的过半数，或者本村 2/3 以上的户的代表参加，村民会议所作决定应当经到会人员的过半数通过。涉及全村村民利益的问题，村民委员会必须提请村民会议讨论决定。村规民约由村民会议讨论决定，报乡、民族乡、镇的人民政府备案，由村民委员会监督、执行。

村民委员会还可以根据需要设人民调解、治安保卫、公共卫生等委员会，村民委员会成员可以兼任下属委员会的成员。人口少的村，村民委员会可以不设下属委员会，由村民委员会成员分工负责人民调解、治安保卫、公共卫生等工作。

【司法考试关联知识点】

本章的司法考试关联知识点主要是，基层群众自治组织的含义和特点，村民委员会，居民委员会及自治权等，在命题时也会结合具体案例加以考试，所以应注重知识点的理解和运用。

第十五章　宪法解释

【学习目的与要求】通过本章的学习，使学生掌握有关宪法解释的基础理论知识，了解宪法解释的意义，掌握宪法解释的含义、分类、机关。熟悉宪法解释的程序和中国的宪法解释制度，理解宪法解释的方法和基本原则。

【引例】2012年6月14日，黑龙江省第十一届人大常委会第三十三次会议审议通过了《黑龙江省气候资源探测和保护条例》，该条例已于2012年8月1日正式施行。该条例第7条规定："气候资源为国家所有。从事气候资源探测活动，应当经省气象主管机构批准。经批准的气候资源探测活动，应当通知所在地气象主管机构。"这一条例一经出台，便引起学界对其合宪性的质疑。学者质疑其合宪性的依据在于《宪法》第9条第1款的规定。《宪法》第9条第1款规定："矿藏、水流、森林、山岭、草原、荒地、滩涂等自然资源，都属于国家所有，即全民所有；由法律规定属于集体所有的森林和山岭、草原、荒地、滩涂除外。"要判断黑龙江省的条例是否违反宪法，除了立法权限和程序上的合宪性分析外，还需要对《宪法》第9条第1款进行解释，需要弄清楚：第一，气候资源是否属于《宪法》第9条列举的7类自然资源。第二，如果属于，是哪一种？如果不属于，是否可以经由"等"的用语涵括。第三，是只能国家所有的自然资源，还是可国家所有可集体所有的自然资源。第四，国家所有的功能和效力是什么？是否包括对自然资源开发利用设定准入门槛和许可。对这些问题的回答，需要由全国人民代表大会常务委员会作出解释，地方立法主体没有解释权限。

第一节　宪法解释的概念

宪法解释是宪法实施过程中的一个重要环节。通过经常性的宪法解释，可以统一人们对宪法的认识，确立宪法价值体系的共同基础，对宪法运行机制的完善提供合理的基础，使宪法在持续性与变化中满足开放性价值的实现。特别是在中国这样缺乏宪政传统的国度里，通过宪法解释活动可以生动、形象化的形式普及宪法知识，使人们在日常生活中能够感受宪法的价值，树立维护宪法价值的信念，更有助于人们在生活中感受宪法，认识宪法，运用宪法。在全面深化改革和全面推进依法治国的进程中，必须重视和运用宪法解释，强化宪法监督功能和效力，为依法治国和依宪执政提供坚实的表达载体和实现机制。

一、宪法解释的含义

据学者考察，我国大陆宪法学界关于宪法解释的定义有 11 种之多。① 这些定义大致围绕宪法解释的主体、客体、场合、目标四个方面展开，但由于研究目的不同，学者们关于宪法解释的理解存在着明显的分歧。有学者认为："宪法解释是法定机关依其职权对现行宪法的条文按立法精神所作的具有宪法性效力的阐述和说明。"② 也有学者认为："宪法解释是指有权解释宪法的机关根据宪法原则和精神对宪法条文、语句和文字含义进行的解释。" 也有的学者认为："宪法解释就是有权解释宪法的机构按照一定的程序对宪法的含义所作的解释和说明。" 还有学者认为："宪法解释是指对宪法意义的理解和说明。"③《北京大学法学百科全书》认为：宪法解释是以宪法规范为解释对象的一种法律解释。《中华法学大辞典·宪法学卷》认为：宪法解释是指对宪法规范的基本原则、具体内容和精神实质等问题所作的说明。《法学大辞典》认为：宪法解释是指对宪法条文的含义所做的说明。周叶中教授认为："宪法解释是指在宪法实施过程中，由一定主体对宪法内容、含义及其界限所做的一种说明。"④

上述有关宪法解释的概念，都从一定方面说明了宪法解释的概念，对我们正确理解宪法解释的概念起了积极的作用。综上所述，宪法解释是指在宪法实施过程中，有关机关和人员为了保证宪法含义明确、准确和完整，而对宪法规范内涵和外延所作出的说明。宪法解释的概念一般分为广义和狭义两种。广义的宪法解释主体广泛，除了有权机关解释外，还包括政府、社会团体和学者等对宪法的含义所作出的解释和说明。此种意义上的宪法解释只有有宪法解释权的机关所作出的解释才具有法律的拘束力，而一些社会团体和学者所作出的宪法解释却没有法律的拘束力。狭义的宪法解释专指有宪法解释权的机关，依照法定程序和职权阐明宪法的含义并具有法律效力的行为。我们在本书所说的宪法解释，主要是指狭义的宪法解释。宪法在实施过程中，极有可能出现条文含义不清或因社会不断发展变化，需要作出新的说明的情况。为了保证宪法实施过程中宪法条文与社会生活之间的一致性，各国宪法普遍规定了宪法解释制度，并把宪法解释作为宪法实施的重要制度来考虑。

在实践中，主体要进行宪法解释的活动就必须首先弄清楚解释的对象是什么。关于宪法解释的对象，理论和实践中主要有四种观点。

第一，宪法说。这种观点可以概括为两种：一种是狭义说，另一种是广义说。狭义说认为，宪法解释是将宪法作为一个整体来加以解释，反对宪法解释仅仅是解释宪法的条文，而是主张从整体上解释宪法，这种解释是结构和功能意义上的解释。广义说为莫纪宏教授所提倡，他认为，宪法解释的对象在法理上以宪法为其标的物的提法较为科学，但这并不等同于上述狭义说。区别在于广义说所指的宪法是指表现在世界各国宪法典及宪法性

---

① 范进学．宪法解释的理论建构［M］．济南：山东人民出版社，2004：16.

② 姜士林．宪法学辞书［M］．北京：当代中国出版社，1997：6.

③ 李步云．宪法比较研究［M］．北京：法律出版社，1998：241.

④ 周叶中．宪法［M］．北京：高等教育出版社，北京大学出版社，2000：387.

法律中的各种宪法规范的总和，它是抽象意义上的宪法和具体意义上的宪法的统一，又是整体意义上的宪法和个别意义上的宪法的统一。

第二，宪法条文说。这种观点认为，宪法解释的对象就是宪法条文。这是一种传统的且占主导地位的宪法解释观。日本、中国台湾地区学者以及欧洲大陆法系传统国家的学者多采此说。这里的宪法条文是指分条说明的文字之意，它是宪法规范、宪法原则和宪法概念的外在形式和载体，也就是说宪法规范、宪法原则和宪法概念是以宪法条文来表达的，二者是形式和内容的关系。

第三，宪法规范说。这种观点认为，宪法解释的对象应是宪法规范。将宪法解释先于对条文的阐释，只能以成文宪法为限，而不包括不成文宪法和宪法习惯以及宪法惯例。现代宪法解释制度的发展早已突破了早期的严格意义上的对条文的字面解释的范围，发展到对宪法规范内在特征的辩证把握。宪法同普通的法律一样都具有规范性，宪法不可能是宪法条文的简单的结合体，宪法规范与宪法条文并不是一一对应的关系，把宪法解释的对象定义为宪法规范比宪法条文更具有完整性。宪法规范比宪法条文更具有开放性，从技术上讲，宪法解释可以获得较大的自由度和解释空间。

第四，宪法文本说。这种观点为范进学教授所新倡。他认为，宪法解释的对象应当是宪法文本，宪法解释实际上就是解释者对宪法文本意义的阐明。他借用了法国哲学家科利尔对于文本的定义：文本就是任何由书写所固定下来的任何话语，它是语言实现的合理形式之一，是与言谈的话语相对应的书写话语。宪法文本就是宪法的原则、宪法的内容、宪法的概念的文字载体。此种观点认为，用宪法文本来说明宪法解释的对象具有两个优点：一是它避免了其他表达（宪法、宪法规范、宪法条文等）的不周延性和片面性；二是符合解释学的一般要求。解释本来就是基于对文字文本而言的，通过解释，使文字文本的意义揭示符合宪法原则和宪法精神，从而达到解释之目的。

上述观点，有的是宪法学者所处宪法环境的经验反映，有的则是学者们研究视野不同的表现，但是它们在一定程度上都揭示了宪法解释对象的部分特征。从法理上说，以宪法为宪法解释的对象的提法较为科学，当然这里的宪法是广义上的宪法，是表现在世界各国宪法典及宪法性法律中的各种宪法规范的总和。

二、宪法解释的意义

在实践中，对宪法进行解释的意义是比较复杂的，具体地讲，宪法解释的意义主要有以下几种。

第一，补充宪法缺漏。由于社会生活极其复杂，人们的认识又受主客观的种种限制，在制宪时难免会对一些问题考虑不周全，反映到宪法中，就会出现“法律漏洞”和不足。随着社会生活的发展和人们认识的提高，在后来的宪法实施过程中发现了这些漏洞和不足。而宪法解释正好可以起到补充宪法缺漏的作用。此外，还有学者提出，制宪者认识上存在局限或者制宪者未能在条文中完整表达其意愿同样也可能造成宪法缺漏的情况，因此宪法解释是非常必要的。①

① 韩大元．比较宪法［M］．北京：高等教育出版社，2003：394.

第二，适应社会的发展。宪法规范具有相对稳定性，绝大多数宪法都具有比普通法律更为严格的修改程序，不易于经常修改。而随着政治、经济和文化发展的需要，宪法的规定不可避免地会产生不适应、不协调之处。为了使宪法与社会发展需要和谐一致，也必须由特定的机关作出新的解释。在严格的宪法制定程序束缚之下，而宪法解释则容易得多，它可能因为公民的要求或者宪法解释机关的主动行为而随时进行。因此，与宪法修改相比，宪法解释更适合于统治阶级的需要。

第三，阐释宪法精神。宪法相对于普通法律而言具有高度的原则性、概括性和抽象性，在宪法实施过程中，在适用上和认识上都难免会对同一规定有不同的理解，在认识上产生分歧。为了正确理解宪法，统一人们的认识，保证宪法的正确实施，就需要由特定的机关作出统一的解释，明确宪法的基本精神，说明制宪者的意图和条文规定的目的。这种解释可以在宪法颁布实施之前通过一般性报告作出，也可以在宪法颁布实施或修改之后，由特定的机关经过特定的程序和形式作出。

第四，保障宪法权威，防止违宪，维护法制统一。宪法是国家的根本法，具有最高的法律效力，是建立统一法律制度的基础。因此，在制定和适用法律时都必须符合宪法，否则，就会破坏宪法的尊严和法制的统一。要判明法律是否与宪法相符，需要通过宪法解释来解决。如果在适用法律时发生意见分歧，也需要对法律作出符合宪法精神的解释，使全国法制都统一到宪法上。同时，为了确保宪法的权威性和至上性，不但法律不能与宪法相抵触，而且国家各个机关以及各机关人员行使职权，也不能有违反宪法的行为。要判断国家机关及其工作人员的这种行为是否构成违宪，也有赖于宪法解释机关对宪法有关规定的解释。因而，建立完善的宪法解释制度，对宪法作出权威的解释说明，是至关重要的。

第五，宪法解释也是提高公民宪法意识的需要。在宪法实施过程中，公民的宪法意识起着重要的作用。频繁的修改宪法会使公民对宪法的理解模糊不清，没有成熟的公民宪法意识，宪法的实施就会遇到各种障碍。提高公民的宪法意识的重要途径也需要及时的对宪法作出相应的解释，使公民在具体的宪法实施中感受到宪法的存在，在实际生活中关注宪法问题，充分保护自己的利益。

三、宪法解释的分类

根据宪法解释的不同存在状态，基于不同的分类标准，可以把宪法解释分成不同的类型。

（一）有权解释和无权解释

这是依据宪法解释的效力所作出的分类。所谓有权解释，又称法定解释和正式解释，是指由具有宪法解释权的机关所作的具有法律约束力的宪法解释；有权解释按解释的主体不同，又分为立法机关解释、司法机关解释和专门机关解释。

无权解释，是指学术团体或学者所作的不具有法律约束力的宪法解释。尽管这种解释方式不具有法律的约束力，但是它反映了一国的宪法意识，对宪法的实施具有重大意义。

（二）合宪解释、违宪解释和补充解释

这是根据宪法解释的目的不同划分的种类。所谓合宪解释，是指宪法监督机关解释宪

法用以判断法律等规范性法律是否符合宪法；如 1990 年 4 月 4 日全国人民代表大会在关于香港基本法的决定中指出，香港基本法是根据宪法按照香港的具体情况制定的，是符合宪法的。所谓违宪解释，是指宪法监督机关对一法律、法规、国家机关或公民的行为等违宪所作的解释，通常发生在宪法监督有关的活动中。所谓补充解释，是指宪法解释机关为使宪法条文便于在实践中贯彻执行而对宪法规范所进行的必要的说明或补充。补充解释通常发生在由于宪法条款规定得太原则而不易理解所做的解释。

（三）语法解释、逻辑解释、系统解释和历史解释

这是依据宪法解释的方法所作出的分类。语法解释是指根据语法规则分析宪法条文的句子结构、文字排列和标点符号等，对宪法的内容、含义进行解释。逻辑解释是指运用形式逻辑的方法分析宪法结构、内容、概念之间的联系以说明宪法规定的要求和目的。系统解释是指通过分析此一宪法规范与其他宪法规范的相互关系，说明其特有的内容和含义。历史解释是指通过分析宪法制定的特定历史背景以及该国的发展历史，来确定宪法规定的具体内容和特定含义。

（四）字面解释、扩充解释和限制解释

这是根据宪法解释的尺度不同所作出的分类。所谓字面解释，是指按照宪法条文的字面意思所作出的解释；扩充解释是指对宪法规范所做的广于宪法条款文字含义的解释；限制解释是指对宪法规范所做的窄于该规范含义的解释。对于宪法解释尺度的不同把握，反映了人们对于宪法解释性质认识的不同。例如，客观主义的宪法解释观较倾向于遵循字面解释，而主观主义的或者说自由主义的宪法解释观则对于宪法解释持一种更加灵活的态度，从而更倾向于扩充解释或限制解释。

（五）立宪解释、行宪解释、违宪司法审查解释和监督解释

这是根据宪法解释者动机的不同所作出的分类。所谓立宪解释，是指在制定和修改宪法的过程中，对宪法条文、规则、原则、结构、功能及其相关的法律关系所做的分析和说明。有学者认为，这种解释属于立宪的范畴，有时并不严格地同制定和修改宪法的行为相区别。① 所谓行宪解释，是指执行宪法权利和履行宪法职责的机构在具体实施宪法时，对宪法中需要加以说明的名词术语、规范原则和法律关系所作的注释。这种解释一般只对解释宪法机构自身实施宪法行为有拘束力，对其他有权实施宪法的机构的宪法行为就不一定有拘束力。违宪司法审查解释则是指拥有违宪司法审查权的司法机关在行使违宪审查权对法律条文、命令、规则等进行审查时对宪法所作出的解释。监督解释则是指具有监督宪法实施职能的国家机构，依照法律规定的程序对宪法的实施进行法律解释，并对实施宪法中发生争议，需要进一步加以明确的宪法规定事项予以解释。

此外，还可以从其他角度，作其他划分。如根据解释的主体不同，可以进一步细分为国家机关解释、政党解释、社会团体解释和公民个人解释。

---

① 莫纪宏．宪法新论［M］．北京：中国方正出版社，1997：67.

第二节　宪法解释制度

一、宪法解释的机关

宪法解释的机关，也称为宪法解释的主体，是指根据宪法规定行使宪法解释权的国家机关。各个国家根据本国的政治体制、法律传统和政治理念，确立了不同的宪法解释机关和宪法解释体制。世界上目前主要存在以下几种宪法解释机关。

（一）普通法院宪法解释的体制

这是指以普通法院作为宪法解释的机关，由普通法院根据宪法的规定或者宪法的原则精神对涉及宪法问题所进行的说明和阐述，最后决定权属于最高法院。其特点是普通法院在审理案件的过程中，对涉及宪法的问题作出解释。但是，在司法机关解释时，法院并不积极主动地去解释宪法，而是在审理案件的过程中遇到有宪法疑义的问题时才进行解释，否则即使是某部法律违宪也不去审查，它主要是一种被动的审查。该体制的形成源于美国的宪政实践，实际上是通过法院判例逐步确立起来，而并非宪法的明文授权的宪法解释制度。1787 年美国联邦宪法并没有明确规定，联邦最高法院享有宪法解释的职责。但最高法院通过实践中的一系列判例开创了这种解释体制的先河。在 1803 年“马伯里诉麦迪逊案”中，联邦最高法院确立了由联邦最高法院承担审查联邦行政行为和其他联邦制定法合宪性的权力之原则，确立起由其作为普通法院的最终上诉审法院，行使宪法解释权力的制度，使得自己成为联邦宪法的最终解释者与保障人。

20 世纪以来，尤其是第二次世界大战以后，随着人权保障在国际社会受到普遍的关注与重视，由普通法院作为宪法保护人的美国宪法解释制度，也被一些国家广泛移植，逐渐形成了世界范围的由普通法院通过司法程序，保障宪法实施的宪法解释制度。例如：中南美国家（如阿根廷、巴西、智利、墨西哥、巴拿马等）、英联邦国家（如澳大利亚、加拿大等）等，近些年来又为菲律宾、日本、印度、巴基斯坦、以色列等国所采用。

这种体制的优点是：第一，普通法院宪法解释体制的最大的优点是针对性强，能弥补事先审查模糊性与针对性不强及工作量过大的不足。第二，由于许多案件是在当事人发生争议中提出来的，所以能够充分调动当事人运用宪法保护其权利的主动性，有利于国民宪法意识的增强和宪法的真正适用，从而起到保障人权、制约权力的作用。① 而且大量出现的宪法现象对于传播宪法观念和树立宪法权威具有重要意义。其缺点在于让司法机关拥有宪法解释权，把不属于民选机关的司法机关置于民选机关之上，与人民民主原则相悖，同时对法官的政治与宪法修养要求极高，实践中不容易满足。

（二）立法机关宪法解释体制

这是指由人民选举产生的议会，而不是负责裁判案件的法院来承担宪法解释职责的宪法解释体制。在许多国家中，一国的立法机关往往就是宪法的制定机关。采用立法机关行使宪法解释权的国家普遍认为，只有制定宪法者才能更好地理解宪法的真实含义，才能对

---

① 殷啸虎．宪法学要义［M］．北京：北京大学出版社，2005：348.

宪法加以更好的解释。这种观点在法理上主要是源自于民主理论和分权理论。民主理论认为，只有人民才有资格对法律进行解释，因为唯有他们才真正了解和知道法律的真实意图和立法动机。人民作为宪法的创制者，他们理应有权来决定宪法的含义。而人民作为一个整体，其权力必须交由代表人民的具体的机构来行使。分权理论的思想认为，立法权作为最高的国家权力，它的行使是人民旨意的代表。基于人民的旨意制定宪法和法律的立法机构对宪法享有当然的解释权，它的解释具有最高的效力。

该体制源于有不成文宪法传统的英国。英国宪法的重要原则之一，是实行议会主权的原则，即议会享有至高无上的法律地位，法院无权质疑议会制定的法律。同时在英国，由于实行不成文宪法制度，因而无论从法律地位还是制定及修改程序，宪法与普通法律并无明显的区分。所以，法律有否违宪只能由议会解释。采用立法机关解释宪法的国家还有朝鲜、古巴、越南、土库曼斯坦、比利时、厄瓜多尔等。① 例如，《比利时宪法》（1921 年修订）第 28 条规定“法律的权威解释，仅属于立法权”。② 1946 年《厄瓜多尔宪法》第 189 条亦明文规定，“宪法为本共和国的最高法律。所有与宪法抵触或违背其条文的任何法律、命令、规定、法令、条款、公约或条约均无效。惟国会有权对宪法作有普遍拘束力的解释，并对宪法规定发生疑义的任何令状的意义有解决之权”。③

立法机关解释体制的优点在于抽象解释并不以争讼为前提，这对于在宪法含义模糊难以执行时准确把握宪法的含义具有意义，也在一定程度上避免了可能引起的争讼。

（三）特设机关解释体制

特设机关解释制又称为专门机关解释制，它指的是设立专门的宪法法院或者宪法委员会负责处理宪法争议，并就其中相关宪法条文的含义进行释义的制度。专门机关所作的宪法解释具有最高的效力。这种解释模式大多被大陆法系国家所采用。

宪法法院解释体制是指将具有最高效力的宪法解释权赋予为监督宪法实施而专门建立的宪法法院来行使的解释模式。宪法法院是一个与审理普通民事案件和刑事案件的普通法院相独立，而且也与审理行政、劳动及其他案件的专门法院体系相独立的机构，就宪法法院的性质而言，虽名为“法院”，但其并非是广义的司法组织的一部分，它是基于传统的国家权力之外的独立的力量而设置，作为立法机构、行政机构、司法机构的监督机构而独立存在，其设立的目的即是为了保障宪法的顺利实施，以此进一步保障公民的权利。因而宪法法院既具有司法性、又有政治性。该体制源于奥地利法学家凯尔逊（Kelsen）关于宪法保障的理论。凯尔逊认为，宪法实施保障的重点在于防止出现违反宪法的法律。该职责应当由宪法法院承担。1920 年 10 月，奥地利设立了一个独立于普通法院体系的宪法法院，作为保障宪法实施的机构。随后意大利、联邦德国也都相继设立了自己的宪法法院，作为专门的解释宪法的机关。目前，德国被认为是权力最为广泛的宪法法院之一，是宪法法院解释体制的代表。除德国和奥地利之外，葡萄牙、西班牙、韩国、意大利、叙利亚、

---

① 韩大元．现代宪法解释体制的完善［M］．北京：中国民主法制出版社，2006：37.

② 李步云．宪法比较研究［M］．北京：法律出版社，1998：289.

③ 李步云．宪法比较研究［M］．北京：法律出版社，1998：289.

匈牙利、斯洛伐克、乌克兰、俄罗斯等35个国家也都采用宪法法院模式来解释宪法。①

同为专门监督宪法实施，行使宪法解释权的机构，法国等国没有像德国一样采用宪法法院的模式，而是建立了宪法委员会来专门解释宪法。宪法委员会解释模式由法国1946年宪法首创，并于1958年宪法予以进一步发展。在法国，法院不进行宪法解释的主要理由，既是由于在历史上对司法机构不信任的传统，也由于权力分立的结果。在法国，法律被视为是某种国家主权的表达，这决定着任何法院都不得审查一个法律的合宪性，或者以此为由拒绝适用被当事人质疑的法律。同时，基于立法权不得侵犯行政权的原则，对政府行政法规、命令的合宪性，也不由法国宪法委员进行审查，而是由在法国历史上形成的得到法学家和社会信任的最高行政法院负责审查。② 当今世界，法国的宪法委员会解释模式在泰国、伊朗、荷兰、哈萨克斯坦等国予以确立③。

（四）国家元首解释体制

国家元首解释制始于君主制，最早在宪法中确立这一制度的是日本《明治宪法》。该宪法规定，宪法的解释权由天皇行使。即宪法解释的主体是国家元首日本天皇。近现代的宪法解释制度由于受到民主思想的影响，一般不再将宪法解释权专门授予国家元首。但由于国家元首在一国宪政体制中所处的特殊地位，所以许多国家的宪法都还是赋予了国家元首一定的宪法解释权力，规定国家元首在行使宪法赋予的职权时，可以对相关的宪法含义进行解释。不过这种解释权限会因为各种具体情况的不同而有所不同。如在美国，总统有权对国会通过的法律行使否决权，同时还可以通过任命最高法院的法官来影响联邦最高法院对美国宪法的解释倾向。因此，美国总统的宪法解释权较大。而在法国，总统在共治政府中对宪法所做的解释，就可能被反对派总理以违宪为由提交宪法委员会审查。④

（五）其他主体解释体制

有学者提出，除上述机关拥有宪法解释权之外，纵观世界各国，还有以下主体可以进行宪法解释：党派、公民团体和学者。党派解释源于宪法惯例，如在美国，政党的活动事实上可以改变或者扩大宪法原来的规定并影响最高法院对宪法的解释。而在一些国家实施的公民复决制度使得公民团体具有了最终解释宪法的权利。如瑞士就采用公民复决制。在这种制度下，尽管联邦议会和联邦法院被授予了宪法解释权和违宪审查权，但是它们只能做初步的解释而不能做最终的解释，最终的解释权由公民保留。而在拥有判例法传统的国家，一些权威的法学著作被日益频繁的引用于释宪判决文书中。因此，在这些国家，学者也同样构成了宪法解释的主体。⑤

---

① 任端平．论我国宪法解释体制的完善［M］//韩大元．现代宪法解释体制的完善．北京：中国民主法制出版社，2006：299.

② 周伟．宪法解释机关比较研究［J］．四川大学学报（哲学社会科学版），2004（5）.

③ 任端平．论我国宪法解释体制的完善［M］//韩大元．现代宪法解释体制的完善．北京：中国民主法制出版社，2006：305.

④ 莫纪宏．宪法新论［M］．北京：中国方正出版社，1997：120.

⑤ 莫纪宏．宪法新论［M］．北京：中国方正出版社，1997：122.

二、宪法解释的原则

由于各国具体的政治制度和历史传统的不同，因而宪法解释的机关也互有差异。但是，不论宪法解释权归属于何种机关，对宪法规范的解释都必须遵循一定的原则。宪法解释的原则是指贯穿于宪法解释活动的始终，指导并督促其科学、合理运作的基本准则或原理。

宪法解释究竟应当遵守哪些原则，各国的具体做法是不尽一致的。宪法学者之间也存有争议。例如，在宪法解释的发展过程中，西方宪法学者就曾经有过长期的从严解释和从宽解释之争。不过，随着社会的不断发展，各国对宪法解释的功能及其规则的认识渐趋一致，在释宪的实践中也都先后形成了某些共同的原则。下列几项原则即是被各国所普遍认同并予以遵守的原则。

（一）恪守宪法的基本原则和精神

宪法的基本精神是宪法的灵魂，基本原则是基本精神的直接体现。① 任何一部宪法都有其基本原则和基本精神，宪法的精神并非完全的抽象物，它一般都通过宪法基本原则这一载体表现出来，且这些原则并不因时代的变迁而受到影响。所有的法律制度的设计和法律条文的安排无不是宪法基本原则和基本精神的具体体现。“人民主权”、“三权分立”、“法治”、“基本人权”等原则和精神通常是资本主义国家宪法所尊奉，而“国家的一切权力属于人民”、“社会主义公共财产神圣不可侵犯”、“保障公民基本权利和自由”等则成为社会主义国家宪法所遵循的基本原则和基本精神。有的国家还有特定的宪法原则和精神，如日本宪法的基本原则之一为和平主义，美国宪法的基本原则之一为联邦主义。释宪主体在对宪法进行解释时只有严格奉行宪法所确定的基本原则和基本精神，而不能与其相悖。否则，宪法的权威、法制的统一都无法为继。

（二）符合制宪的根本目的原则

每部法律通常都是开宗明义，首先提出立法的目的和任务，宪法也概莫能外。在宪法序言中通常都规定了制定宪法的目的，如我国的制宪目的是发展社会主义民主，健全社会主义法制，逐步实现工业、农业、国防和科学技术的现代化，把我国建设成为富强、民主、文明的社会主义国家；美国的制宪目的是为了建立更完善的联邦，树立正义，保障国内安宁，提供共同防务，促进公共福利，并使美国人民和后代得到自由幸福。宪法解释不能仅仅拘泥于文字表面的含义，而是要通过文字，更要关注制宪的目的，以使宪法解释与制宪的目的相一致。

（三）注重制宪者原意原则

即历史解释原则，是指宪法解释所依据的标准含义不清时，宪法解释机关应根据制宪的历史环境和条件，制宪机关的记录和对宪法草案的说明报告，当时报刊的讨论以及表达该项规定的词语在当时的含义，以求得制宪者的意图，而不能凭解释者自己的主观臆造；否则，就违背了制宪者的初衷。其理论基础在于，制宪权是先于国家权力而存在的一种“始源的创造性权力”，是国家政治生活中的最高决定权，唯有国民才能拥有制宪权，它

---

① 周叶中．宪法［M］．北京：高等教育出版社，北京大学出版社，2000：396.

创造了那些分配并限制政府权力的最高法律规则，并最早把自由、平等等各项人权赋予了那些长期以来处于无权地位的人数众多的社会成员。因此，宪法解释必须严格按照制宪者的意图进行，否则，就不仅会侵犯人民的制宪权，也与宪政主义的原理不符。①

历史解释原则的立足点是历史，目的也是探求该宪法规范的历史上的含义。因此，历史解释原则具有一定的局限性，解释时过于注重历史，造成了解释的僵化，与现实脱节，不能适应社会发展的需要。同时，由于时间的关系，有时候很难收集到当时立法的历史资料，也很难探求立法者当时立法的动机，这些因素都会制约宪法自身的发展。因此，历史解释原则曾经受到很多人的批评。所以，释宪者如果按历史解释原则对宪法进行解释，尽量和其他宪法解释原则一起进行使用。

（四）适应社会需要原则

对宪法的解释要随着时代的发展变化而发展变化，对宪法文本中的含义作出与时代相符合的解释。澳大利亚的法官们认为随着时间和环境的变化，在解释宪法时可以适当地赋予宪法文字新的含义，宪法是一部应作出“进步的”解释的基本法。② 这个原则在 20 世纪 60 年代才逐渐成为各国在释宪时所遵循的一个原则，以作为对注重制宪者原意原则的改进和补充。该原则认为，宪法解释制度存在的逻辑基础在于消解宪法规范与社会现实之间的紧张关系。因此，宪法解释必须适应社会发展的需要。否则，宪法解释将丧失其存在的正当性。因为社会是发展变化的，宪法文本在制定时的含义随着时代的发展变化，其中的文字含义是有所变化的。同时制定宪法时的情况也与后来的情况有所不同，我们不能要求现在的人去适应过去的规则。因此，在遵循宪法根本精神的前提下，释宪机关不必拘泥于宪法规范的文字表达，可以按照社会发展的实际需要对其作出灵活的解释，以满足社会变迁对宪法文本的要求。

（五）系统性原则

系统性原则主张宪法解释的对象不仅仅是僵死的宪法条文，而是反映在宪法条文中由宪法规范结构构成的有机整体，并强调宪法解释机关在解释宪法的某一规定时，不能孤立地进行，而要从该规定与宪法的其他规定的关系中进行解释。也就是说，宪法解释的对象应当包括宪法体系、宪法原则、功能以及相关的法律关系。宪法条文不得孤立地理解或解释，而必须联系统一宪法的其他条文来解释。③ 早在 1904 年，美国联邦最高法院的怀特法官就指出：“我以此作为宪法解释的基本规则：任何宪法条文不得与其余条文相分离而孤立地加以解释。应考虑规定某一特定事项的全部条文，并作出使宪法的实质性目的实现的解释。”毫无疑问，这一精辟见解是值得各国吸取的。④ 美国宪法第五修正案规定，任何人不得不经由法律正当程序即被剥夺生命、自由与财产；不给予补偿，私有财产不得充作公用。这时并没有说明“剥夺生命、自由与财产或占取私有财产”的主体，因此这项

---

① 苗连营．宪法解释的功能、原则及其中国图景［J］．法律科学，2004（6）．

② ［美］詹姆斯·安修．美国宪法判例和解释［M］．黎建飞，译．北京：中国政法大学出版社，1999：219．

③ 张永远．宪法解释原则——释宪者的原则［J］．焦作师范高等专科学院学报，2007（9）．

④ 章志远．略论宪法解释的基本原则［J］．法学杂志，2002（1）．

修正案究竟是针对联邦政府还是各州政府，还是同时针对两者，单从第五修正案本身来说，答案并不清楚。但第一修正案规定国会不得侵犯宗教信仰自由与言论自由，而它是和第五修正案一起作为《权利法案》通过的。因此结合第一修正案，第五修正案的侵权主体就清楚了，它们都是针对联邦政府而不是针对各州政府的。①

（六）遵照法定程序原则

遵照法定程序原则是指有权机关必须根据法定的程序解释宪法。要想宪法解释真正有效运作，则必须有相应的宪法解释程序配合。世界上绝大多数国家都对宪法的制定和修改规定了严格的程序。如果不对宪法解释规定严格的程序，宪法就有被随意处置甚或前功尽弃的可能。程序的实质是管理和决定的非人情化，其一切布置都是为了限制恣意、专断和裁量。释宪程序的设定，不仅能够规范、控制宪法解释权的行使，而且也是确保释宪权合理运作的有效措施。这种释宪程序必须是一种正当程序，人们对公正的理解和对法律的体验首先是从能够看得见的程序形式中开始的。所以作为一种法律制度的宪法解释制度必须要建立在正当程序的基础之上。如果没有正当程序的限制，一旦出现了“荒谬”的释宪结果，不仅仅是释宪者个人负责的问题，还关系到宪政体制的完善，宪法地位的巩固和人们对宪法的信仰。

三、宪法解释的程序

宪法解释的程序是指释宪机关在进行宪法解释时所应该遵循的步骤。基于行使宪法解释权的主体的不同，宪法解释权的运行程序的设定也有所不同。具体主要有以下几种。

（一）立法机关的宪法解释程序

立法机关解释宪法程序，即由该国立法机关解释宪法所适用的程序。基于立法机关特殊的地位和职能而言，其所作的宪法解释更多的是侧重于补充解释。学者们普遍认为，在由立法机关行使宪法解释权的模式下，其解释宪法的程序是按照制宪程序或者立法程序予以进行，只有个别国家在提起程序上作出了附加的规定。如《玻利维亚宪法》第 178 条规定，“国会经三分之二投票决议，有权解释有关宪法条文结构的疑义。此项决议应遵守普通法律的程序”。立法机关对宪法解释权的行使，是脱离具体案件抽象地进行的，对于明确宪法条文的含义，确保宪法正确的实施具有重要的意义。但是，解释宪法是一项政治性、技术性很强的工作，需要有专门的程序和方法，而在由立法机关行使宪法解释权的国家，宪法解释在事实上都不发达，也没有形成独特的、有效的宪法解释程序。由于宪法解释在性质上区别于立法机关的立法和决策行为，缺乏相应的宪法解释程序必然会制约宪法解释的开展。

（二）司法机关的宪法解释程序

司法机关的宪法解释程序，也即是普通法院的宪法解释模式。这种模式起源于美国，采用这种宪法解释模式的国家在宪法解释的程序上也大多效仿美国。在美国，普通法院对宪法解释权的行使，通常是在对具体案件的审理过程中实现的。在查明案件事实的基础上，当事人如果认为适用该案件的法律或者行政命令违反宪法，审理该案的法院依据宪法

---

① 张永远．宪法解释原则——释宪者的原则［J］．焦作师范高等专科学院学报，2007（9）．

对作为本案审理依据的法令、行政命令是否违宪进行审查，普通法院如果认为该法律或行政命令违反宪法，有权在判决中拒绝适用。可见，普通法院对宪法的解释是一种违宪审查的解释，是在审理有关宪法问题的具体案件中进行的。除此之外，并无独立于案件裁判程序之外的宪法解释程序。普通法院宪法解释程序在适用上存在着一定的缺陷，它容易造成法律适用的混乱。由于各级普通法院都可以在具体案件之中进行宪法解释，难免对宪法有不同的理解，冲突在所难免。

（三）专门机关的宪法解释程序

在立法机关和普通法院之外建立起的行使宪法解释权的专门机关担负着保障宪法实施的监督职责，主要包括以德国为代表的宪法法院和以法国为代表的宪法委员会两种解释模式。由于各自性质的不同，其解释宪法的程序也有所不同。

1. 宪法法院的宪法解释程序

1949 年《联邦德国基本法》第 93 条明确规定了宪法解释程序如下：对于基本权利的剥夺，由联邦议院、联邦政府或州政府提出，由宪法法院对申请相对人应当丧失哪些基本权利作出确认；对于政党违宪与否的裁判，由联邦议院、联邦参议院或联邦政府提出申请（如果该政党组织仅限于一州的范围，则该州政府提出），由宪法法院作出判断；对于国家最高机关权限疑义的解释，可以由联邦总统、联邦政府、联邦议会、联邦参议院、联邦议院各专门委员会等提出申请，由宪法法院作出解释；对于联邦与各州之间的权限争议，由联邦政府代表联邦或者州政府代表州向宪法法院提出申请，由宪法法院作出解释；对于联邦和州之间，各州之间关于公法的其他争议，由联邦政府和各州政府向宪法法院提出，由宪法法院裁决；对于联邦法律或州法律是否违宪的审查，可以由联邦政府、各州政府、联邦议院三分之一的议员提请宪法法院解释审查。此外，在宪法诉讼中如需要对宪法进行解释，由宪法法院在诉讼程序中进行解释。

2. 宪法委员会的宪法解释程序

虽然同属于专门机构来监督和保障宪法的实施，行使宪法解释的权力，但是宪法委员会与宪法法院的性质不完全相同，其更偏向于政治属性。宪法委员会作为一个独立存在的机构，其解释宪法的程序具有自身的独特之处。在法国，宪法委员会的主要职能即对法律规范进行合宪性审查，其宪法解释权的运用也主要在合宪性审查的过程中予以体现。在法国，行政法规以及行政行为的合宪性由最高行政法院进行监督，法国的宪法委员会只对尚未颁布的法律的合宪性与否进行审查，而基于法律的种类的不同，宪法解释的程序亦有不同的体现。

首先，对于宪法解释程序的启动，针对不同的法律，分为主动解释和被动解释两种情况。对于组织法和参众两院的决议的合宪性问题，依据《法国宪法》第 61 条第 1 款的规定，由宪法委员会主动进行解释。即法律在颁布之前以及决议在实施之前，必须送宪法委员会，由其进行合宪性审查。此时，审查的提起无须任何理由，由宪法委员会主动依职权进行对于其他一般法律的合宪性审查，依据《法国宪法》第 61 条第 2 款的规定，共和国总统、总理、两院议长、60 名议员可以向宪法委员会提起合宪性审查之诉。合宪性审查之诉必须在法律经议会通过之后，颁布之前提出。基于合宪性审查之诉的提起，宪法委员会对未颁布的一般法律进行被动的解释。

其次，对于宪法解释的作出，法国的宪法委员会在长期的实践中，总结出一套适合自身审查的独特的方法。“它往往采用中间路线，在进行审查和作出解释时，常常采用解释保留的方法。首先确认法律合宪，驳回要求取消法律的要求，但在判决中详细说明如何执行法律，使适用该法律的机构明了法律的适用问题”。这使宪法委员会在很大程度上肯定了法律的内容，然而不可否认的是，这种解释保留的做法有违对法律进行合宪性审查的初衷。与德国的宪法法院侧重保护公民的权利不同，法国宪法委员会更多地倾向于对议会权力的制约，以防止其侵犯政府权力。因此，在议会制定的法律颁布之前，首先对其合宪与否进行审查，是一种事前审查。然而解释保留的做法首先确认了法律的合宪性，这使得合宪性审查的效果大打折扣，审查的目的也无法实现。因此，这种方法现在虽然还被宪法委员会继续采用，但是却一直遭受着广泛的批评。

最后，对于宪法解释作出的时间限制上，宪法委员会的审查期限是30天，即必须在30天内作出决议。但如果遇到紧急情况，根据政府的要求，审查期限则缩短为8日。宪法委员会在进行合宪性审查之后，对法律是否符合宪法作出决议。如果认为某法律规范违反宪法，则宣告该法律违宪，不得颁布或者实施。宪法委员会的决议具有终局的效力，不允许上诉。国家的一切立法、司法、行政机构及个人都必须尊重宪法委员会的决议。

专门机关宪法解释程序的优点主要表现在这种解释带有准立法的性质，有利于维护法律体系的统一和确保客观之宪法秩序，而且容易吸纳各种利益、观点、知识，同时对法律的适用情况有一个宏观的把握，宪法的解释显得更加稳妥。同时，由于专门机关一般都具有崇高的宪法权威，其对宪法的解释易于为社会各种力量所接受，形成普遍的社会共识。

四、宪法解释方法

在对宪法进行解释时，可以采取不同的方法、技术和规则。具体应当适用哪一种方法，取决于解释案件的具体情况与事实特征，以及解释目的与作用等各种因素的综合考虑。从宪法解释案例的实际情况来看，采用哪一种方法解释宪法，一般根据宪法解释之目的与功能进行选择。宪法解释的具体方法主要有以下几种。

（一）文本解释方法（Texualism）

文本解释方法，又称字面解释方法。是指以对宪法条文的文字和词组为基础，结合宪法条文的上下文，对宪法条文的字义，作极其狭隘的、准确的解释。这种解释方法是由英国的伊谢尔法官于1892年在“诉伦敦市法院法官”一案中首创，他在作出判决时指出：“若法案行文清楚，就执行即令显然荒谬，也要执法从严，因为立法机关是否干了荒谬的事，与法院是不相干的。”① 字面解释方法要求法官在解释法律的过程中，必须不折不扣、严格准确地按照字面的意思进行解释，即使该条文与通过它的议会的本意相反，法院也只能按字面意思加以执行，直至议会予以修正为止。所以除了字面意思之外，一般情况下，法院不能于条文之外去寻求议会的意图。

在任何情况下，文本解释方法是宪法解释应当首先采用的最常见的方法。适用文本解释方法的前提条件是宪法文本的显然含义，即词汇、语法和对条款目的的共同理解是清楚

① 龚祥瑞．比较宪法与行政法［M］．北京：法律出版社，1985：99.

的。如果宪法将决定一个案件的结果，而宪法文本的含义是清楚的，则适用文本解释方法进行解释。在适用文本方法对宪法进行解释时，有时会出现两个或两个以上的宪法条文规定同时需要进行解释的情况。此时，解释者必须决定优先适用的宪法条款。这表明，正如宪法文本本身并不能解决宪法提出的一切问题一样，适用文本解释方法还不足以完全满足宪法解释的实际需要。

（二）历史解释方法

历史解释方法是指在对同一个宪法条文的理解可能推导出两种以上的含义的情况下，为了限制解释者的主观价值判断，需要根据制宪者的意图来选择确定适当的含义。它是美国在其自身宪法发展的过程中逐步确立起来的宪法解释的方法。1874 年，斯特朗法官代表最高法院称："每一个宪法条文的解释都必须表达制宪者的意图。"① 这种解释方法基于宪法及其修正案成为人民信仰的宪法基本原则及其具体规则的民主理论，使人民与制宪时期的理论与工作联系起来，缩小解释者解释宪法的裁量权（discretion），从而提高了宪法解释中的确定性与可预测性（determinacy and predictability）。这样，尽管宪法解释是由少数人作出的，但是正是由于宪法解释实质上是寻求在宪法制定或修改过程中所体现出的大多数人的意志，所以，宪法解释结论发现了大多数人的意志而仍然具备正当性。然而，历史解释的方法显然不能满足社会发展的需求。首先，制宪者的意图并非能够通过历史解释的方法予以完全的揭示。其次，制宪者当时的意图可能与现代意义上的宪政精神相违背，如果刻板地用制宪者的意图来解释宪法，可能会造成非正义的情况的发生。最明显的例子就是 1857 年德勒特·斯科特诉桑福德案。② 该案中泰纳法官判决 1787 年制定的宪法中所讲的公民并不包括黑人，黑人无权在联邦法院中起诉。他指出，即使宪法存在着不公正，在它未修改以前，就必须按照它通过时的含义来解释。显然，泰纳法官依据历史解释的方法所作的剥夺黑人公民地位的解释是违背现代社会的公平正义的宪法理念的，是不被大众所允许的。

（三）体系解释方法

体系解释方法，又称为逻辑解释方法，是指当宪法条文规定并不明确，适用文本解释方法会导致多种解释结果出现并需要选择时，从宪法条文在宪法典中的地位和位置以及与具体条文的相互关系出发，推定该条文的意义。体系解释要求在宪法解释的过程中，"不是将宪法条文看做是片面的、孤立的材料，而是从法律整体，从作为自己这一整体的一个有机组成部分来理解该法律条文的含义"。③ 这种解释的方法有利于维护宪法规范的统一性。尤其在宪法条文空白或有漏洞，不能依照具体的条文或宪法规范，就某一个问题寻求有关的宪法基础时，可以运用该方法进行解释。例如，美国联邦最高法院的违宪审查权，并不能从有关宪法条文的明文规定中，获得相应的依据，而是在 1803 年"马伯里诉麦迪逊案"（Marbury v. Madison）中，运用逻辑解释方法，得出的推理结论。马歇尔法官（C. J. Marshall）代表多数法官的意见指出：在联邦宪法没有明文规定联邦最高法院审查

---

① 韩大元．现代宪法解释基本理论［M］．北京：中国民主法制出版社，2006：40.

② 沈宗灵．比较宪法——对八国宪法的比较研究［M］．北京：北京大学出版社，2002：318.

③ 沈宗灵．比较宪法——对八国宪法的比较研究［M］．北京：北京大学出版社，2002：325.

国会制定的法律的情况下，依照联邦宪法关于联邦权力的结构安排，以及联邦政府权力来源于人民权利的宪法结构，推理出联邦最高法院有权行使违宪审查权的宪法解释意见。

由于宪法不像普通法律那样只关注一方面的问题，它所调整的社会关系极为庞杂，各种价值冲突也较为明显。因此，在宪法解释中运用体系解释的方法会相对比较困难。

（四）目的解释方法（Intentionalism）

目的解释，又称目的主义，是指在解释法律时，应当依照宪法的基本精神与意图，从法律在社会中所要达到的社会目的出发，探求当前的立法目的，以此阐释法律的含义，是对历史解释方法的发展。“法律作为调整社会关系的准则，是以一定的目的为指导的。因此，当立法原意或法律规范条文不适应社会发展时，应该以立法目的为依据加以及校正、补充。”① 因而，在对宪法进行解释时，要注重强调宪法规范现在所具有的合理含义，宪法规范的目的来阐释宪法疑问。② 目的解释方法强调，为了实现国家最大利益以及保障公民基本权利，可以从宪法确定的国家政治权力结构和公民基本权利的目的出发，而不拘泥于宪法文本对宪法进行解释。任何宪法条文不得与其余条文相分离而孤立地加以解释。应考虑规定某一事项的全部条文，并作出使宪法的实质性目的实现的解释。

第三节　中国的宪法解释制度

我国 1954 年宪法并没有对宪法解释问题作出明确规定，只规定了全国人民代表大会常务委员会有权解释法律。1975 年宪法也没有关于宪法解释的规定。1978 年宪法首次确认了我国的宪法解释机关为全国人民代表大会常务委员会，从而基本上确定了我国的宪法解释体制。1982 年宪法第 67 条规定了由全国人民代表大会常务委员会行使解释宪法和监督宪法的实施的职权。由全国人民代表大会常务委员会解释宪法的体制契合了我国的宪政理念，人民是宪法的创制者，只有代表他们行使权力的机关才有权决定宪法的含义。同时，制定法律的机关解释宪法有利于全面准确地把握宪法的含义。因为宪法的确切含义是在立宪过程中产生的，全国人民代表大会常务委员会是宪法监督机关，大量的宪法解释问题是在宪法的实施过程中出现的，监督权与解释权的统一有利于保障宪法解释的权威性；全国人民代表大会常务委员会是经常开展活动的常设性、专门性机关，其组成人员富有政治和社会经验，具有合理的知识结构等。然而，不管这一体制在理论上多么优越合理，但它的实效性却不能不让人表示疑虑。因为，“无论是在法制建设薄弱的年代还是在大力加强法制建设的今天，负有解释宪法和法律职责的国家权力机关却从未有过解释宪法这回事，从未对宪法的哪一条作过任何一次正式解释”。③ “中国迄今尚未使用宪法解释手段来补救宪法条文的‘老化’或缺失。个别涉及宪法的解释也只是立法解释，而不是直接

① 郭华成．法律解释比较研究［M］．北京：中国人民大学出版社，1993：31-32.

② 韩大元．现代宪法解释基本理论［M］．北京：中国民主法制出版社，2006：45.

③ 郭道晖．宪法的演变与修改［M］//宪法比较研究文集．北京：中国民主法制出版社，1993：82.

的宪法解释。”① 甚至断然否认我国有过自己的宪法解释。它认为宪法解释的程序应具有被动性、个案性、司法性的特点，全国人民代表大会常务委员会行使的宪法解释权仅仅是在这个意义上而言的，宪法解释仅指具体解释，不包括抽象解释。由于全国人民代表大会常务委员会至今还没有受理过一次宪法性争议案件，所以我国从未有过宪法解释的实践。学界普遍认同 1983 年 9 月 2 日全国人民代表大会常务委员会通过的《关于国家安全机关行使公安机关的侦查、拘留、预审和执行逮捕的职权的决定》属于宪法解释。但绝大多数学者同时认为，我国只有上述一个宪法解释。

全国人民代表大会常务委员会的宪法解释权长期处于虚置状态是一个毋庸置疑的事实。一方面现实生活中存在着大量违宪行为以及与宪法相抵触的规范性文件；另一方面全国人民代表大会常务委员会在监督宪法实施方面迄今为止似乎又未采取过什么行动，因违宪而被追究和制裁的实例更是从未有过。由此，认真考量我国现行的宪法解释体制是否科学和可行，便成为我国宪政建设中一个不容回避的重大课题。

2000 年我国生效的《立法法》第 88 条、第 90 条、第 91 条规定了全国人民代表大会常务委员会对法规合宪性审查及其程序。然而，全国人民代表大会常务委员会在对法规进行合宪性审查的过程中所进行的宪法解释，并不能视为真正意义上对宪法解释权的运用，“中国的合宪性审查及其判断在本质上始终遵从立法的逻辑，并不以宪法解释为基础”。② 按照我国《立法法》第 88 条的规定，全国人民代表大会常务委员会有权改变或者撤销同宪法相违背的行政法规、地方性法规、自治条例和单行条例。同时第 90 条规定了法规合宪性审查的提请程序。对于国务院、中央军委、最高人民法院、最高人民检察院、省级人民代表大会常务委员会的合宪性审查请求，全国人民代表大会常务委员会则必须予以审查。对于除上机构之外的国家机关、社会团体、企事业单位、公民个人的提请则由全国人民代表大会常务委员会自主决定是否予以受理。第 91 条规定了审查的程序：如果认为确实存在违宪，全国人民代表大会常务委员会并不直接作出违宪的判断，而是向该法规的制定机关提出书面意见敦促其自行修改。其所作出的仅仅是修改法规的建议，效力等级极低。

自十八大，特别是十八届三中、四中全会以来，多位专家学者根据中央精神和宪法实践的新情况，倡导制定《中华人民共和国宪法解释程序法》，③ 希望以立法的方式解决我国宪法解释在实践中存在的问题。学者们对如何加强我国的宪法解释提出了很多有针对性的意见，提出宪法解释应当遵循宪法的基本原则，维护社会主义宪法秩序，尊重和保障人权；全国人民代表大会常务委员会行使宪法解释权；全国人民代表大会下设宪法委员会，研究、审议和拟定与宪法解释相关的议案；对宪法解释的事由、请求权的受理、宪法解释案的起草与审议以及宪法解释案的通过与效力等进行了设计。2018 年宪法修正案第 44 条

---

① 袁吉亮．论立法解释制度之非［J］．中国法学，1994（4）．

② 季卫东．宪政新论——全球化时代的法与社会的变迁（第二版）［M］．北京：北京大学出版社，2005：166．

③ 如《中华人民共和国宪法解释程序法（专家建议稿）》及其说明［DB/OL］．［2017-07-12］．http：//calaw. cn/article/default. asp？ id=10166．

中，将原“法律委员会”改为“宪法和法律委员会”。这一修改，为宪法解释的实施操作，提供了制度基础。

【司法考试关联知识点】

本章中司法考试的关联知识点包括：宪法解释的概念、宪法解释的机关和体制。

第十六章　宪法修改

【学习目的与要求】了解宪法修改的概念及宪法修改的必要性；理解修宪权的性质包括宪法修改与宪法制定，宪法修改与宪法解释之间的关系；掌握宪法修改的方式及宪法修改的程序。

【引例】

意大利修宪公投失败 总理伦齐宣布辞职①

意大利修宪公投于当地时间2016年12月4日上午7时开始，投票站将于当天晚上11点关闭。意大利此次公投源于意大利总理伦齐提出的宪法改革方案。此次意大利宪政体制改革，将围绕限制政坛两院的权力，比如将参议员的数量从当前的315名减少到100名，限制参议院解散政府的权力等。意大利总理伦齐计划废除选举产生的上议院，代之以由地区代表组成上议院，而且上议院的权力将会大幅缩减。政府亦提议从各地区收回一些关键的决策权。伦齐呼吁选民投出“赞成”票，旨在让政府在未来能够更简便地管理国家。

2016年12月5日结果出炉：意大利修宪公投反对票超过赞成票，修宪被否决已成定局。同日，意大利总理伦齐宣布辞职。

自1945年至2016年，意大利已先后有60多届政府上台执政。政府的频繁更换导致意大利政令不畅，立法难以通过，经济停滞不前。近年来，先后有多位意大利政界人士呼吁对现行政治制度进行改革。

伦齐此次提出宪法改革计划，主张对现有的议会两院制进行改革，主要包括削减参议院权力，提高立法效率，加快立法进程。

这份修宪改革法案于2016年4月在意大利议会两院通过，但赞成票没有达到法案能够实施的三分之二多数票。意大利宪法规定，修宪法案如果没有获得三分之二多数票赞成，则必须由全民公投来决定。

第一节　宪法修改概述

一、宪法修改的概念

对于宪法修改的含义，理论上有狭义和广义之分：狭义上的宪法修改是指，宪法正式

① 李夏君. 意修宪公投搅动欧洲情绪 总理承认公投失败宣布辞职［DB/OL］.［2017-07-21］. 中国新闻网，http：//www. chinanews. com/gj/2016/12-05/8083410. shtml.

施行后，发现部分或全部规定与实际需要不相适应，由有权修改的机关依据特定的程序，对宪法的部分条文所作的重订、修订或做部分的增删等活动；而“广义上的宪法修改除此种直接变动宪法文本的方式外，还包括对宪法的‘无形修改’，也就是通过宪法解释、宪法惯例等方式，在不改变宪法文字的情况下，使宪法的内涵发生实际上的变化”。① 这种情况也称为“宪法的变迁”。有学者认为：“广义之宪法修改，则兼指于宪法典之外，就关于国家之基本组织及作用，依照宪法修改的程序，另设规定者而言。”② 还有学者认为，宪法修改有广义和狭义之分。广义的宪法修改不仅包括对现行宪法条文的调整、补充、增加、改变或废除，而且包括废除现行宪法、制定新宪法。③ 我们所讨论的为狭义上的宪法修改，即有权国家机关对宪法典文本的有形修改。

宪法修改是宪法实施的一个重要环节，可以充分保证宪法对社会发展的适应性。但是各国为了树立宪法的权威，增加其稳定性，大多规定严格的宪法修改程序，因此产生了刚性宪法和柔性宪法的理论分类。即宪法的修改程序比普通法律要求更为严格的，称之为刚性宪法；而宪法的修改程序与普通法律完全相同的，则为柔性宪法。但在实践中，即使是同样是刚性宪法的国家，其修宪的实际频率和刚性要求也并非成正比，彼此相差很大。如美国宪法在实施的 200 多年间，迄今为止共有 27 条修正案；法国宪法于 1958 年制定，至今已经修改了 9 次。

二、宪法修改与宪法制定、宪法解释的关系

宪法修改与宪法制定、宪法解释之间的区别在于它们的权力性质上的差别。就修宪权而言，它是由制宪权派生出来的权力，其从属于制宪权，因而才决定在实践中，不能任意地进行修宪，应受到限制，并在尊重宪法的基础上行使制宪权。

宪法修改与宪法制定都是由特定有权机关按照一定原则和程序创制宪法的活动，但二者也有明显的区别：（1）在形式上，宪法制定是创制整部宪法的活动，其活动发生于此宪法颁布生效前的立宪阶段；而宪法修改发生于宪法颁布生效后的宪法实施阶段，是对整部宪法某些条款或局部的删减活动。（2）在实质上，制定宪法的权力源于国家权力的性质，与国家政权关系密切，只要国家政权没有发生根本性变化，宪法所规定的基本社会制度和宪法根本精神没有根本改观，宪法无论怎样修改，都不会影响立宪权，立宪权是一种原生性权力，而修宪权则是一种派生性权力，它源于立宪权，由已生效宪法规定修宪的主体和程序等。如在我国，1954 年宪法的制定属于立宪范畴，而 1975 年宪法、1978 年宪法、1982 年宪法的创制都属于修宪范畴。再如 1958 年法国宪法相对于 1946 年法国宪法而言，也属于修宪范畴，原因是 1958 年宪法扩大了总统权力，宪法的通过方式也由议会投票改为全民投票，但法国的资本主义共和制并没有变。

宪法修改与宪法解释都是由特定有权机关按照法定原则和程序创制宪法的活动，且一般发生在宪法颁布生效后的宪法实施阶段，都没有改变现行宪法所规定的基本社会制度和

---

① 徐秀义，韩大元．现代宪法学原理［M］．北京：中国人民公安大学出版社，2001：285.

② 林纪东．比较宪法［M］．台北：五南图书出版公司，1980：537.

③ 李步云．宪法比较研究［M］北京：法律出版社，1998：226-227.

宪法的根本精神，但二者也有区别：宪法解释属于解释学的范畴，它是对宪法规定和条文做语言学、逻辑学、社会学或历史学意义上的分析和说明，并不因此而增删宪法条款；而宪法修改属于立法学的范畴，它是对宪法条款中不适应社会发展需要的部分进行增删和变更，因此在量上对宪法产生了影响。宪法解释所受的限制更多，它要忠实宪法原意，不涉及宪法的逻辑结构、内容和原则的任何变化；而宪法修改只要不动及宪法所规定的社会制度和根本精神，就可在宪法逻辑结构和内容条款上作局部的调整。

三、宪法修改的必要性

世界大多数宪法规定了宪法的修改程序，但也有极少数没有规定宪法修改的条款，或者直接将宪法称为“永久宪法”，如阿拉伯也门共和国于1970年颁布了“永久宪法”，苏丹共和国于1973年颁布了“永久宪法”，日本把1889年制定的《大日本帝国宪法》（明治宪法）称为“不没的大典”。

从各国宪政实践来看，宪法修改最基本和最主要的原因是为了使宪法的规定适应不断变化发展的社会政治经济和文化状况的需要。人类社会总是不断发展变化的，而立宪者对社会形势的认识和判断总是有欠周延和失误之处；而宪法作为法律规范的一种，其基本功能就是协调、规范社会关系，以维持正常、公正和有序的社会秩序，宪法也只有与社会现实相适应才能发挥对社会关系的调整作用，宪法修改在一定程度上就能有效地协调宪法、立宪者与社会现实之间的动态关系。

宪法修改的另一重要原因是为弥补宪法规范在实施过程中出现的漏洞。① 立宪者受主客观条件的限制，在形成宪法规范的过程中，极有可能因考虑不周导致宪法规定的漏洞，因而需要以宪法修改的方式予以补充和完备。如我国1954年宪法第24条第2款规定：“如果遇到不能选举的非常情况，全国人民代表大会常务委员会可以延长任期到下届全国人民代表大会举行第一次会议为止。”这一规定对于由什么机关来决定出现了“非常情况”，以及“非常情况”在消失后的多长时间内必须进行选举工作并没有明确规定。1966年7月7日，第三届全国人民代表大会常务委员会第33次会议通过了《关于第三届全国人民代表大会二次会议改期召开的决定》，决定第三届全国人民代表大会二次会议延期举行，这一决定致使全国人民代表大会的会议延期到10年后的1975年召开。而1975年宪法和1978年宪法对这一问题的规定存在更大的漏洞：1975年宪法第16条第3、4款规定：“在特殊情况下，任期可以延长。”“在必要的时候，可以提前或者延期。”1978年宪法第21条第2、3款规定：“如果遇到特殊情况，可以延长本届全国人民代表大会的任期，或者提前召开下届全国人民代表大会。”“在必要的时候，可以提前或者延期。”1982年宪法第60条第2款则对此问题做了较为完备的规定：“如果遇到不能进行选举的非常情况，由全国人民代表大会常务委员会以全体组成人员的三分之二以上的多数通过，可以推迟选举，延长本届全国人民代表大会的任期。在非常情况结束后一年内，必须完成下届全国人民代表大会代表的选举。”

---

① 周叶中．宪法（第二版）［M］北京：高等教育出版社，北京大学出版社，2005：402.

第二节　宪法修改的方式

一、全面修改

宪法的全面修改即整体修改，是指国家政权性质及制宪权根源没有发生变化的前提下，宪法修改机关依法对宪法的大部分内容（包括宪法的结构）进行调整、变动，通过或批准整部宪法并重新予以颁布的活动。宪法全面修改的基本原因是原宪法的基本指导思想、基本原则或者大部分内容已经不适合社会实际，无法调整社会现实。从各国全面修改宪法的实践看，一般都是当国际出现较大社会变化或社会转折时才会采用全面修改的方式。

宪法全面修改有以下特征：一是宪法修改按照原宪法规定的修改程序进行，这是宪法修改与宪法制定的主要区别；二是宪法修改机关通过或批准整部宪法并重新予以颁布，这是全面修改不同于部分修改之处。宪法全面修改的优点在于有利于宪法结构和内容上的协调统一，使宪法及时适应变动后的社会。其缺点是不如部分修改灵活、方便，且耗费精力和财力。因此，通常情况下，各国不会轻易采用全面修改。从各国宪法实践看，只有少数宪法对此有明确规定，1874 年瑞士联邦宪法第 118 条规定："宪法可于任何时间作部分或者全部之修正。"奥地利 1920 年宪法、巴拉圭 1940 年宪法、哥斯达黎加 1949 年宪法、尼加拉瓜 1950 年宪法、委内瑞拉 1961 年宪法等对宪法的全面修改也都有规定。

二、部分修改

宪法的部分修改是指修宪机关根据原宪法规定的修改程序，以决议或修正案的形式对宪法的部分内容进行调整或变动的活动，一般而言，各国宪法对宪法修改的规定都同时适用于全面修改与部分修改。宪法的部分修改有三种具体表现。

（一）以决议的形式直接在宪法条文中以新内容替代旧内容，并重新公布宪法

这种修改宪法方式的优点是，修改的内容非常明确，哪些条文有效，哪些条文已经无效，一目了然，十分清楚；缺点是需要重新公布宪法，造成宪法修改频率的增加。如 1979 年 7 月 1 日，我国第五届全国人民代表大会二次会议通过了《关于修正〈中华人民共和国宪法〉若干规定的决议》，对 1978 年宪法的部分内容进行了修改。

（二）以决议的形式直接废除宪法条文中的某些内容，并重新公布宪法

这种部分修改的方式优点和缺点与上一种方式相同。如 1980 年 9 月 10 日，全国人民代表大会五届三次会议通过了《关于修改〈中华人民共和国宪法〉第四十五条的决议》，直接废除了 1978 年宪法中关于公民有"大鸣、大放、大字报、大辩论"的权利条款。

（三）以宪法修正案的形式增删宪法中的某些内容

宪法修正案是以修改宪法年代的先后顺序重新设立宪法条文，并附于宪法典之后，按照"新法优于旧法"的原则，凡与新条文相抵触的旧条文一律无效。这种修宪方式有利于保持宪法的完整性和稳定性，但适用时需要对相关条款进行对比，从而需要一定的宪法专业素质而给宪法实施带来某些不便。宪法修正案可以直接废除宪法的原有某些条款或内

容，如美国联邦宪法第 21 条修正案规定废止宪法第 18 条修正案关于禁酒的规定；也可变动宪法中的某些规定，如我国 1993 年宪法修正案第 7 条变动了我国国家经济体制方面的规定，由计划经济变为社会主义市场经济；还可增补宪法中的某些条款或内容，如美国联邦宪法第 1~10 条修正案增补了关于公民权利的内容。

三、无形修改

无形修改亦即在形式上没有对宪法条文内容进行修改，但在实际上却变更了其含义的修改方式。具体来说就是，既不由正式修宪机关主持、通过，也不依照法定程序，而是采用其他方法变更宪法的内容，但其作用与正式宪法修改相似的活动。

宪法的无形修改最典型的例子是美国总统的选举方式。依照美国宪法的规定，总统的选举方式为间接选举制，即先有选民投票选出总统选举人，再由选举人团投票选举总统和副总统。但在随后的选举发展过程中，间接选举成为一种形式，而实际上演变成由美国政党操纵的直接选举。在我国，宪法的无形修改主要表现在，随着社会政治、经济、文化等各方面情况的变化发展，党和国家的某些政策及时适应了这种变化的情况，而宪法的有关条文却还并未改变。在这种情况下，党和国家的某些方针政策，实际上已经对宪法的某些条文规定作了无形修改。如 1978 年《宪法》规定全国人民代表大会常务委员会只能“解释宪法和法律，制定法令”，没有制定法律的权力，但由于改革开放的需要，全国人民代表大会常务委员会于 1979 年至 1982 年间共制定了 11 部法律。又如 1988 年以前，深圳等经济特区突破 1982 年宪法关于土地不得买卖、出租的规定，将土地使用权出租。再如 1982 年宪法规定“实行计划经济”，然而自 1992 年以来、在 1993 年修宪前，国家领导人就已多次提出经济体制改革的目标是“建立社会主义市经济体制”。这些实例是由于社会的发展、国家权力的运作等，使宪法条文本来的含义发生了变化，所以是我国宪法无形修改的典型。然而，从树立宪法的权威和尊严，建设社会主义法治国家的角度来看，这种宪法的无形修改应予避免。

第三节 宪法修改的程序与界限

一、宪法修改的程序

根据各国宪法的规定，宪法修改的程序一般有三个阶段：

（一）提案

提案是指由法定组织或个人提出关于宪法修改的议案，这主要涉及各国宪法对提案主体的规定，而各国宪法对有权提出修改宪法动议的主体都做了严格的规定。大致有三类：

1. 代议机关

一些国家宪法规定代议机关（议会、国会、人民代表大会等）及其组成人员有提案权，如美国联邦宪法第 5 条规定，国会在两院 2/3 的议员认为有必要时，应提出宪法修正案；或根据各州 2/3 的州议会的请求召开制宪会议，提出修正案。又如日本宪法第 96 条规定，“本宪法的修订，必须经各议院全体议员 2/3 以上赞成，由国会创议，向国民提出，并得其承认”。我国现行《宪法》第 64 条规定，全国人民代表大会常务委员会或 1/5 以上的全国人民代表大会代表有修宪提案权。

2. 行政机关

极少数国家的宪法规定行政机关有权提议修改宪法。如法国 1958 年宪法第 89 条规定，宪法修改的倡议权属于共和国总统和议会议员，总统依据总理的建议行使倡议权。多哥宪法第 52 条规定，宪法可以根据总统和议会的提议进行。

3. 混合主体

混合主体是指有权提出修改宪法议案的主体涉及多种性质的机关或组织。如菲律宾宪法规定，国会、修宪大会和一定数量的公民可提出修宪；瑞士联邦宪法规定由联邦议会和公民提出修宪；叙利亚宪法规定总统和议会可提议修宪。

（二）议决

宪法修改草案提出后，要由有权机关进行审查和表决，即议决。这是宪法修改的核心环节。但在正式进入议决程序之前，有些国家宪法还规定了先决投票和公告程序，在提案送交议决机关前还应就宪法修改提案进行先决投票，这是对宪法是否应该修改作出的一个原则性审查，不涉及具体修宪的内容。施行先决投票程序的国家有 30 多个，如叙利亚、黎巴嫩、希腊、巴拿马等；另外有些国家宪法规定应在议决前将修宪草案进行公告，如比利时、荷兰、卢森堡等。

关于正式的议决阶段，从各国宪法规定来看，宪法修正案草案的议决机关有 4 类，即立法机关、行政机关、特设机关和混合机关。议决程序一般有审议、通过和批准三个环节，但也有的国家将审议和通过两个环节合二为一。

审议程序是修宪机关对宪法修正案讨论、审核的程序。至于是需要两次审议还是三次审议，各国规定不同，如泰国宪法规定，宪法修改草案需要经过国会三读审议，意大利宪法规定，议会在审议宪法修改草案时必须进行两次审议，而且其间隔时间不得少于 3 个月。

宪法修正案草案的通过程序是修宪程序中最严格的环节。世界各国往往通过规定严格的出席人数和表决人数来体现宪法修改的刚性要求。通常要求议决机关以高于普通法律议案的出席和赞成人数予以通过，如比利时宪法第 131 条第 5 款规定，修改宪法时，如两院中任何一院的出席人数未达到全体议员的 2/3，不得进行表决，未获得 2/3 多数赞成票不得通过任何宪法修正案；卢森堡宪法第 114 条规定，宪法修正案的通过，须议会议员总额 3/4 出席，2/3 以上同意而通过；我国现行宪法第 64 条规定，宪法修改由全国人民代表大会以全体代表的 2/3 以上多数通过。有些国家宪法还规定修正草案通过后，须经国家元首批准方能生效，如约旦、丹麦、冰岛等；还有须全民公决的规定，如日本、丹麦等。

美国作为联邦制国家，其修改宪法的程序对美国宪法的稳定发展起着不可忽视的作用。美国宪法总共有四种程序：（1）宪法修正案须由国会两院各以 2/3 以上的议员通过，并交 3/4 的州议会批准。美国宪法的总共 27 条修正案中的 25 条是采用该种程序通过的。（2）宪法修正案须由国会两院各以 2/3 以上的议员通过，并交 3/4 的州制宪会议批准。第 21 条修正案即采用该程序通过。（3）由 2/3 以上的州议会申请提出修正案，国会立即召开修宪大会进行讨论，通过后再交由 3/4 州议会批准。（4）由 2/3 以上的州议会申请提出修正案，国会立即召开修宪大会进行讨论，通过后再交由3/4州制宪会议批准。

（三）公布

宪法修改草案经有权机关依据法定程序通过后，还需有法定机关经公布后才能产生法律效力。关于公布机关，大致有三类：一是由国家元首公布，这是大多数国家的做法，如爱尔兰宪法第46条规定，宪法修正案经人民复决同意后，总统应即签署，并应按规定的方式公布为法律。采用国家元首公布宪法主要是因为国家元首是一个国家的象征，代表着这个国家。二是由代议机关公布，如巴西宪法第217条规定，宪法修正案应由众议院及参议院执行委员会全体委员签署公布。三是由行政机关公布，如美国实践中采用此法，一般是联邦国会通过宪法修正案后交国务卿，再由国务卿转交各州州长，由州长提交州议会，各州将投票结果通知国务卿，由国务卿宣告达到3/4州的批准，该宪法修正案即正式成立。关于宪法修正案的生效时间，各国宪法的规定也不相同。有的规定自公布之日起生效，如也门、约旦等；有的规定自通过或批准之日起生效，如丹麦、阿尔及利亚等；有的规定自宪法公布之日起6个月后生效，如日本；有的规定由议会或总统特别决议，确定宪法修正案的生效时间，如希腊、斯里兰卡等。

二、宪法修改的界限

宪法修改的界限又称宪法修改的限制。宪法应否受到限制，在理论上和实践中都是有争议的。对此问题存在无限制说和有限制说两种观点。无限制说认为只要是依据宪法规定的修改程序，宪法的任何规定都可以修改。持此说的主要理由为：第一，根据人民主权理论，国家的一切权力属于人民，修宪是人民行使主权的行为，人民的主权不受限制，因此，对宪法的修改行为自然也不应受到限制。第二，宪法上的任何条文的效力是相等的，不应有高低之别，应该都可以修改。第三，事实上，宪法哪些内容可以修改，哪些内容不能修改，也没有标准可以遵循。宪法修改的无限制说在19世纪比较流行。有限制说认为，宪法修改应当有法律上的界限，宪法并非任何内容都可以被修改。这是自进入20世纪后，基于民主政治理论和实践上的需要而被广大学者所认可的学说。其主要依据有：第一，修宪权是由制宪权派生出来的权力，修宪权位于制宪权之下，修宪权不能变更作为其存在基础的制宪权根源及人民主权；第二，任何一部宪法其条款和内容在地位和内容上都不是完全平等的，宪法的根本精神和基本原则是宪法存在的基础，因此，宪法的根本精神和基本原则是不能成为修改对象的。否则就不是修改宪法而是制定宪法的行为了。正如有学者所说："修改宪法不是重新制定宪法，是在原宪法的基础上修改不适应社会发展的条文或者不适当的条文，以使其适应社会的发展变化。如果动摇了原来宪法的基础，那就不是修改宪法而是重新制定宪法。"①

宪法的修改不能违背宪法规定的基本原则和精神，不能改变宪法所确认的根本社会制度，否则宪法的修改就变成宪法的制定。从各国的宪政实践来看，宪法修改的限制主要有以下两方面：

---

① 张庆福．宪法学基本原理（上）［M］．北京：社会科学文献出版社，1999：233-234.

（一）内容上的限制

这是指宪法所明文规定的某些内容条款不能成为被修改的对象，这有几种情况：（1）宪法所确立的国家根本制度、基本精神和原则不能成为被修改的对象。如科威特 1962 年宪法第 175 条规定："除有关埃米尔统治的称号或者增加自由和平等的保证外，关于本宪法规定的有关科威特埃米尔制度及自由和平等原则的条款，不得建议加以修改。" 1949 年联邦德国基本法第 79 条第 3 款规定："对本基本法的修正案，不得影响联邦按州划分之原则，各州参与立法的原则或第 1 条和第 20 条规定的基本原则。" 挪威宪法第 112 条规定："修正案决不能同本宪法所包含的原则相抵触，只能在不改变宪法精神的前提下对某些具体条款进行修改。"（2）国家的领土范围和政体等不能成为被修改的对象。如 1958 年法国宪法第 89 条第 4 款规定："如果有损于领土完整，任何修改程序均不开始或者继续进行。" 意大利 1947 年宪法第 139 条规定："共和政体不得成为宪法修改之对象。"（3）宪法中的某些特殊条款不能被修改，如果修改须经全民复决。1974 年缅甸宪法第 194 条第 1 款规定："本宪法的序言、第一章的第一条和第四条，第二章的第五、六、七、八、九、十一、十二、十四、十八和二十一条，第三章的第二十八、二十九和三十二条，第四章的第四十一、四十四和四十六条，以及第十五章的第一百九十四条，须经人民议会以全体人民代表百分之七十五的多数通过，然后又在全国公民投票时获得过半数赞成票，方可修改。"

（二）时间上的限制

这有两种情况：

1. 消极限制

即规定不得进行宪法修改的时间限制，这又有两种情形：一是规定宪法颁布实施或修改后的若干年内不得修改宪法。如法国 1791 年宪法规定，宪法的任何部分于该宪法成立后第一、二届议会的任期内，概不得由议会提议修改；巴拉圭 1940 年宪法第 94 条规定，本宪法公布后 10 年内不得为全部之修改。二是在特定时间或时期内不得修改宪法，如比利时宪法第 84 条、卢森堡宪法第 115 条等规定在摄政时期不得修改宪法；法国 1946 年宪法第 94 条规定，法国本土领土之全部或一部为外国军队占领时，不得修改宪法。

2. 积极限制

即规定宪法应当定期修改，如葡萄牙 1919 年宪法第 82 条规定，宪法每隔 10 年修改一次；波兰 1921 年宪法第 125 条规定，宪法每隔 25 年至少修改一次。

（三）有些国家宪法对宪法的内容和时间同时作出限制

如美国联邦宪法第 5 条规定："在 1808 年以前制定的修正案，不得以任何形式影响本宪法第 1 条第 9 款第 1 项和第 4 项。" 约旦 1952 年宪法第 126 条第 2 款规定："在摄政时期必得通过任何涉及国王及其继承人的权利的修正案。"

第四节　中国的宪法修改制度

一、宪法修改方式

我国宪法并未规定宪法的全面修改，但自从 1954 年制定第一部宪法以来，共对宪法进行了 3 次全面修改，即 1975 年宪法、1978 年宪法以及 1982 年宪法。这几次修改的社会背景都是我国处于社会变革时期，是修宪机关对社会现实的一种正常回应。我国实践中有通过决议的方式对宪法进行部分修改①，也有通过宪法修正案的方式，对宪法部分条文进行修改，我国 1982 年宪法通过后，1988 年、1993 年、1999 年、2004 年和 2018 年全国人民代表大会对现行宪法部分条文的修改采用了宪法修正案的方式，迄今为止通过了 52 个宪法修正案。

二、宪法修改机关

宪法修改机关是指有权进行宪法修改的国家机关，在我国，根据宪法的规定，中华人民共和国全国人民代表大会为最高国家权力机关，是唯一有权修改宪法的机关。

三、宪法修改程序

为保持宪法的权威性和稳定性，宪法的修改需要按照特别的程序来进行，比修改普通法律更加严格。《中华人民共和国宪法》第 64 条规定："宪法的修改，由全国人民代表大会常务委员会或者 1/5 以上的全国人民代表大会代表提议，并由全国人民代表大会以全体代表的 2/3 以上的多数通过。"在我国修改宪法的实践中，通常由中国共产党首先提出修改宪法的建议案，然后再经宪法规定的法定程序进行修宪。至于我国的宪法公布机关，我国宪法没有明确规定。在实践中通常是由全国人民代表大会会议主席团以全国人民代表大会公告的形式予以公布。我国宪法并没有规定生效时间，大多数情况是自修正案公布之日起生效，也有修正案公布一段时间后才生效的，如第五届全国人民代表大会二次会议通过修改 1978 年宪法的决议于 1979 年 7 月 1 日通过并公布，但自 1980 年 1 月 1 日起生效。

【司法考试关联知识点】

本章中应着重了解宪法修改的含义、宪法修改的方式（全面修改、部分修改）；理解宪法修改的程序（提案、先决投票起草和公布、通过公布），这些内容是司法考试的常考内容。

① 对于以决议方式进行宪法修改的内容参见本节第二点的内容。

第十七章　违宪审查

【学习目的与要求】理解违宪审查概念，了解违宪审查制度的模式，在了解我国违宪审查制度的历史和现状的基础上，深刻反思我国违宪审查制度及宪法实施保障制度的加强与完善。了解宪政秩序的概念与特征，熟悉宪政秩序的保障条件，探索在中国建立宪政秩序的路径。

【引例】

潘洪斌案①

2015年10月，潘洪斌骑电动车被交警扣留，但他认为交警依据的《杭州市道路交通安全管理条例》中有关"扣留非机动车并托运回原籍"的规定违反上位法。此后，潘洪斌致信全国人民代表大会常务委员会，要求审查并撤销该条例违法设置的行政强制措施。收到信件后，全国人民代表大会常务委员会法工委请杭州市人民代表大会常务委员会说明所涉问题，后者遂作出书面反馈，全国人民代表大会常务委员会法工委经研究后认为，《杭州市道路交通安全管理条例》的相关规定与《中华人民共和国行政强制法》规定不一致，要求杭州市人民代表大会常务委员会研究、修改这一条例。此后，杭州市人民代表大会常务委员会和有关部门着手研究条例修改方案，决定将条例的修改列入2017年立法计划，同时委托专家学者对本届人民代表大会任期内制定的全部地方性法规的合法性问题进行全面审查。全国人民代表大会常务委员会法工委向潘洪斌进行了书面反馈。

点评：法规备案审查是宪法性制度，是全国人民代表大会常务委员会监督《宪法》实施的方法之一，是指由全国人民代表大会常务委员会对法律、行政法规、地方性法规、地方规章以及司法解释的合宪性问题，以及各法律文件之间的冲突问题进行备案和审查。中国《立法法》第98条规定，行政法规、地方性法规、自治条例和单行条例应当在公布后的30日内依照有关规定报有关机关备案。

第一节　违宪审查概述

一、违宪与违宪审查

（一）违宪的概念

违宪即违反宪法，包括违反宪法的规定、原则和精神。违宪只存在于具有根本法意义

① 单玉晓，许安标. 法规备案审查尚无公开撤销案例［DB/OL］.［2017-07-21］. 财新网，http：//topics. caixin. com/2017-03-09/101064366. html.

上的宪法的国家。

一般来说，违法也构成了间接违宪，但本书中的违宪是指直接违反宪法的情形，它与违法存在差别：第一，在性质上，违宪是违反宪法，而违法是违反普通的法律法规。第二，在主体上，违宪的主体是国家机关和政党组织；违法的主体既包括国家机关和政党组织，也包括所有的企业事业组织、社会团体和个人。第三，在审查主体上，违宪审查的主体为特定审查机关，可能是普通法院，也可能是专门的宪法法院或宪法委员会，或权力机关，它们都有宪法的特别授权；而进行违法判断的是普通法院。第四，在制裁上，违宪制裁是针对行使国家权力的特定形态作出的；而法律制裁与之不同，包括民事制裁、刑事制裁和行政制裁。

由于国家机关行使权力的行为包括依据宪法形成规范的行为和直接依据宪法实施的具体行为，因此，构成违宪的主体主要是行使国家权力的机关，以及行使公共权力的社会政治组织如政党，违宪行为可以分为规范行为违宪和具体行为违宪。违宪的存在是违宪审查制度建立的前提。

（二）违宪审查的概念

违宪审查是指享有违宪审查权的国家机关根据法定的程序和方式审查宪法行为（立法或特定行为）是否符合宪法的制度。违宪审查制度源于美国1803年的马伯里诉麦迪逊案，该案确立了司法机关进行违宪审查的先例，并逐渐为世界各国所接受和仿效。各国根据自己本国的实际情况，发展出了多种违宪审查模式，有效地保障了宪法的实施，维护了宪法的权威与尊严。它的基本内涵包括：

1. 违宪审查主体是享有违宪审查权的特定国家机关

宪法实施的过程可以由多种主体进行监督，每个国家机关、社会团体、公民个人都是宪法监督的主体。但其中大多数主体的监督不具有宪法效力，不能产生宪法上的拘束力。而审查立法、行政机关或政党、社会团体的行为是否违宪是关系到国家机关等行为是否有效的大事，一般的机关组织是不能承担此职的。因此，大多数国家的宪法都明确规定违宪审查由特定国家机关进行，这些机关一般在国家中处于核心地位或是专门机关，如法国的宪法委员会、德国的宪法法院，还有我国的人民代表大会等。只有美国的违宪审查是通过宪法判例和惯例的形式形成的，其审查权由联邦最高法院负责。

2. 违宪审查的对象为宪法行为，包括规范行为和具体行为

宪法规范具有全面性的特点，但并不意味着对一切违宪行为进行审查。如前所述，有些违宪行为是可以由其他法律纠纷的解决途径加以解决的。违宪审查的对象主要有：法律，是违宪审查最主要的对象。如南斯拉夫宪法规定，联邦宪法法院裁决法律是否同南斯拉夫宪法一致。如意大利宪法规定，宪法法院有权审理对共和国总统和各部部长提出的控告案件、州或省的法律、行政命令、条约。绝大多数国家不把条约作为审查的对象，只有少数国家例外。如1986年《菲律宾共和国宪法》规定，“一切涉及同外国缔结的条约、协定或行政协定或法律是否违宪的案件，应由最高法院全庭审理”。概括来讲，违宪审查的对象包括法律规范性文件及主要国家机关、政党及重要社会团体的行为的合宪性问题。

3. 违宪审查必须遵循法定的程序和方式

由于各国的违宪审查模式不同，采取的违宪审查程序也就有所不同，体现出程序和方

式的多样化。如美国，其违宪审查程序与相应的诉讼程序相同。由专门机关负责违宪审查的国家，如德国的宪法法院和法国的宪法委员会，对违宪审查的程序都有较为严格和细致的规定。另外，针对不同的审查事项，审查程序也会有所不同。例如，1988年韩国的宪法裁判所法，就对违宪法律审查程序、弹劾审判程序、违宪政党解散程序、权限争议审判程序、宪法诉讼程序等作出了不同的规定。

（三）违宪审查与相关概念的关系

与违宪审查相关的概念有宪法实施保障、宪法监督、司法审查和宪法诉讼等。有必要对它们之间的关系进行说明。

1. 违宪审查与宪法实施保障（宪法保障）

宪法实施保障是与宪法实施相联系的概念，它包括一切保障宪法实施的措施和制度，主要是：第一，政治方面的保障制度，如国家性质、国家形式、选举制度、政党制度、国家机关和其他社会公共组织制度方面的作用。第二，经济方面的保障制度，尤其是基本经济制度所提供的保障。第三，思想意识方面的保障制度，即形成全民强烈的宪法意识和信仰。第四，法律方面的保障制度，如关于宪法地位和效力的规定，宪法制定、修改和解释制度，立法制度，违宪审查制度等。可见，违宪审查属于宪法实施保障制度中的法律制度保障的某一方面。

2. 违宪审查与宪法监督

我国宪法采用“宪法监督”的概念，具有两层含义：一是作为制度形态和严格意义上的宪法监督，它与违宪审查含义相同；二是作为政治意义上的宪法监督，它不具有严格意义上的制度形态，包括了广泛意义上的宪法监督，既指违宪审查这种法律意义的宪法监督，也包括普通公民、社会舆论、一般社会组织等社会主体在非法律意义上的社会监督。

3. 违宪审查与司法审查

在有些国家，违宪审查的主体是普通司法机关，即该国采用违宪的司法审查制，但这仅仅是违宪审查制度的一种类型，因为实行宪法法院、宪法委员会和最高权力机关进行违宪审查的主体并不同于普通的司法机关。况且，实行司法审查制的国家，既进行违宪审查，也进行对包括法规在内的政府行为的违法审查。

4. 违宪审查与宪法诉讼

在违宪审查中，有些国家由普通法院或宪法法院通过诉讼的方式审查规范行为和具体行为是否违反宪法，这种方式被称为“宪法诉讼”。可见，宪法诉讼只是违宪审查中的一种具体的审查方式。关于宪法诉讼的概念，理论上还存在一定争议。如有学者认为：“宪法诉讼是指解决宪法争议的一种诉讼形态，即依据宪法的最高价值，由特定机关依照司法程序审查法律、行为的违宪与否，确认法律、行为的合宪性并使违宪的法律、行为失去效力的一种制度。”这样理解宪法诉讼，使之范围过于宽泛。从本质上看，宪法诉讼可以看做是将宪法适用于司法程序的一种制度。

二、违宪审查的功能

违宪审查制度的主要目的就是裁定并处罚违宪行为，尤其是立法机关和行政机关制定违宪的法律和法律性文件的行为，以制约国家权力，保障公民权利，保证宪法的有效实施。违宪审查制度是监督宪法实施的重要制度之一。其功能主要有以下几个方面：

（一）保证宪法权威的实现

在成文宪法国家，一般都规定了宪法的最高法律地位。如1946年日本宪法第98条规定："本宪法为国家的最高法规，与本宪法条款相违反的法律、命令、诏敕以及有关国务的其他行为的全部或一部，一律无效。"又如美国联邦宪法第6条规定："本宪法和依本宪法所制定的合众国法律，以及根据合众国的权力已缔结或将缔结的一切条约，都是全国的最高法律；每个州的法官都应受其约束，即使州的宪法和法律中有与之相抵触的内容。上述参议员和众议员，各州州议会议员，以及合众国和各州所有行政和司法官员，应宣誓或作代誓宣言拥护本宪法；但决不得以宗教信仰作为担任合众国属下任何官职或公职的必要资格。"宪法是国家根本法，具有优先于普通法律法规的地位和效力，而普通法律法规也可能与根本法的规定、基本原则和精神相冲突、相抵触和相矛盾，因此为保证宪法的权威就有必要建立违宪审查制度。

（二）保证宪法秩序

宪法秩序与宪法地位是一个问题的两个方面。保证了宪法的根本法地位也就在一国之内形成了统一的宪法秩序；而一国之内宪法秩序的形成即意味着宪法在该国具有了根本法的地位。法治国家的外在表现起码包括两方面：一是在成文宪法国家，宪法在一国具有最高的法律地位，在不成文宪法国家，由于宪法的内容规定于宪法性法律等渊源形式中，法律具有最高的法律地位；二是在一国之内依据宪法形成了统一的宪法秩序。无论是宪法的最高法地位，还是统一的宪法秩序的形成，都有赖于违宪审查制度的有效运作。

对宪法秩序的破坏，以法律为首，因此，违宪审查首先是对法律的合宪性进行审查。从违宪审查制度建立的理念来看，宪法法院与宪法委员会的设计出发点就是为了保证宪法秩序，因为宪法法院通过抽象审查或事先审查的审查对象就是政府的规范行为。如法国1958年宪法第61条规定："组织法在其颁布以前，议会两院的内部规则在执行以前，均应提交宪法委员会审查，以裁决其是否符合宪法。为了同样目的，各项法律在颁布以前应由共和国总统、内阁总理或两院中任何一院的议长提交宪法委员会审查。"第62条规定："被宣布为违反宪法的条款不得公布，也不得执行。"美国式的司法审查通过排除违宪的法律法规效力的形式间接地保证了国家宪法秩序的统一。最高权力机关的宪法监督制度也是为了维护宪法的最高权威，如我国现行宪法就明确规定全国人民代表大会及其常务委员会对法律法规享有审查修改等方面的职权。

（三）保障公民的基本权利和自由

列宁曾指出："宪法就是一张写着人民权利的纸。"宪法是公民权利的保障书，不管是社会主义国家宪法，还是资本主义宪法，都对公民的基本权利和自由进行了明确规定。而法律法规等规范性文件与宪法相矛盾、相抵触时，或者公权力主体如国家机关工作人员的权力行为违反了宪法权限时，必然侵犯宪法所确认的公民的基本权利和自由，违宪审查制度的建立正是为了保障公权力主体的具体行为或规范行为与宪法保持一致，符合宪法的规定、原则和基本精神。当然，违宪审查制度也是保障少数人宪法权利和自由的重要机制，因为代议机关的立法行为是议会内多数人的利益和意志的表达（法律的通过一般规定了过半数的法定要求），而多数人也可能忽视或侵犯少数人的宪法权利。违宪审查制度正是通过权力制衡的方式尊重和保障少数人的权利和自由。

第二节　当代违宪审查制度

一、违宪审查模式

虽然世界各国有着各自不同的政治体制、法律传统和历史文化，但在长期的历史发展中也形成了具有相似审查主体、对象、方式、方法、原则等因素所构成的违宪审查模式。大体说来，当今世界主要包括代议机关审查模式、司法机关审查模式、专门机关审查模式、复合审查模式四类违宪审查模式。

（一）代议机关审查模式

代议机关审查模式是指作为民意代表机关的代议机关审查宪法行为是否违反宪法的违宪审查模式，它在资本主义国家表现为立法机关审查制，在社会主义国家表现为最高国家权力机关审查制。

代议机关审查模式在历史上最早由奉行议会至上原则的资本主义国家实行。在实行议会内阁制的国家，议会是民意代表机关，是值得信任的，其他国家机关都由议会产生，因此议会被赋予了最高的法律地位，其他国家机关无权干涉其立法行为。目前，只有极少数资本主义国家仍然实行立法机关审查制，如荷兰 1975 年宪法第 120 条规定："法院无权裁决议会法令和条约是否合宪。"

1918 年苏俄宪法首先确立了由最高权力机关监督宪法的实施。随后，所有的社会主义国家都作了相同的规定。社会主义国家代议机关的性质是国家权力机关，其最高代议机关即为最高权力机关，是代表人民行使最高国家权力的机关，是最有资格和能力去审查和监督其他国家机关的规范行为和具体行为是否与宪法的规定、原则和精神相符，因为宪法规定其他一切国家机关都由权力机关产生，一切法律规范性文件和社会组织与各人的行为必须符合宪法。

实行代议机关审查模式的国家，在宪法中除了规定代议机关有监督宪法实施的权力外，一般对违宪审查的方式和程序没有作具体的规定，也没有具体制定有关违宪审查的法律。因此，这种模式虽然具有权威性和权力行使的统一性以及监督的直接性和便捷性，但也存在实效性、经常性和公正性等方面的缺陷。在其他违宪审查模式下，违宪审查的对象主要是立法机关制定的法律；而在代议机关审查模式下，违宪审查的对象主要不是最高立法机关的立法行为，而是法律以下的其他规范性法律文件。而当代议机关出现违宪行为时，只能由自身进行纠正，这在实践中可能流于形式，很难保证审查的有效性和公正性；同时也由于代议机关承担着繁重的立法任务，加上违宪审查的专业性要求与具体审查机制的欠缺，所以违宪审查效果往往不太理想。

（二）司法机关审查模式

司法机关审查模式是指由普通法院在审理案件过程中，附带地对该案件中所适用的法律的合宪性进行审查的模式。该模式由美国自 1803 年马伯里诉麦迪逊案（Marbury v. Madison）创立，后被各国广泛仿效。依据违宪审查权的来源，司法审查模式可以分为通过司法判决确定违宪审查权归属的美国模式和由宪法明确规定违宪审查权的日本模式。目前世界上大约有81个国家采用司法机关审查模式，主要包括美国、日本、菲律宾、阿根廷、巴西、印度、澳大利亚、加拿大、丹麦、瑞典、智利、洪都拉斯、玻利维亚、哥伦比亚等。这些国家除日本外基本上属于英美法系国家，并且不少国家在宪法中对此作了明确规定，如日本1946年宪法第81条规定："最高法院为有权决定一切法律、命令、规则以及处分是否符合宪法的终审法院。" 1967年玻利维亚宪法第127条第4项、第5项规定，最高法院"审理关于使法律无效的诉讼和对要案的判决"；受理"只经一审判决其结果取决于法律、法令和任何一种决断是否符合宪法的违宪案件"。实行司法机关审查模式的国家主要基于对立法机关的不信任、多数决定原则下保护少数、三权分立和司法权优越等政治理念。

司法机关审查模式的优点在于能够使一国的违宪审查具有经常性、有效性和可操作性的特点，有利于平衡国家权力、协调各种利益关系、稳定国家政权结构、维护宪法的权威和法制的统一。但是，它也有自身的不足，因为它采取的是个案审查，不能直接撤销违反宪法的法律和法律规范性文件，判决的效力也具有不确定性。实际上，1803年后司法审查并没有立即成为美国政治法律制度中具有重要影响的制度。从1789年到1860年间，被法院宣布违宪无效的州法律只有60件，被宣布无效的联邦法律只有2件。但19世纪末20世纪初以来，美国的违宪审查案件才急剧增多的。法、德、意大利等国也曾经采用过美国式的违宪审查制，但这些国家后来通过建立宪法法院或宪法委员会的形式作了修正。

【案例17-1】

开创司法审查制度的先河——美国马伯里诉麦迪孙案①

1801年1月20日，美国大选揭晓，联邦党人约翰·亚当斯（John Adams）落选，民主（共和）党人托马斯·杰斐逊（Thomas Jefferson）当选新一届美国总统。约翰·亚当斯为使联邦党人能够继续控制联邦司法部门，于1801年3月4日托马斯·杰斐逊正式就任总统前采取了一系列紧急措施，包括任命他的国务卿约翰·马歇尔（John Marshall）为联邦最高法院首席法官，任命威廉·马伯里（William Marbury）在内的42名联邦党人为联邦治安法院法官。这些任命在1801年3月3日深夜前完成了提交参议院任命批准、总统签署、国务卿加盖国玺等法官任命的有关法律程序，但因时间仓促，有些委任状还没来得及送出就到了新总统的就任日期1801年3月4日。杰斐逊就任总统后，即命令新任国务卿詹姆斯·麦迪逊（James Madison）扣发尚未发出马伯里等17人的委任状。在等待数月后，马伯里等依据1789年国会制定的《司法条例》第13条的规定（最高法院……有权在法律制度和习惯授予的权限的范围之内……向在合众国任职的人员……发布法院的命令状），向联邦最高法院提出申诉，要求最高法院向国务卿麦迪逊发布一道命令状，命令他发放委任

① Marbury v. Madison, 5 U.S 137 (1803).

状。联邦最高法院首席大法官马歇尔面临两难：如果判决马伯里胜诉，向国务卿发布执行命令，国务卿不可能执行这一命令，联邦最高法院处境尴尬；如果判决马伯里败诉，不向国务卿发出执行命令，则联邦党人颜面丢尽。1803年，联邦最高法院对此案作出判决，一致认为：第一，马伯里被任命为治安法官已经履行了必要的法律手续，其有权得到委任状，而总统和国务卿不予颁发委任状是没有理由的；第二，马伯里在正当权利受到侵害时，法律已经为他提供了法律上的救济手段；第三，联邦最高法院不能通过向总统和国务卿颁发执行命令的方式为马伯里提供法律救济，因为联邦最高法院向行政部门颁发执行命令的方式超越了联邦宪法第3条第3款关于最高法院管辖权的规定，即"涉及大使、公使和领事以及一州为一方当事人的一切案件，最高法院具有第一审管辖权。对上述所有其他案件，不论法律方面还是事实方面，最高法院具有上诉审管辖权，但须依照国会所规定的例外和规章"。而马伯里的法律请求属于宪法相关条款中"上述所有其他案件"的范畴，而不属于"涉及大使、公使和领事以及一州为一方当事人的一切案件"的范畴，《司法条例》第13条所规定的事项超越了宪法赋予联邦最高法院向行政机关颁发执行命令的权力，这一规定与宪法相违背，是无效的。联邦最高法院对该案只有上诉审管辖权，而没有第一审管辖权。在判决书中，马歇尔还阐明了两个观点：第一，宪法是最高法，高于立法机关制定的普通法律。他写道："一个与宪法相抵触的法律是否可以成为国家的法律，这是一个对合众国有着深远意义的问题。"在立法机关制定的法律与宪法相抵触时，我们面临选择："要么宪法制约任何与之相抵触的立法机关制定的法律，要么立法机关可以以普通法律改变宪法。""在这两种选择之间没有中间道路。宪法要么是优先的至高无上的法律，不得以普通立法改变；要么与普通立法法案处于同等的地位，像其他法律一样，立法机关可以随意加以修改。""当然，所有制定成文宪法的人们都是要想制定国家的根本的和最高的法律，因此，一切政府的理论必定是：与宪法相抵触的立法机关的法案是无效的。"第二，法院享有解释宪法的最高权威和职责。他认为："应当明确的是，确定法律是什么是司法机关的权限和职责。那些把规则适用于具体案件的人们，必定有必要对规则进行阐释和解释。假如两个法律相互冲突，法院必须决定哪一个适用。如果一部法律是违宪的，而该法与宪法都适用于同一案件，那么，法院要么无视宪法，适用该法；要么无视该法，适用宪法。法院必须决定适用这些相互冲突的规则中哪一个管辖该案，这就是司法职责的本质。假如法院认为应适用宪法，认为宪法高于任何立法机关的普通立法，那么，管辖该案的应是宪法而不是立法机关的普通法案。"

点评：马伯里诉麦迪逊案开创了司法审查制度的先河，对该案的判决也确立了现代宪法理论所推崇的几个基本理念：宪法是法，不仅仅是政治纲领，违背宪法应当受到制裁；宪法在司法审判中应当被使用，作为司法审判的依据，否则，宪法的各项规定就会形同虚设；法院在适用宪法的过程中，必然涉及解释宪法的问题，法院当然地享有宪法解释权；与宪法相违背的法律不能被适用；宪法是限制政府权力的法律武器和有效工具。

（三）专门机关审查模式

专门机关审查模式又称凯尔森模式、欧洲模式，它由奥地利在1920年首创，是在普通法院或立法机关之外另设一定的专门机构来负责违宪审查。从目前世界各国的宪政实践来看，主要有两类专门机关：宪法法院和宪法委员会。

1. 宪法法院审查模式

宪法法院审查模式是指在国家机构中设立专门保障宪法实施的宪法法院以法定的程序审查法律文件等是否符合宪法的违宪审查模式。率先建立宪法法院的是1920年的奥地利，后来在欧洲大陆法系国家得到发展，包括联邦德国、意大利、奥地利、西班牙等，从苏联解体成立的一些国家如俄罗斯、乌克兰等也建立了宪法法院。在亚洲，韩国于1988年建立了宪法法院。在拉丁美洲，智利于1970年、厄瓜多尔于1983年、秘鲁于1979年建立了宪法法院。目前，采用此类审查模式的国家一般通过宪法和宪法法院法的形式予以明确规定。

设立宪法法院基于议会至上神话的破灭、对传统司法权的不信任以及大陆法系的法律传统。宪法法院不属于普通的司法系统，它的权限不限于特定的司法权，其基本功能包括违宪审查权、宪法解释权、权限争议裁决权、弹劾案审判权、政党违宪案裁判权、选举诉讼权等。它的基本特点是：以抽象的原则审查为主，附带的案件审查为辅；采用一审终审制；判决具有一般效力等。因此，宪法法院既具有政治属性，也具有司法属性．下面以德国为例说明宪法法院制度。

联邦德国在“二战”结束后，即制定联邦《基本法》并建立了联邦和各州的宪法法院。《基本法》规定，“联邦宪法法院由联邦法官和其他成员组成。联邦宪法法院的成员，半数由联邦议院选举产生，半数由联邦参议院选举产生”。宪法法院由16名法官组成，任期12年，不得连任。联邦宪法法院分为两个审判庭，即第一庭和第二庭，每庭各8名法官。法院设正副院长各一人，分任其中一个审判庭的主席。联邦宪法法院其职责非常广泛，主要包括以下方面：（1）裁决联邦最高机关与联邦最高机关授权的有关当局关于权利与义务发生的争议，有权解释基本法；（2）裁决联邦法律或州法律与联邦基本法之间、州法律与联邦其他法律之间是否一致的争议；（3）裁决关于联邦与各州之间权利与义务，尤其是关于各州执行联邦法律和联邦行使对各州监督权方面的争议案；（4）裁决联邦与各州之间、各州之间或一个州内部属于公法范围内的争议案，但应由联邦行政法院管辖的案件除外；（5）审议或裁决政党是否违宪的争议案；（6）对抽象或具体法律、法规的审查；有权审查州法律是否与联邦基本法相抵触。此外，联邦宪法法院有权审理或裁决总统弹劾案、联邦议员申诉案、联邦和各州法院的弹劾案，裁决由公民个人提出的公权力机关侵犯其基本权利的诉讼等。

德国设立“宪法法院的任务是把宪法秩序作为法律秩序加以维护”。德国宪法法院经联邦政府请求，或联邦议员三分之一议员的请求，可就法律是否合宪进行裁决。联邦宪法法院不仅审查的范围广，而且审查的方式也较为灵活，一般采用事前审查和原则性审查相结合的方式。而且除了主动进行抽象性审查外，德国还实行宪法控诉，任何公民只要认为某个法律、法规侵犯了个人宪法权利，不管是否发生案情，也不管是否涉及本人利益，均有权就这个法律或法规向宪法法院起诉，要求宪法法院审查其合宪性。

由于宪法法院审查模式方式灵活，适应性较强，很多国家也逐渐转用这一制度，成为目前最流行的违宪审查模式。

2. 宪法委员会审查模式

法国是采用宪法委员会审查模式的典型国家，在当今世界有包括法国及法国在亚洲和非洲的前殖民地国如阿尔及利亚、莫桑比克、纳米比亚等 12 个国家采用此模式。由于此种模式所设立的宪法委员会，既不同于普通法院，也不同于宪法法院和最高权力机关，它的职权主要是政治性的职权，因此这种模式也可以称为专门政治机关审查模式，一般通过宪法予以规定。1946 年法国宪法在借鉴 1799 年宪法和 1852 年宪法设立“护宪元老院”的经验所设立的宪法委员会，成为形式上独立于行政、立法和司法三大机关之外的违宪专门审查机关。1958 年法国宪法以专章（第七章）的形式对宪法委员会进行了规定：（1）宪法委员会的组成：成员为 9 人，任期 9 年，不得连任；宪法委员会每 3 年改选 1/3；3 人由共和国总统任命，3 人由国民议会议长任命，3 人由参议院议长任命；除上述规定的 9 个成员外，历届前任共和国总统为宪法委员会终身当然成员；宪法委员会主席由共和国总统任命；在裁决时，如双方票数相等，主席有最后决定权；凡担任宪法委员会成员职务者，不得兼任部长或议员。（2）宪法委员会的职权：第一，有关选举事项的裁决权；监督共和国总统选举的合法性；审查争议事项并公布投票结果；在发生争议的情况下，宪法委员会就议员和参议员选举的合法性作出裁决；宪法委员会监督公民投票的合法性，并公布其结果。第二，立法事项的确定权和违宪立法审查权；组织法在其颁布以前，议会两院的内部规则在执行以前，均应提交宪法委员会审查，以裁决其是否符合宪法。为了同样目的，各项法律在颁布以前应由共和国总统、内阁总理或两院中任何一院的议长提交宪法委员会审查。在前两款所规定的情况下，宪法委员会应在 1 个月的期限内作出裁决。但在紧急情况下，经政府要求，期限减为 8 天。在此情况下，宪法委员会的受理应中止公布的期限。被宣布为违反宪法的条款不得公布，也不得执行。对宪法委员会的裁决不得上告。宪法委员会的裁决对于政府各部、一切行政机关和司法机关具有强制力。此外，宪法委员会还有接受有关总统的重要问题的咨询的权力，即确认总统能否行使职权；在总统采取重大行动时，接受总统的咨询。

法国宪法委员会采用抽象审查和事先审查的模式。被宣布违宪的法律不得公布，其裁决具有终局性。但与宪法法院模式相比较，法国宪法委员会不具有宪法诉讼功能，不能受理个人的宪法控诉，因此成为其一大缺憾。

（四）复合审查模式

除了以上的违宪审查模式外，还有一种称之为复合模式的违宪审查制度，它是指一国的违宪法审查权由两个或两个以上的国家机关共同行使，并根据宪法和法律规定或认可的权限、程序和方式对违宪案件进行的审查模式。目前，该模式有由议会、政府和法院共同行使违宪审查的瑞士模式，由最高权力机关的领导机关与检察机关共同监督宪法实施的朝鲜模式，以及议会与普通法院并行审查的英国模式等。

复合审查模式的特点在于审查主体的双重性或多重性，且各审查主体相互分工，密切配合，违宪案件一般都能得到有效审查。不过，该模式也会造成审查权的分散，不利于审查的顺利进行。

二、违宪审查的基本方式

各国违宪审查模式不同，所采用的具体审查方式也不同。总的来说，有以下几种：

（一）按照被审查的对象是否已经生效，可以分为事先审查、事后审查及事先审查与事后审查相结合三种方式

事先审查，又称预防性审查，它通用于法律、法规和法律性文件的制定过程中，是有权机关机关在对象制定的规范性文件生效前进行的审查。如果审查发现该规范性文件草案违宪，该规范性文件草案便不得公布而不能生效。事前审查又可分为自动审查和提请审查两种形式。如法国1958年宪法第61条第1款规定："各个组织法在公布前，议会两院的规章在试行前，都必须提交宪法委员会，宪法委员会应就其是否符合宪法作出裁决。"此外还有伊朗、爱尔兰、瑞典等国也采用这种方式。事前审查的优点在于可以防止违宪的法律出台，维护立法机关的权威。缺点在于有时会延误立法时间，影响立法工作的效率。

事后审查是有权机关在法案生效后进行的审查，这是目前大多数国家采用的宪法实施保障方式。事后审查往往根据特定机关、组织或个人提出的合宪性审查请求而发生；但在有些国家，宪法实施保障机关有时也会主动审查；还有个别国家，其普通法院在具体的诉讼过程中，也会对涉及的法律或其他法律性文件附带进行事后审查。虽然事后审查对象主要是法律、法规和法律性文件，但有的国家也会对特定国家机关及其工作人员、社会组织或个人进行审查。如西班牙1987年宪法第161~163条规定，司法机关在审判过程中，如果认为对某项判决有决定作用的法律规定可能违宪，可按法定条件和方式移交宪法法院审查。此外还有德国、奥地利、意大利、希腊、土耳其、日本、科威特、埃及等采用此方式。事后审查的优点在于可以提高立法效率，增强审查的针对性，还可以对个案进行监督。其缺点体现在：首先，审查是在规范性文件生效后进行的，一旦发现违宪，就要更改，这不利于法律稳定；而且已经实施的法律，对社会造成的影响已经无法挽回。其次，事后审查往往不主动进行，需要有具体案件或依请求而发生，这会使部分违宪事件得不到纠正，不利于预防和减少违宪事件的发生。

事先审查与事后审查相结合，采用此方式的国家包括泰国、斯里兰卡、叙利亚、葡萄牙、瑞士、摩纳哥等。其主要目的在于中和事先审查和事后审查的优缺点，以其让二者互补。

（二）按照审查的起因，可以分为附带审查、起诉审查和提请审查

附带审查，是指司法机关在审理案件过程中，因涉及拟用的法律、法规和法律性文件是否违宪的问题而对法律、法规和法律性文件进行的合宪审查。在实行违宪司法审查制的国家多采用此方式，如美国，法院并不就法律是否违宪而作一般性抽象审查；只要没有引起争议，即使某项法律违宪，法律也不予以过问；只有在具体案件的审理中，该案所适用的法律引起了是否合宪的争论时，法院才就该法律是否合宪作出裁决，并且这种裁决只适用于此案而不具有普遍的约束力。应注意的是，有些采用司法机关保障宪法实施机制的国家，司法机关不仅进行附带审查，而且还进行起诉审查和提请审查。

起诉审查，是指有关国家机关、社会组织或公民个人在自己的宪法权利或权力受到侵犯或可能受到侵犯时，依法诉请宪法实施保障机关对特定的法律性文件和行为的合宪性进

行审查。根据性质不同，起诉事项分为4类：（1）宪法控诉，即公民因其宪法权利受到国家机关及其授权组织或特定个人的侵害而向宪法监督机关提起的诉讼，以寻求其权利的宪法救济。如前所述联邦德国基本法的相关规定。（2）争诉审查，即宪法实施保障机关对于当事人之间发生的有关宪法问题的争议而进行的审查。如1958年法国宪法第59条规定："在发生争议的情况下，宪法委员会就国会议会议员和参议员选举的合法性进行裁决。"（3）质疑审查，即有权主体如果认为某项法律违宪，可以向宪法实施保障机关提起审查。（4）指控审查，即有权机关因认为特定个人的行为违宪而向宪法实施保障机关提起的审查。联邦德国基本法第61条第1款规定，联邦议院和联邦参议院可以对联邦总统故意违反基本法或联邦其他法律的行为向联邦宪法法院起诉。

提请审查，是指特定的国家机关或国家领导人依法将有异议的法律性文件或行为，提请该国的宪法实施保障机关进行合宪性审查。如瑞典宪法规定，如果议长认为某些法案违宪，应拒绝将其付诸表决，并提交专门负责审查的立法委员会决定其是否合宪。还有葡萄牙、斯里兰卡、伊朗等国采用此方式。

第三节　中国的违宪审查制度

一、我国违宪审查制度的现状

1954年宪法最早确立由最高权力机关监督宪法实施的体制：第27条第3项规定全国人民代表大会监督宪法的实施；第31条第6项、第7项规定全国人民代表大会常务委员会监督国务院、最高人民法院和最高人民检察院的工作，有权撤销国务院的同宪法、法律和法令相抵触的决议和命令，有权改变或者撤销省、自治区、直辖市国家权力机关的不适当的决议等。由于宪法监督制度没有在现实生活中得以贯彻落实，国家生活中的违宪行为并没有得到及时纠正，及至"文化大革命"时期，我国的宪法监督制度形同虚设。1975年宪法对宪法监督制度没有任何规定。1978年宪法不仅明确规定了全国人民代表大会有权监督宪法和法律的实施（第22条第3项），而且把解释宪法和法律作为全国人民代表大会常务委员会的职权予以明确化（第25条第3项），从而恢复设立了我国宪法监督制度。我国现行宪法沿袭1954年宪法和1978年宪法的规定，仍然采用最高代表机关监督宪法实施的体制。现行宪法在原有规定的基础上，总结我国的实践经验，借鉴其他国家的有益做法，进一步丰富了我国的违宪审查制度，形成了现行的富有中国特色的违宪审查制度。

（一）违宪审查模式

根据《宪法》第62、67条的规定，全国人民代表大会及其常务委员会负责"监督宪法的实施"。这就表明，在我国全国人民代表大会和全国人民代表大会常务委员会有违宪审查权，是违宪审查的主体。同时，《宪法》第70条和《全国人民代表大会组织法》第37条第3项规定全国人民代表大会各专门委员会协助全国人民代表大会及其常务委员会进行宪法监督和违宪审查：全国人民代表大会设立宪法和法律委员会等专门委员会，在全国人民代表大会和全国人民代表大会常务委员会领导下，研究、审议和拟订有关议案；审议全国人民代表大会常务委员会交付的被认为同宪法、法律相抵触的国务院的行政法规、决定和命令，国务院各部、各委员会的命令、指示和规章，省、自治区、直辖市的人民代表大会和它的常务委员会的地方性法规和决议，以及省、自治区、直辖市的人民政府的决定、命令和规章，提出报告。2004 年 5 月，全国人民代表大会常务委员会在法制工作委员会下新设了法规审查备案室。按照《宪法》和《地方各级人民代表大会和地方各级人民政府组织法》的规定，地方各级人民代表大会及其常务委员会也负有保障宪法和法律在本行政区域的遵守和执行的责任。现行宪法还规定全国人民代表大会及其常务委员会可以组织关于特定问题的调查委员会。《宪法》第 71 条规定："全国人民代表大会和全国人民代表大会常务委员会认为必要的时候，可以组织关于特定问题的调查委员会，并且根据调查委员会的报告，作出相应的决议。"

综上可见，我国采用的是代议机关审查模式，体现了社会主义国家以权力机关监督宪法实施的共同特点。

（二）违宪审查的对象

《宪法》第 5 条规定："一切法律、行政法规和地方性法规都不得同宪法相抵触；一切国家机关和武装力量、各政党和各社会团体、各企业事业组织都必须遵守宪法和法律。一切违反宪法和法律的行为，必须予以追究。任何组织或者个人都不得有超越宪法和法律的特权。"《立法法》第 97 条规定，全国人民代表大会有权改变或者撤销它的常务委员会制定的不适当的法律，有权撤销全国人民代表大会常务委员会批准的违背宪法和本法第 75 条第 2 款规定的自治条例和单行条例；全国人民代表大会常务委员会有权撤销同宪法和法律相抵触的行政法规，有权撤销同宪法、法律和行政法规相抵触的地方性法规，有权撤销省、自治区、直辖市的人民代表大会常务委员会批准的违背宪法和本法第 75 条第 2 款规定的自治条例和单行条例；因此，我国法律、行政法规、地方性法规、自治条例和单行条例都被纳入到违宪审查的范围。

（三）违宪审查的形式

我国采用事前审查和事后审查相结合的审查方式。具体表现为全国人民代表大会及其常务委员会对规范性法律文件进行事先批准或备案，以及特定主体的提请审查。《宪法》第 100 条规定："省、直辖市的人民代表大会和它们的常务委员会，在不同宪法、法律、行政法规相抵触的前提下，可以制定地方性法规，报全国人民代表大会常务委员会备案。"同时《宪法》第 116 条规定："自治区的自治条例和单行条例，报全国人民代表大会常务委员会批准后生效。自治州、自治县的自治条例和单行条例，报省或者自治区的人民代表大会常务委员会批准后生效，并报全国人民代表大会常务委员会备案。"《立法法》第 98 条规定，行政法规、地方性法规、自治条例和单行条例、规章应当在公布后的 30 日内依照下列规定报有关机关备案：（1）行政法规报全国人民代表大会常务委员会备案；（2）省、自治区、直辖市的人民代表大会及其常务委员会制定的地方性法规，报全国人民代表大会常务委员会和国务院备案；设区的市、自治州的人民代表大会及其常务委员会制定的地方性法规，由省、自治区的人民代表大会常务委员会报全国人民代表大会常务委员会和国务院备案；（3）自治州、自治县的人民代表大会制定的自治条例和单行条例，由省、自治区、直辖市的人民代表大会常务委员会报全国人民代表大会常务委员会和国务院备案。

我国《立法法》第99条规定："国务院、中央军事委员会、最高人民法院、最高人民检察院和各省、自治区、直辖市的人民代表大会常务委员会认为行政法规、地方性法规、自治条例和单行条例同宪法或者法律相抵触的，可以向全国人民代表大会常务委员会书面提出进行审查的要求，由常务委员会工作机构分送有关的专门委员会进行审查、提出意见。""前款规定以外的其他国家机关和社会团体、企业事业组织以及公民认为行政法规、地方性法规、自治条例和单行条例同宪法或者法律相抵触的，可以向全国人民代表大会常务委员会书面提出进行审查的建议，由常务委员会工作机构进行研究，必要时，送有关的专门委员会进行审查、提出意见。"可见，在我国一切国家机关、社会团体、企业事业单位和公民个人都可以作为提请主体启动违宪审查。

（四）违宪审查的法定程序

我国《立法法》第100条规定："全国人民代表大会专门委员会、常务委员会工作机构在审查、研究中认为行政法规、地方性法规、自治条例和单行条例同宪法或者法律相抵触的，可以向制定机关提出书面审查意见、研究意见；也可以由法律委员会与有关的专门委员会、常务委员会工作机构召开联合审查会议，要求制定机关到会说明情况，再向制定机关提出书面审查意见。制定机关应当在两个月内研究提出是否修改的意见，并向全国人民代表大会法律委员会和有关的专门委员会或者常务委员会工作机构反馈。""全国人民代表大会法律委员会、有关的专门委员会、常务委员会工作机构经审查、研究认为行政法规、地方性法规、自治条例和单行条例同宪法或者法律相抵触而制定机关不予修改的，应当向委员长会议提出予以撤销的议案、建议，由委员长会议决定提请常务委员会会议审议决定。"

基于全国人民代表大会及其常务委员会的性质和地位，全国人民代表大会及其常务委员会对认为违反宪法的规范性法律文件有权予以撤销或改变，对违反宪法的行为有权确认无效，对实施违反宪法行为的领导人有权予以罢免。

从我国宪法和相关法律的规定可以看出我国目前违宪审查制度的特点是：审查主体和启动主体具有多层次性。我国的违宪审查主体主要由国家最高权力机关——全国人民代表大会，它的常设机关——全国人民代表大会常务委员会及其专门机构——各专门委员会三个层次构成。此外，全国人民代表大会常务委员会法制工作委员会下设的法规审查备案室以及地方各级人民代表大会及其常务委员会也负有保障宪法和法律在本行政区域的遵守和执行的责任。我国违宪审查的启动主体包括一切国家机关、社会团体、企业事业单位和公民个人；审查机制体现较强的政治性，而非法律性。我国的违宪审查体制源于我国的人民民主专政的国体和人民代表大会的政权组织形式，而没有设计专门的违宪审查机构，人民法院和人民检察院都无权对规范性文件进行合宪性审查；审查方式呈现多样。我国宪法既有事前审查的宪法规定，如第116条关于民族自治地方权力机关制定的自治条例和单行条例生效前的批准备案制度；也有事后审查的宪法规定，如第67条关于全国人民代表大会撤销违宪法律文件的职权。

二、我国违宪审查制度的不足

尽管我国自现行宪法建立违宪制度以来取得了长足的进步，但是目前我国的违宪审查制度在实践的过程中还是暴露出许多缺陷和问题，如不积极加以解决，势必会阻碍宪政建设。

（一）缺乏专门的审查机关

我国虽然存在由国家最高权力机关——全国人民代表大会，它的常设机关——全国人民代表大会常务委员会及其专门机构——各专门委员会组成的多层次宪法实施保障机关体系，但它们都不属于专门的违宪审查机关，这在实践中会出现几方面的问题：首先，全国人民代表大会组成人员接近 3000 人（兼职），虽不乏法律人才，但不便于从事专门的违宪审查工作；全国人民代表大会每年才召开一次全会，这不便于及时发现和解决违宪问题；全国人民代表大会有十几项职权，无暇专注于违宪审查工作。全国人民代表大会常务委员会组成人员有近 200 名专职人员，每 2 个月才召开一次全会，其职能达 21 项。各专门委员会的宪法实施保障职能非常有限，因为它们都由全国人民代表大会及其常务委员会交付任务，而无权自行审查违宪案件之权，更不会主动处理宪法监督问题；同样存在众多职能；它们的决定不具有终结效力，是否违宪案件还得由全国人民代表大会及其常务委员会裁定。全国人民代表大会常务委员会的法工委下设的法规审查备案室及地方人民代表大会和常务委员会也存在类似问题。这些都严重影响了审查权的行使。其次，存在“自己监督自己”的问题。全国人民代表大会和全国人民代表大会常务委员会是我国制定法律的机关，如何能依靠它们对自己制定的法律进行监督，这显然违背了“自己不能做自己的法官”这一基本法治原则。也正因为如此，在我国违宪审查的对象里对法律以上的规范性文件（即包括宪法和基本法律）的合宪性审查问题根本没有涉及。

（二）缺乏具有可操作性的违宪审查机制

宪法虽然规定了宪法的制裁性及制裁措施，但缺乏具体的程序性规定和可行的违宪审查标准（许多宪法语言模糊），使得违宪审查工作实际上无法有效开展；我国《宪法》第 5 条第 3 款关于“一切法律、行政法规和地方性法规都不得同宪法相抵触”的规定确立了宪法的制裁性，但在司法实践中，1955 年和 1986 年的最高人民法院的司法解释却认定宪法不能作为法院论罪科刑的依据，这实质上是违宪之举。我国还未建立起实质有效的违宪审查机制和宪法诉讼制度。现有的违宪审查程序性规定也是极不完善的，如关于提请审查的形式，受理的条件和期间以及处理的形式等内容都没有明确的规定，这也是实践中社会组织和公民个人提请的违宪审查无法成功的阻碍之一。

我国违宪审查制度问题的存在，与我国长期的封建专制主义传统、商品经济的不发达及社会主义民主政治历程的短暂密切相关。首先是思想意识问题。我国政治社会长期存在“议会至上”的思想，认为对其立法职能的干涉会造成“政治危机”。还有就是已有的监督职能，设立专门的违宪审查机关属于多余。其实，立法机关的立法应成为违宪审查监督的主要对象。这样才有利于一国法治的统一。试想当法律本身就已经是违宪的，那么依据法律而产生的下位法如何还能“独善其身”？其次是法律上的问题。一方面宪法权威的欠缺、内容的严重滞后和不可实施性更需要切实可行的违宪审查机制；另一方面，普通法律上存在与宪法不配套，缺乏监督法及宪法实施程序法，以及缺乏宪法诉讼、公民信息权、代表述职、新闻出版、政治责任追究、政党活动等方面的立法问题。最后，表现在责任政治欠缺，如违宪法律和违宪行为得不到及时的追究，没有建立普遍有效的公共官员问责制；民主政治不够，如公共职位对公民开放不够；公民的知情权立法几乎没有，公民对政治决策和决策实施知之甚少；新闻监督不力等；执政党的宪法意识有待加强，宪法是执政工具，但执政党应通过宪法领导国家，执政党也应在宪法和法律范围内活动。以上方面是造成我国违宪审查制度发展不完善的主要原因。

三、我国违宪审查制度的完善

如何完善我国的违宪审查制度，理论界提出了许多见解，建立专门的违宪审查机构是大家的共识。目前，我国学者的设想主要有以下几种方案：第一，在全国人民代表大会下设立和全国人民代表大会常务委员会平行的宪法委员会；第二，在全国人民代表大会常务委员会下设立宪法委员会，作为它的一个专门的委员会；第三，设立宪法法院；第四，由最高人民法院履行违宪审查职能主张宪法监督司法化，建立宪法诉讼制度；第五，采用复合制的违宪审查方式，在全国人民代表大会下设立宪法委员会，同时在最高人民法院下设立违宪审查庭，共同行使完整的违宪审查权。这些方案各有优点，同时在理论上和实践中有不可克服的缺陷。

针对此问题，我们必须从中国实际国情出发，既反对盲目地照搬和借鉴国外做法，也不能借口中国国情而因循守旧；尽可能地在现有宪政框架下设计和实行。首先，坚持从我国的根本政治制度出发。人民代表大会制度是我国的根本政治制度，人民代表大会是国家的最高权力机关，其他机关都从属于人民代表大会，对其负责受其监督。因此，我国违宪审查制度的完善要坚持这一基础和前提。其次，加快专门违宪审查机构的建设。2018 年宪法修改，设立了宪法和法律委员会，该专门委员会虽然不是专门的违宪审查机构，但其设立和运行有利于违宪审查工作常态化和固定化开展。现在的当务之急，是厘清该专门委员会的职能，建设运行程序和规则。再次，加快制定专门法律，完善违宪审查的程序性规定。缺乏程序性规定直接导致我国的违宪审查有名无实，使违宪审查机关的审查权力和请求主体的权利真正获得支持。最后，扩大审查对象的范围。目前我国的违宪审查多集中在对法律等规范性文件的审查上，我们还应该把违宪审查的范围扩大到国家机关、政党的特定行为，以及对公民权利的保障方面。

第四节　宪政秩序

一、宪政秩序的概念

（一）概念

要了解宪政秩序的概念，首先得了解秩序和法律秩序的概念。秩序（order）是与无序（disorder）相对而言的，它“意指在自然进程和社会进程中都存在着某种程度的一致性、连续性和确定性。另一方面，无序（disorder）概念则表明存在着断裂（或非连续性）和无规则性的现象，亦即缺乏智识所及的模式——这表现为从一个事态到另一个事态的不可预测的突变情形”。① 可见，秩序即有序，它强调自然或社会关系的有序性、连续性和规则性。秩序可分自然秩序和社会秩序。社会秩序根据其凝结的社会规范的内容和性质，又可分为习俗秩序、道德秩序、经济秩序、政治秩序、文化秩序和法律秩序。

法律秩序是社会秩序的一种，是通过法律规范——制度系统对社会关系的规范性调整而实现的社会关系的有序化状态和社会主体行为的规则化状态，是法律所设定的各类社会主体的权利义务关系在现实生活中的实现。法律秩序是法律调整的终点，是法律实施和法律实现的结果。法律秩序通常包括宪政秩序、民事法律秩序、行政法律秩序和刑事法律秩序。

宪政秩序即宪法秩序、宪政法律秩序，是法律秩序的特殊和最高表现。宪法秩序作为一种社会秩序，包括两个层面的含义：一是基于人们对一定社会规律的认识，通过制定宪法而形成的一种协调国家与公民关系的宪法上的秩序，它是理性追求的体现，即应然宪法秩序；二是通过各种宪法手段（民主政治、法治、有限政府、人权保障等）对现实的宪法关系进行调节，在宪政实践中形成的社会秩序，是一种实际存在的秩序，即实然的宪法秩序。因此，宪政秩序必然是一种以民主政治为核心的、以法治为基础的、以建立有限政府和保障公民权利为最终目的的社会秩序。

宪政秩序是一种社会秩序，它是基于人们对一定社会政治发展规律的认识，通过制宪对该社会所需要的稳定性、连续性、规则性以及安全性进行确认，形成一种宪政的（应然）秩序，再通过宪政的各种基本要素（民主政治、法治、有限政府、人权保障等）的安排，将宪政上的（应然）秩序变成实际的社会政治秩序。因此，宪政秩序必然是一种以民主政治为核心的、以法治为基础的、以建立有限政府和保障公民权利为最终目的的社会秩序。

也有学者认为，宪法秩序与法律秩序是两个根本不同的秩序范畴。宪法秩序实际上就是宪政秩序，法律秩序则是从属于宪政秩序的次秩序。法律秩序与宪法秩序是性质、地位、价值不同的概念，其主要原因在于：宪法不是“法律”，法律也不能包含宪法。宪法是自然正义和道德价值理念的客观化和现实化，是人类共同缔结的社会契约的产物，是政府产生的依据和前提，是人权实然化的结晶。宪法是人权的载体，是社会制度结构的基本骨架，是国家政治合法性的法源。宪法是评价法律的标尺，法律则是被评价的客体。确切地说，宪法是高于法律并可评价法律的根本大法，法律的依归在于宪法这一“母法”。既然宪法与法律是性质不同的概念，那么由宪法而确立的秩序——宪法秩序和由法律而建立的秩序——法律秩序在性质上也不同，这就是宪法秩序的性质是法治秩序，而法律秩序的性质则是法制秩序。

无宪法的社会，法律始终是统治者手中的工具，统治者的权力从来就没有得到真正限制，公民个人的权利也从来没有任何保障的承诺，权利随时都有被国家权力干预、克减或侵害的可能。在无宪法的社会中，个人的权利和义务是不定的，法律秩序往往是凭靠权力

① ［美］博登·海默．法理学——法哲学及其方法［M］．邓正来，译．北京：北京大学出版社，1999：219-220.

的强力建立和维护的，秩序中的主体常常是被动地承受，权利与权力、权利与权利以及权力与权力之间的关系最终是靠对抗的形式解决，因而秩序没有为大多数社会关系冲突和矛盾的调适提供一个正当程序的平台。换言之，无宪法的社会，是靠法律、道德、宗教等确立的社会秩序维持的一种社会形态，由于权力的任性和法律的义务性，使得这种秩序成为压抑人性、泯灭人性的工具，人的尊严和自由权利价值得不到根本实现。宪法这一根本法的出现及宪政制度的确立，才使法律不再是统治者意志的体现，而是社会全体成员的"公意"即整体意志的体现。至于法律是否符合之，其评断的标准是宪法，而不再是权力和强力。

既然宪法与法律是性质不同的概念，那么由宪法而确立的秩序——宪法秩序和由法律而建立的秩序——法律秩序在性质上也不同，这就是宪法秩序的性质是法治秩序，而法律秩序的性质则是法制秩序。法治秩序是与民主、人权、自由联姻的社会状态，没有对国家权力的限制与制衡，没有对公民民主权利自由的保障，就没有法治秩序这一社会状态；而法制秩序则仅仅意味着，只要一个社会中存在法律及其制度，就有法制秩序。评价一个社会秩序状态是法治还是法制，从应然的角度看，就是这个社会有无宪法，再进一步说，就是人权是否确保和权力是否分离与制衡。所以，有宪法并能够获得实现的社会状态才是法治秩序和宪法秩序，否则，仅有宪法而无法实现或实施效果糟糕的社会状态则是法制秩序和法律秩序。

（二）宪法秩序的特点

1. 宪政秩序是法律秩序的整体组成部分，但是一种特殊的、最高的法律秩序

与民事法律秩序、行政法律秩序和刑事法律秩序等法律秩序不同，宪政秩序是由宪法派生并随宪法实现而形成的法律秩序，由于其凝结的法律规范及其制度的特殊性，它更具权威性和重要性。

2. 宪政秩序是一种新生的法律秩序，是人类社会政治实践演进到特定历史时期的新型政治模式

宪政秩序是人类社会进入立宪社会后，以倡导民主和人权为核心价值的新型法治政治模式，而不同于以权力奴役权利、以剥夺多数人的自由平等和人权为特征的前宪政社会的人治政治模式，是人类社会发展至今寻找到最大限度保障人权的"最不坏"的政治文明。

3. 宪政秩序是以宪法及其制度调整各类社会主体而形成的宪法实现状态

宪政秩序并不等同于宪法规范体系和宪法制度本身，也不只是一种应然状态下的法律秩序，它是现行宪法及其制度在现实社会生活中的实现状态，是一种良性法律秩序的集中体现。正如亚里士多德所说，城邦的宪法是一种"生活的模式"，而不是一种法律的结构，求得这种共同生活的和谐是它的基本思想。

二、宪政秩序的保障条件

（一）宪政秩序的实现

宪政秩序的实现又称为宪法实现，即指由应然的宪法秩序转为实然的宪法秩序的过程，包括秩序的形成过程以及秩序的状态。具体是指宪法规范和宪法价值的落实，宪法的规范要求转化为主体的行为，从而形成现实宪法关系的状态。

（二）宪政秩序的保障条件

宪政秩序是宪法正当性、法律制度的正义、宪法调控功能的发挥三种基本要素的有机结合，其中，宪法的正当性是宪政秩序形成的前提；制度正义是宪政秩序的基础；宪法调控功能的发挥是宪政秩序的保障。

1. 宪法的正当性是宪政秩序形成的前提

一般而言，制定宪法是宪政秩序的开始，因为宪政以立宪为起点。首先，宪法为政治制度的建立以及公共权力的运行提供规则、标准和原则。在专制政治下，个人权威是社会秩序赖以形成的基础，无限制的公共权力在贤人政治下有可能产行民主化的倾向并在短期内集中大量的资源而出现繁荣的局面，但这是不稳定的和短暂的，暴政随时可能出现并威胁到大多数人的生命、自由和财产。为此，必须要制定法律对国家权力作出必要的限制，以保障公共权力的行使者受到法律的控制。其次，宪政秩序以宪法至上和法律权威高于个人权威为基点，法律权威与个人权威在政治秩序的建构和稳定中的方式、作用是根本不同的，法律权威通过法的实施来实现法的普遍性、一致性、公平性和正义性，从而获得公众和各种政治力量的推崇；个人权威以政治领袖高超的领导艺术、非凡的政治才能以及良好的道德品质赢得公众的崇拜。在近代民主政治尚未确立以前，个人权威是建构政治秩序的主要方式，在近代民主制下，宪政秩序就是以法律调控为主要方式，通过法律权威来实现公共权力运行的规范化，从而形成社会生活和政治生活的有序化。

宪法确立国家政治生活和社会生活的规则和标准是宪法的形式特征，宪法与宪政之间并不存在必然的对应关系，有宪法并不一定会形成宪政，有些国家虽然制定了宪法，但宪法并不确认法律权威高于个人权威，而是确认统治者的至上地位，宪法成为人治模式下的法律统治方式。有些国家的宪法虽然确立了某些民主原则，承认宪法的最高法律地位，但国家权力的运行并不受宪法的约束，形成国家权力的宪法外运作，宪法的规定只有形式上的意义，而不对政治生活和社会生活的民主化产生实际影响。这两种情况说明只有宪法具备正当性时才能通过其实施宪法形成宪政秩序。

宪法具有正当性对宪政秩序形成的影响表现在：

第一，宪法的正当性表明政府权力合法化。政府得到人民的支持和认可是宪政秩序形成的关键因素，如果人民认为政府的权力是一种非法的权力，人民藐视政府的政策并以经常的反叛行为来对抗政府，那么社会就会处于无序状态；相反，如果政府认为自己的权力是以压制人民的言行和维持特权的存在为目的，那么它必然漠视人民的利益，并经常以暴力工具作为维护政治统治的常规手段，社会同样会出现混乱。在宪政条件下，政府权力的合法化成功地解决了这一矛盾，政府权力与公民之间的关系同封建专制时期相比产生了本质的区别，在专制统治下，两者之间是对立的关系，国家权力源于神的意志，政府的主要职能在于维护特权阶层的政治和经济利益，政府与公民之间利益冲突以暴力方式来解决。在民主政治下，政府权力来自人民，人民通过制定宪法授予政府以管理公共事务的权力，“政府只有合于宪法，才能行使实际的权力；只有忠实于它必须实施的法律，它才是合法的。国民意志则相反，仅凭其实际存在便永远合法，它是一切合法性的本源”。① 政府的

---

① ［法］西耶斯．论特权　第三等级是什么？［M］．冯棠，译．北京：商务印书馆，1990：61.

主要职能在于维护公共利益和保护公民的权利，政府与公民之间的利益冲突可以在宪法和法律范围内解决。所以，由人民制定宪法并根据宪法选举产生政府，政府的权力才会得到人民的承认，"宪法对政府的关系犹如政府后来所制定的法律对法院的关系。法院并不制定法律，也不能更改法律，它只能按已制定的法律办事；政府也以同样的方式受宪法的约束"。① 美国《独立宣言》宣称，为了保障人民的权利，因此"建立其正当权力来自被统治者同意的政府。任何形式的政府，只要破坏上述目的，人民就有权力改变或废除它，而建立把政府的基础奠定在最便于实现其安全和幸福的形式组织政府权力"。② 人民与政府之间的对立状态以政府权力的合法化而调和。

第二，宪法的正当性表明宪法具有最高法律效力。一般认为，宪法是规定国家政治生活和社会生活中的根本问题的法律，因此它的制定和修改秩序比普通法律严格，同时它是制定普通法律的依据，普通法律不能与之相抵触，所以宪法具有最高法律效力。宪法具有最高法律效力对宪政秩序具有重要的意义。在人治条件下，君主拥有全部权力，所有官吏都是君主的奴仆，君主的绝对权威是维持秩序的唯一手段；近代法治是对绝对君主权威的否定，必然要将宪法推到根本法的地位，使之具有最高法律效力。如果规范国家政治生活的宪法不能超越个人权威，宪法便不能发挥调整政治权力关系的作用，宪政秩序就无从谈起。在宪法史上常常会出现这样的情形：有些国家的宪法宣布自身的最高法律效力，规定对违反宪法的行为追究法律责任，在此基础上甚至建构了民主政治体制的外观和样式，然而，在实际的政治生活中，宪法并不是最高的权威，人们可以从政治权力的运作中感觉到个人权威的特殊作用，形成宪法外在形式的最高权威性和实际政治生活的个人权威这一矛盾。产生这种现象的原因很多，但一个重要原因是制宪权错位，即宪法的制定不是公民广泛参与的结果，而是政治家在特定的历史条件下为使权力合法化而采取的手段和方法，这样的宪法只起到某种宣告和纲领性的作用，宪法所确认的那些民主与法治原则、制约政府权力的原则并没有可操作性，不仅不能在政治生活中超越个人权威，相反它自身受个人权威的支配，因此，制宪权错位直接导致宪法权威丧失。宪法的权威虽可以通过国家机关严格按照宪法的规定来行使以及司法机关依法保护公民的权利等方式来实现，但对国家权力的限制最终依靠公民对政府的监督。当宪法规定的内部限制手段和方式失去作用时，公民强烈的护宪意识是对个人专制的最有力的制约，它是阻止国家权力侵犯公民权利的最直接的手段。可见，人民制宪权的行使以及公民的护宪意识是宪法具有相对于国家机关至上性的基石。

2. 制度正义是宪政秩序的基础

---

① ［美］潘恩．潘恩选集［M］．马清槐，等译．北京：商务印书馆，1982：146.

② 《独立宣言》正文第三节至第四节第一句："Governments are instituted among Men, deriving their just powers from the consent of the governed." "That whenever any form of Government becomes destructive of these ends, it is the Right of the People to alter or to abolish it, and to institute new Government, laying its foundation on such principles and organizing its powers in such form, as to them shall seem most likely to effect their Safety and Happiness."（建立其正当权力来自被统治者同意的政府。任何形式的政府，只要破坏上述目的，人民就有权力改变或废除它，而建立把政府的基础奠定在最便于实现其安全和幸福的形式组织政府权力。）

在宪法具备正当性的条件下，制度正义是宪政秩序稳定的基础。因为“在其他条件相同的情况下，如果一种法律秩序较完善实行着法治的准则，那么这个法律秩序就比其他法律秩序更为正义”。①

宪法规范为政治生活和社会生活提供了组织规则和行为标准，同时宪法通过权力的配置作出制度安排从而使政治活动和国家权力进入规范化的有序状态。但是，宪法的规范体系和依宪法创立的法律制度在其运行过程中能否保持这种有序状态，还要看法律制度是否一种正义的制度，如果宪法和法律所建构的制度体系背离正义原则，那么这种制度就不能实现宪法和法律的基本目的，不能满足个人与团体在制度框架范围内的合理需求，因此制度的不正义会造成宪政秩序所必需的社会基础的破坏。

罗尔斯考察了政治正义与宪法问题，认为：“正义的宪法应该这样构成：即在所有可行的正义安排中，它比任何其他安排更可能产生出一种正义的和有效的立法制度。”② 该制度应当具有平等的参与原则（包括公民有权参与立法过程并决定其结果、选举权得到应有的尊重、公民从形式上进入公职的平等途径等）和政治自由原则（包括自由权的广泛性、宪法确保公民参与和影响政治过程的公平机会、为行政公职和权力建立一种公平竞争的方式等）。凡符合这两项原则的宪法就是正义的宪法，它能够解决立宪政体“一直不能保证政治自由的公平价值”这一主要缺点，所以，政治正义在保障政治活动的公平性时维护了法律秩序的价值。

在宪政国家，法律制度的建构和运行需要哪些不可缺少的政治法律准则才能支持宪政秩序？可以断定，在宪政国家，其制度中体现的正义观是不完全相同的，尤其是在那些文化和宗教背景不同的国家。但是，宪政是一种文化，是对专制政治的否定，是对传统民主法治理论的继承和超越，宪法至上、保障人权、确认自由和平等、建立民主体制是宪政的本质特征，宪法就是通过设置制度、配置权力并以适当的手段方式调整社会利益来体现这些本质特征，制度正义不是简单地表现为宪法对这些原则的确认，也不是建立外在表现形式上具有民主制国家特征的政府机关，宪政秩序是制度运行过程中的有序状态，如果缺乏制度内具体化的运作体系，宪法确立的正义原则就不能转化为制度正义。所以，制度正义应当具体表现为公民权利与自由的法律保障、广泛而平等的政治参与体系、有利于社会发展和进步的竞争体制和保障机制。

第一，公民权利与自由的法律保障。保护公民的个人权利不受国家权力的侵犯是制度正义的体现，“每个人都被视为有权拥有个人（私人）的自治领域，特别是在宗教信仰和财产方面；有权在人之精神与外表两个方面获得其基本的自我实现和自我满足”。③ 保护公民的这些不可剥夺的权利是对抗暴政的有效手段。直到现代社会，这一法律信念仍然为

---

① ［美］约翰·罗尔斯．正义论［M］．何怀宏，何包钢，廖申白，等译．北京：中国社会科学出版社，1988：226.

② ［美］约翰·罗尔斯．正义论［M］．何怀宏，何包钢，廖申白，等译．北京：中国社会科学出版社，1988：221.

③ ［美］卡尔·J. 弗里德希．超验正义——宪政的宗教之维［M］．周勇，王丽芝，译．北京：三联书店，1997：91.

宪政国家遵循并作为民主和法治社会的基石。然而，政治社会不仅需要个人的权利和自由，而且需要形成有利实现和免受公共权力、社团和其他人侵害的保障体制（从某种程度上来说权利的保护比权利的宣言具有更为重要的意义），需要制定权利行使的规则以避免权利的滥用。当国家权力不受限制时，它就会成为暴政；当个人权利的行使不受限制时法律秩序同样受到破坏。

一个正义制度必须以宪法来确认公民的这些权利与自由，问题是宪政秩序下国家权力的配置和运行、国家制定的限制权利行使的法律能否与宪法的原则和精神保持一致，能否实现制度的正义。

首先，国家权力的配置和运行使公民权利与自由能够得到最大限度的保障。如果宪法确认的权利与自由仅仅是一种宣告性的，在现实的法律制度框架内得不到有力的保护，那么这种制度便不能满足宪政的需要。如，国家的司法制度缺乏公正性，国家机关保护公民基本权利的手段受到法律外因素的限制，宪法确认的公民的基本权利与自由缺乏宪法上的救济手段，侵害公民权利的行为得不到及时的处罚。所有这些都将使宪法上的权利“虚置”，最终导致法律制度背离正义准则。

其次，国家制定的限制公民权利与自由行使的法律其最终目的应为有利于权利的行使，而不是让它无法行使。公民权利的行使受法律限制是秩序的需要，不过这不能成为国家权力压制公民权利的手段，制度的正义体现为制定法对权利的限制本身不能违背宪法的原则和精神，其根本点应是公民权利与自由的充分实现。如果国家机关认为公民的某些基本权利的行使对其权力的行使存在诸多不便，或者增加了公共秩序管理的难度而以制定法的形式对之施加行政和司法上的严重阻碍，那么这种法律就不能认为是正义的法律。

第二，广泛而平等的政治参与体系。宪政充分体现民主，其制度上的表现就是建立广泛而平等的政治参与体系，以维持民主制度的本质属性。

在专制政治下，公共权力机关为职业官僚集团控制，不可能建立一个广泛而平等的政治参与体制。在宪政条件下，国家的一切权力来自人民，人民有权管理公共事务并行使国家权力，制度设置和运行的目的就在于此。人民必须广泛而平等地参与政治是因为：“不应该将自己置于人为形式的束缚之中。这样便会使自己面临永远丧失自由的危险，因为专制制度只要一时得逞，便可以宪法为借口，置人民于某种组织形式之下。”① 由此可见，正义的制度必须是满足人民参与政治的制度。首先，国家的制度设置应当满足人民广泛参与政治的要求。在民主政治下，人民行使权力的方式主要是选举国家机关公职人员。因此，公民选举权的广泛而平等的行使是政治参与的重要途径。如果国家的制度设置不能满足公民的参与或者公民能够参与但不能体现其真实的意志，那么这种制度设置是阻止公民参与的设置。以法律规范选举活动固然是必要的，但如果在选区划分、竞选制度上只有利于某一经济利益集团和政治集团，在选民资格上实行性别和种族歧视，人民参与政治受到不必要的限制而不能满足其基本要求。有些西方国家的宪法在很长时间排除妇女的选举权并对选民实施财产限制，就是对代议制民主原则的破坏。国家的制度设置还应当满足人民平等参与政治的机会。在民主政治下，虽然个人的能力和知识存在较大的区别，但法律不

① ［法］西耶斯．论特权　第三等级是什么？［M］．冯棠，译．北京：商务印书馆，1990：61.

能将政治机会限制在一个狭窄的范围内，形式上的制度平等是政治参与机会平等的一部分，除宪法应当确定人民管理公共事务的平等权利外，制度安排应当为实现这一权利提供平等的竞争机会。

第三，有利于社会发展和进步的竞争保障体制。法律秩序必须要取得推动社会发展的效果，没有经济的发展，社会就会出现不稳定，国家的落后和贫困造成政治的不稳定，如非洲国家的经济由于受殖民主义的影响，长期处于落后的姿态，以致出现宪制急剧动荡、军人干政的局面。据统计，20 世纪 50 年代到 70 年代间非洲国家共发生了 45 次成功的政变，10 多位国家元首遇刺身亡；从 1960 年以来，约有 30 个非洲国家经历了一次或多次政变，有 20 个国家建立过军政府。由此可见，经济和社会发展的程度直接制约宪政秩序，只有在客观上促进社会经济发展的法律制度才能保证政治的稳定。制度对社会经济生活的推动主要体现在建立有利于社会发展和进步的竞争保障体制上，通过体制的运行体现民主宪政的正义准则，要实现这一目标，首先，要为个人才能的发挥和企业创新提供公平的竞争环境和良好的服务。因为经济的发展离不开人的创造性劳动，如果社会机制中不利于个人才能的发挥，在财富的分配体制上存在严重的平均主义，或者创新性劳动者在财富分配中所占的份额与其劳动的价值极不相符，势必导致体制性的和政策性的社会不公。其次，要建立公平竞争机制。因为人才的竞争能够提高人口的素质，提高管理水平。如果人才得不到合理的利用，一方面造成资源严重浪费，另一方面则为不正当手段的盛行创造了条件。最后，要营造有利于经济和社会发展的法治环境。对公民财产权和人身自由权的严格保护是维护创造性劳动和发展个人才能的重要环节，最重要的是避免公共权力滥用侵害公民财产权。

3. 宪法调控功能的发挥是宪政秩序的保障

所谓宪法的调控功能是指宪法在其实施过程中发挥了配置和调节政府权力、控制影响法律秩序的各种政治权力的作用和效能。宪政秩序要求宪法在现实政治生活中充分发挥其调控功能，以维护宪法和法律的权威，而该功能的发挥又取决于以下四个条件：

第一，制宪者以法治和人权保障作为目标。因此，宪法规范有合理配置政府权力和控制政治权力的内容，为宪法在实际政治生活中发挥其应有的作用奠定了基础。

第二，国家权力和公民权利相互关系的法律调整。宪法作为一个独立的法律部门，政治关系是它调整的主要的社会关系，如果国家的政治生活不具备上升到法律调整的政治、文化和经济条件，宪法对国家权力的配置以及对政治权力的控制就不会按法治的基本要求来进行。

第三，违宪审查制度的建立和运行。宪法的调控功能建立在对违宪行为制裁的基础之上，反之，如果宪法规范被束之高阁，无论它多么神圣，也无足轻重。

第四，建立了与宪法的原则和精神相一致的配置政府权力和控制政治权力的法律体系。由于宪法的根本法特点，宪法不可能对涉及政治生活和各个方面都作出详细的规定，有些规范需要制定法律来具体化，使宪法在现实的政治生活中具有较强的适用性。如果宪法规范本身不具体又无法律加以具体化，那么它不能适应现实政治生活的需要，就难以发挥作用。

国家权力的滥用、有组织的团体权力的侵蚀和无政府主义对法律秩序的藐视构成了对宪政秩序的威胁。

国家权力的滥用是宪政秩序的主要威胁。由于国家权力具有侵略性、扩张性以及易于为个人和团体所控制的特点，因此它往往与暴政相联系，孟德斯鸠在《论法的精神》一书中认为："一切有权力的人都容易滥用权力，这是万古不易的一条经验。"① 如何规范国家权力的运行使之不脱离民主宪政的轨道是宪政面临的首要问题。

无政府主义是一种对权力和秩序的反叛理论，主张任何人都有不受群体权力管理的权利，因此，无政府主义者藐视现存的法律和秩序，甚至采用激烈的手段对抗合法政府。而"大量的历史证据证明，缺乏有组织的政府或政府的软弱无力，很容易产生等级森严的僧侣统治或经济从属地位的状况"。② 公民个体权利与国家法律秩序之间的矛盾表现为个体与团体对权力空间的最大限度追求，个人对权利追求的无限性发展到极点，便以非法律秩序作为政治理想，并可能引起对宪政秩序的冲击。

有组织的团体权利主要是指与国家政权密切相联系的政党组织。宪法规定公民有结社的权利，因政治性结社而产生了专门的政治组织——政党，它围绕组织国家政权这一核心而开展政治活动，形成具有自己的行动纲领、独立的组织机构和明确的政治目标的团体力量，政党通过内部规则对加入到政党的个体进行控制，并通过各种手段影响其他公民的政治行为，因此，政党的实质在于通过政治领导人的行为成为国家权力的掌握者，可见，它是影响宪政秩序的又一重要因素。如第二次世界大战前德国、意大利等国的纳粹组织就是利用各种手段取得了国家权力并运用国家权力建立独裁统治，从而摧毁了这些国家的民主政体。在现代国家，不论是奉行民主的国家还是专制的国家，政党的作用越来越明显，国家权力实际上为政党把持，而政党的政治倾向也容易受到权力欲望的支配，当政党控制国家权力并背离宪法原则时，一般会出现依靠军队、警察等暴力机构的强制实现资源配置的非宪政现象。

如果宪法在政治运行过程中保持其对权力的至上性，形成法律权威高于个人权威的状态，这样的政治和社会秩序就是宪政秩序，宪法发挥其调控功能是保持这种秩序的基础。

第一，合理配置权力。合理配置国家权力既要防止国家权力滥用，又要保证政府能够有足够的权力维持公共秩序和管理社会事务，防止法律秩序的崩溃。自近代以来，宪法在配置国家权力时，以分权作为主要的手段，而分权又以国家机关外部分权和内部分权相结合，"赋予政府以确定的内部和外部形式，具有双重的必要性，因为这些形式既保障政府有能力达到它创建的目的，又保证它无能力背离这个目的"。③ 所谓外部分权是指明确划分政府权力的范围，界定公民权利与国家权力，禁止国家权力侵入到公民私权领域，这是近代宪法根据政府权力有限性原则对其行使权力的范围进行限制的主要方式。所谓内部分权是根据制约权力的原则规定国家机关之间在职能上的分立，将国家权力在不同国家机关之间进行配置，相互之间保持某种制约和平衡，以防止国家权力集中到某个机关。英国行

① ［法］孟德斯鸠．论法的精神［M］．张雁深，译．北京：商务印书馆，1982：154.

② ［美］博登·海默．法理学——法哲学及其方法［M］．邓正来，译．北京：北京大学出版社，1999：219-220.

③ ［法］西耶斯．论特权　第三等级是什么？［M］．冯棠，译．北京：商务印书馆，1990：59.

政法学者威廉·韦德认为，这时的行政机关“行使权力的所有行为，即所有影响他人法律权利、义务和自由的行为都必须说明它的严格的法律依据”。① 内部分权应当保障不同政府机构之间的权力行使既保持其相对的独立性，又能够有宪法手段相互制约。

第二，规范政党行为。近代宪法产生时，政党尚处于萌芽状态，并不构成对宪政秩序的威胁，随着政党在国家政治生活中地位提高，现代宪法从广泛的社会权力控制理论出发的，凡是有对民主制度构成威胁的一切权力都必须加以控制，因此规范政党的行为是维护宪政秩序的重要手段。宪法对政党行为的规范方式一般有两种，一种是在宪法典中规定政党的组成及其活动必须符合宪法的原则和精神，如规定各种政治性结社不能以破坏现行宪法秩序为宗旨，它的组织原则和章程以及活动均不得以反对现行宪法为目标，否则即为非法的组织。另一种是根据宪法制定政党法，对政党的组织活动进行明确的规定，违反规定者应当追究相应的法律责任。为保证政党的活动不背离民主和法治的原则，宪法要求政党组织内部秩序必须民主化，政党应当公布赞助款项和其他资金的来源。如前德意志联邦共和国基本法规定：“政党参与形成人民的政治意志。可以自由建立政党。政党的内部组织必须符合民主原则。它们必须公开说明其资金来源。”“凡由于政党的宗旨或党员的行为，表明某一政党企图损害或废除自由民主的基本秩序，或企图危及德意志联邦共和国的存在的政党，都是违反宪法的。”1982 年葡萄牙宪法规定：“各政党一律不得采用字面同宗教或教会的内容直接有关的名称，也不得采用可能同国家标志相混淆的标志，但不影响其奉行各自的哲学、意识形态或政纲。”美国联邦最高法院在 1961 年的斯凯尔斯诉合众国案中裁定：社团成员有下列行为将受到法律制裁：①知道该社团的非法目标；②有促进这些非法目标的打算；③是“积极”的会员。对于其他非政治性社团，宪法也规定了相应的限制，如美国联邦最高法院在一系列的讼案中认定私人契约不能违反公共目的，否则无效；社团内部管理规则要符合宪法规定的民主精神并不得违反公民在宪法上的实体权利。

第三，建立开放性的权力监督体系。近代宪法以严格限制政府权力的范围和行使权力的方式作为维护宪政秩序的手段，由于现代社会政治经济的发展、国际关系的变化以及公民民主意识的提高，使得严格限制政府权力既达不到目的又不利于对公民权利的保护，同时也不利于政府职能的发挥。为解决这一矛盾，现代宪法在确认法治原则的同时，大大扩充了政府权力的范围。为解决政府权力扩张可能产生的权力滥用问题，宪法除继续确立分权与制衡原则外，主要通过建立开放性的权力监督体系的方式来维护宪政秩序，它包括监督国家权力手段的全面性和动态化以及国家机关权力的义务性规定两个方面。公民和社会团体对国家机关行使权力进行监督的手段更多而且监督的范围更广。除传统的监督手段外，政治批评以及对政府滥用权力提起控拆成为更重要的监督手段，它表明监督体系更加完整。随着经济的发展、科学技术的进步以及国家机关工作人员和公民的民主和法治意识的提高，突出国家机关权力的义务性是保障宪政秩序的重要手段和方式：“只要政府效率不被视为自身的终极目的，就必须将实现保护人权的适当措施视为是一个进步的行政司法

① ［英］威廉·韦德．行政法［M］．北京：中国大百科全书出版社，1997：23.

的一个基本条件。"① 宪法在授予国家机关以权力的同时规定行使权力是它的义务，从法律制度上承认"权力本位"让位于"义务本位"："如果国家权力居于主导地位，社会成员的权利从属和附属于国家权力，那么有关政治形式必然是非宪政体制或极不健全的宪政体制。"② 行使权力本身就是一种义务，对不履行义务的行为追究法律责任，能有效地监督国家机关行使职权。

三、宪政秩序在中国的实现

中国社会正在经历一场前所未有的、最为深刻的经济、社会、政治法律和文化思想的全方位变革，变革推动社会从传统向现代转型，正是这种变革为建立宪政秩序营造了环境，提供了契机，提供了构筑宪政秩序的实现途径。

（一）发展市场经济，培植契约精神，夯实宪政秩序的经济基础

成熟的市场经济社会应当有或必然会有这样一些体制性属性：商品货币关系高度发达，利益主体多元化，资源非垄断化；市场主体有自由、平等、独立的法律地位；产权明确，分工细密，公平交易、平等竞争，意识自治，经济关系契约化；自由经营、自由选择、自由竞争，非依法律不得限制；市场在国家宏观调控下对社会经济资源配置起基础性作用；通过资源的优化配置追求经济效益的最大化等。

（二）构建成熟的市民社会，奠定宪政秩序的社会基础

市民社会是市场经济与宪政的中介，是塑造宪政秩序的社会基础。因此，塑造宪政秩序，必须构建成熟的市民社会。其实质是促进国家和社会的相分离，实现国家和社会的整合。中国市场经济的发展，促进了国家与社会的分离，一个独立的市民社会也逐渐凸现，但是还是初级阶段。首先，坚持社会本位，培育社会的独立性，尽量扩大社会自治的范围，相应缩小国家权力对社会的控制与干预，树立国家为社会服务的观念。其次，确立国家对社会的适度干预和宏观调控，依法保障和控制国家宏观干预的权力，引导市民社会的良性发展。从本性上来说，市民社会是以特殊的私人利益的满足为目的的社会领域。

（三）推进法治方略，健全民主与法制，建设法治国家，加强宪政秩序的政治法律基础

民主政治是宪政的基石，法治是宪政的载体，因此可以说，离开了民主政治和法治，宪政秩序是难以塑造的。为此，进一步健全社会主义民主和法治，为宪政提供良好的政治法律基础，是塑造我国宪政秩序的重要要求之一。当前尤为迫切的是构建法治下的有限政府，这是政治体制改革的核心要求，也是社会主义法治的首要目标。为实现这一目标，应在以下几方面寻求突破。

1. 实现国家治理方式的根本转变

中国的国体和政体的性质和形式都表明，政府权力是有限的，政府权力可以分工，政府与其他权力机关之间是分权制衡的关系。中国有限政府的最佳选择模式只能是依法治国

---

① ［美］博登·海默．法理学——法哲学及其方法［M］．邓正来，译．北京：华夏出版社，1987：356.

② 童之伟．市场经济下公民权利与国家权力关系模式之宪政转变［M］//市场经济和社会主义宪政建设．武汉：武汉大学出版社，1997：259.

的治理方式，必须从人治到法治的根本性转变。实现这一转变，必须关注两点：一是实现宪法和法律的至上性和权威性；二是法律成为国家治理的基本手段，通过法律把社会关系转化为权利和义务，合理界定各社会利益团体、阶层享有的权利和义务。

2. 正确界定国家和社会的相互关系

从国家的角度阐述：第一，政府与市场的关系的界定。两者的界限在于：政府作为公共机构负责供给公共产品，市场作为资源配置的主体，实现高效生产和自由交换。前者要为后者提供平等和安全的交易环境，但又防止对后者的超过其领域的非公共干预。第二，界定国家权力和社会权利的界限。一是法律对国家及政府权力的约束和限制；二是国家对公民权利的保障。

3. 加快法制改革的步伐

健全社会主义民主与法制，还必须加强法律制度本身的建设。从宪政秩序塑造的角度看，当前法制改革的重点集中在宪制改革、完善民商法和司法程序等方面。首先，宪制改革是法制改革的核心，这种改革的目标是产生“良宪”，并使得“良宪至上”，也就是民主宪政。其次，要完善民法，培养民法精神。欧洲近代以来的法制史表明，宪法意识和宪政要求产生于商品经济，宪政的传统来源于民法的传统法理。因此，中国塑造宪政秩序，必须注重发展民法制度，完善民商法体系，积累民法传统，弘扬民法精神。最后，推进司法改革，维护司法公正。对于司法改革，除建立独立的司法体制和法律保障之外，最主要的是维护司法公正。一套严格的诉讼程序，符合民主法治精神的司法原则和制度，都是宪政秩序不可或缺的。

（四）培育公民的宪政信仰，增强宪政秩序的思想文化基础

公民的宪政意识是宪政的思想基础，公民对宪法的信仰程度决定着国家宪政水平的高低。我们应该利用建立和完善市场经济的契机，增强公民对宪法的信仰，培育宪法生存的人文土壤。宪政意识的内涵广泛，从主体上来说，主要指增强公民的权利意识和政府的守法意识；从内容上来看，主要指宪法至上，主权在民，职权平等，自由、民主、人权、权力制约等思想意识。

（五）建立违宪审查制度，保障宪法实施，促进宪政秩序的建立

宪法秩序的实现又称为宪法实现，即指由应然的宪法秩序转为实然的宪法秩序的过程，包括秩序的形成过程以及秩序的状态。宪法和法律只有被遵从，违宪的行为必须承担相应责任，才能从“纸面上的法”真正成为“行动中的法”。可以说，宪法和法律的生命不在于它的庄严，而在于它的实施，宪法和法律的实施又依赖于违宪审查机制的完善。违宪审查制度是宪政的一项基础性制度。各国均已普遍建立了违宪审查制度，尽管其形态各异。我国的违宪审查机制并非一片空白。现行宪法规定全国人民代表大会有权“监督宪法的实施”，全国人民代表大会常务委员会有权“解释宪法，监督宪法的实施”，并有权“撤销国务院制定的同宪法、法律相抵触的行政法规、决定和命令”，“撤销省、自治区、直辖市国家权力机关制定的同宪法、法律和行政法规相抵触的地方性法规和决议”。法规备案审查室的成立，已证明全国人民代表大会常务委员会认识到了违宪审查的重要。当务之急，是要继续建立违宪审查的程序机制，包括反馈机制、审查机制和处理机制。

【司法考试关联知识点】

本章内容与国家司法考试大纲相关联的知识点是“宪法与宪政”的关系，这既涉及的是理论问题，当然更涉及宪法的实践问题，是国家（政府）与公民的建设法治国家中的重大实践问题，与传统理论与实践相去较远，因此，司法考题亦较少见到该类考点。

2012—2017年宪法学司法考试真题及参考答案

后 记

《宪法》这本教材是应武汉大学出版社之约组织编写的，教材印行迄今，较好地满足了使用教材学校的宪法学课程教学要求。然而，自 2010 年至今，一方面，独立学院有了新的发展，从依附参与办学的公立高校，到独立谋求差异化特色竞争优势，对教材有了更高的新要求；另一方面，国家全面推进社会主义法治体系建设，宪政实践与宪法学研究都有了长足发展。遂应武汉大学出版社之约，进行本次修订。

本次修订，延续了原版教材强调宪法知识的应用性、实践性的特色。注重宪法制度的规范解释，知识的系统性、融贯性，以及法律思维训练的具体性、针对性。主要变动在以下方面：

第一，编写人员调整。有 7 位原参编作者因工作调整或出国等客观原因，未能参加本次修订。新邀请武汉大学的黄明涛副教授、湖北工业大学的熊威博士参加撰写与修订工作。此次编写人员都有着一线宪法学教学经验，长期从事宪法学研究。了解本科教学需求和最新理论动态。

第二，教材框架调整。教材原则上遵照国家、公民和社会三分的体例，压缩合并部分章节，将原版的二十五章精简为十七章，以求直观、简洁，便利教学。

第三，教材内容更新。除了第十五至十七章三章修订外，其他章节均由编写教师结合 2018 年宪法最新修改、国家大政方针的变化、宪法法治实践的近况以及宪法学研究的最新进展重新编写，行文力求简洁、清晰和明晓。更新原版教材中的引例和案例，更新司法考试考点。同时将 2012—2017 年宪法学司法考试真题及参考答案放入二维码中，教师与学生可通过扫描二维码获得相关资源。

本次具体分工如下：

秦前红：武汉大学，拟定写作计划并修改、定稿；

黄明涛：武汉大学，撰写第一、二、三章；

宦吉娥：中国地质大学（武汉），撰写第四章、第九章，修订第十五章（郭杰原著）；

刘　琼：武昌首义学院，撰写第五章、第六章；

周紫阳：武汉学院，撰写第七章、第八章、第十章；

熊　威：湖北工业大学，撰写第十一章、第十二章，修订第十六章、第十七章（李光霞原著）；

翟明煜：南阳师范学院，撰写第十三章、第十四章。